潞安府志

山西文華·史料編

明萬曆版　第一册

卷首至卷七

劉思聰◎整理

《山西文華》編纂委員會　編

山西出版傳媒集團
三晋出版社

圖書在版編目(CIP)數據

潞安府志：明萬曆版 / 劉思聰整理. —太原：三晋出版社，2016.9

ISBN 978-7-5457-1395-4

Ⅰ. ①潞… Ⅱ. ①劉… Ⅲ. ①長治—地方志—明代 Ⅳ. ①K292.53

中國版本圖書舘 CIP 數據核字(2016)第 231800 號

潞安府志（明萬曆版）

整　　理：劉思聰

責任編輯：解　瑞

封扉設計：山西天目·王明自

出 版 者：山西出版傳媒集團·三晋出版社（原山西古籍出版社）

地　　址：太原市建設南路 21 號

郵　　編：030012

電　　話：0351-4922268（發行中心）

0351-4956036（總編室）

0351-4922203（印製部）

網　　址：http://www.sjcbs.cn

經 銷 者：新華書店

承 印 者：山西人民印刷有限責任公司

開　　本：700mm × 1000mm　1/16

印　　張：88

字　　數：380 千字

版　　次：2016 年 9 月　第 1 版

印　　次：2016 年 9 月　第 1 次印刷

書　　號：ISBN　978-7-5457-1395-4

定　　價：350.00 圓（全三册）

《山西文華》編纂委員會

主　任　李小鵬

顧　問　胡蘇平

副主任　張復明

委　員　李高山　楊　波　郭　立　閻潤德
李海淵　武　濤　張瑞鵬　王建武
李茂盛　李中元　閻默彧　安　洋

編纂委員會辦公室

主　任　安　洋（兼）

常務副主任　連　軍

《山西文華》學術顧問委員會

（按姓氏筆畫排序）

李　零　李文儒　李學勤　袁行霈　唐浩明

梁　衡　張　頷　張光華　葛劍雄　楊建業

《山西文華》分編主編

著述編　劉毓慶　渠傳福

史料編　張慶捷　李晉林

圖録編　李德仁　趙瑞民

出版説明

山西東屏太行，西瀕黄河，北通塞外，南控中原，是中華民族的主要發祥地之一。中華文明輝煌燦爛，三晋文化源遠流長。歷史文獻豐富、文化遺産厚重，形成了兼容並包、積澱深厚、韵味獨特的晋文化。山西省政府决定編纂大型歷史文獻叢書《山西文華》，以彙集三晋文獻、傳承三晋文化、弘揚三晋文明。

《山西文華》力求把握正確方向，尊重歷史原貌，突出山西特色，薈萃文化精華，按照搶救、保護、整理、傳承的原則整理出版圖書。叢書規模大，編纂時間長，參與人員多，特將有關編纂則例簡要説明如下。

一、《山西文華》是有關山西現今地域的大型歷史文獻叢書，分「著述編」「史料編」「圖録編」。每編之下項目平列；重大系列性項目，按其項目規模特徵，制定合理的編纂方式。

二、「著述編」以一九四九年十月一日前山西籍作者（含長期在晋之作者）的著述爲主，兼收今人有關山西歷史文化的研究性著述。

三、「史料編」收録一九四九年十月一日前有關山西的方志、金石、日記、年譜、族譜、檔案、報刊等史料，以影印爲主要整理方式。

四、「圖録編」主要收録一九四九年十月一日前有關山西的文化遺産精華，包括古代建築、壁畫、彩塑、書畫、民間藝術等，兼收古地圖等大型圖文資料。

五、今人著述采用簡體漢字横排，古代著述采用繁體漢字横排。

《山西文華》編纂委員會

出版前言

潞安府，明嘉靖八年（一五二九）由潞州升置，轄長治、長子、屯留、襄垣、潞城、壺關、黎城七縣。清代不變，民國元年（一九一二）廢。故治在今長治市。萬曆《潞安府志》二十卷，周一梧等纂修。周一梧，字唐珪，山西長治人，萬曆二十年（一五九二）進士，歷任户部主事、員外郎中、常州知府、蘇州知府，後以疾歸鄉。在鄉期間，潞安知府程川張公「禮聘鄉達懷白周公（即周一梧），廣採聞人博士，搜括典實，編次而羅列之」。《潞安府志》於一年之後編纂完成并於萬曆四十年（一六一二）刻刊付梓。後一梧又復任陝西河西副使，卒於任上，著有《十六策籌時事》等。

此次影印出版的萬曆版《潞安府志》卷首有重刊潞安府志敘、潞安府志圖考、潞安府志目録、凡例等内容。圖考有《上黨天下脊圖》《古上黨郡圖》《潞安府圖》《唐澤潞節度支郡圖》《昭義節度五州圖》《冀南道圖》《冀南道新圖》《飛龍宫圖》《古郡治圖》《今郡治圖》《府治圖》《府學圖》《長治縣圖》《縣學圖》等十四幅圖。全志共設二十卷，分圖考、星野（以上天文）、疆域、山川、形勢、氣候物産（以上地理）、封建、節鎮、郡縣、學校、衛所、城池、宮殿、公署、廟學附書院、群祀、里甲鄉鎮、置郵、橋梁附石牌河渠、關隘附塞垣、寺觀（以上建置）、田賦、户口徭役、課程、儲積附錢幣、武備、鄉約保甲、風俗附歲時（以上政事）、徵薦、進士、舉人、歲貢、名賢、群材、恩廕、流寓附遷徙、孝義、烈女、方伎、仙釋附仙迹、墳墓（以上人物）、事迹、謀略、災祥、異聞附叛逆、辨疑（以上紀事）、前代文、當代文、殘碣遺文、著作目録、金石目録（以上藝文）等五十餘目。

該志體例較爲完備，内容十分豐富，資料也稱詳盡，記事詳簡有度。從體例上看，雖設二十卷，實際乃以天文、地理、建置、政事、人物、紀事、藝文七綱統攝全志，層次分明，歸屬有序；從内容上看，自然、經濟、政治、軍事、文化、社會等無所不涉；從資料上看，所引資料大多出自《大明一統志》《山西通志》《潞州志》、府縣志以及《皇明資治通紀》《太平御覽》《太平廣記》《文獻通考》等史志典籍。其紀事之一事迹，實際接近於現在通行的大事記，從神農、商湯直至萬曆二十七年（一五九九）的域内要事，一覽無餘。田賦、户口、徭役、課程等則是研究當地財政税賦的一手資料。如「政事一田賦」詳載洪武、弘治、嘉靖及萬曆等朝本府及屬縣的土地畝數、夏税秋糧數額。「藝文五著作目録」、「藝文六金石目録」也有許多頗具學術價值的資料。從記事上看，既能做到詳簡有度，又能體現府志與縣志的區别。如地理類山川目下，對漳水（濁漳河）、潞水（潞河）、西漳水（西漳河）等主要河流詳記發源地、流經縣份、出境情況、匯流情況等，並附有關考據和掌故，而對一般的河流，如故城河、石子河、淘河、蒲穀河等只略記源頭、流入地等。該志《凡例》中提出「户口田糧、里甲村社，邑志脩書，邑志體也。郡志惟書其揔，而前代懿榘及今時良法，有資治理者各以類附」，反映了注重體現府志與縣志區别的編纂思想。另外，如《凡例》所言「志多踵舊文，始或考究未詳，繼或傳寫漸訛，後來者以爲成案不敢翻。事既失真，人以僞書擲之矣。故今考証有據者政之，而詳敘其由，爲辨疑以就正於博雅君子」，説明該志在考疑辨誤上也頗有建樹。

《潞安府志》萬曆四十年（一六一二）刻本，藏於美國國會圖書館、日本東京圖書館，國内現已無存。二〇〇六年十二月，山西出版集團山西古籍出版社曾出版由長治市地方志辦公室整理點校的萬曆版《潞安府志》。十年後的今天，借《山西文華》出版之機，明萬曆四十年版《潞安府志》得以影印出版，其於文獻傳播及學術研究的意義，不言自明。

此次入選《山西文華》的州府志項目在版本選擇上以珍貴、完備爲上。萬曆版《潞安府志》的珍貴性前文已述，惜文中有個别頁碼殘缺，且因版本珍貴無從補配。爲更好地保留古籍原貌，便於讀者使用，我們在整理中對缺頁、錯頁進行了標識處理。該志中的缺頁錯頁問題主要有以下三種情況：一、缺頁。缺頁指原志中某筒子頁直接缺失造成文中頁碼不連續的情況。這種情況所缺頁一律補入成空白頁（有綫框無内容）以提示讀者。此種情況本志中有五處，分别爲卷六第一頁、卷十五第二十一頁、卷十五第三十頁、卷十五第三十七頁、卷十六第四十八頁。二、空白頁。空白頁是指原志中有此筒子頁的頁碼，但頁面上只有綫框没有文字。

這種情况一律保留空白頁，不做修改。此種情况本志中有兩處，分别爲卷十八第四十七頁、卷十八第五十六頁。三、錯頁。錯頁是指原志中有這個筒子頁，但其文字内容或頁碼標註明顯錯誤。這種情况下保留錯頁，不做修改。此種情况本志中有一處，卷十八第六十四頁頁碼標註爲卷十八六十，而内容則與卷十八六十三相同，真正的卷十八第六十四頁缺。以上情况，在此特别説明。

劉思聰

二〇一六年八月

目録

第一册

第二册

第三册

重刊潞安府志叙

明潞[illegible]部尚書[illegible]人傳

潞為古上黨踞太行之脊形勝甲天下曩為州嘉靖初青羊煸亂既翦餘孽州乃晉府府有志實創於嘉靖之辛酉迄今近百載山川形勝如故也唯是建置之改革政事之沿更賢哲之挺

生經綸之炳烺與夫民情向背
土俗便宜較往昔殆倍焉
今上御宇之己酉纂山西通志成移
檄修潞安志前守程川張公禮
聘鄉達懐白周公廣採聞人傳
士摎括典實編次而羅列之越
歳志稍就張以遷任憲副去適

余戶曹後竣來蒞茲土矚其事慨然以身承之政之暇校閱參訂以付剞劂氏而郡治庶蹟燦然縷悉非復有湮沒不傳者矣始余歷燕趙涉重黎迤邐而南也見其巉巖崒嵂嵸巃而深秀者太行耶漭瀁淜湃奔騰而端

飛者衡漳耶濚洄環繞踠蜒曲折一瞻顧已知其苞孕之無窮已追入國而測風景覘習尚則見儉而力者民朴而雅者士嗜義而尚節者俗大都得自光嶽之厚重者多無論春秋以還若仲章豫讓三老茂馮奉世之儔

節義忠貞挺然振拔流俗即輓近如暴尚書昭王少卿佐精忠大節貫日月炳乾坤與山川之靈西無負斯不亦增光琬琰而照耀來茲耶鬱爍在百年之前勸勵在百年之後斯志也其維世道民風宏且遠矣刻告竣僭

附一言于簡首

背

萬曆壬子仲夏之吉瑯琊洪良範

書于德風亭

上黨天下脊圖

潞安府志　圖考　一

潞安府志　圖考　一

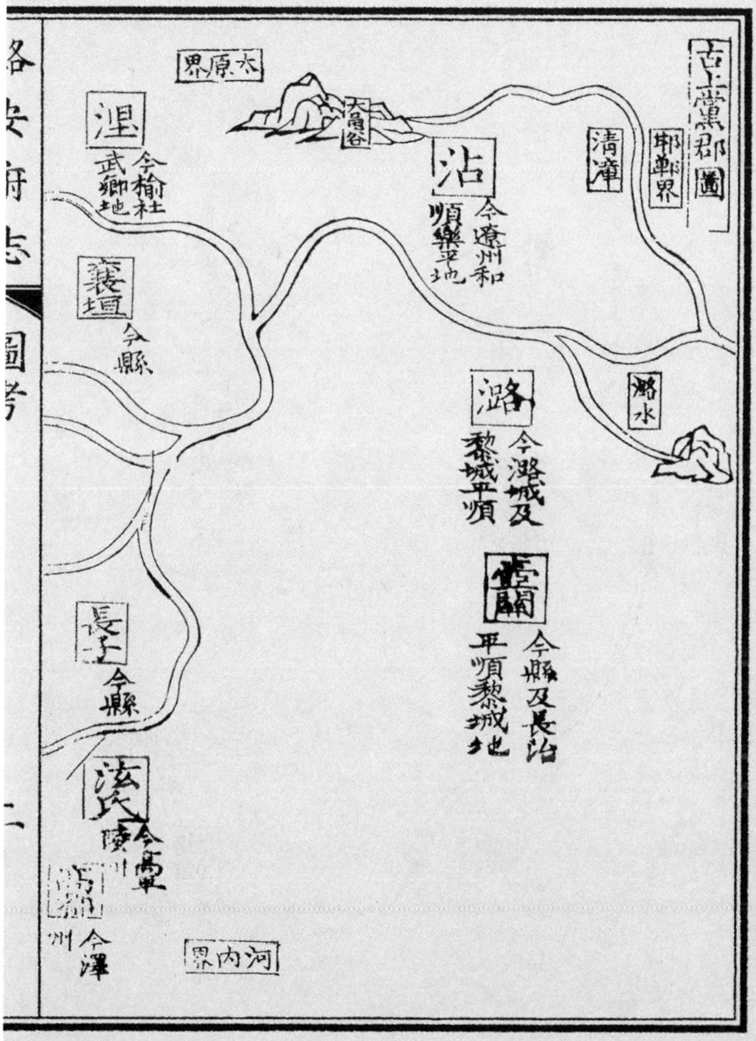

古上黨郡圖
邯鄲界
清漳
潞水
沾
今遼州和順樂平地
潞
今潞城及黎城平順
壺關
今縣及長治平順黎城地
太原界
涅
今榆社武鄉地
襄垣
今縣
長子
今縣
泫氏
今高平陵川
今澤州
河內界
潞安府志
圖考

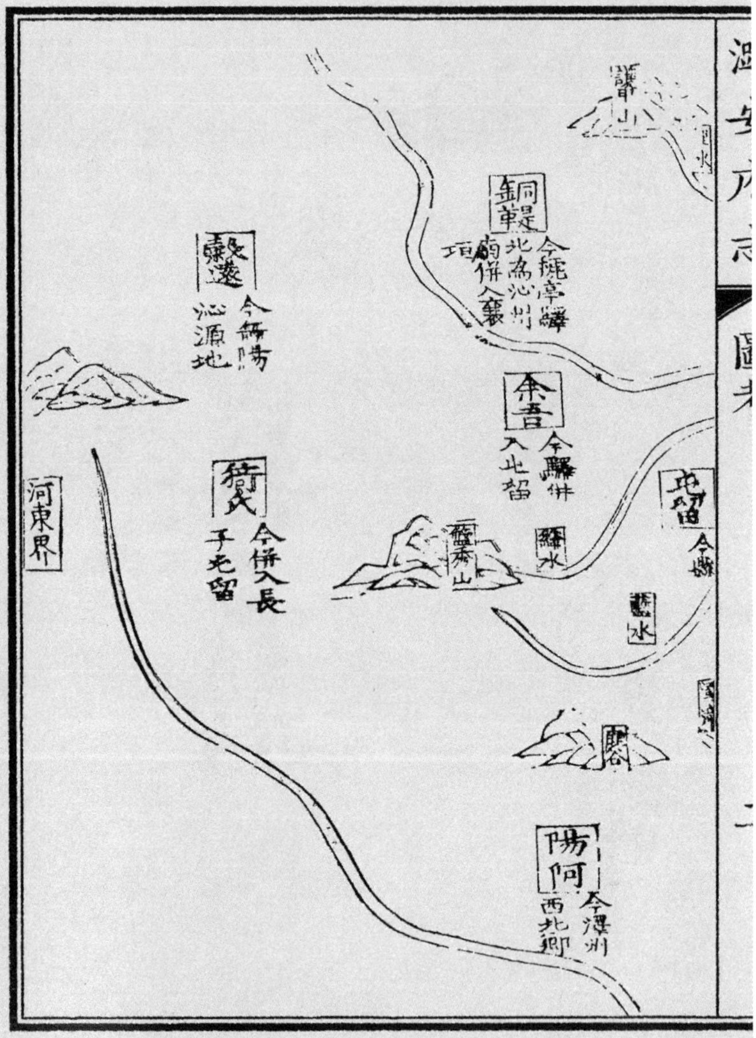

銅鞮
余吾
今廢併
入屯留
屯留
盤秀山
絳水
河東界
陽阿
今澤州
西北鄉

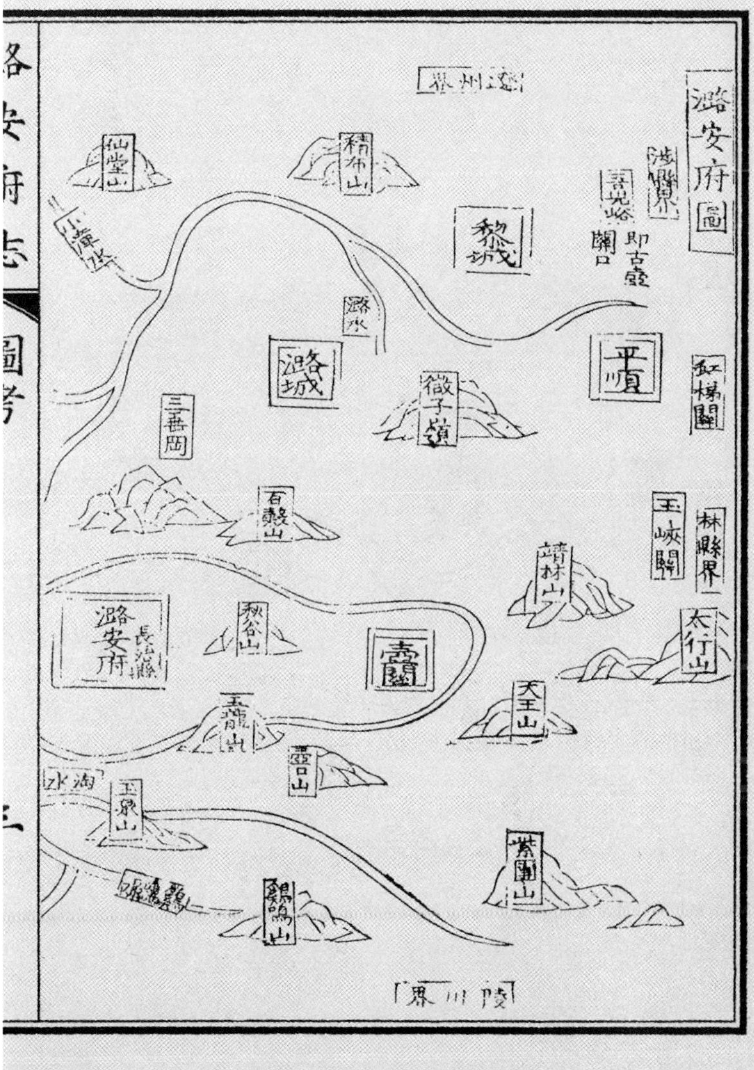
潞安府志
圖考
潞安府圖
遼州界
涉縣界
吾兒峪
即古壺關口
仙堂山
小漳水
黎城
潞水
潞城
平順
微子嶺
紅梯關
三垂岡
百穀山
玉峽關
林縣界
太行山
潞安府
長治縣
秋谷山
壺關
天王山
五龍山
壺口山
玉泉山
紫團山
陵川界

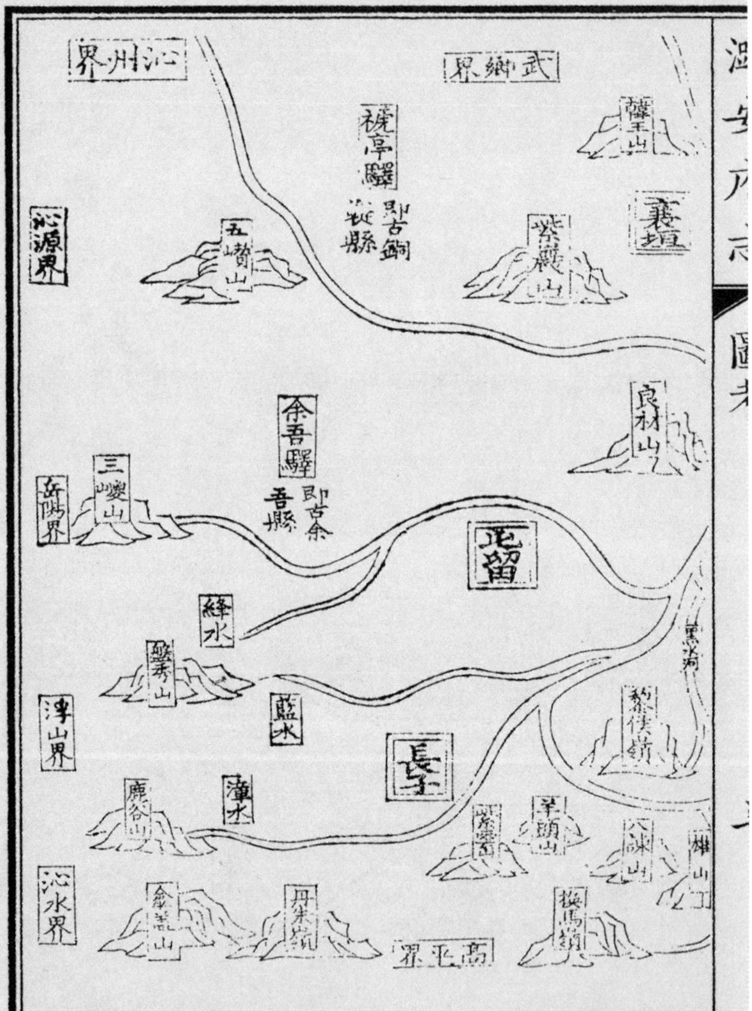
沁州界
武鄉界
褫亭驛
即古銅鞮縣
韓王山
襄垣
紫巖山
五巑山
沁源界
良材山
余吾驛
即古余吾縣
三嵕山
岳陽界
屯留
絳水
盤秀山
藍水
黑水河
黎侯嶺
浮山界
長子
鹿谷山
漳水
羊頭山
八諫山
雄山
沁水界
傘蓋山
丹朱嶺
高平界
換馬嶺

唐澤潞節度支郡圖

趙州　寶應元年領後割隸成德節度

洺州　寶應元年領

邢州　寶應元年領

磁州　廣德元年領

儀州　上元二年領後割去

潞州　上元二年置

衛州　寶應元年領建中二年割去

陳州　寶應元年領貞元二年割隸陳許節度

沁州 上元二年領後割去

澤州 上元二年領

懷州 寶應元年領建中二年割去

衛州 大曆四年領次年割隸涇原節度

鄭州 寶應元年領大曆五年割隸涇原節度

河陽三城 建中元年領次年割去

初立節度翦除逆孽因勢權宜統馭未定故總列一圖以便觀覽

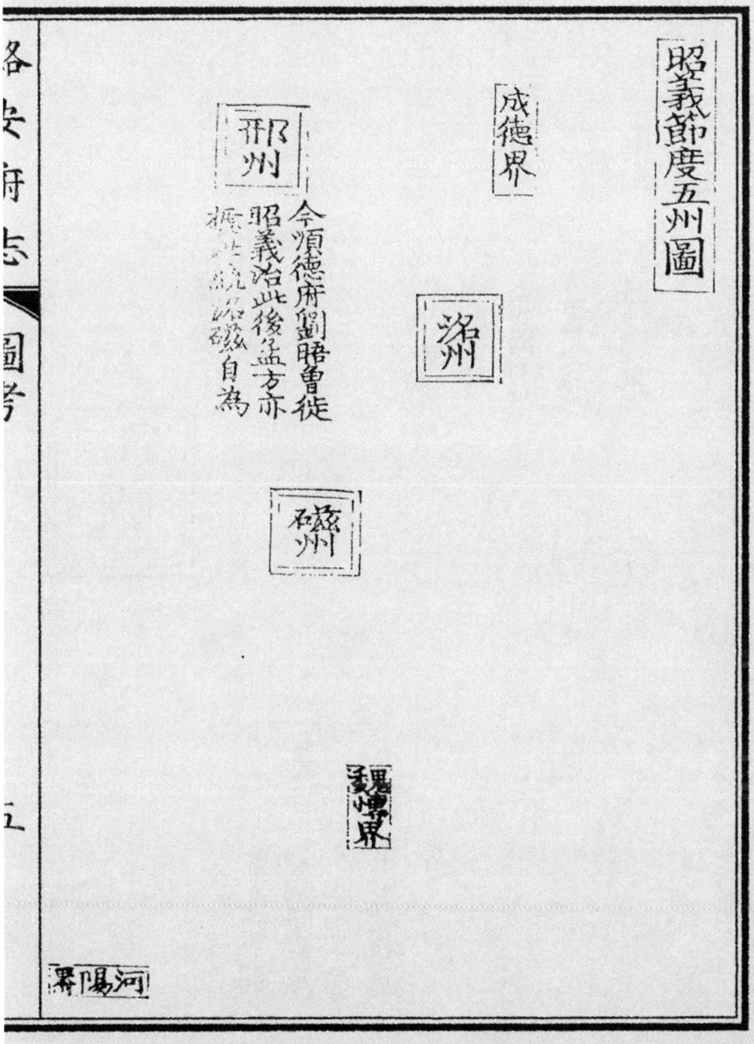
昭義節度五州圖
成德界
邢州
今順德府劉晤曾徙
昭義治此後孟方亦
據此統洺磁自為
潞州
磁州
魏博界
河陽界

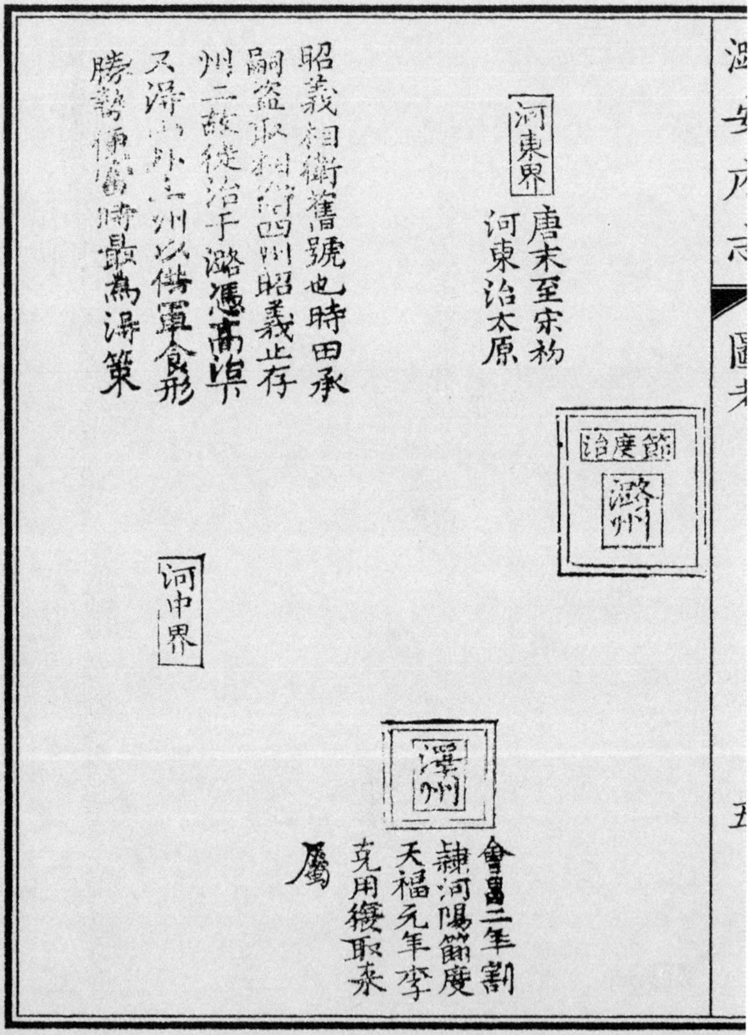

河東界
唐末至宋初
河東治太原
節度治
潞州
昭義相衛舊號也時田承嗣盜取相衛四州昭義止存州二啟徙治于潞憑高負又得山外三州以備軍食形勝勢便當時最為得策
河中界
澤州
會昌三年割隸河陽節度天福元年李克用復取來屬

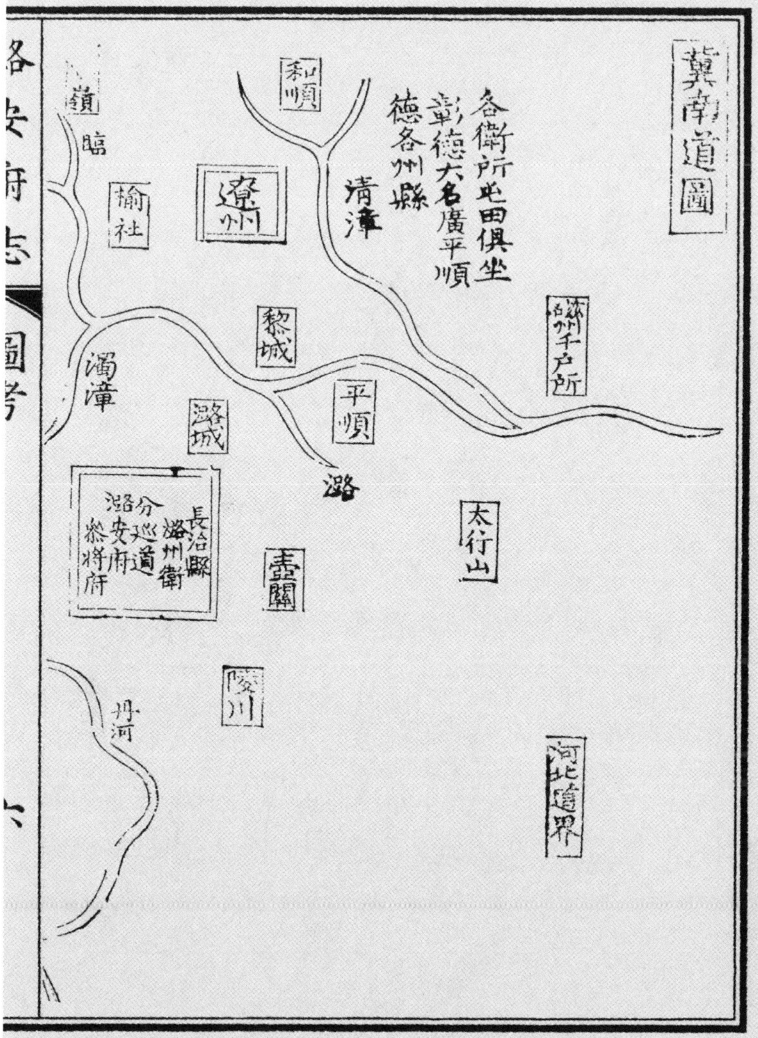
冀南道圖
各衛所屯田俱坐
彰德大名廣平順
德各州縣
磁州千戶所
和順
遼州
清漳
榆社
臨
黎城
濁漳
平順
潞城
潞
太行山
長治縣
潞州衛
分巡道
潞安府
參將府
壺關
陵川
丹河
河北道界
潞安府志
圖考

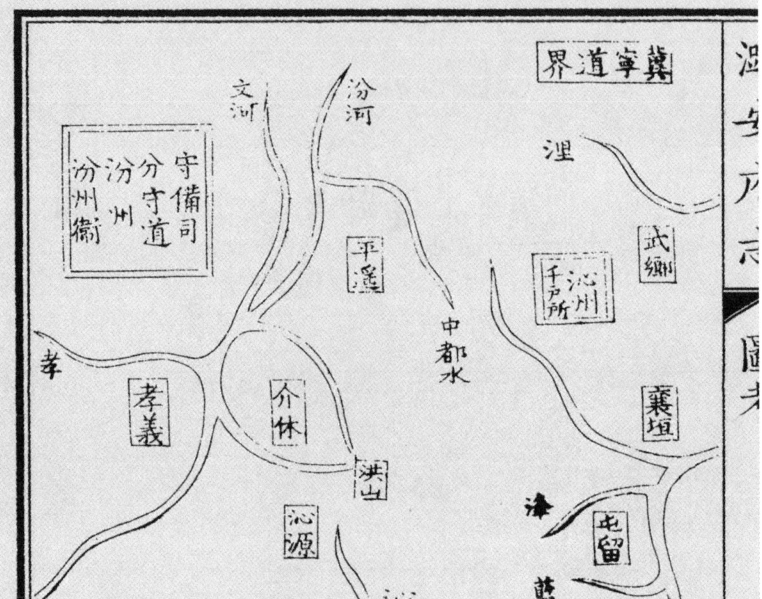

冀寧道界
文河
汾河
守備司
分守道
汾州
汾州衛
涅
武鄉
沁州千戶所
平遙
中都水
孝
孝義
介休
襄垣
洪山
漳
屯留
沁源
藍
長子
沁河
河東道界
沁水
高平
澤州
寧山衛
陽城
太行山

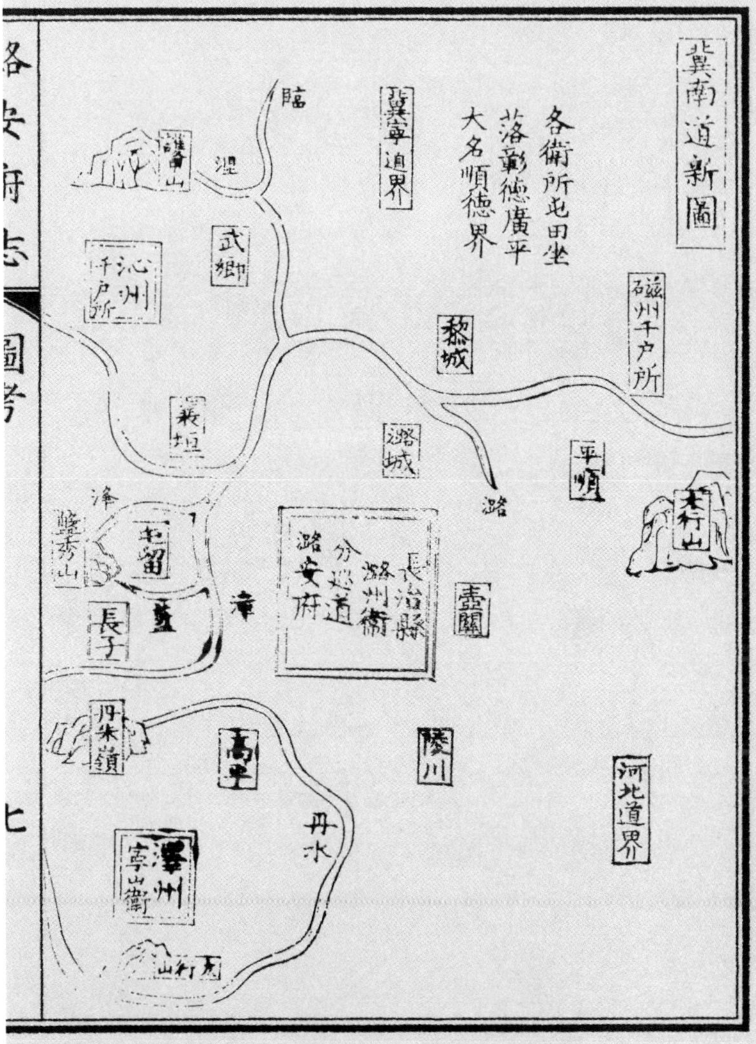
潞安府志
圖考
七
冀南道新圖
各衛所屯田坐落彰德廣平大名順德界
冀寧道界
臨
武鄉
沁州千户所
黎城
磁州千户所
襄垣
潞城
平順
潞
太行山
屯留
長治縣
潞州衛
分巡道
潞安府
壺關
漳
長子
丹朱嶺
高平
陵川
河北道界
丹水
澤州
寧山衛

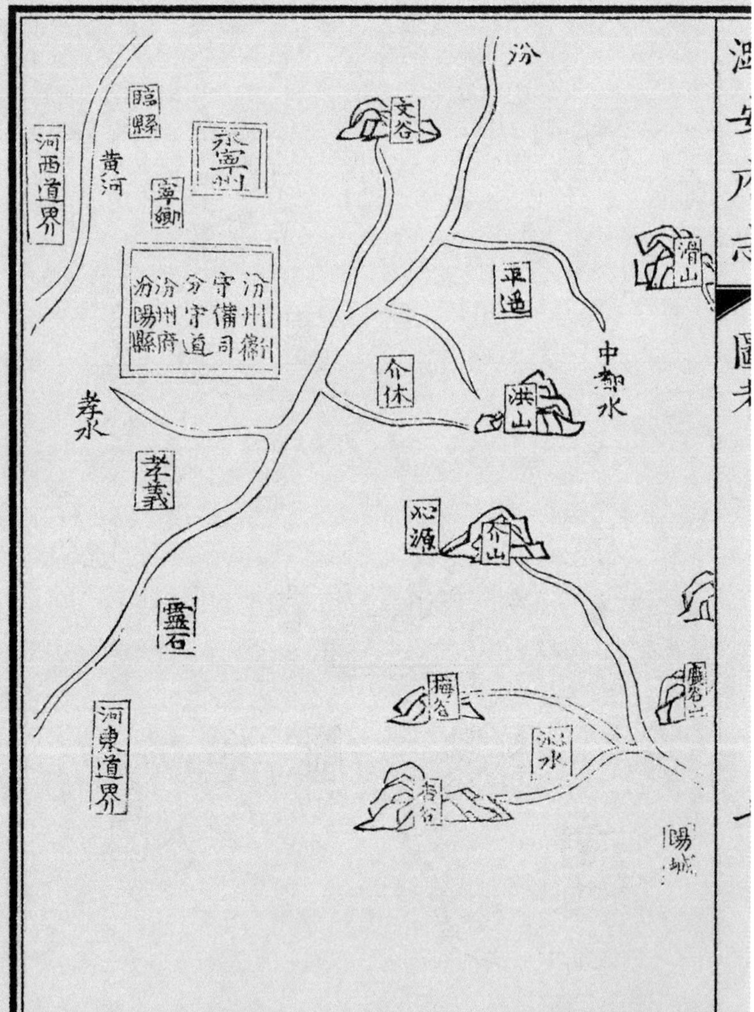
汾
文谷
臨縣
永寧州
河西道界
黃河
寧鄉
汾州衛 守備司 分守道 汾州府 汾陽縣
平遙
滑山
中都水
介休
洪山
孝水
孝義
沁源
介山
靈石
梅谷
沁水
香谷
河東道界
陽城

飛龍宮圖

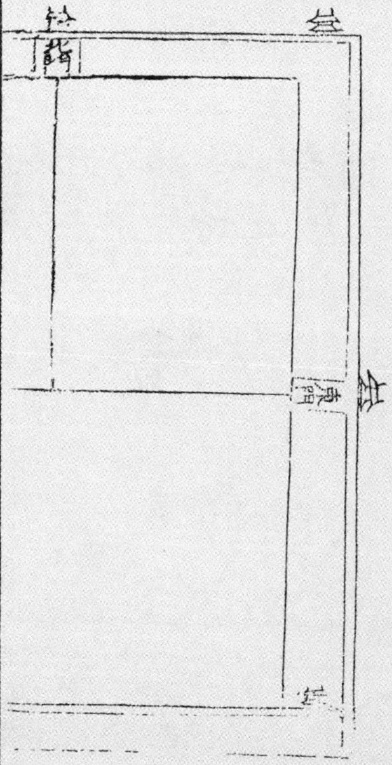

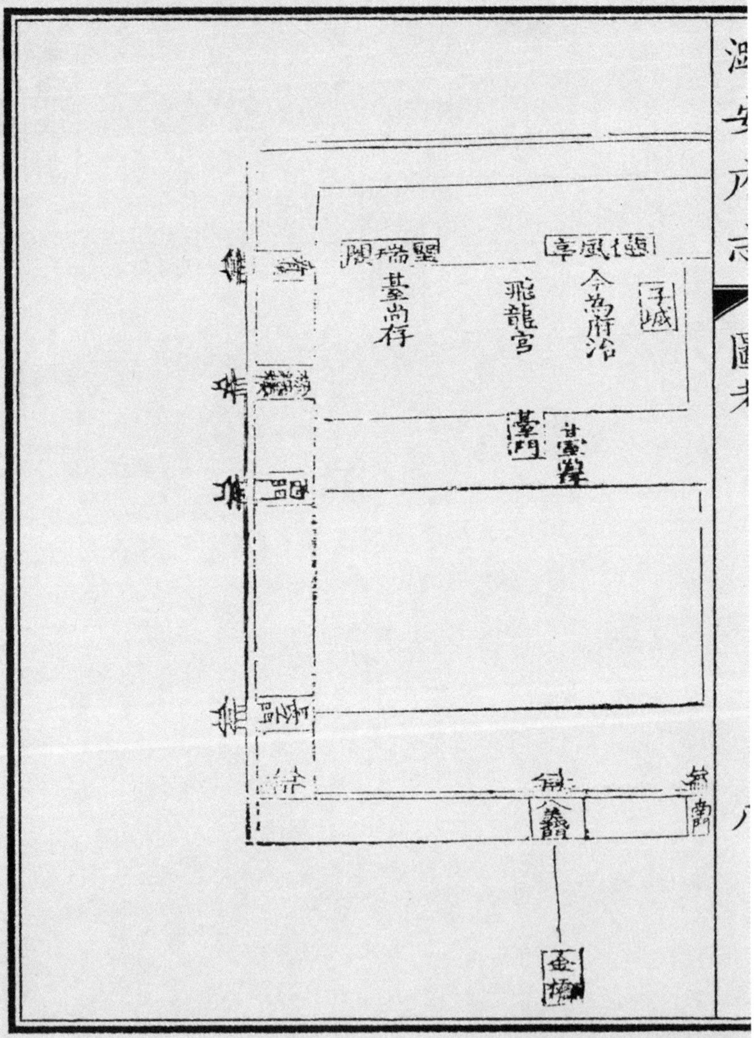
子城
今為府治
飛龍宮
臺尚存
臺門

安府志　圖考

古郡治圖

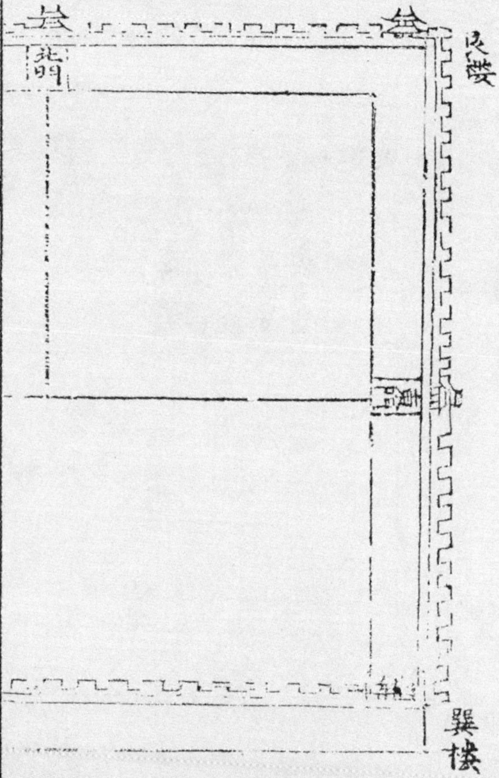

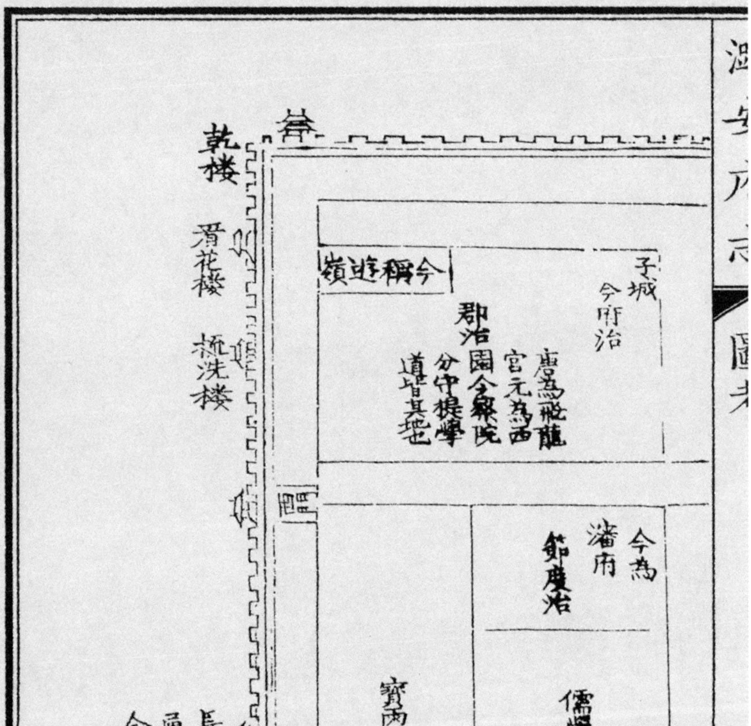
潞安府志
圖考
乾樓
滑花樓
梳洗樓
長寿門
通長亭
今塞
坤樓
今稱逍遙嶺
子城
今府治
郡治園今察院
唐為飛龍宮元為西分守提學道皆其地
今為瀋府
節度治
寶雨塔
儒學
南門
郡治今塞
八義門直通

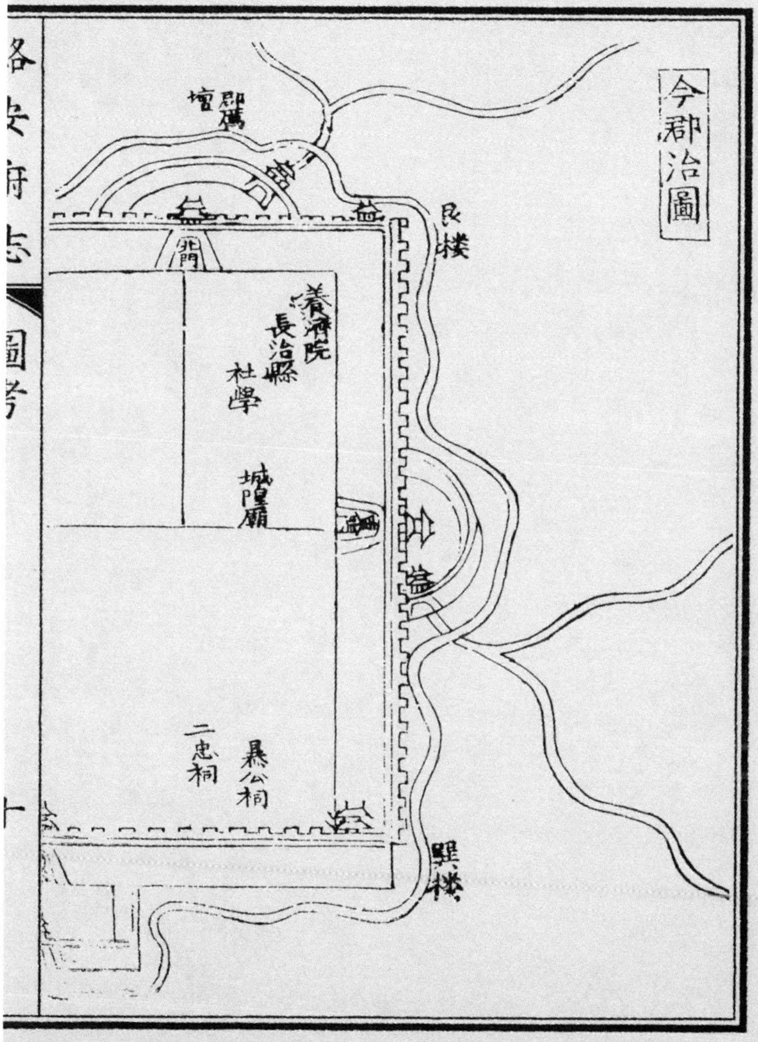
今郡治圖
潞安府志
圖考
厲壇
北門
艮樓
養濟院
長治縣
社學
城隍廟
二忠祠
巽樓

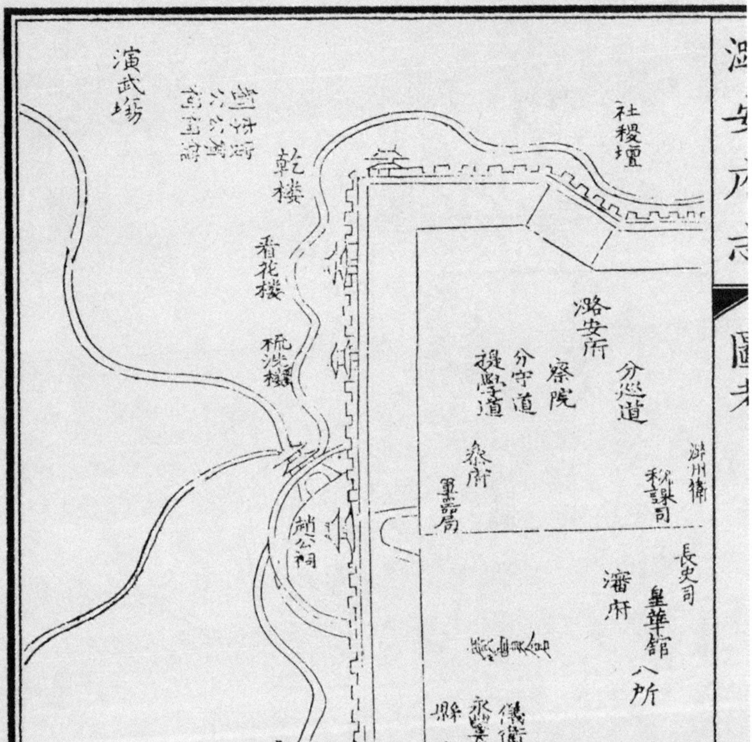
演武場
乾樓
看花樓
社稷壇
潞安府
察院
分守道
提學道
分巡道
潞州衛
長史司
瀋府
皇華館
八所
府學
文廟
宗學
縣學
坤樓
八蜡廟

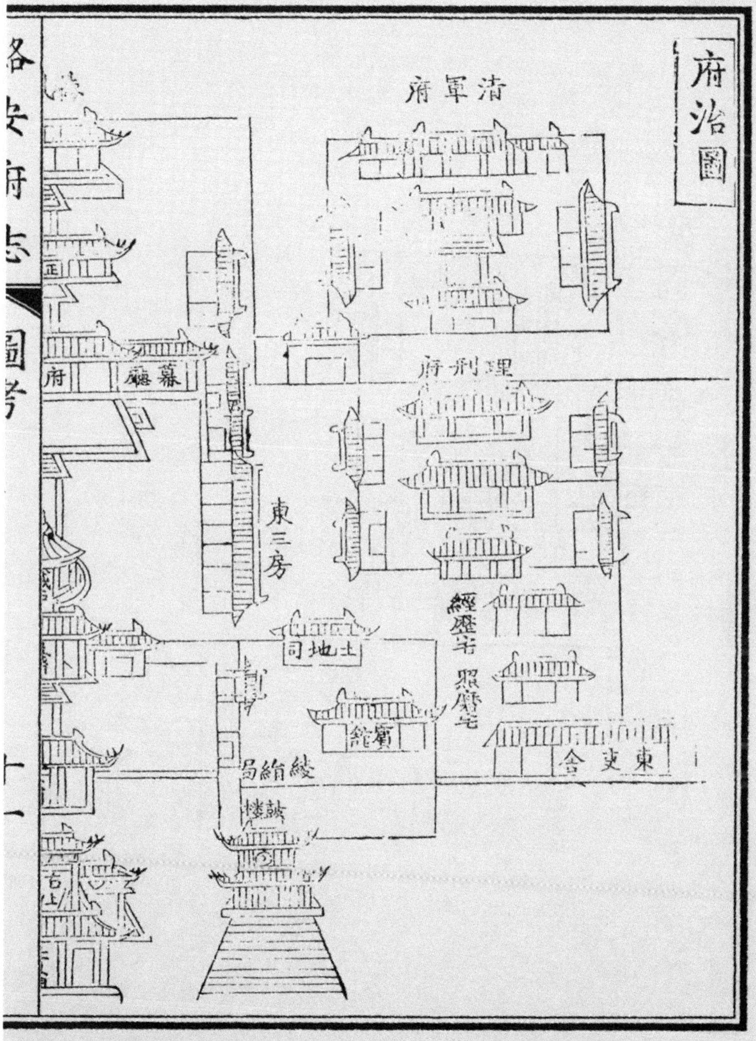
府治圖
清軍府
理刑府
東三房
土地司
經歷宅
照磨宅
東吏舍
綾絹局
鼓樓
幕廳
府

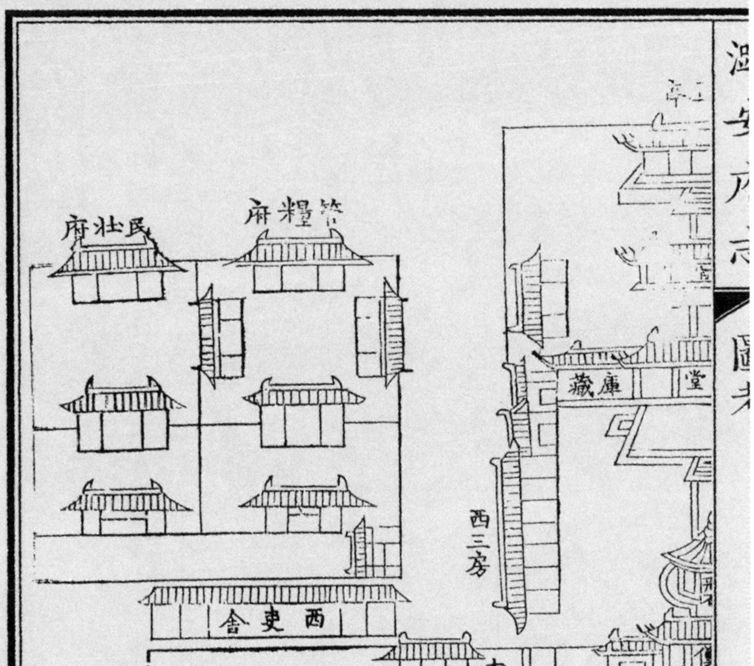
民壮府
管糧府
庫藏
堂
西三房
西吏舍
大監
小監
大門

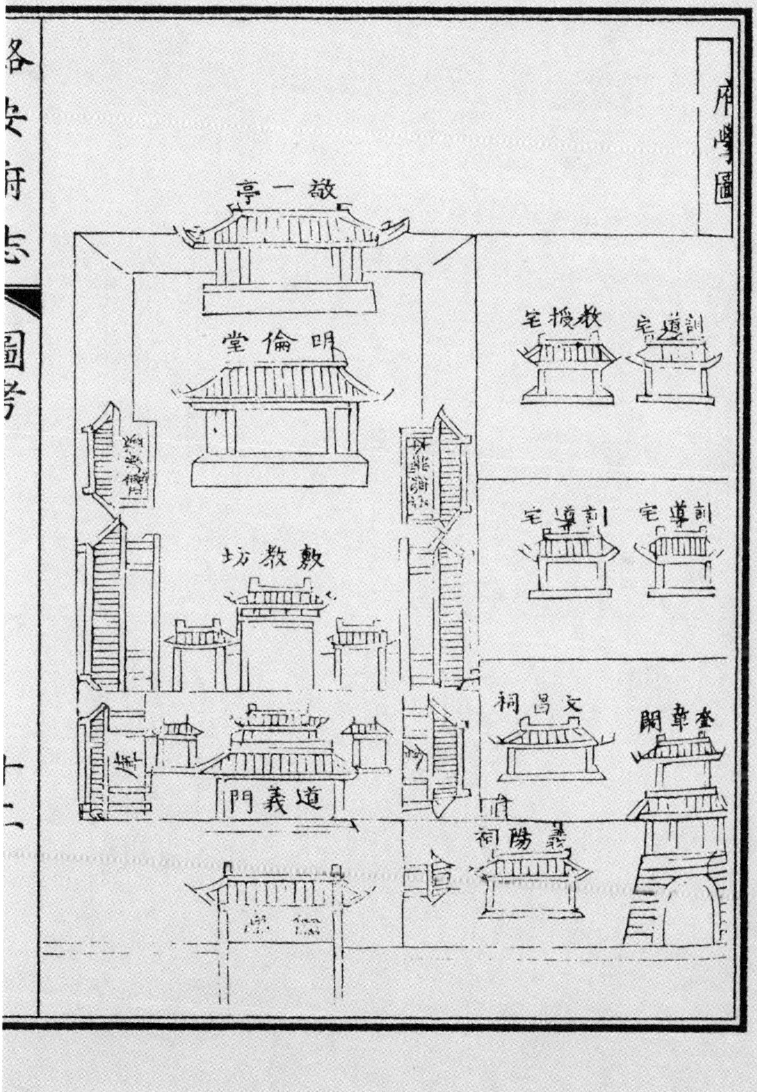
府學圖
敬一亭
明倫堂
敷教坊
道義門
教授宅
訓導宅
訓導宅
訓導宅
文昌祠
奎章閣
義陽祠

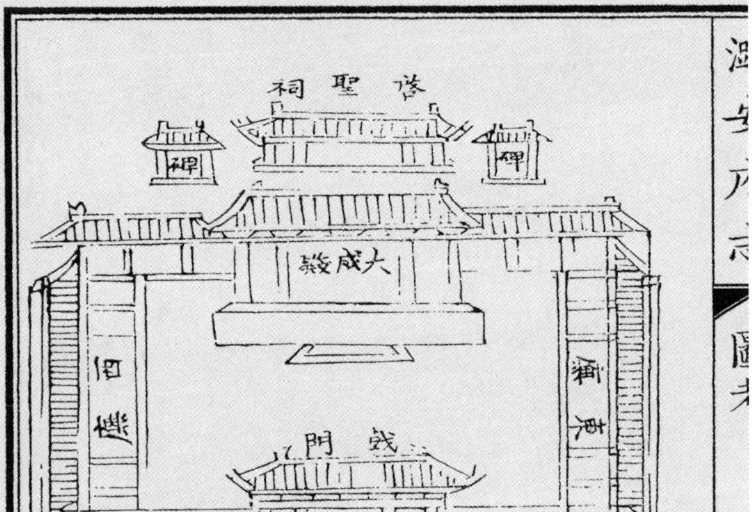
啓聖祠
碑
碑
大成殿
西廡
東廡
戟門
泮池
碑亭
櫺星門

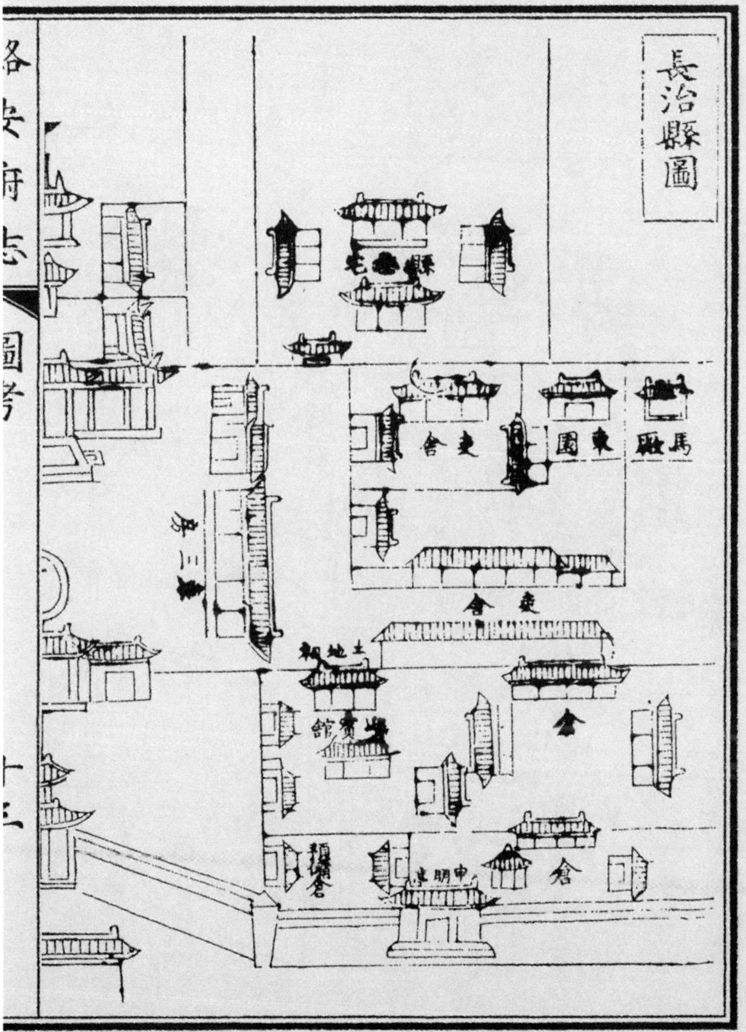
長治縣圖
潞安府志
圖考
縣宅
吏舍
東園
馬廄
吏舍
土地祠
賓館
倉
預備倉
申明亭
倉

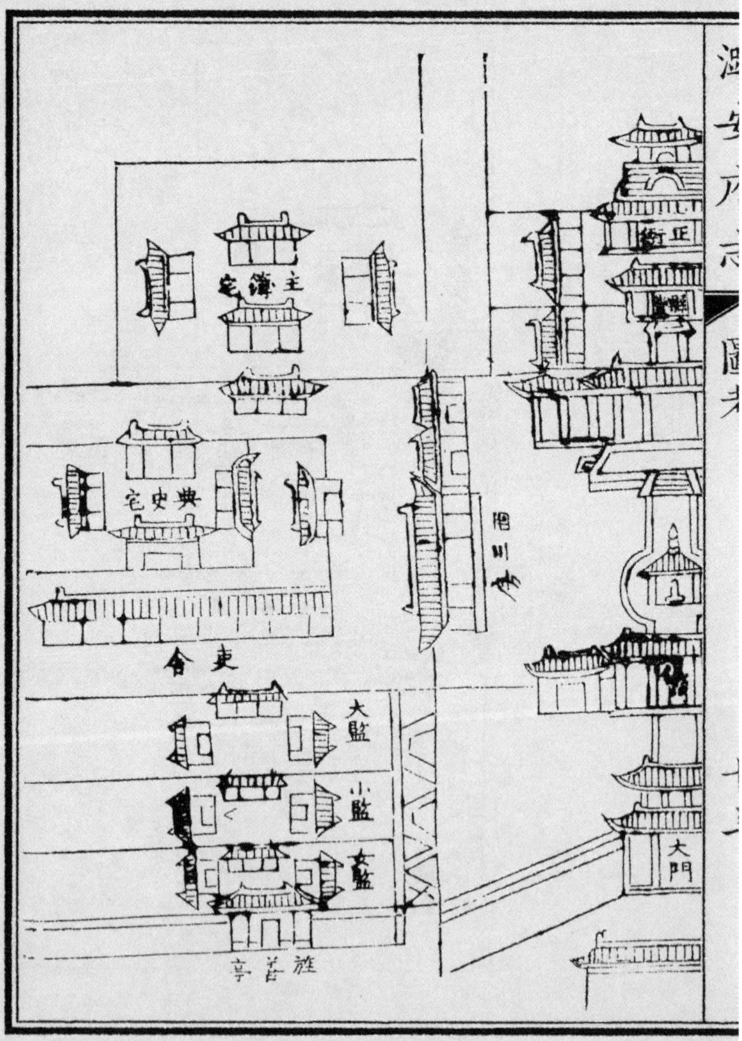
正衙
主簿宅
典史宅
吏舍
大監
小監
女監
大門
旌善亭

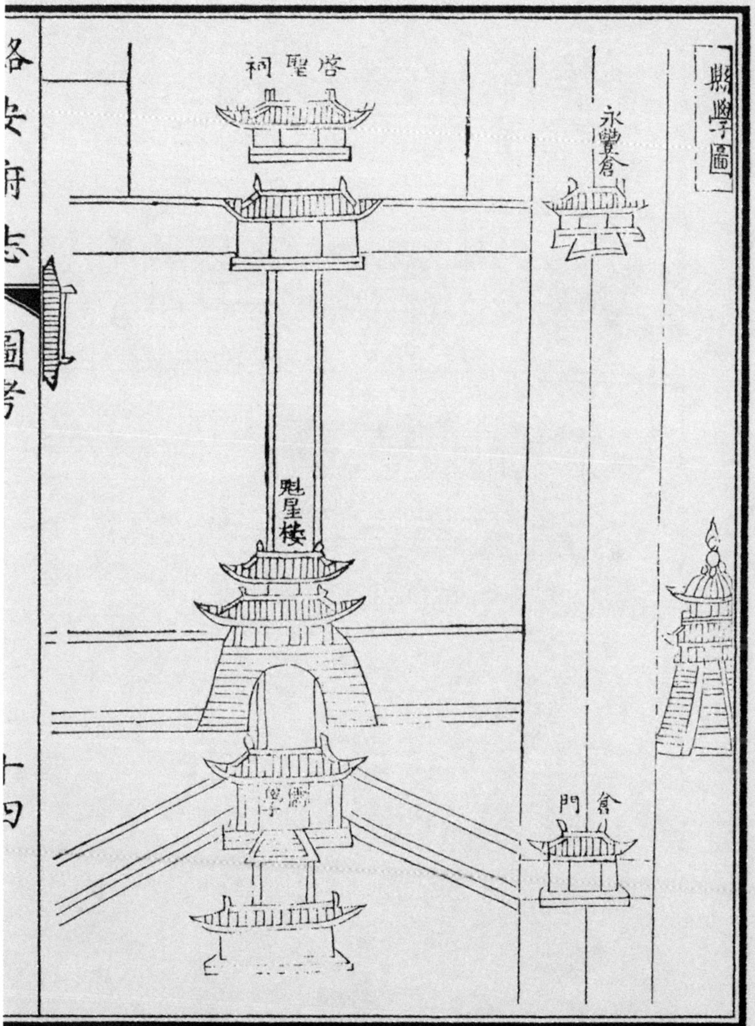
縣學圖
啓聖祠
永豐倉
魁星樓
儒學
倉門
洛安府志
圖考
十四

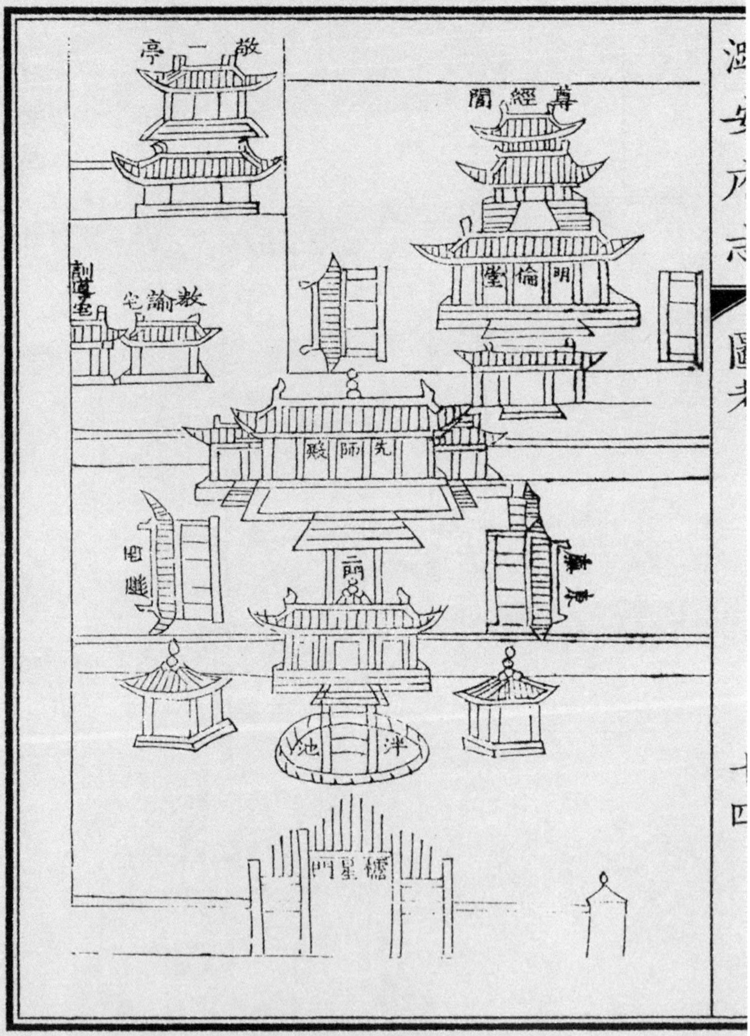
敬一亭
尊經閣
明倫堂
教諭宅
訓導宅
先師殿
西廡
東廡
泮池
櫺星門

潞安府志目録

志何為志治也先王經理天下必因山川自然之勢建都置邑樹之君公緣風氣而束以政教醞為民俗釀為人文流鴻采於丹鉛垂懿槼於歷世間有窒礙難行亦足以戒後車而示覆轍此古今記載之大凡也故今志之大目首天文地理次建置次政事次人物次紀事次藝文而各繫細目

於其下則郡之治理畧備而志徵有足觀
矣

天文之目二

圖考　星野

地理之目四

疆域　山川　形勢　氣候物產

建置之目十有五

封建　節鎮　郡縣　學校　衛所　城

池 宫殿 公署 廟學附書院 群祀 里
甲 鄉鎮 置郵 橋梁附石牌河渠 關隘附寨垣
寺觀
政事之目七
田賦 户口 徭役 課程 儲積附幣錢 武
備 鄉約保甲 風俗附歲時
人物之目十有三
徵薦 進士 舉人 歲貢 名賢 群

潞安府志

凡例

一志據

大明一統志山西通志潞州志府舊志所屬各

縣志考訂於經史及

皇明資治通紀憲章録吾學編叅之文獻通考

太平御覽廣記及諸子野史凡繫潞事確

者收疑者闕訛者裁

一志必列圖簡首以便觀覽儻無裨政教即藻繪何為今惟圖地形以表上游圖古郡境今郡境以明疆域圖昭義節度今冀南道所轄以明統馭圖飛龍宮古郡治今郡治則城郭

藩封宮室壇廟舉在目中而古今沿革盛衰得失亦自居然可見

一舊志疆域歷代列圖考之諸史間有不合

盖一代之中復有沿革故圖不盡收也今惟隨時直叙不列圖而疆域自明後凡地里建置政事人物諸欵止書今在境内者

一分野舊志兼收衆史備録步天歌似詳而泛今遵大明一統志惟采唐史約而有據足驗災祥

一山川以太行漳水爲宗餘書靈異及有古跡者而繼之以形勢及氣候物産則政教

裁成可以因而施矣

一封建舊志斷自

國朝元以前悉裁去考之黎侯封自商湯辛甲

封自周武丹朱微子分茅食邑唐宋名臣

策勳受爵安得盡删雖閒有恩澤及竊據

者亦足以備鑒戒故盡書惟因子追贈原

係借銜不在封建之列别入封廕

一節鎮自唐控制河北始我

朝更爲冀南道而控馭遠近時有因革則得失
隨之不可不鏡也因備書
一官師著績一時垂憲來禩顧載籍湮微不
可得而悉知矣然亦不敢委諸杞宋凡遺
編斷碣有實可據亟爲登録近代循良雖
未敢遽加評隲其良法美意必隨事而書
以俟後之君子尚論焉至於一命之士固
不能槩書乎實有賢者即委吏乘田不敢

沒其善也

一城池宮室傳舍關隘書見設者而亦蒐羅
載籍備書舊址蓋廢興遷改有關時政不
特存往弔古且備勢窮復故禮存舊坊或
亦深思乎

一祀典首廟學次群祀雖諸不在此類而有
舉於前莫廢於後一統志所收也故亦收
之惟正其訛謬耳

一户口田糧里甲村社邑志備書邑志體也郡志惟書其揔而前代懿槩及今時良法有資治理者各以類附

一風俗美惡不特民自趨時盖亦由政教焉故詳稽往昔備録今時參考前人議論畧叙拯捄之策以備採擇

一古今人物當擇其品惟選舉則不可擇故首志歷代科目之可考者其超出群倫足

垂不朽則不問科名别為名賢非此類也
而載籍列其名或鄉黨稱其善亦收之曰
群材而一節一秩閭中方外以次而列終
之墳墓人道畢矣

一孝義節烈維植天常並流峙而光日月使
人感發興起功詎在名卿碩輔下哉所貴
者實耳若事屬疑似群心未厭者姑俟將
来

一志有未盡類所不得入者舊有雜志似年統紀今以叙事代之遺者入誣者删愧聞見俠而脱畧者衆也

一秇文浩繁不能盡收詩賦箴銘詞賛隨事即註以便觀覽文分世代不拘體裁至於誥勅誌銘家乘事也吾郡邑大夫皆曰不必録然亦不勝録矣惟残碑斷碣得於樵牧耕犂世祚彫零家已無乘姑收一二以志感

慨其金石遺文及名家著述另列目録以
偹稽考焉

一志多踵舊文始或考究未詳繼或傳寫漸
訛後来者以為成案不敢翻事既失真人
以偽書擲之矣故今考証有據者政之而
詳叙其由為辨疑以就正於博雅君子

潞安府志凡例 終

潞安府志卷一

明進士懐白周一梧纂著

進士澂源程正已

舉人潔齋賈涇澍校正

天文志

易曰天垂象見吉凶周禮保章氏以星土辨九州之地所封之域皆有分星以觀妖祥夫星之為言精也說文曰萬物之精上

爲列星其本在地而上發于天者也是故
混闢玅凝玄黄鑠化在天成象在地成形
天地之氣無一息不相流通造化之機無
一物不相感應政失于此則變見于彼猶
景之象形聲之應響書曰惠迪吉從逆凶
惟影響志天文
昔顓帝始制九州潞在冀域舜肇分十二潞
隸并州漢司馬遷史記趙地昴畢之分趙分

晉西有太原定襄雲中五原上黨班固漢書取三統曆十二次配十二野下分地里上準天象多因史記自胃七度至畢十一度為趙分野屬冀州自危十六度至奎四度為衛分野屬并州晉州郡纏次上黨入輿鬼二度是潞為昴畢分地度入輿鬼胃井柳皆經緯聯絡並列一方各有占候法當附之而樞星則總攝主趙不在度數也

大明一統志潞為參井分野參考纏度蓋參與畢連井與鬼連也若危室壁奎雖屬并州為衛分野則遠不相涉矣洪範曰庶民為星十室之邑亦有分野潞乃大郡雄據一方控制千里王侯將相上應星辰文物冠裳有關氣運者不知其幾而可不志歟

開陽從樞主趙分春秋緯文耀鉤太行至碣石王屋底柱冀州屬樞星晉天文志曰魁第一

星曰天樞二曰璇三曰璣四曰權五曰玉衡六曰開陽七曰搖光石氏云一主秦二主楚三主梁四主吳五主燕六主趙七主齊冀為趙分野潞乃冀域也唐天文志曰一行以天下山河之象存乎兩戒北戒自三危積石負終南地絡之陰東及太華逾河并雷首底柱王屋太行北抵常山之右乃東循塞垣至濊貊朝鮮是謂北紀所以限戎狄也南戒自岷

山嶓冢負地絡之陽東及太華連商山熊耳
自上洛南逾江漢至于衡陽乃東循嶺徼達
東甌閩中是謂南紀所以限蠻夷也故星傳
謂北戒為胡門南戒為越門河源自北紀之
首循雍州北徼達華陰與地絡相會並行而
東至太行之曲分而東流與涇渭濟瀆相為
表裏謂之北河江源自南紀之首循梁州南
徼達華陽與地絡相會並行而東及荊山之

陽分而東流與漢水淮瀆相為表裏謂之南河觀兩河之象與雲漢之所終始而分野可知矣兩河雲漢則隨樞幹轉故樞為天之中極也

胃昴畢在酉趙分野春秋元命包曰畢昴散為冀分為趙晉天文志曰自胃七度至畢十一度為大梁于辰在酉為趙分野魏郡入昴一度趙郡入畢八度唐天文志曰初胃四度餘

二千五百四十九秒入太中昴六度終畢九度自魏郡濁漳之北得漢趙國逾衆山盡代郡爲畢分循北河之表西盡塞垣皆髦頭故地爲昴分

觜參井在申魏分野晉天文志曰自畢十二度至東井十五度爲實沈于辰在申爲魏分野

唐天文志曰觜觿實沈也初畢一十度餘八百四十一秒四之一中參七度終東井十一

度自漢之河東及上黨太原盡西河之地設
險以限秦晉上應天關
井鬼柳在未秦分野晉天文曰自東井十六度
至柳八度爲鶉首在未爲秦分野太原入東
井二十九度上黨入輿鬼二度唐天文志曰
東井輿鬼鶉首也南曲之陰在晉地衆山之
陽南曲之陽在秦地衆山之陰陰陽之氣并
故與東井通河東河北及河曲皆東井之分

上黨次居下流與趙魏接為觜參之分故

大明一統志云潞州參井分野

嘗觀宋洪邁容齋集曰晉天文志謂自危至奎為衛之分野屬幷州衛本受封河内商虛後徙楚丘河内乃冀州所部其他邑皆在東郡屬兖州與幷州了不相干而幷州之下所列定安天水隴西酒泉燉煌諸郡自繫涼州又謂自畢至東井為魏之分野屬益州魏分

晉地得河内河東諸邑與益州亦不相干而雍為秦其下乃列雲中定襄鴈門太原上黨諸郡繆亂如此蓋皆出于李淳風之手豈非蔽于天而不知地乎余歷考前代星野之說惟太史公著論為精漢天官書出于史記晉天文志本于漢書其分野亦是但所屬郡邑誠繆今但以天水燉煌諸郡歸正于雍州所部以雲中上黨諸郡歸正于幷州所部則躔

潞安府志　卷一　六

度地里上下脗合矣淳風豈真蔽于天而不知地者抑或傳録者之誤也此正潞之分野因辨及之俟知者耳

天文

星野

分野之說歷代天文詳矣顧其星度躔次不盡相符甚至自相矛盾如晉志者實沈魏分而屬之益州鶉首秦分而綴以上黨似不可曉更考諸家唐志得之曰觜觿實沈也初畢十度餘八百四十一秒四之一中參七度終東井十一度自漢之河東及上黨太原盡西

河之地設險以限秦晉上應天關又曰東井輿鬼鶉首也南曲之陰在晉地衆山之陽南曲之陽在晉地衆山之陰陰陽之氣并故輿東井通河東河北及河曲皆東井之分上黨次居下流與趙魏接爲觜參之分故

大明一統志以潞爲參井分野乘唐志也今從之

樞星屬潞圖

北極五星在紫微宮中一名天樞一名北辰其紐星為天之樞也天運無窮三光旋繞而極星不移次日居其所而衆星拱之北斗七星第一曰天樞石氏曰正是天子之象以其居常不移亦如天極也第七曰摇光石氏曰應星以其旋轉不定其光摇動也近代星家多以第一星為摇光第七星為天樞似與一至四為魁五至七為杓不合姑備存之

丹元子歌曰北斗之宿七星明第一主帝名樞精第二第三璇璣星第四名權第五衡開陽搖光六七名輔星近着開陽明通志畧曰輔星附乎開陽所以助斗成功七政之樞機陰陽之元本以建四時而均五行也

星分昴宿圖

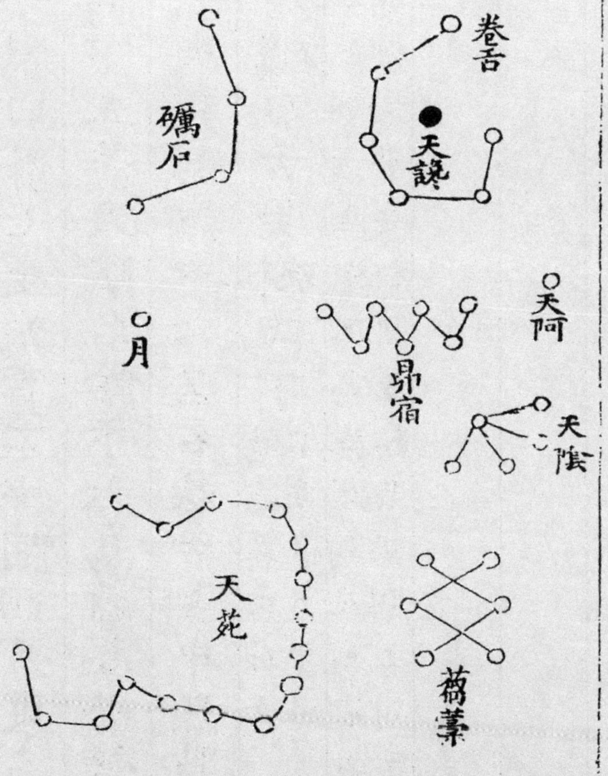

丹元子歌曰鼎七星聚實不少阿西月東各一星阿下五黄天陰名陰下六烏薷藁營營南十六天苑形河中六星名卷舌舌中黑點天讒星礪石舌旁斜四丁通志畧曰鼎十一度下為日月中道天之耳目也西方主獄又為旄頭胡星也張衡云明則獄訟平安和暗或動若跳躍主胡兵

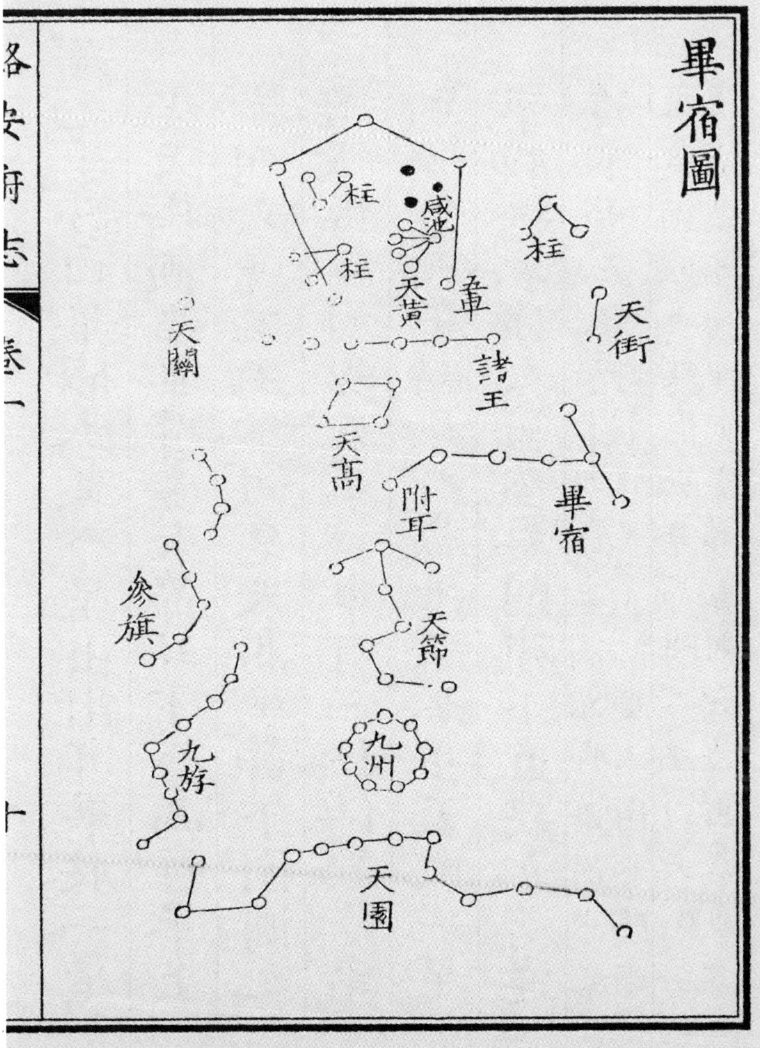

畢宿圖

丹元子歌曰畢似瓜叉八星出附耳畢股一星
光天街两星畢背旁天節耳下八烏幢畢上
横列六諸王王下四皂天高星節下圍圓九
州城畢口斜對五車口車有三柱任縱横車
中五箇天潢精横畔咸池三黑星天關一星
車脚邊參旗九箇參車閒旗下直建九斿連
斿下十三烏天園九斿天園參脚邊通志畧日畢十七度主街巷陰雨天之雨師也張衡云畢昴閒二星曰天街三之道也明而定則安移動則霖潦街巷壅塞

參宿圖

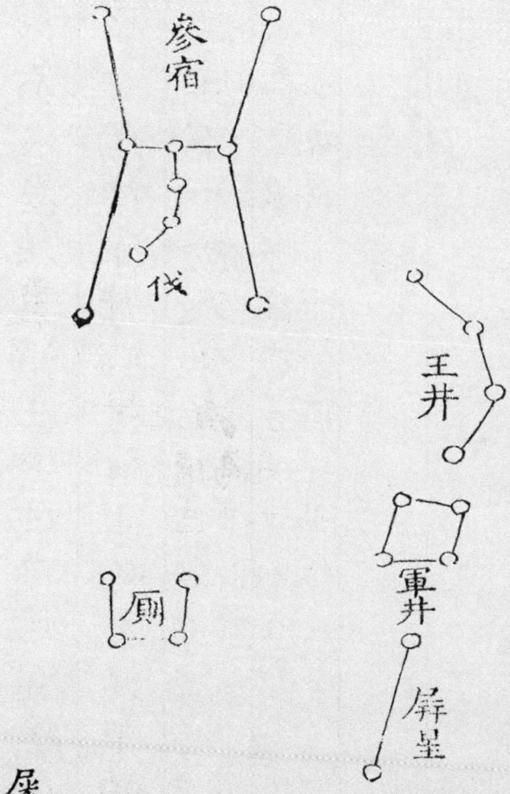

丹元子歌曰參總七星觜相侵兩肩雙足三為心伐有三星足裏深玉井四星右足陰屏星兩扇井南襟軍井四星屏上吟左足下四天廁臨廁下一物天屎沉通志畧曰參十度上為日月五星中道甘氏參為忠良孝謹之子明大則臣忠子孝安吉又主權衡所以平理也

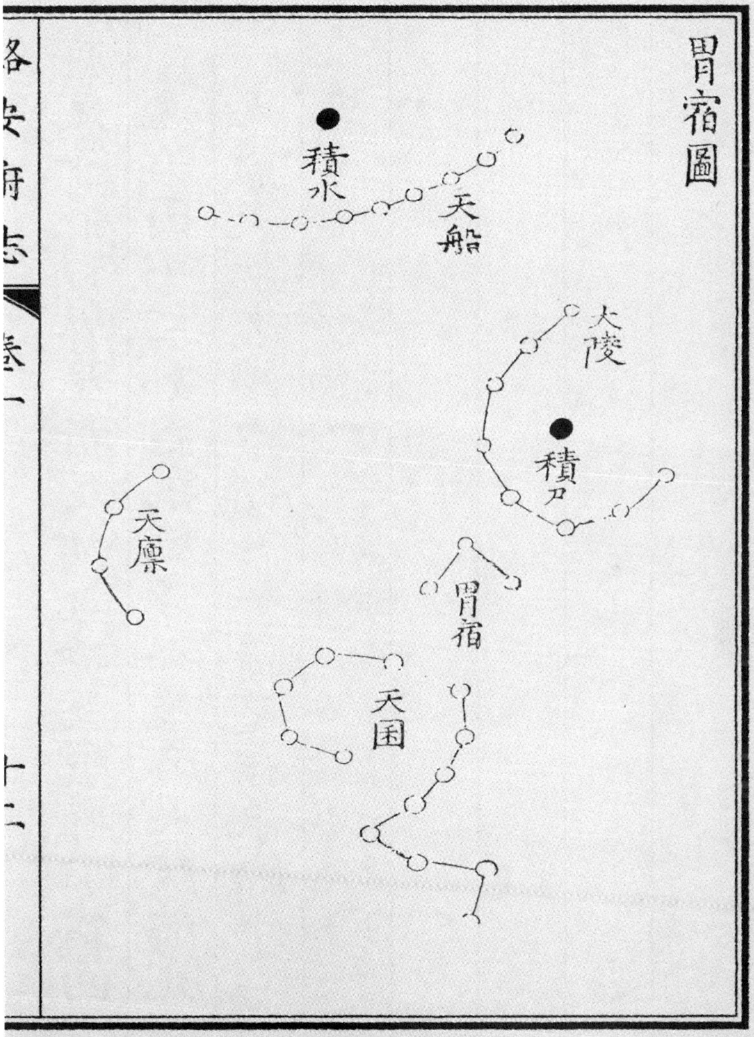
胃宿圖
積水
天船
大陵
積尸
天廩
胃宿
天囷

丹元子歌曰胃星折足河之次天廩胃下斜四星天囷十三如乙形河中八星名大陵陵北九箇天船名陵中積尸一箇星積水船中一黑星通志畧曰胃十五度天之儲藏五穀之倉也明則四時和平倉廩實暗穀少有輸運

度入鬼宿圖

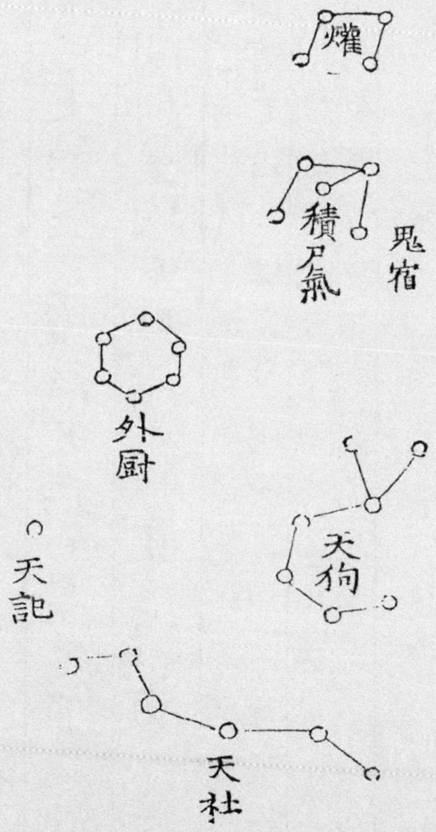

丹元子歌曰鬼四星方似木櫃中央白者積尸氣鬼上四星是爟位天狗七星鬼下是外廚六間柳星次天社六星弧東倚社東一星名天記通志畧曰輿鬼二度為日月五星之中主死亡疾病甘氏云占以不明安芒角動則賦歛重徭役多政急人荒鬼哭鬼欲其忽忽不明則安故喜暗

井宿圖

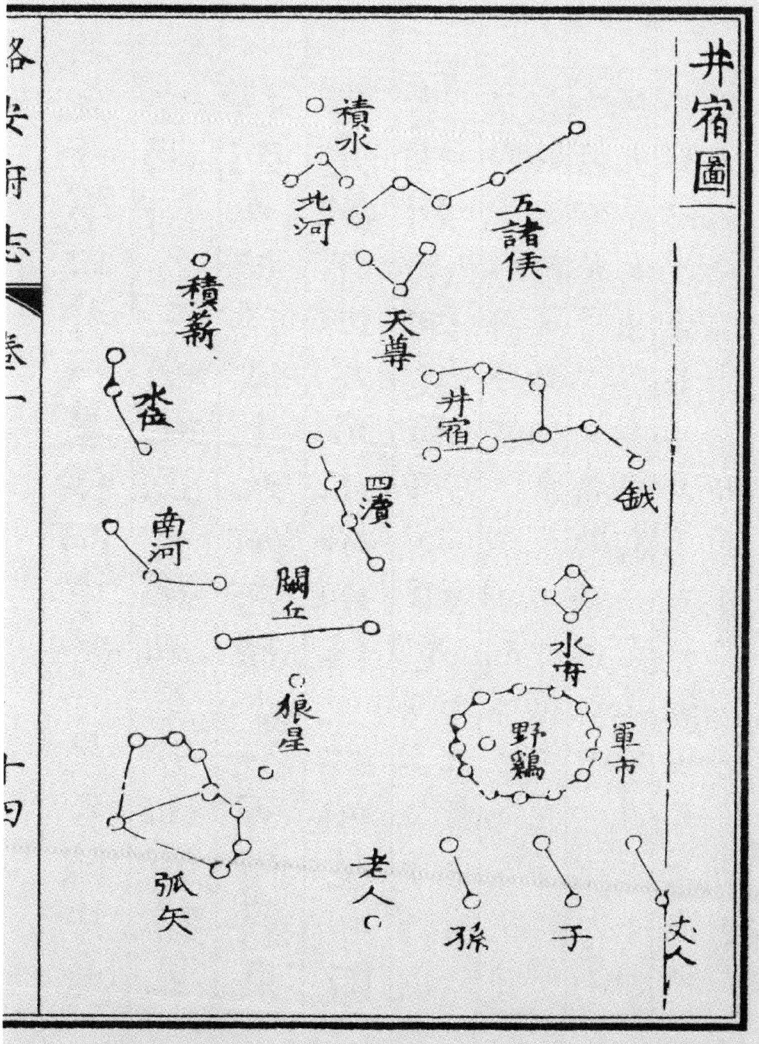

丹元子歌曰井八星横河中静一星名鉞井邊安西河各三南北正天罇五星井上頭罇上横列五諸侯侯上北河西積水欲覓積薪東畔是鉞下四星名水府水位東畔四星序四瀆横列南河裏南河下頭是軍市軍市圜圓十三星中有一箇野鷄精孫子丈人市下列各立兩星從東說闕丘兩星南河東丘下一狼光蓬茸左畔九箇彎弧弓一矢擬射頑狼胷有箇老人南極中春秋出入壽無窮通志畧曰井三十四度在河中主泉水曰天井張衡云天之南門也主水衡事去令所取平也法平則明

柳宿圖

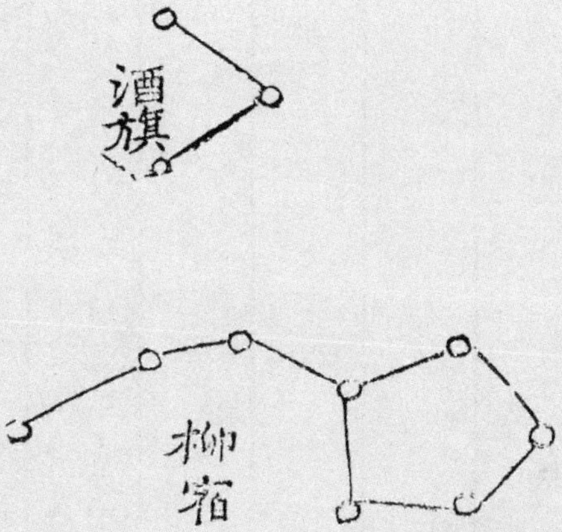

丹元子歌曰八星曲頭垂似柳近上三星號為

酒亨宴大酺五星守通志畧曰柳十四度上

為天之中道張衡云柳

為朱雀之嗉天之厨宰也主尚

食和滋味明大則豐暗則饑饉

古今言星曆者其類有三曰道曰法曰術而已星初無名亦不知有度黃帝因日月交會擬之為名玄運混茫節而為度以明得失以察機祥此星曆之始也嗣是乃有重黎攝樞羲和御軌斡旋元會出入太虛萬象括於心胷八紘輪於目眦造化之理不察而知蓋上古聖人繼天不遠精靈神異光岳氣全人即神神即天矣消息盈虛與化合一此所謂道

不可以法言也唐虞而下專門甚多其名家
者若巫咸梓慎裨竈甘石之徒去古未遠圖
譜考驗其說甚精後世宗之言天者不能過
也若丹元子步天歌者尤極精邃法家名曰
鬼料竅嘗秘之靈臺不傳人世此所謂法不
可以術言也若夫風角雲氣之變管窺蠡測
之占雜述災祥妄談休咎此則所謂術爾畔
法左道惑世誣人刑網禁之或謂星野之說

諸家俱涉誣會究心荒物何益於學或謂天文星曆知之甚難既已知之復恐泄漏此皆以術言而不知道與法者也聞

仁廟諭大學士楊士奇曰天文之禁自為民間卿等安得有禁以天官玉曆祥異賦

賜群臣自是儒臣始得窺玄象矣余初第時見廖洞野學士曰天文不知是無頭腦學問且取步天歌讀之因考諸家果無過於丹元子

者覽圖誦歌得心應目每於秋夜登臺仰觀內自太微外及列宿經緯周垣若珠聯碁布可數而知鄭漁仲謂素秋無月碧天如水一天星斗盡在胷中豈欺我哉傳曰思知人不可以不知天若視為荒物而不究心非達天者矣

潞安府志卷一

地理一

疆域

潞以水名其稱上黨謂居太行之巔地形最高與天為黨也九州屬冀十二州屬并唐虞夏為畿內地殷為黎國（郡南有黎侯嶺黎水黎嶺村）紂都朝歌亦在畿內微子曾食采焉（潞城有微子嶺微子村）周亦為黎國分封辛甲於長子春秋時赤狄

奪黎地而擾之為潞子嬰兒國晉滅潞復黎尋為晉併戰國時為韓別都而實近於趙秦掖野王鄭道已絶故馮亭以上黨歸趙有城市邑十七（按趙襄子出亡問所之左右曰長子城厚完又襄垣襄子所築則上黨曾屬趙故今日歸）秦置上黨郡漢因之領縣十四長子（即今縣）屯留（即今縣）余吾（今為驛屬屯留）銅鞮（今襄垣褫亭驛及沁州地）沾（今樂平遼州和順地）涅氏（今武鄉榆社地）襄垣（即今縣）壺關（即今縣及長治平順黎城地）潞（即今潞城）泫氏（今高平陵川地）高都

今澤州猗氏今長子屯留之西界陽阿今澤州西北界轂遠今沁源岳陽地後漢省余吾晉省猗氏陽阿轂遠析涅氏置武鄉割沾縣屬樂平郡石勒析治武鄉郡後魏又析治高都長平襄垣郡上黨所領惟長子壺關屯留乃復猗氏為寄氏又析長子寄氏為樂陽虘張五縣實則舊四縣也後周改郡為潞州改襄垣為韓州隋廢二州復稱上黨郡廢壺關置上黨黎城二縣合長子屯

留襄垣潞城銅鞮涉（原屬廣平郡隋改屬韓州及韓州廢來屬上黨）鄉（即武鄉後魏去武字）沁源（後魏置）共十縣唐初為潞州設總管府貞觀初府廢尋置都督府天寶元年以玄宗潛邸復稱上黨郡陞府為大都督尋復為州割沁源析上黨縣復置壺關亦十縣至德初置澤潞節度使建中初徙昭義節度于潞州遂稱昭義軍當時鎮轄會領澤沁儀磁邢洺趙懷衛河陽鄭陳潁遥制二三千

里非郡轄也另詳節鎮五代梁改匡義軍唐
改安義軍尋復昭義軍宋太平興國初改昭
德軍領河東路兵馬鈐轄兼提舉澤晉絳州
威勝軍治本城兵馬巡檢事省銅鞮割武鄉
領縣八建中靖國初以徽宗潛邸改昭德軍
為隆德軍尋陞隆德府仍還昭德舊節金復
為潞州昭義軍天會中兼潞南遼沁觀察處
置等使以遼沁二州為支郡元初為隆德府

行都元帥府事後改潞州屬平陽路至元間割涉縣領縣七

國初省上黨縣入州領縣六初隸平陽路尋直隸山西布政司嘉靖七年州陞府稱今名置附郭縣曰長治又析壺關黎潞三縣地置平順設分巡冀南兵備道於郡城道轄本郡及澤沁遼汾萬曆二十三年割遼州入冀寧道而以冀寧道之永寧州來屬亦非郡轄易詳

節鎮今郡實領縣八東平順壺關外接河南之林縣以太行山麓為界壺關之南轉而西為長治長子外接陵川高平以馬鞍壑換馬嶺丹朱嶺為界長子之西轉而北為屯留襄垣外接沁水浮山岳陽沁源以方山草峪嶺為界襄垣之北轉而東為黎城外接沁州武鄉遼州以司馬村婁堆塢峒峪嶺為界黎城之東轉而南與平順合外接河南之涉縣以

槐樹坡爲界中包潞城潞城之南爲郡治廣
三百二十里袤二百八十里西北五百里達
省東北一千三百里達京師皆陸路東南二
千二百六十里達南京兼水陸藩封有
瀋府公署有潞州衛瀋陽中護衛
長治附郡郭即舊上黨郡也始郡治壺關或
長子或襄垣之安民城皆偏落一隅隋廢壺
關置上黨縣而後郡治定考縣之陶水舊屬

長子當時盖亦割長子地焉

國初省入州嘉靖七年州陞府復置縣更今名

東壺關南高平西長子北潞城廣三十五里

袤八十五里

長子在郡西南五十里堯時為長子朱采邑

因名焉武王滅商封辛甲於長子即此秦置

縣漢為郡治晉慕容永據以為都後魏析置

樂陽縣北齊併廢隋初復置曰寄氏魏改漢猗氏為

寄氏先併廢尋復稱長子實有寄氏地唐至今因之東長治南高平西岳陽北屯留廣一百三十里袤八十五里有驛傳為通衢

屯留在郡之西六十里一名純留漢有余吾縣後漢省入後魏析置建義北齊廢隋復置元併入襄垣尋復置今考山川兼有余吾之地及寄氏之半東潞城南長子西沁源北襄垣廣一百二十里袤四十八里通衢有驛傳

襄垣趙襄子所築之城因以為名秦漢晉皆屬上黨郡境内有安民城曾兩為郡治新莽改稱上黨亭魏割屬鄉郡尋析銅鞮置五原析屯留置建義改潞縣為刈陵合四縣另置襄垣郡北齊廢郡後周置韓州隋廢州復縣仍來屬唐武德初復置韓州以銅鞮黎涉為屬縣貞觀中仍廢州復縣仍來屬至今因之在郡西北九十里東黎城南屯留西沁州北

武鄉廣一百一十里袤八十五里西北有褫
亭驛即故銅鞮縣為通衢達省
潞城本潞子國以臨潞水名秦漢晉皆稱潞
縣為郡屬考其在昔山川有積布山涉城涉
水嘗有黎涉地也元魏改刈陵割屬襄垣郡
後周併入襄垣縣隋復置縣稱今名仍來屬
唐天祐初更名潞子尋復更今名沿至
國朝嘉靖初縣民陳卿賀險拒命既蕩平即其

巢穴置平順縣爲縣之東界南長治西屯留北黎城延袤皆七十里爲入京路去郡僅四十里

壺關山川相錯地形如壺因名焉自秦建縣常爲上黨郡治後雖一遷長子西遷安民城尋皆還治考其昔日山川有黎亭壺關口五龍山微子嶺魯班門實有今長治平順黎潞之地稱巨邑故久爲郡治隋廢以其地置上

黨縣唐初復置僅得故地之半沿入

國朝置平順又割其東北隅縣遂弱今其界東

平順南陵川西長治北潞城廣五十里袤七

十五里在郡之東僅隔一山相去三十里

黎城以古黎國得名本壺關潞城地後魏以

潞縣被誅遺民遷此隋始置縣稱今名唐武

德初割屬韓州貞觀中廢韓州仍来屬宋天

祐二年更名黎亭天聖中併置涉縣之白馬

驛即今治熙寧五年省入潞城元祐元年復置金貞祐三年改隸崇州（即涉縣陞為州也）尋復來屬至元二年併涉縣之倫城十三村入焉元及

國朝因之追置平順割縣之東南隅今其境東涉縣南潞城西襄垣北遼州廣一百一十里袤一百三十里去郡一百一十里縣東二十里為吾兒峪巡檢司出境達京師即古壺口

關也

平順在郡東北七十里置於嘉靖之七年本潞城青羊里山川險絶陳卿因之以拒命寇平建縣西割潞城南割壺關北割黎城即以三縣為鄰東林縣廣一百五十里袤九十里

長治志李裕州（郡人名尚實）曰按縣奄有全州之版圖稱鉅矣然縣因府置府以州徙則肇始於青羊陳卿之變夫卿初一傭奴耳

非有陳涉吳廣之資藉也非有黃巾之幻惑與夫綠林銅馬之雄猷又非敢萌移簴問鼎之逆節也不過苟目前一飽一亭長縛之矣柰何始則養之以姑息之有司幸遷去以自脫既復激之以張皇之群職媒奇貨以自封一蔽上而逃辜一乘亂而樂鬩履霜集霰蔓不可除至於將領殪矣守令刼矣壓

九重費鉅億流血戰壘暴骨沙場未已也乃至竄避巖谷之平民官軍與賊共勦之罔有孑遺然後策勲獻馘銘旂常而叙伐綰赤紱以班賞縣是曰宜道道爲宜府府爲又縣爲且割黎潞壺關之區而設平順爲釐此柝彼裂宄規而賈實害張虐數而厚眞蠹今其濃賞大官若晞露游塵耳然億兆之墊溺腠骨伐髓不復可拯救也悲夫

地理二　山川

千里一片石舉上黨之山皆太行也支分派衍皆有名稱而太行獨不見於志失其宗矣故今首列太行而後及其餘

太行山　郡居其巔東界在平順縣朱子所稱河北望之如黑雲在半天者即此唐玄宗幸潞早登太行山言志詩清蹕渡河陽凝笳上太行火龍鳴鳥道鐵騎遶羊腸玄霧埋陰壑丹霞助曉光澗泉含宿凍山木帶餘霜野老茅為屋樵人薜作裳宜風問耆艾敦俗勸農桑凉德慙先哲徽猷慕昔皇不因今展義何必冐垂堂○張說和六龍鳴玉鑾九

析步雲端河絡南浮近山經北上難羽儀映松雪戈甲帶春寒百谷晨笳動千巖曉柝攢皇心感韶節敷藻念人安既立省方館復建禮神壇扈蹕參天老承榮忝夏官長勤百年意思見一勝殘○張嘉貞和明發扈山巔飛龍高在天山南平對輦山北遠通燕瞻彼岡巒峻馮茲士馬妍九旂行若砥萬谷轢如川羅網開三面閶闔問百年澤將春雪比文共曉星連後后逢今聖登台謝曩賢唯餘事君節不讓古人先○張九齡和孟月攝提貞乘時我后征晨巖九折度慕戒六軍行日御馳中道風師卷太清戈鋋林表出組練雪間明動植希皇豫高深奉睿情陪遊七聖列望幸百神迎氣色烟猶喜恩光草尚榮之衆稱萬歲今此復同聲○蘇頲和北山東入海馳道上連天順動三光注發臨萬象懸俛觀河内邑

平指洛陽川樓蹕臺關險張旗亘井泉曉嚴中警折春事下蒐畋德重周王問歌輕漢后傳宸遊鋪令典甯思起芳年願以封書奏回鑾禪肅然。苗晉卿和金吾戒道清羽騎動天聲祇路方南絕重巖始北征閒樓前望遠河邑下觀平喜氣迴輿合祥風轉旆輕祝堯三老至會禹百神迎月令農先急春蒐禮後行仍覲后土祭更理晉陽兵不似勞車轍空留八駿名。貝瓊太行山謠送靳文用歸潞太行之邑包燕跨晉兮援地千仞誰能踰天何不鏟羊腸九折坂使人萬古方駕而長驅山寒六月積水雪窮猿怖鳥左右時相呼故人王女泉頭居北上豈不愁崎嶇朔風吹沙不見塗青天茫茫飛鳥孤我歌短歌傾酒壺勿言太行險人問之險何時無長治百穀山在郡東北十三里神農嘗百穀於此此立廟祀之或曰山接太行王屋多栢曰五龍山在城東南二十五里慕栢谷前說是五龍山容永據長子時此山五色雲見作龍形立祠祀之禱雨輙應有松萬餘以靈異雖近郊斧斤不敢入雲盖風簣為郡偉觀瀋王德輿携世子同弟保定德化二王遊五龍山詩襲氣饒靈爽飛旋一縱觀龍歸雲歛暝松合書生寒紀勝多留碣呼雩有舊壇太行千萬壘磐石此中安○結駟探名刹朝霞滿翠微郊原望脊獨岩岫轉崔巍碧樹分丹盖飛花上錦衣稱觴有同氣擬向月中壺口山在城東南十六里一山中落雄山歸壺口如壺口形下即古壺關縣治六山郡前案也在城南六十里三峯插天有俯視群峯之勢上有廟亦曰五龍靈泉山

在城南三十里石洞出泉禱雨輒應**八諫山**在城西南六十里長平之役趙軍中有八諫而死者即此地也**鷄鳴山**在城東南八十里當郡之界鷄鳴兩界皆聞**黎侯嶺**在城西南三十里有黎侯亭今廢堆阜連綿如仸状郡皆石山惟此嶺皆土今稱鳳凰山為潞國金井地**佛耳山**在城東南五十里與壺關共尚書安仁劉麟詩佛有骨亦有蔭世賢不用輕相眥晉嶺蟠空天下無擇勝呈聰露其耳當時養性悞養身宛轉形容尚孤峙佛今已入無何有化作清峯常住此聞人附語或獻凡侵肌烈烈長風起入寺烹茶烟火生僧伽半道人群是何時幻質復西来共開清听探元始

長子發鳩山一名鹿谷山在縣西五十里下有靈湫即漳水源旱禱多應**羊頭山**在縣東南五十里有石狀如羊頭神農于此得秬黍北有穀關今廢**潛山**在縣西南十三里有堯廟**梁山**在縣東二十里**白佛頭山**在縣西二十五里有白石似佛頭**慈林山**在縣東南三十里多林木有梵宇**慶雲山**在縣東南五十里堯時有異雲見**紫雲山**在縣東南四十里唐玄宗別駕潞州時宴僚佐于壺口山遙見此山紫雲朝拱因名潘炎有賦吾王不遊人何以休望壺口之千里值重陽之九秋山對翠屏動暉光之赫赫雲成紫蓋撫瞰日之油油宛轉浮空輪囷不散應一人之盛德爲萬歲之觀榮氤氳瑞色無孤峯斷障之嵯峨搖拽晴空耕玉

葉金枝之爍爛亦何異出蒼梧入大梁為漢武之蓋升軒轅之堂忽兮改容形難為狀紛紛郁郁用表靈貺遷用芒碭之間非北崑崙之上豈徒合而膚寸垂以飄翩河汾水兮天之眷紫氣凝兮人罕見位當用九果符九日之祥運極通三永御三雲之殿

傘蓋山在縣西南五十里望之如傘

刁黃嶺在縣西五十里與發鴒山相連

屯留疑山在縣西南九里魏孝文幸洛見此山有伏龍疑而不進遂斷東麓以壓之

鳳凰山在縣南十三里上有林木建琳宮

石聚山在縣東北二十里

三嵕山一名靈山一名麟山在縣西北三十五里三峯高峻為縣偉觀相傳羿射九日之所有泉禱輒應周鍼羿射九日賦伊祁氏之有天下也十日並出或明或晦

不唯差乎歷象抑亦紊乎覆載留一陽永照俾九日潛退羿操弓而進抉矢而前曰彼赫赫綿綿如珠之連爍我下土暨我上玄今當盡臣術之微妙協君德之昭宣於是和容體正審固心慶張六鈞之在手期九烏之應弦弓既無雙矢惟用九一發而弦上霹激再發而空中雷吼三發而輪震乾坤四發而輝流星斗五發六發而燁燁霞散七發八發而離離雹走九矢皆中詩妖氛之忽無一曜高懸望和明而何有蓋帝所惡天所嫌始騰凌而翕赩倏攝攫而陰藏貫忘歸而自消難彰变化落園陵而畫死求契沉潛瑞景將明形兮尚彀百辟仰觀乎黃道孤光下燭乎清晝莫不由藝之就神之授混濁滅而平權衡晷運正而分刻漏然後職羲和之任司掌御之畚位寅賓於東極宅昧谷於西隅故得萬國謳

歌迎觀重輪之日九天寥亮長飛三足之烏則知道潛會而發必中神自通而何再控鏡四海而弓羅張亘萬古而誰敢當設使克德不聖羿拔不臧則蒼蒼茫茫終亂紀綱又安得廓六合定三光故曰天無二日民無二王

盤秀山在縣西南九十里以巖谷盤曲名

霜澤山在縣西九十里山高霜早

蓮花岡在縣北十五里形如覆蓮邊迴七十里有村亦名蓮村縣之屏障也

襄垣韓王山在縣北十五里舊有韓王廟孤松聳拔儼然獨立大夫

鹿臺山在縣南二十里舊有文王廟

五陰山在縣北一十五里相傳周公至此陰霧五日又云魏孝文至此陰暗五日

五巑山在縣西五十里

獅山在縣

西四十里有石宛如獅形紫巖山在縣西五十里以色名亦曰寶峯有寺

仙堂山在縣北五十里昔有仙真修鍊今有梵宇泉自佛殿淨出環繞左右西落琉璃巖五色俱備光彩射人下有石盤旋如龍形邑奇觀也南峯在縣西南十五里有寺有樓足以眺遠九仙峯在縣東北三十五里相傳以為九仙修真之所西又有筆頭峯形如筆頭百穀山在縣東南二十里亦以神農嘗穀而名仙洞按王海唐玄宗別駕潞州時襄垣北有仙洞忽開數十里

潞城鳳凰山一名天冢岡在縣西北五里相傳神農時有鳳凰棲止伏牛山在縣東南十五里唐玄宗別駕時黃龍兩見于此潘炎有黃龍見賦龍之來兮

乘其陽躍於泉兮臨高岡龍之至兮歸有德符于黄兮土之色精曜曜光雄雄上不在天兮接於物下不在田兮蟠於空列四靈智稱其首居五位色表其中將銜甲以無比與貿舟而不同明皇家之王氣符曆數於聖躬飛煙噴霧若動若顧聲雖虩虩非同三尺之劍色乃煌煌下暎五花之樹誠帝王之嘉兆寧朝夕之可遇何虵蟥之足言諒騰黄之匪窗同翠龜之薦綠圖彰大人兮告元符覽史墨之言未之聞也驗登殷之祀不其然乎○黄龍再見賦龍之見也春分而登于天龍之潜也秋分而入于川假宗山而再見應元聖而通玄蜿蜒孤蟠雲霧四發目中精耀光飛列缺之火頷下珠懸色奪蟾蜍之月方將游彼池囿豈徒止于郊野非同上天之五虵有異渡江之一馬孫權象之而置于軍中魏帝範

之而在于殿下求言於此我異是宜秦王之夢立乎鄗時漢后之時見于成紀彼皆一至此則重光采色炫燿文明焜煌錯甲鋑鱗既以來乎字分官紀號可以表其祥超紫鳳于丹穴越青鸞於女牀龍德相成而無悔天家久久而蕃昌

大禹山在縣東南十五里上有禹廟

三垂山在縣西南二十里三阜漸低如旋節狀為郡城之纏護

葛井山在縣東二十里相傳葛仙修真之所巔有泉甚冽

馬鞍山以形名在縣西北五十里

風洞山在縣北四十里有石穴能生風

微子嶺在縣北二十里上有三仁廟下有微子村其食邑也

無影岡在縣南十里形如覆釜故無影

壺關有壺關山在縣北五里其近有龍溪山大約縣境諸山兩兩相合中如壺形不獨一山也鳳凰山在縣東南五里以形名上有聚仙堂栲栳山在縣西南五里亦以形名與鳳凰山對峙上有二仙廟檀山在縣北三里唐徐王元禮刺史潞州曾逐白鹿于此馬駒山在縣東一十里石勒時獲一石如馬形故名風穴山在縣東北二十里有石竅深不可測聽之有風聲立祠歲祭大王山在縣東南二十三里元魏時望氣者言山有天子氣大武壘石為三峯以鎮之烏泉山在縣東南三十里山半有泉伏地而流土色頗黑故名三壟山在縣東南九十里其山三面擁蔽下有壟水紫團山在縣東南一百一十里常

有紫氣見山頂團團如蓋傍有紫團洞今名翠微洞有參園今廢為隴畝有橋樓淙潺纓溪白龍潭西二十里有鳳凰山二仙廟瀋憲王詩紫蓋雲霞合青天石壁開禪僧坐溪畔幽鳥下山隈地有長生藥門多隔歲苔鳴鍾天向夕清響半空來

安公山在縣東南七十里昔有比丘安公隱此而卒山中忽出石櫬土人收而瘞之

抱犢山四圍陡絕山頂有二泉牛不能上隱者抱犢登山長而耕犁或曰後魏葛榮之亂百姓抱犢上山因以名之非也王烈入抱犢山已稱是名矣南有穴行三百里出吴陽縣西七十里名洞口今在陵川縣界蓋陵川建在後魯割壺關地也

羊腸坂在縣東南一百一十里長三里盤曲如羊腸

趙屋嶺在縣南六十里獨壓群峯盡覽太行之勝

黎城縣白巖山在縣北十五里本名朱喙巖巖有穴深不能窮穴口朱色齊武帝以問孫勝曰天嵴口開惡之因塗以墨嵐山在縣西北二十里下有泉石龍井信山在縣西北三十里山形壁立址有泉常盈潞祠山在縣東南十五里上有潞子祠積布山以形名在縣西北六十里石竚山一名望夫山在縣西北六十里有石竚立宛如人形隴阜山在縣西北百里有昭澤王洞唐焦仙修真地也今稱焦龍神洞入十尋有池四深各三尺入稍遠有方池一深不可測傍有石牛二若戲水狀入更遠有三池水光閃爍人不敢逼旱則禱者接踵稱靈境焉巁峪山在縣西七十里亦有洞入洞六七里亦有池深不可測產鍾乳

平順青羊山縣治也舊多栢望如青羊彩鳳山縣桌也如鳳形群芳錯繡春成五色龍門山舊屬黎城今在縣北八十里兩山相合中有大石嘗奮蟄焉靜林山舊屬壺關今在縣境麥積山如積麥與靜林山相接亦舊屬壺關今在境內

上黨諸水以漳為宗況今合衛北流直達

天津

國家漕儲四百萬賴以接濟灌輸其功匪細故

首列漳水而後及其餘

漳水 水經曰漳水有二一出上黨沾縣大黽谷為清漳一出長子鹿谷山為濁漳今清漳劃屬遼州不在境內濁漳自鹿谷發源東流經縣治南又東入長治界折而北經屯留潞城界入襄垣至縣治東北隅又折而東入黎城界掠潞城之北東入平順界出太行遠河南彰德府界始與清漳合書稱衡漳指此雖名濁漳而泉源實清郡王司理致中有詩其序曰濁漳之說不知傳自何人乘便遊發鵝見泉源清而且洌慨世之好修而冐不雖者獨此水云乎哉竊為水耻之故醉紀以告来者窮源四十里靈竅瀉芳泉眉睫池中見蒸嘗石上鑴濯纓發清興逃世隱塵輊寄語循名者濁漳空浪傳

長治黎水 出黎侯嶺北流至城西俗名黑水河與石子河合西入漳水

故

城水 出潞之故城俗名破城在城西南十六里北流會黎水 山水河 洞徹也凡五龍山西雨集溝澗奔趨而來環繞郡城皆達黎水 石子河 自壺關北界來凡五龍山東及壺關東北雨集溝澗之水皆會此河經城北至西北隅與黎水合 淘水 出雄山下北流與淘清河合入漳水 淘清河 自壺關之南界來凡長治東南山外及壺關南界之水皆會此河西流至雄山北麓與淘水合 鷄鳴水 出鷄鳴山會雄山東南隅之水北流與淘水合 入諫水 出八諫山會雄山西南隅之水北流與淘水合

長子傘蓋水 出傘蓋山北流入漳水 堯水 在縣南十三里東北經縣

故城南入漳水一統志作洨水雍水出白佛頭山東流入漳水梁水出梁山東流入漳水五龍泉在縣南十六里慕容永時以王龍山瑞應與泉相望因以名泉東流入漳水

屯留絳水出盤秀山之陰經縣北東流至潞城界入漳水曰交漳藍水出盤秀山之陽東流過長子縣北入漳水潏谷水在縣西七十里東流入絳水疑水出疑山伏流至縣西南一里許復見入絳水三嵕水出三嵕山東流入絳水積石水出石聚山東流入漳水八泉出盤秀山西北平地湧噴如珠東流入絳水神女泉在三嵕山之東出自層崖俯臨幽澗西流入三嵕水

馬跑泉在縣東北二十里東流入絳水

襄垣甘羅水在縣西北二十五里甘泉湧出水聲泠泠東流入漳水

雍子水在縣南四十里雍子村東流入漳水

下谷水在縣西十五里李谷村東流入漳水

臨水一名小漳水源出榆社縣之八賦嶺經武鄉入縣界東北三十五里與漳水合

西漳水俗名付壁河發自沁州之滑山伏牛山二源異出至州合流南入褫亭折而東與漳水合則濁漳在境有三其源有四唐玄宗別駕時巡縣至襄垣漳河有赤鯉躍出潘炎有賦魚在在藻兮躍於中流吾君戾止兮樂我王游惟赤鯉之呈祥殊白鱗之入舟非竹箭之危湍無聞點額同君明之望幸匪為吞鉤豈其為祥必河之鯉用

表皇族克繁帝祉雖云水物宜紫龜綠鼇之同身是曰元符亦赤鴈丹烏之可比頳鱗耀彩碧水無波非應瓠巴之清角何言甯戚之高歌周文之時躍於沼漢宣之代舞於河且合符於圖諜宜入頌於倚那豈徒鏤甲葺鱗下沿上泝皆為儔疋文鰩是喻吐尚父之兵鈐傳遠人之尺素事稱嘉瑞匪琴高之所乘詩有樂胥似相如之獻賦

涅水源出武鄉之護甲山東流入縣界與小漳水合史水源出三史村在縣西北六十里東流入小漳水

潞城潞水源出微子嶺西流與漳水合水經云潞水為冀州浸即漳水也然潞自有源即與漳水合耳合後稱潞至山外與清漳合又稱漳唐玄宗別駕時逐鹿于河鹿

追而入因逐之水不及鷁應弦獲鹿後騎入者溺焉潘炎有賦大君于田兮巷無居人四鐵如樹兮六轡既均定俞騎而百灵奔命騰雨師而四野清塵鳴猷駭殫川源飛伏事非定霸不求陳寶之鷄位在至尊故取中原之鹿驚而決驟鳴不擇音將投身以赴水非順命而前禽駭浪溢湧揮鞭電爍烏號滿月而方闌驥足撇波而巨躍乘流既濟赫怒中止斃駭鹿之一發振驚弦而未已洞胷絶系左角右犄雖復驅而併而獲五縱發小豝而殪大兕皆平陸之常事曾以踰此詎謂河廣一馬馳之大人將與靈感著茲諒神明之所輔何後乘之可追從此繼天而作主元元日用而不知

壺關有壺水出縣西山下合各山澗之水北流又折而西至郡城北為石子

河清流水出縣西南山下東流合五龍山東之水折而北入壺水右諸水異派同流揔歸漳水其隰在山外者則長子有秦河源出方山南流至端氏入沁河壺關有盈盈水源出紫團山東流出太行入林縣界曰合澗口黎城有原泉水在縣北五十里山下有石關上孔水自石孔流出入浸縣之清漳平順有葳花水在縣東南二百里出太行山麓花園村水石相擊潺湲有聲東流入林縣界又有泉池不竭遠達者長治有百穀泉出百穀山禪林石巖中僧繞迴廊引伏流又堰佛宮注而爲塘跨小橋其上卻從龍口吐出奔赴大壑如白練噴

飛衰玉夜扣令人有瓣塵遠蛾之想爲今則漸涸矣長子有神農井在羊頭山北蓮花池上黨罕蓮此池數畝為勝遊在縣北二十里寺前村屯留有張厚泉在縣北二十里深澗二丈主廟其上遇旱禱沐泥沙即雨金龍池在縣東南二十五里約五十畝如皓月當空平沙鏡中生蒲葦集異鳥入冬水合如玉砌銀鋪醒心爽目上黨非水國此最奇景也襄垣有鬟泉在縣西十五里水溫可浴鹿哭泉在縣東五里相傳昔人生子左臂一目怪而棄之鹿乳爲子遇人收去鹿失子滴淚成泉子後稱之曰僧壺關有赤厓流泉在縣東南九十里石厓有洞深一里洞有泉土赤色金史有赤壤山或即此黎城有靈

淵聖井在縣東北二十里故關山之麓水清鮮旱不涸禱雨輒應立祠祀之四溪在縣北橫亘如帶田埂園畦皆資灌溉上黨水多崩決之患此水獨為民利焉通志有惠澤池在壺關南關濟衆池在壺關北關平順有甘泉池在縣城外二縣之水蓄以濟民間之用也志所載山川畧倫亦萬分一耳然猶未著其奇即五龍廆谷望也奇莫若紫團其西二十里有鴈臺山二仙沖舉處也西來諸山至此忽變莊嚴峭拔之形翱翔飛舞之

态列為屏障水聲樹色鳥語蟲声業已脫
凡界而近仙都矣從此穿溪問徑陟險登
危傍崖則藤蘿垂幙席地則蘭蕙鋪茵至
於山之巔則萬壑䟽風群峰冒日其環衛
趨拱之狀如三軍屯塞萬馬游空重重嶂
外一望海天杳然無際旁有翠微洞即紫
團真人面壁之所洞口僅容一人傴僂而
入轉身而下側足而行倏高倏低倏寛倏

隘不但十二重關且見三千大界其中山水與人間無異而其水源如縷如綫如盞如碗石髓瓊漿沁心浴魄其氣上騰爲鍾乳融結如檳榔葡萄穗其垂垂至地者如王柱大者合抱秀者如人形坐者如瞿曇立者如阿修羅蹲如虎豹飛如游龍閃爍變幻不可得而名狀已亦多旁穴岐逕旋轉即迷必藉鄉導深闇必藉燭甚至燭不

能燃故從来未有窮其際者僧曰直透太行外數百里亦未足憑紫團之麓如縷分界裂為丹崖古木懸空異根插石殆不可以尋丈計其下瀑布懸流如噴玉如垂虹其溪如帶如環如箭遇平沙則漫衍遇絶壑則飛奔衝激成潭滙為龍府其湯湯而往者重山雜障終古如斯也崖之迴合處為度世之蘭若陡絶處為避世之菴源寸

雲觸石即靈雨滂沱深谷之中有殷雷絶頂之上有列日至若群芳織繡則心醉蓬壺六出堆瓊則神清玄圃朝暮四時令人應接不暇有如此但其地落一偏人跡罕至無錦心彩筆闡揚盛美則山之奇有幽禽潛蟄知之耳嗚呼白雲深鎖谷口常封無亦山靈貌寂不欲競奇勝於人世也與

地理三

形勝

上黨形勝雖著於戰國時考之武王克商已欲築宮於此周公恃德不恃險故中止見淮南子後世誠與周德比隆則宜從周公君德遜成周則武王築宮未可盡非固予房借箸籌漢意也然形勝亦惟昔之全地足以當之初置郡時奄有潞澤沁遼之地居太行之巔據天下之脊自河內觀之則山高萬仞自朝歌望

之則如黑雲在半天即太原河東亦環趾而處於山之外也乃其勢東南絕險一夫當關萬軍難越西北絕要我去則易彼來則難夫非最勝之地哉是以西伯戡黎祖伊恐以戒紂秦取上黨遂拔邯鄲而山東諸國盡俘繫於暴秦之庭何者其勢去也安史以後河北連衡燕幽海岱之間盡入於逆孽之手而終不能越太行取尺寸地則唐置昭義扼吭拊

背其勢得也不獨此耳魏齊周隋梁唐晉漢以及十六國之君分方竊據互相吞食得此者昌失此者亡先至者勝後至者覆匪直人謀實勢之使然也所恨元魏無謀作俑分置其後沿革無常遂令昔時全勝之地至今不能復合澤分太行之南沁遼分太行之北岳陽穀遠地也而入於河東樂平沾縣地也而入於太原則潞止據太行之東偏耳然堂奥

也視昔似益邃而其勢似獨完顧以四鄰籌之則有未見其十全者澤州獨當一面差足撐持沁遼偏落一隅似難孑立藩籬不固遂可自謂堂奧中常得晏然而已乎吾以為唇齒輔車相依相附當獨棄形骸流通血脉如視聽相資呼吸相應疾痛疴癢舉相關方其無事各慎封疆而修內政野無不耕之田人有知方之勇則深山大澤皆金湯也固積巖

藏皆府庫也農工樵牧皆甲卒也一有緩急則雷掣星馳或犄或角使一郡常蓄數郡之威而敵不知其所攻乃審勢乘便更番迭出使敵有顧此失彼之虞而又不知其所守以其餘力南下太行可以援中州東出磁邢可以援趙魏由間道可以援平陽由驛途可以援大鹵則上黨常為天下之中堅天下常倚上黨為磐石是謂

國家之重鎮可以永絶南顧憂即曰形勝何愧
哉然𠂊分而約之終不能合矣盍就今日之
府而以三州復來屬猶然故上黨郡也臂運
指使為力更易視以唇齒輔車強相結約者
其筴相去不但什百而已矣

地理四

氣候物産

山川原隰異形而氣候早晚因之是故物産

異宜也作息異齊也明時授事以為民則先王重焉上黨山高惟夏令不爽冬令常侵於春秋之半甚有入秋即霜盛夏而罨者試憑太行觀之中州之綠野鋪茵山中之黃芽始甲迨夫千巖棄落而山趾之樹稍尚青其氣候相懸蓋如此是以歲惟一熟亦惟黍稷為宜即有香粳珍果皆荷擔越嶺而來間亦有一騎紅塵以供廚饌者嗟嗟先王制禮因天

因地因物因時山居魚鱉川居鹿豕以是為禮君子非之故於氣候之後即入物產蓋以裁成輔相之道端有望於秉道崇禮之君子也

穀之屬　黍黑者為秬用以定黃鍾之律以生度量權衡神農得之羊頭山　稷本粟也舊志誤以穄當之為五穀之主故教民稼穡者以稷稱　粱　麥惟長子屯留宜餘縣間有　麰麥　蕎麥　菽大豆也　小豆　菉豆　扁豆　豌豆　麻　胡麻　稔子

秫　舊志有稻竟以不宜而廢今不録

菜之屬　韭　薤大韭　葱　蒜　芥　芹

莧　白菜　萵苣　蕪菁　蘿蔔　胡蘿蔔

莙薘　胡荽　茼蒿　茄　瓠　瓜有菜瓜王瓜絲瓜南瓜　地莪　木耳　香椿　藷藇俗稱山藥　菠稜　豆角

果之屬　棗　梨　柰　杏　桃　李　胡桃　櫻桃　葡萄　石榴　林檎　榛　冬

果　木瓜　西瓜

藥之屬　人參　唐韓翃送客之上黨詩官柳青青匹馬嘶迴風暮雨入銅鞮佳期別在春山裏應是人參五葉齊原出壺關紫團山舊有參園今已墾而田矣而索者猶未已張翰林謂其遍剔巖藪根株鮮獲而人慕虛名寺齎實害每值易參價以倍價市之逮繫彌旬吏緣為姦又司捕者假以巡察橫索參錢山僧斂而納之至鬻衣鉢翰林名鐸即其邑人　桔梗　蒼朮　半夏　天南星　黃精　藁本　防風　柴胡　貫仲　黃芩

款冬花　牽牛　益母草　車前子　兔絲

子　蔓荊子　荊芥　酸棗仁　寄生草
何首烏　蛇床子　香薷　紫蘇子　粟殼
文鈴　藜蘆　知母　貝母　甘菊　甘草
草烏　茵陳　菖蒲　蒼耳　連翹　薄荷
巨勝子　玄參　苦參　遠志　瞿麥　升
麻　商陸　威靈仙　禹餘粮　鼠粘子
蜜陀僧　椒　小茴香　石脂五色　石鍾乳
紫菀　白石英　朴硝　長石　硫黄　不

灰木

木之屬　松　栢　榆　槐　楊有青楊白楊　椿

柳有高柳垂楊　楸　桑　橡　檜　紫荊　椵

樺　柘　昔曹魏建鄴宮伐上黨山材木故

其規制極盛後歷代斫伐加以樵牧日煩雖

深山絕巘皆濯濯所稱木之屬惟楊槐榆栁

人烟頗茂餘非盆中之景則神棲之禁物耳

花之屬　牡丹　芍藥　菊　葵　萱　玉

簪 石竹 月季 百合 刺薇 木槿

鷄冠 山丹 水紅 鳳仙 金盞 鷺鷥俗名金銀花 近亦有梅桂紫薇海棠之類皆自山外挑販而至堪作盆景不能土植

草之屬 藍 紅藍 茜 葦 荻 蒲

莽 羊躑躅 繡墩 垂盆 水葱 水藻

扁竹 苜蓿

禽之屬 鵞 鴨 鷄 鴿 鳩 鵲 烏

鳶　雀　燕　鵶　蝠　鷹　鷄　雉　啄
木　倉庚　鳴鳩　山中翠羽水際珍禽飛
鳴上下不可盡書亦不能盡識至於鶴鸛鴈
鵓雖非地産時亦群集
獸之屬　牛　馬　羸　驢　羊　犬　豕
貓　鼠　狐　兔　獐　狼　貛　田鼠
虎　能　二獸不恒有有則驚以為異然亦在深山絶壑中避人跡　上黨山
高地狹自昔宜于畜牧相傳猗頓得五牸之

説就牧于此趂家與陶朱齊名故上黨舊有猗氏縣即今長子屯留之西山也唐李萬江住牧津梁今高河西有津梁寺畜馬蕃息其形如鴨而健世謂之津梁種馬元李植尚書惟馨之族也亦以谷量牛馬富甲諸州弘治正德時壺關尚有萬年張馬稱是冬月趂牧於武昌及夏而還若鴻鴈之往來南北焉今則山澤漸枯武昌之道路漸以梗牧養無利民間生計

日就薄矣

蟲之屬　蛇　蠶　蜂　蝉　蝶　蜻蜓　蜩　蟋蟀　蝸　蜥蜴　蝎　守宫　蚓　蜘蛛　蚰蜒　蝦蟆　五色魚盆池中蓄養供玩

貨之屬　紬　綾織造供上民間無織者　絹亦供上用民間雖織亦少　帊舊織今漸少其薄者宜夏如霧縠　布不產木綿織亦少間有亦粗惡　絲近桑蚕漸廢所出無幾紬帊所貲來自他方遠及川湖之地　鉄刀錐之利近亦漸衰　蜜　蔴　靛　礬紅黑二色白者來自汾晉　舊志有紗

墨鉛今絶

長治令張名主敬論物產曰貨則鐵鉛墨而蠶織之業則紬若綾若絹若帊亦有之迺有陽利而陰受其害者此何可默默不道也夫天下未有十利之事觀于潞紬信之潞紬徧宇内稱利已然

皇紬于是乎出亙市于是乎取追呼之擾日夜不休將不聊生焉且也鱗鳳錦綺坐擁大肆

利之所趨在彼不在此逐末之謂何而反以為病潞之機杼不知何所底止矣君子不以養人者害人豈其然哉公著論時猶未增稅使也業已流長沙之滴使睹今日更宜何如然誅求苦矣追呼為更苦但留一念民即拜一念之賜也此又公未發意

潞安府志卷一　終

潞安府志卷二

建置一

封建

潞國封建之國也創始於郡縣之前並行於郡縣之後從今遡古王公侯伯子男之稱歷歷可考惟是代各異制不可不辨耳有實封有遙封有封國于此建國于彼似實封而遙封有封國于彼建國于此似遙封而實封又

有食采有賜爵命出自君皆附封建其竊據土宇因而僭號比之閏位可也考之舊志州盡收徒循其名府盡削而斷自
國朝併失其實且録止郡封而屬邑之封不録焉尤非郡志體今依世次備録而各著其實於下庶無遺漏且無混淆乃獨詳于
國朝之瀋國分茅于此且施德於地方久也

炎帝之後黃帝封其支子于潞舊志以為即潞子嬰兒嬰兒春

長子伯孝武即位遙封屯留子**王諶**以祠部尚書賜爵上黨公**劉靈助**以卜筮遙封上黨公**高歡**以功遙封銅鞮伯

北齊

高湝神武子遙封上黨王**高紹仁**初封漁陽王改封上黨王遙封也**暴顯**從武帝進征有功遙封屯留公

後周

宇文達為右大弼大象元年以上黨為代國實封達為代王食邑一萬戶似遙封而實封也**王世積**貌魁岸腰大十圍丰神爽異以功遙封長子公

唐

侯君集從太宗平高昌有功遙封潞國公**薛萬鈞**從李靖討吐谷渾有功遙封潞國公**李湛**宗室遙封上黨公進封韓王**郭虔瓘**解北庭之

圍遥封潞國公

後唐

從珂明宗養子遥封潞王

宋

文彥博以相業遥封潞國公

金

張浩以尚書右丞遥封潞王　允濟世宗第七子由滕王進封潞王改衛王立為帝　永德章宗弟初封瀋王改封潞王遥封也　張開以昭義節度使復太原有功實封上黨公開公府以遼沁隸焉

元

尚野以集賢殿大學士遥封上黨公　張翥以翰林學士承旨遥封潞國公

樊楫以中書省參知政事進正死義追封上黨公

國朝
瀋國初封為
簡王
太祖高皇帝第二十一子洪武二十一年封以
幼未之國永樂初建北京瀋為左輔地王
以為非藩封所宜居乃請建國子潞時親
王
陛辭多所陳祈王獨無言

成祖問之惟請工匠脩府第耳後入
朝又無所奏請
成祖問地方事曰有司奉法問禄米曰不鈌性
謹厚如此在國嚴諭官校無擾地方至今
封城寧謐
王之貽謀也宣德六年薨葬城南鳳凰山
康王　簡王子初侯嫡封武鄉王宣德七年
襲封嚴恭好學訓其世子諸王皆文雅蔚

有時名藩之文獻

王實啓之天順元年甍葬城南黎嶺

莊王康王世子天順三年襲封讀書務得

大旨書吟哦臣下有過作詩諭改書于白

油板事畢洗去故稿多不存太妃在上

常避正殿不處服惟布袍不敝不更不以

膳羞戕物命年踰八十屬尊望重為諸藩

祭酒

朝廷大慶賀宣讀表目必以　王名首稱一時
榮之正德十一年薨葬鳳凰山

恭王　莊王子杓以侯嫡封西陽王正德三
年改封世子又十年襲封性厭紛華服食
一如
父莊王矩度待宗人用家人禮時臨弔祭亦
赴其宴必盡歡而罷使臣及地方官朝見
必優禮接引即與臺走卒服役終身有不

見其呵責者仁厚之君也嘉靖六年薨葬
鳳凰山子諱勛𣶒俟嫡封福山王早薨追
封
靖王孫諱僴檯亦早薨追封
懷王
安王　莊王子身封靈川王崇儒重道由于
天性喜吟咏瀋藩詩學至今稱盛雖　莊
王啓之　王實大之也正德四年薨謚榮

懿葬西王村嘉靖十二年追封改今謚

惠王　安王子身襲靈川王嘉靖三年薨謚

恭裕葬西王村十二年追封改今謚

憲王　惠王子　安王孫　莊王曾孫也初

襲靈川王英膂俊朗喜讀書親文儒闔藩

遜美　恭王之後請懷無祿以倫序進封

首重表賀次祀典次孝養次餙邸第禮制

彬彬改觀矣地方事必與郡縣協議而後

行大者至勤疏奏如城城設條滑之類是
也國政之暇左圖右史其抽毫作賦則洒
洒數千言倚席而就海内名士爭爲文字
心交允喜翻刻書籍自爲之序宗人化之
遂爲文獻之國嘉靖二十八年薨葬鳳凰
山
宣王　憲王世子嘉靖三十一年襲封天資
穎異幼時聞

九廟災　憲王泣　王亦泣送　憲王喪跣行
百里哭不絶聲先是藩王多喪次襲封
王曰非禮請終制
世宗嘉之著爲令各藩有三年之喪自王始享
國三十年懿德卓行冠于諸藩故
璽書勞勉曰忠勤曰忠義曰好學敦倫亦非諸
藩所敢望萬曆九年薨葬源泉山
今王　宣王世子萬曆十二年襲封屛翰繼

述之功未敢覃述業荷
勅褒有記載藝文其學窺性命詩軼晉魏而上
之嘗作擬感遇詩其一曰發嬀太行南矗
矗雲中峙浮嵐界高天危峯阨馳咢山
木多千春風雨幻蒼紫谷口迷炯蘚清潤
蔭芳芷遙想巖中人振衣明霞裏冷然西
極未優游隨所止嘆哉聲利間所競惟餘
滓其四曰緬懷清都遊雲城耀華景星侶
貽明河向曙天風冷刼来四十春萬事如
駒影塊處忽生白瞬息塵根省三五得真
源大造同修永沉酣
難與言此意玄且頹子祊封世孫萬曆十
三年封世子賦性淳謹孝德謙讓不能倫

述

簡王分王六字

陵川康肅王諱佶熑曾隨

簡王朝京師驛途無所擾

成祖以猶子召入宫朝

文皇后賜王帶隨還國永樂二十二年受封成

化十年甍子幼堅先逝孫康簡王詮鏷嗣

追封幼堅爲懷懿王康簡王甍子勛瀼亦

先逖孫莊安王傀杲嗣追封勛瀼為悼康王莊安王甍子温穆王恬熇嗣温穆王甍子珵墉嗣世葬金粟山今有將軍十七人中尉五十人其宗有約蓋起于康肅王之孫詮鉸號孤松詮錄孤巖詮鉼孤雲創建會所敦請名士如趙方伯希夔陳太守吉程太守應登程學博應科訓其同宗子弟以修齊為主吉凶之禮一準于古故約中子弟彬

彬秉禮縉紳傾仰深相結納而終無私請皆篤行君子也其顯著者有勛滮雲崖勛滄雲峯勛瀾雲溪勛淦雲岫勛漣雲洲勛潡浩菴勛潑益菴勛浓恕菴⿰亻乿柠敬軒⿰亻乿栟誠軒⿰亻乿檤達軒⿰亻乿梢遜軒⿰亻乿牀敏軒⿰亻乿⿰木卿立軒⿰亻乿⿰木静介軒⿰亻乿⿰木想豫軒而滄淦漣同

荷

敕褒今有尊行勛汎雲階勛浯雲山老而嗜學子夜猶有書燈人無識其面者其諸英俊潛修

不能盡録有著述者揔收于埶文志之目
録中

平遥僖靖王諱佶焆永樂二十二年封正
統十一年薨葬禹潭里子懿安王幼壏嗣
懿安王薨葬城西北寨無子以唐山府奉
國将軍傀橞奉祀傳恬熺理埛今有中尉
四人其以文著者有勛淓雲谷

黎城昭僖王諱佶熘宣德三年封正統九

年薨子莊惠王幼𡐓嗣莊惠王薨無子以
清源府輔國將軍俶枸奉祀傳恬煉瑆隆
效銓令有將軍一人中尉三人世葬三垂
岡
稷山崞靖王諱佶焆宣德三年封正統七
年薨葬鳳凰山南子莊靜王幼㙤嗣莊靜王
薨子榮和王詮鍪嗣榮和王薨子端簡王
勛垳嗣端簡王薨子昭靖王俶柯嗣昭靖

王薨子康和王恬炠嗣康和王薨子瑆埍嗣自莊靖王以下葬城西北寨今有將軍十六人中尉二十二人其以文行著名者則胤櫸靜菴恬熔仰山瑆塥龍洲

沁水悼懷王諱佶熀宣德三年封正統四年薨葬城南至善里子安惠王幼埬嗣安惠王薨子端懿王詮鐕嗣端懿王薨子榮穆王勛瀶嗣榮穆王薨子莊和王胤櫰嗣

莊和王蕢子昭定王恬炘嗣昭定王蕢子康僖王珵堦嗣康僖王蕢子效鋞嗣自安惠以下世葬東韓村今有將軍十三人中尉一百三十二人本宗近以詩文著自莊和垂家訓子恬烷達菴立進脩宗會子孫遵奉蓄古書聯詩社五尺之童便欲操觚染翰含英咀華一時縉紳樂與之遊其顯著者昭定王康僖王宗人有恬爍振菴恬煊約菴

恬烓裕菴理塯王田理基玉昆理埗玉岡理圪玉澗若理圻玉林則又以忠孝薦揚新蒙勅獎其子效鋋行峯效鏦盤峯效劃紫峯俱英邁不羣力守先訓今有宗老理垸玉溪不求聞達允為篤行君子

沁源恭定王諱佶焞宣德三年封正統十四年薨葬城西北馬村子端憲王幼埼嗣端憲王薨葬秦村子榮靖王詮鐘嗣榮靖王

好學饒詩文瀋之諸郡王不得用碧琉璃獨王奏請得之薨子康僖王勛漆嗣康僖王薨子胤楊先逝孫康裕王恬燁嗣追封胤楊為悼和王康裕王薨子珵堦嗣自禜請以下世葬城西漳村今有將軍三十四人中尉一百七人其以文行著者悼和王及胤梭南菴

康王分王六子

清源莊簡王諱幼圩正統十一年封
康王好學嚴訓諸子王獨擅文名一時著作
多出其手別號懶雲至今人猶稱之弘治
十四年薨子榮僖王詮鉌嗣榮僖王薨子
端和王勛瀟嗣端和王薨子恭裕王俶杭
嗣恭裕王薨子恬焚嗣自莊簡以下世葬
城西陳村今有將軍十五人中尉九人
遼山宣穆王諱幼塈正統十二年封弘治

十三年薨子端和王詮鉞嗣端和王薨子恭靖王勛澄嗣恭靖王薨子儼杞嗣自宣穆以下世葬八諫鄉令有將軍十二人

內丘恭僖王諱幼㙺景泰四年封正德十二年薨子詮鋷先逝追封悼順王孫端靖王勛漴嗣端靖王薨子安裕王儼柲嗣安裕王薨子莊懿王恬𤏡嗣莊懿王薨子理熏嗣長子效鋰自恭僖以下世葬黃嶺關

今有將軍十二人中尉五人
廣宗王諱幼林景泰五年封天順八年薨
謚懷靖葬城南鉄梁橋無子
唐山悼僖王諱幼墧亦景泰五年封成化
十七年薨子榮康王詮鈹嗣榮康王薨子
恭懿王勛㵐嗣恭懿王號松雲有文學著
名于時薨其長子㒟橋已先逝未得王孫
莊惠王恬熇嗣莊惠王薨子珵堙嗣自悼

僖以下世葬五龍山今有將軍八人中尉
十八人
永年榮安王諱幼𡑞景泰五年封正德三
年薨子詮鐇繇勛浚俱先逝曾孫恭裕王
俶橚嗣追封詮鎬為懷僖王勛浚為悼順
王恭裕王薨子莊憲王恬烶嗣莊憲王薨
子理封嗣理封薨子效鍌未得王授封奉
國將軍自榮安以下世葬秋谷山今有將

軍九人中尉一百四十二人
莊王分王六子
靈川已進封郎
安王也次有
宜山康僖王諱詮鎬成化二十一年封嘉
靖十六年薨子榮端王勛渥嗣榮端王薨
長子儱㰚候嗣曾長孫珵𡐓世葬北郭村
今有將軍三人

宿遷榮簡王諱詮鏒弘治三年封嘉靖二十二年薨子端惠王勛澤嗣端惠王薨子恬熿嗣恬熿薨無子俱葬城西南馬庄奉國将軍恬𤋮奉祀今有将軍十四人中尉三人

吴江昭和王詮鏗弘治四年封正德七年薨子榮順王勛淯嗣榮順王薨子𤇍桄先逝未得王孫恬𦃃嗣世葬衡漳里今有将

軍二人
定陶恭靖王諱詮鑨正德二年封嘉靖三十二年薨葬堠西庄長子勛漂先逝未得王孫㒶櫏嗣長子恬鮔今有將軍三人中尉二人
雲和王諱詮鐘正德八年封嘉靖三十六年薨葬城西神村無子以吳江府勛沽奉祀傳㒶琹恬焐今有將軍十二人中尉五

潞安府志　卷二　十五

人

惠王分王一子

德平榮順王諱𣸣梃嘉靖三十七年封萬

曆十年薨子端和王恬爗嗣端和王薨子

珵雝嗣榮順慱學能文海内士大夫多景

慕締交端和亦勤學能詩閉戶怡神皆賢

王也俱葬堠北庄今有將軍一人

憲王分王二子

鎮康王諱恬焯嘉靖二十四年封萬曆
年薨謚恭恪無子葬城東一里許王顓俊
該慱性嚴毅不妄交迺獨留心於白屋之
士每賔興餞賮從厚且無德色學校追悼
之至於不時掩骼澤及朽骨尤屬懿美以
撫按薦
勑褒純孝敏學
安慶王諱恬熩嘉靖三十一年封萬曆三

十二年薨謚端懿葬城西北岡王好吟詠
善用險韻與士大夫能詩者聯社唱和意
合即千金不惜嘗策時事達當道多名言
勑褒曰孝敬經濟子理垣嗣今有將軍一人
宣王分王四子
保定王諱理坦嘉靖三十八年封博雅能
文琴書尤妙長厚不昔人尤德之萬曆二
十八年薨謚惠順葬李家庄子效鑾嗣

德化王諱珵𡎒隆慶六年封萬曆二十七
年薨謚温簡葬城東石槽村無子
靈壽王諱珵𡎒萬曆二十二年封二十八
年薨謚康穆葬馬坊頭無子
六合王諱珵埏萬曆二十二年封
安王幼子勛㵾號雲仙未得王授鎮國將軍
喜詩文談性學子胤杉南泉亦有父風統其
弟若子孫有將軍五人中尉五人

宣王幼子理睦亦未得王授鎮國將軍

嘗觀自古同姓諸侯王之盛未有踰於我

國朝者然諸藩中以文行著稱則又無踰於

潘國蓋當開創之始即脱富貴紛華之習而

以立德立言垂世爲訓是以奕葉重光予

翼孚化

列聖從而寵嘉鼓舞之則人益思奮彬彬然有

魯衛公族之風理固然也考之往牒州志

創於弘治之初郡王以下將軍四十五人耳越六十年而府志出已十倍於前今又四十年幾二十倍矣當時

王出必儀仗將軍中尉出必輿蓋不則寧燕居深坐耳厥後儀仗者輿蓋輿蓋者駑蹇近則徒步者衆比肩接踵充塞市逵畧與凡民無異焉豈宗人自為貶損哉民賦如故而歲禄日增全給者本折各半矣本折

各半者又不能卒備而挨支十餘年始得矣名封婚嫁喪葬諡恤防範之嚴查覈之密吏緣為奸不得不費從而稱貸之倍償於後夫以漸薄之祿給不以時而又以日增之費得不償失宜其體貌日褻也間亦有名封失時而濫子不敢舉者蓋隆禮難繼則刻覈不得不糾刻覈難行則變通不可不講顧非臣子所敢擅議者舊志栗僉

憲應麟欲將平陽原坐藩祿改撥潞安就近存收潞安原坐起運改撥平陽征收起解裒多益寡取遠附近省文移之煩免歲月之曠亦一時之利於宗祿未必無小補焉

王之官屬有長史司左右長史典簿紀善所紀善正副教授伴讀審理所審理正副奉祀所奉祀正副典寶所典寶正副良醫所良醫正副典儀所典儀正副工正所工正副典膳所典膳正副廣實庫大使副使廣實倉大使副使瀋陽

中護衛指揮千户百户經歷鎮撫群牧所千户百户儀衛司儀正副典仗長史以下皆流官護衛以下惟經歷為流官餘皆世襲郡府則有教授所教授典膳所典膳典仗所典仗舊志不書姓名即賢者無聞非所以示勸也今特録其表表者在長史則永樂初有周文安陸州人以文學稱應聘山西鄉試弘治初有王慶崑山人自國學陞文行優長每應諸問皆稱善宗人敬重以疾卒于官近日有黃仕鳳廣東人操行絕俗不能與

俯仰竟以前任羅歸宗人敬慕為立去思碑在紀善則永樂初有江仲隆永豐人有文名两應山西鄉試聘在郡府教授則景泰中有鄭鎮福建人曳裾王門陳說詩書賦則教授生徒發疑抽簪卒于潞門人繪像祀之任孫遂為潞人科名不絶鄉大原敦原皆其後今長史為劉功允黄岡人孫必達樂陵人指揮為王朝相沙宗岳周大賓張儒經此

王之股肱爪牙也故書其見在者按

國家優禮宗藩設官置衛可謂盛矣今各藩文
職自長史外皆裁其半武職得擁護衛如
我
瀋藩者有幾則守禮之邦賢譽聲
聞故禮數優異也詩云懷德維寧宗子維城
瀋國有焉又云王之藎臣無念爾祖諸臣勗
哉

潞安府志卷二 終

潞安府志卷三

建置二

節鎮

節度自唐中業始上黨之置節度自控制河北始考之唐初已置揔管府尋廢改都督府開元十七年以玄宗舊邸陞為大都督府與并盖荊楊列而為五而以儀即今遼州石即今永寧州二州隸焉則已隱然一鉅鎮矣安史之後河

北盡陷憑高制下無踰上黨故至德二載置澤潞沁節度使曾領儀州寶應元年增領鄭州又增領陳邢洺趙四州是年割趙州隸成德軍廣德元年割置相衛六州節度帶去邢洺尋廢相衛節度并懷州來屬尋復置相衛六州節度大曆元年賜相衛六州節度號昭義軍四年澤潞節度增領潁州五年割潁鄭二州隸涇原節度建中元年徙昭義節度于

潞州以懷衛河陽邢磁隶屬自是始稱昭義軍節度矣二年罷領懷衛河陽三年增領洺州貞元四年割陳州隸陳許節度昭義所領澤潞邢磁洺五州耳中和二年孟方立徙治邢州領磁洺李克用取潞州而澤州歸于河陽于是四州有兩昭義節度焉天復元年李克用取邢州并磁洺昭義復合為一二年仍領澤州此唐昭義節度始末也其官制節度

使一副大使知節度事行軍司馬副使判官支使掌書記推官巡官衙推各一同節度副使十舘驛巡官四府院法直官要籍逐要親事各二軍隨四其攝事者為留後糾察有監軍其節度亦兼領觀察等使五代梁改匡義軍唐改安義軍尋復為昭昭義宋改昭德軍領河東路兵馬鈐轄兼提舉澤晉絳州威勝軍屯田駐泊本城兵馬巡檢事徽宗初以舊

郡改隆德軍尋陞隆德府仍還昭德舊節金亦為昭義節度天會中兼潞南遼沁觀察處置等使以遼沁為支郡其官制皆無定員元羅節度使末年兵起察罕帖木兒以陝西平章政事總兵駐潞命將出師征討四方其權更在節度上

國朝平定天下銷兵衅甲初以州治未設節鎮嘉靖初青羊變後用諫臣議陞州為府始設

冀南兵巡道以本省按察司官領之統本府澤沁遼汾四州萬曆二十二年用撫臣議又陞汾州為府割冀寧之永寧州河東之靈石縣来屬而以遼州償之冀寧今所統府二曰潞安曰汾州州三曰澤曰沁曰永寧縣二十一曰長治曰長子曰屯留曰襄垣曰潞城曰壺關曰黎城曰平順曰髙平曰陽城曰沁水曰陵川曰武鄉曰沁源曰汾陽曰平遥曰介

休曰孝義曰靈石曰臨縣曰寧鄉衛三曰潞州曰寧山曰汾州守禦千户所二曰沁州曰磁州舊設叅將一駐本府今裁去汾州設有守備一其衛所屯田偏于大名廣平彰德各州縣疆土既遥地利亦廣依然當時方鎮之規模虎豹在山豺狼潛伏

廟堂計慮遠矣哉

歴代節度觀察廉訪等使監軍等官

唐程千里萬年人祿山之亂奉詔募兵河東拜雲中太守遷上黨長史至德元載置澤潞沁節度而以千里為節度使賊將蔡希德圍上黨輕騎索戰千里恃勇開門直擒希德幾獲而救至乃退橋壞被執勅諸騎曰為報諸將可失帥不可失城軍中聞之皆泣增備固守賊不能下執送東都為嚴莊所害當時死事諸臣俱荷追襃惟千里以生見執獨不及焉唐史深惜之

王思禮高麗人祿山之亂戰數有功以兵部尚書封霍國公兼潞沁等州節度使摠關中潞州行營兵三萬騎八千與郭子儀李光弼等九節度使圍史思明于相州時以李郭皆元勳難相統攝故不置軍帥以官官魚朝恩為觀軍容使號令不一日久漸弛思明乘之諸節度兵皆潰惟思禮與光弼完軍還

郭子儀上號

初河中太原兵戕殺主帥朝廷憂兩軍與賊
合而年少新將望輕不可用以子儀爲朔方
河中北庭潞儀澤沁等州節度行營兼興平
定國副元帥屯絳州至屯誅首惡數人諸鎮
惕息未幾代宗立程元振
忌宿將譖之罷爲山陵使

李抱玉 代宗初以羽林大將
軍兼澤潞節度使統相衛儀邢十一州兵嘗
兼隴右及山南西道三節度三副元帥史稱
其雖無破虜功而禁暴安人爲將臣之良

薛嵩 本安史降將授節度鎮潞用青衣紅
綫計拜田承嗣攻潞之變卒于官弟崿爲
留後兵馬使裴志清逐崿叛附田承嗣

忻王造 大曆十年田承嗣盜取河北乃議悉王
諸子分領諸鎮以威天下遥封忻王領
昭義軍節度大使
不出閤遥領也

李承昭 大曆十年節度使十月及田承嗣戰

于清水敗之則忻王遷領而承昭即真拜矣

李抱真

抱王從弟曾策僕固懷恩之叛代宗喜之遷中少監陳鄭澤潞節度留後辭因言百姓勞逸在牧守願得一州自試從之歷澤懷二州刺史皆兼澤潞節度副使及觀察留後嘗策山東有變澤潞兵所走集乃籍户三丁擇一蠲其徭租給以弓矢令閑月習射歲終親比三年得成卒三萬為天下步兵冠遂雄視山東竟繼承昭為節度使解邢洺之圍敗田悅于城下奉天之狩李希烈陷汴李納反鄆李懷光反河中抱真以數州橫絕其間為群盜所憚又以義勸王武俊共破朱滔其功尤偉在鎮勸農桑省刑罰尤好文學能千里致士進司空封義陽郡王卒父老詣闕請立石頌功祠之有董晉撰碑銘

邕王源

李抱真卒元仲經謀立包真子

絨一軍思亂王處休正色語衆曰軍工軍州王州也帥亡當稟命天子何云云有妄謀衆服其言滑不亂乃以王為昭義節度大使不出閤以處休張茂昭為留後

張茂昭 以邕王不出閤茂昭與王處休為留後代理軍政

王處休 字君佐汝梁人以涉學有材武以信義為鄉黨畏慕李抱真聘為兵馬使及抱真卒止軍中妄謀為邕王留後號令撫循軍中大治遂遷節度使始屬城州縣吏多署它職不親政故治苟簡處休悉增俸稟遣就部人以妥安性恪敏節用度卒于官所部帑廩可支數年

李長榮 貞元中為節度使卒于官

盧從史 少好騎射遊澤潞間李長榮署為督將長榮卒德宗命察軍中所喜戴者即擢節度從史潛結監軍越次自薦遂領節鉞乃潛蓄逆謀陰養死

士元和中丁父憂不欲去希憲宗旨獻計討王承宗由是奪服又陰通承宗持兵固位上命吐突承璀以計擒之烏重胤部勒其衆貶死驩州子孫並徙嶺南

孔戡字勝之以大理評事佐李長榮節度府長榮卒盧從史代之戡察其異謀密諫不聽顯言以折之陽聽亦不改遂引疾歸從史猶誣奏坐左遷卒從吏敗追贈司勳員外郎

辛秘憲宗時拜昭義節度使承討恒趙之後潞人彫耗秘至約出入節用度比四年儲錢十七萬緡糧七十萬斛器械堅利隱然復為完鎮召還道病卒

郗士美字和夫金鄉人佐李抱真幕府歷王慶休李源皆以才留歷官中外至檢校工部尚書充昭義節度使昭義自李抱真以來皆武臣充使私廚月費米六千石羊千首酒數千斛盧從史又日具三百人

食以養牙兵士美悉罷之其討王承宗也斬恣横逗撓大將王猷親皷之大破承宗遂威震兩河後以疾召還

劉悟 宣武節度全諒之侄先以罪奔潞州王虔休署為牙將病歸罷繫河南獄貸免李師古迎以為將妻以從媦歷師道皆信任及師道被討將兵見疑遂反攻師道函其首降即拜義成節度使穆宗立從昭義朱克融亂移守盧龍至邢會王庭湊變不得入遂兼幽鎮招討治邢州與監軍劉承偕不叶盡殺監軍小使因承偕上書言多不恭為天下逋逃主後嘔血死

晉王普 劉悟死表其子從諫嗣朝議謂上黨內鎮與河朔異不可許李逢吉王守澄納其賂數以為請敬宗乃以普為節度大使不出閣詔從諫主留後事普亦納其賂從諫遂真拜

劉從諫 既拜節度使頗有救李聽

之功昭義自劉悟治邢而人思上黨從諫還治潞又矯父之苛擾易之以寬下因附之請入朝拜平章公卿多托以私又見事柄不一心輕朝廷及甘露之變常抱不平中官譏搆因與朝廷猜貳在鎮暴橫沓貪責息爭利至遣游客刺蜀吏天下怨怒憂惑病死子稹拒命大將郭誼盡誅其族降

李佐之潞州觀察支使從諫病諷使還東都不聽然亦感服諸將孍其異議令奴告佐之漏軍中虛實稹殺之

唐漢賓儉之裔孫為武鄉令嘗叅幕府以稹拒命固諫合族誅死

李師晦宗室子悟辟幕府後見從諫恣橫假言求長生藥不與事稹敗擢伊闕令

盧鈞字子和范陽人累官山南東道節度使王師討劉稹武宗以鈞長厚得衆詔蕭昭義軍會稹誅詔乘傳往鈞至高平而石雄兵巳

先入積將白惟信率餘卒三千保潞城雄召之使十餘往皆死鈞至惟信獻款曰不即降者畏石尚書耳鈞即約而遣之雄欲盡誅潞兵不下者鈞不聽左右皆雄親兵鈞居自若雄引去始召惟信械送京師餘置不問

劉潼字子固宣宗時為昭義節度使晏之從孫也

沈詢字誠之吳人咸通中節度使

高湜乾符中節度使

李鈞僖宗朝節度使

高潯中和中節度

孟方立本潞遊奕使高潯被成鄰害方立乘衆怒率兵斬鄰自稱留後擅裂邢洺磁為鎮而據之

王徽方立據邢都統王鐸以叅謀鄭昌圖知潞州留後事欲即用以為帥僖宗自用舊相王徽徽度天子播越而李克用亦窺潞州朝廷未能制乃固讓昌圖昌圖治不三月輒去

李克修鄭昌圖既

去孟方立表李殷銳為刺史歆徙治龍岡州民重遷會李克用為河東節度使監軍祁審誨乞師求復昭義克用遣克修攻取之表為節度使竟并邢洺磁復合為一鎮**李克恭**克修弟繼其兄為留後**孫揆**李克用既并昭義用兵赫連鐸為燕救大敗朱全忠欲乘其敗代之宰相張濬主其議即以濬為行營都統以揆為昭義節度使揆入潞境克用遣李存孝伏兵刀黃嶺執之厚禮欲用揆罵不屈克用怒命鋸解鋸齒不行揆罵曰死狗奴解人當束之以板如其言鋸始行詈声至死不輟昭宗憐之贈左僕射**康君立**克用取潞州表為留後**薛志勤**君立死克用表為留後**李罕之**薛志勤死罕之乘隙據潞叛附朱全忠表為留後**孟遷**李罕之疾朱全

忠遣賀德倫守潞李克用攻取之表孟遷為留後**丁會**全忠遣叔攻攻潞孟遷降
全忠表丁會為留後
後唐李嗣昭克用養子再取潞州于梁遂為節度使梁遣李思安將兵十萬攻潞
築夾寨圍之以絕聲援使人招嗣昭降嗣昭斬其使守愈固及莊宗破夾寨圍解城賴以
全其完繕撫養之功為最鋸嗣昭卒子繼韜叛降梁誅死**李繼珂**節度副使初繼
韜誅莊宗猶以嗣昭長子繼儔知潞州為其弟繼達殺繼珂募市人千餘平之**盧文**
進莊宗攻范陽文進先降後以李存矩奪其女叛附契丹明宗立率數萬衆來歸晉以
上將軍出領昭義未幾徙安遠晉附契丹文進懼又叛附李昇**後李承約**初從

莊宗破夾寨後自左龍武統軍拜昭義節度使張居翰昭義監軍遷樞密使

皇甫立明宗時為節度石敬瑭謀反立具奏發覺

後晉王建立榆社人唐明宗時以平章出鎮平盧遷上黨怏怏鮮歡談怨為安重誨所擠明宗曰汝為節度使不作好事豈獨重誨譖汝耶晉高祖立以兄事之復自平盧徙上黨賜以王斧蜀馬性好殺晚節始信浮屠稍戒之卒遂家于潞張從恩契丹滅晉時從恩為昭義節度使與王建立子守恩為姻親乃以守恩權巡檢使以守潞州而從恩入見契丹守恩遂劫其家貲降漢

後漢王守恩建立子以劫張從恩家貲降漢遂拜昭義節度吏高行周

常山人歷延潞二鎮皆帶衙職即懷德杜重之父後征范延光擢河南尹留守東京

威代高行周為節度使

盧順密以擒符彥饒功為昭義留後

皇甫遇安重榮姻家也重榮鎮成德有異志晉主徙遇鄰境以結其心

後周李筠太原人仕周為昭義軍節度使宋太祖受禪加中書令使者至潞欲拒之賓佐切諫乃宴使者酒半懸周太祖像涕泣不已賓佐惶駭告使者曰令公被酒失其常性幸勿訝北漢主聞之以蠟書結筠同舉兵太祖手詔撫慰且官其子筠終不聽北漢主親將來會筠言受周太祖厚恩不敢愛死周漢仇也以故漢主不悅留監軍而返筠遂南攻澤州戰敗而死

宋李繼勳仕周為安國軍節度太祖平澤潞来朝行在所即以昭義節度使焚平遥取遼州北漢誘契丹来爭擊敗之太祖親征太原為行營都部署史謂其無美政以故舊寵遇云

宋立長子人仕本州觀察使

李昭亮郡人繼隆子四歲補官歷中外典兵以信義得士卒心終于平章昭德節度使

李遵勗以附馬都尉為昭德軍節度觀察留後

李端懿遵勗子以安德留後卒贈昭德節度使

徽宗皇帝以端王為昭德軍節度使

金蕭仲宣歷順義永定昭義寧武四節度使為政平易小吏不敢為奸絕賄賂奴婢入郡人莫識其面朔潞皆立祠刻石頌之

移剌成自威州刺史遷昭義節度使

馬惠迪 字吉甫漷陰人以參知政事起為昭義節度使 **李晏** 字致美高平人由御史大夫起為昭義節度使以興利除害為己任其遺愛久遠者在修學宫建韓店石牐俱有碑記其事 **楊天吉** 天會中節度改建長子城以便防守 **田琢** 蔚州人任潞州觀察判官 **允濟** 世宗第七子以衛王判昭義軍章宗崩以衛王即皇帝位後為胡沙虎廢 **孫德源** 興中州人先任沙河縣令太安初任昭義節度使潞州破被執俄有拜于前者皆沙河舊民也密護得脫後官至工部尚書 **王無咎** 武安人仕金為昭義節度副使 **粘割貞** 貞祐四年為昭義軍節度使兗潞州經畧使入為工部尚書後守普安府城破死之 **必蘭阿魯帶** 貞祐中節度請陞遼州為

節鎮

張開 景州人元潞州招撫使時林州元帥府徙潞人實林州既復遣還民苦之開請與林州並置元帥府各自為治乃以開權昭義節度使權元帥左監軍行元帥府事與郭文振共復太原封上黨公以澤潞沁隸馬復取高平澤州及戰壺關有功既潞危急請建公府以固屏翰陞澤沁為節鎮從之而潞竟失守蓋請糧不繼而又與文振不相賑恤勢窮合散以至於敗開後起用戰敗走死

王良臣 潞州人官起居注元昭義參議官元兵南下死難

梁鏜 字國寶范陽人明昌二年為昭義節度觀察判官有惠政民為畫像祀之

劉仲尹 蓋州人仕金為潞州節度副使

元

劉寬 潞城人仕金為昭義節度使元復昭為原官統本州元帥府事

完顏南

潞州招撫使修本州公廨李昌祚任潞州招撫使有惠政孫孟位至司空上柱國

封昌祚如孟官察罕帖木兒字廷瑞沈丘人元末兵起糾衆除亂以功累官陝西行省平章政事時曹濮賊踰太行焚掠全晉以及雲中及還察罕帖木兒伏兵横擊誅劉殆盡乃駐潞分屯兜子城吾兒峪井陘口諸要害賊不得進地方以安訓農練兵以平定四方爲己任既而平汴平齊幾復舊境爲降盜王士誠刺死其裨將有關保虎林赤最有功于潞子即廓擴帖木兒

國朝整飭潞安兵備分巡冀南道山西按察使副使司僉事間亦以藩司兼憲職者嘉靖時有宋

景號南塘江西新奉人進士青羊初定人心危疑公以鎮靜處之反側自安地方坐以無事**李崧祥**號恭川直隸貴池人進士**張綸**號以菴直隸任丘人舉人**鄭重**號海灣河南固始人進士**陳耀**號近泉直隸靜海人進士**趙國良**號南湖陝西同州人進士**彭大有**號豫齋河南陳州人進士**何城**號月梧陝西綏德衛人進士**劉素**號後菴直隸深澤人進士**郭乾**號一泉直隸任丘人進士性廉謹約已裕民凜然水蘗之操足勵頹風**汪來**號北津天津人進士博文雅度無所不容**谷中虛**號近滄海豐人進士剛柔互用不吐不茹一時豪猾為之斂跡時任光祿環憂居公相得甚密每促膝晝地籌天下事至夜分後公任蜀果著茂閥豪傑

相與自不虞也。馬慎號龍池，直隸大城人，進士。陶大有號同野，浙江會稽人，進士。劉涇號次山，河南懷慶人，進士。樸茂清廉，一菜不妄受。所著有按察箴，平生心事亦可槩見。箴曰：惟
皇御世，廣設民牧，日月雖明，覆盆不燭，用建是官，按察所屬，貴汝之爵，富汝之祿，職司風紀，任寄耳目，糾覈官政，歷覽民俗，冠以鉄豸，見惡必觸，簪以白筆，聞善必録，法要奉公，刑戒用酷，毋玩國典，毋縱人欲，毋恃權要，毋作威福，勤敬處事，詳明讞獄，激濁揚清，發奸摘伏，若此而行，名光簡竹，口食一粟， 君賜之穀，身被一縷， 君賜之服，享以珍味，處以華屋，行則車馬，坐則茵蓐，厚蒙 恩遇，罔思報服，不尚德化，惟事慘毒，峻法沽名，假仁示有，滿巳之志，覆公之餗，混淆邪正，變亂曲直，死者飲

洛安府志　卷三　十三

恨生者怨讟以若斯為罪殃迅速人禍難免天災莫贖居斯職者宜加玩讀胝我言僭敢竭忠告

張柱號建菴山東壽光人進士魏裳號湖廣蒲圻人進士趙鏘號桐岡直隸易州人進士隆慶時有黃正色號北涯河南光山人進士鄭洛號範溪直隸安肅人進士以才望調追方歷本省巡撫總督官至經畧尚書董堯封號李村河南洛陽人進士劉漢儒號蒼吾河南沈丘人進士官至雲南左布政張天馭號淺齋直隸深州人進士寬厚有威謙恭有禮不事刑威地方自戢陞山東叅政官至左布政萬曆以來有燕儒宦號惺齊河南魯山人進士嚴毅明察有無賴子欺善良者罵詈未去吏已緝知捕而遊示于市

矣卒于官楊愈茂號育菴陝西安化人進士賀邦泰號澹菴直隸丹陽人進士寬厚中有執持以文學調本省學憲官至按察使翟維蕃號徒齋曲周人進士不言躬行悃愊無偽之君子也韓應元號錦川山東歷城人進士築城中關廂甬道十日而就劉伯縉號為山歷城人進士先是道門外即西行出上黨門公易民居直通前巷今制是也侯世卿號貞軒直隸武強人進士真心為民值大歎關驟煑粥親臨嘗驗借無碍官銀乞糴于河南使小民往來貶易以平米價所賴全活甚多陞本省叅政官至雲南布政成憲號鑑吾薊州人進士自翰林調本省學憲官至祭酒今聽起姚學閔號彛山湖廣武陵人進士張孫繩號約齊廣

西桂林人進士王國號柱石耀州人進士調河南提學見任真定巡撫周應中號寧宇浙江鄞縣人進士調湖廣馬翰如號抱白河南陳留人進士引疾去張世烈號葵亭陝西延安人進士陞山東按察使加太僕卿致仕馮露號仁宇河南襄城人進士陞湖廣按察使官至布政楊應中號荊溪直隸固安人進士以前任珠寶從中降劉任號弘所河南商城人進士以才望調邊方項德禎號玄池浙江秀水人進士以疾請告歸陳廌號靜臺直隸元城人進士陞本省參政卜汝梁號養菴浙江歸安人進士董汍貢號夏衢河南禹州人進士

按潞自作鎮以來在唐為多事之地故當時推轂亦多名賢郭汾陽總四鎮十九州之兵以平河中之亂固一代宗臣哉然猶統率行營而未親臨節鎮若王思禮李抱玉與其從弟抱真王虔休郗士美辛秘之流俱以台座大臣當鎖鑰重任生聚訓練威遠服鄰孫揆雖未履任而入境死節百世之下凜凜如生之數君子者勳閥著於旂常聲名齊於山岳

豈非所守得人抑惜乎姑息政行讒搆釁啓盧從史奸謀得鎮劉從諫重賄得襲雖旋就擒滅而地方業已不勝其魚肉矣至於李克用因激成變上黨遂不為唐有則所守非其人化為豺與虎也五代國如傳舍將若弈棋固不足道而李嗣昭之善守李筠之死節則亦未可盡少自宋及金地不鄰寇雖開府建牙實則如守如令耳元素不宿兵故賊來失

險察罕帖木兒自陝徂東僑鎮於此守隘蓄威四征漸服其後得汴得齊常宿重兵于太行此其胷中之畧暗與古合亦一時之豪傑哉我

國朝特設冀南一道妙選時賢以充是任銓閣風清官衙月白固若無事者然禁奸遏亂潛折萌芽其功匪細而況台座鎖鑰之重臣往往發跡于此是無事為儲才之地有事得先

事之防鑒往推来最為得策嗚呼權貴預設
政在得人雖歷千萬世
廟堂不可忽上黨彈丸之地也

潞安府志卷三 終

潞安府志卷四

建置三

郡縣

郡自戰國至後周皆稱上黨郡隋以来稱潞州惟宋之中業及元初稱隆德府今稱潞安府云其官制因革不一郡之長初曰郡守後曰太守其僚佐有丞有尉有贊治州之長初曰刺史其僚可考者有別駕有長史有録事

叅軍後曰知州其佐有司馬有通判有司録叅軍元千知州上有達魯花赤下有同知有判官有吏目設録事司後併入上黨縣
國朝革去達魯花赤府之長曰知府其僚佐之在隆德府者不可考自建設潞安有同知通判推官各一舊有西路管糧通判或同知一今改太原府衙管領有經歷司經歷照磨所照磨屬有司獄司司獄稅課司大使永豐倉

大使陰陽學正術醫學訓術僧綱司僧綱道紀司道紀各一夫潞安建設七十年耳若守若佐姓字履歷一一可道其人品政事皆可心計固非若前此之無徵也顧方在華膴雖茂閥奇勳下例不得悉書耳首領舊志不錄殊不足以勸將來今亦表其錚錚者

上黨郡

戰國新鄭韓上黨守秦起二軍一臨滎陽一臨太行韓不能支以上黨入和使人言

之黈令效之黈曰人有言挈缾之智不失守器王則有令而臣太守雖王與子亦有猜焉臣請悉發守以應若不能卒則死之韓懼馮亭欺秦也乃以馮亭代黈使效地于秦時韓都在鄭而上黨為別都道由南陽野王始登太行秦先攻二縣既降則太行道絕亭雖受令亦不欲以郡入之秦陰使人歸趙欲韓趙合一以拒秦趙納之封馮亭為華陽君使平原君受地亭垂涕不見曰吾不處三不義也為主守地不能死固一不義矣入之秦不聽主令不義二矣賣主地而食之三不義矣趙遂發兵取上黨卒召長平之禍亭與趙括皆戰死君子曰惜也死于戰孰若死于守

漢任敖 沛人也從高祖起兵為御史楚漢相拒遷為上黨守後陳豨反堅守有功封廣

阿侯謚曰懿 **李哆** 武帝時上黨守為 **義縱** 無行以姊姁幸王太后拜中郎補上黨郡中令治敢行少蘊籍縣無逋事舉為第一載酷吏傳 **蔣滿** 宜帝時為上黨太守子萬為北地都尉並以卓異徵見萬退却不敢並父帝問贊謁者以父子對帝嘆息曰乃父子剖符耶即下詔曰上黨守滿經行篤著信行山東其以滿為淮陽王相誨導東藩弘農股肱郡其以萬為弘農太守同日拜擢一時榮之 **荀諫** 扶風人西漢末為上黨守王莽既殺鮑宣并欲害其子時宣子永家屯留都尉路平承望風旨欲害之諫擁護召以為吏常置府中永因數陳復漢室翦滅篡逆之策諫戒之曰幾事不密禍且入門諫卒永護喪送至扶風 **趙興** 繼荀諫為守永送諫喪路平遂收永弟升興至歎曰

我受漢茅土不能立節鮑宣死之豈可害其子也勳縣出升復置永功曹君子曰愛忠臣及其子苟諫趙興君子式路平亦人也何面孔與兩君同官于茲土

路平 西漢末為上黨都尉事見上

田邑 字伯王扶風人更始時為上黨太守與馮衍等繕甲養士扞衛并土世祖即位遣宗正劉延攻天井關邑拒不得進後聞更始敗始遣人詣洛陽獻璧馬仍拜上黨太守

戴涉 建武初為大守時太行山有劇賊涉用鮑昱為高都長遂破賊

魏應 字君伯任城人掌白虎觀問難稱制出為上黨太守

魏

馮勳 仕為上黨太守

鄭渾 字文公開封人避亂淮南魏太且聞其篤形召用之

數有戰功遷上黨太守

晉呂温壽張人有文武才拜上黨太守有能名劉惇上黨太守劉琨使率義兵及鮮卑轉戰入太原龐淳上黨太守劉聰寇上黨遂以城降羊綜上黨太守石勒之寇新蔡而害新蔡王確于南頓也綜與朗陵公何龔等率衆降于勒温嶠字太真太原人初為潞令平北將軍劉琨深禮之請為參軍遷從事中郎上黨太守加建威將軍將兵討石勒屢立戰功王眘上黨內史以并州叛降石勒馮鴦郡人将氐與慕容相持時自稱太守並賜爵位亦陰輸忠欵于京師後為慕容儁所攻奔野王慕容越慕容暐所置上黨守王猛至潞遂降

後魏陸突本雖石將從道武征伐有功為上黨太守　郝温郡人以門第為郡中正

崔恬仕後魏為上黨太守　苟静孝武時為上黨太守

潞州

後周趙威潞州刺史尉遲迥遣韓長業陷潞州執之署州民郭子勝為刺史子勝後為李穆所執

隋柳昂字千里解人高祖受周禪加上開府拜潞州刺史在州甚有惠政卒于官　辛彥之狄道人先刺隋州時諸州皆供珍玩彥之獨供祭物高祖善之遷潞州刺史有善政卒于官　呂永吉齊州人以外戚受上黨太守　源崇嗣西平樂都

人任上黨贊治

唐王行敏樂平人高祖初拜潞州刺史遷屯衛將軍劉武周入并州寇上黨取長子壺關或言刺史劉子武懦不支帝遣行敏馳往既至與子武不叶圍急乏食衆恇惧行敏急出會有告子武反者遂斬之州民陳正謙出粟千石濟軍由是人自奮賊乃去後又敗竇建德兵于武陟劉黑闥來攻行敏自歷亭出擊破之憩于野不設備遂為所襲見執不屈黑闥怒斬之臨刑西向拜曰行敏大唐忠臣願陛下知之高祖聞而痛惜焉

徐王元禮以司徒兼潞州刺史

韓王元嘉為潞州刺史時年甫十五聞毋妃病涕泣不食居喪瘠毀太宗數慰勉性好學積書至萬餘卷閨門整肅當世稱之

鄭王

元懿 衲刺兖州徙潞州數斷大獄務寬平今城南有元懿太妃墓 李嗣真 栢鄉人以御史中丞巡撫河東来後臣用事上書諫不納出為潞州刺史 賀拔正 刺史 崔承休 長史 戴安業 州司馬俱見舍利銘

玄宗 為臨淄王時以衛尉少卿為潞州別駕在任祥瑞疊見朝京平韋后亂嗣位後巡狩封禪凡三過潞曲赦境内遺愛及民至今頌之 姚崇 字元之陝州峽人睿宗時太平公主干政諸王典兵崇與宋璟建議請主就東都諸王為刺史主怒貶中州刺史移潞州張説稱其毗庶風偃鴛鷺化從言不厲而毅成攻不威而事理去思稱頌来暮聞歌

李濬 唐宋臣為潞州刺史以誠信稱為良吏絳紉南節度廉訪使 程千里

為上黨長史事見節鎮崔敖諧武城人仕為潞州刺史程師人本州人仕本州司戶參軍李殷銳孟方立表為潞州刺史事見節度李克修下

五代

任圜潞州判官李嗣昭戰死鎮州以兵付圜號令如一不知嗣昭之死也其方略可知後官至平章李繼濤嗣昭子事見紀事

宋

王祐大名人太祖征太原諸州饋餉集上黨城中車乘塞路乃命祐知潞饋餉無乏路亦無壅李允正孟縣人歷知平定潭滄雄鎮潞州治有威聲藥繼能開寶八年知潞州援北漢鷹澗堡柴禹錫太宗時知潞州篤于愛民嚴于取衆抑強扶弱政化大行將徙知永興軍潞人乞留三載詔嘉留之由是知名郭諮

平棘人以西上閤門使知潞州上言懐保二郡水利及車槍弩法詔置弩千分給并潞又
上取幽燕之策甚悉**馬知節**薊州人懿祥慬歸深入民心比去民爭門出送
劉用真宗時歷知齊陳潞州**畢士安**咸平中知潞州以嚴正稱特加月俸
梁燾元祐四年自潞州召為諫議大夫来詳何官**劉器之**崇寧中知潞州
部使者按郡苛察竟不得其毫髮過即往来驛騷亦無違側息者使者亦嘆服**郭逵**
神宗時落宜徽使知潞州歷官至左屯衛大將軍致仕哲宗立復起知潞州有蘇軾所撰
制詞**宋守原**高平人為潞州司馬**李昭玘**潞州通判民有不葬者為斥官
地畫兆竈具棺衾作文諷曉之俗為一變**歐陽棐**修之子由襄州徙知潞州

呂陶成都人魯論章惇等奸狀以集賢院學士出知潞州

朱光庭河陽人知潞州隣境飢民入境盡心賑恤常至暮不暇自食因感疾卒

李琮知潞州時有謀亂者飛語期日部使者懼索奸甚急琮以鎮靜當之謀竟不敢發

王曙以給事中知潞州郡有盲叟王演出其妻及其子遂而別娶段氏段無子前守責演帰遂段復諧之遂旋被遂去一日演出段被盜殺鄰婦聞盜揚言曰我王遂也演執遂赴郡吏三鞫俱服曙獨疑其自宣姓名且衣無血跡緩獄改勘久之得盜乃陳晟也以毋事段因負段子錢段厭薄之反成恨伺隙殺段駕言王遂以自脫盡得其所盜財及血衣遂得出演亦悔悟迎遂及其母為妻子如初潞人神明相驚曙因作辨獄記以戒屬吏轉運使孫沖作原理

有碑在郡衙土地祠

孫沖　由諫議再知潞州以強幹稱䏻任鉤鉅事多得情

苗時中　字子居其先壺關人徙宿州以寧陵主簿徙潞州司法參軍守欲入一囚時中執不可守怒責甚峻曰寧歸田里法不可奪守悟從之

苗授　本州人以保康軍節度知潞州

吳元扆　景德中知潞州初并代澤潞分轄戍卒後并于太原至是以元扆素望臨鎮遂以澤潞晉絳磁隰威勝七州軍戍事委元扆專揔之

尹洙　自晉州徙知潞州為政有惠愛潞人思之

范通守　志失其名見李吏行五龍廟記

隆德府

陳迪　大觀中通判

趙紀　權知軍府

韓昭　字用晦許昌人宣和二年知隆

德府止遠迎单車之任勸農桑恤孤獨通泉貨巨蠹宿奸一旦芟薙斷根株而窮窟穴又請免輸邊税在郡便納民為勒碑頌德

張確字子固邠州宜禄人知隆德府金兵入犯請預為守禦計不報金人知其無備諭使降確乗城拒守或勸以潰圍出奔叱曰守土臣當以死報國力戰而死

趙伯臻通判

張彦適司録與張確同時死節

潞州

金

姚璠潞州知州太行賊陷潞見殺

沈漳字之達奉聖州人姚璠之死官軍討平漳以山西轉運副使權知潞州招復逋逃賑窮養餓收横屍葬之民頗安輯初賊據城

潞之軍卒當緣坐者七百人帥府牒璋晝誅之璋不聽帥大怒召呵責将殺之左右震恐璋顏色不動從容對曰招亡撫存璋之責也此輩初無叛心盖為賊脅有不得已者故招之復来今欲殺之是殺降也苟利于衆即死何憾帥怒解召潞卒曰吾始命戮汝今汝使君活汝矣皆感泣而去朝廷嘉之拜諫議大夫知潞州民為立祠

尉遲鼎 絳州人大定中知潞州

蓋善 建斯文樓貯書萬千五百餘卷

王源 壺關人為本州節判

喬通判 有修學功志失其名

張世臣

陳叶 見百穀石刻禱雨即霑未審何官

元

蔚恕 泰定間知潞州教民興利民多便之

温珪輔 天曆中知潞州有勸課農

桑之政鄭玘雲川人至元中為漵州知州州舍自戊寅焚毀五十餘年無營葺者署事于西園玘同達魯花赤卜竹同知張禮判官陳嘉則共新之崔亶判官教民務本柳末時學舍羅于煨燼始建大殿以奉先聖先師陳伯福至元間知潞州勸農桑教孝弟大修廟學人文復振郅朗肥鄉人由壺關尹陞潞州同知聲稱大著侯昊知州周幹臣以肅政廉訪知事守潞州整齊風俗挫折豪強親王小薛息馬潞沁侵奪民田幹臣啓請歸還田主作詞化少年牽牛牟利者循吏也劉傑文登人至元初知潞州以隙田四頃資學中祭祀文會之費王良太原人至正間知州宋思齊屯屯留任潞州判官王天祐本州人皇慶間任本州知州

晉璣本州人為本州知州有善政張景巖字瞻甫名野仙佈化河東人至

正間知州觟修黌學墜州治廟學德風亭五龍廟皆其所重修也魏裕李

森張仁二俱知州劉仲殷曲沃人知州復雄山書院咬住達魯

花赤王思溫同知二人重修學校周泰東平人進士任同知以文學飾吏治

一時碑銘制作多出其手

國朝知州洪武時有潘黼由國子生任時天下初定郡中規制皆其

建置竺克仁由國子生任政善民安凢應祀神祠悉為修葺蔡景武汜水

人以公勤著績陞嘉興知府劉仕原昌平人政行茂著德潭及民陞本省叅政

李顯忠建布政按察二分司傳遜建鐘鼓樓宣德時有黃壽湖廣靜州人嚴而不刻吏畏民懷任滿士民保留再歷一考以老致仕刁正束鹿人慈祥愷悌以作興士類為急任滿陞武昌知府人至今稱之天順時有王揖修郡後堂及按察司李濬遷鐘鼓樓燕雲陝西咸寧人舉人以才幹稱成化時有金澤有文學重風教奏表張倫為孝子許昌字汝賢浮梁人進士自武定調煩而來學博才優政績大著曾署平陽府事陞德安知府孫珂字廷珍福山人由大理丞謫任以明斷著聞齊經隆德縣人舉人自石州調煩于潞才能出眾兵部尚書余子俊薦陞山東僉事蔣容字德夫武進人進士自蒲州調

煩而来復改潼川州才寬字汝栗遷安人進士自石州調煩尋陞南京刑部員外郎官至尚書總督為當代名臣弘治時有馬暾陳州人廉介剛方才更明敏賑窮孤恤流移興學育才表勵風俗留任九年有利必興無弊不舉相傳州治賢守公為第一李昊盖都人舉人正德時有徐麟錦衣衛人進士郝槃綏德人貢士田中直隸新城人進士申綸永年人進士張萱上海人廉不要名儉不嗇禮劉直任怨而近民則平易時武皇狩雲中江彬諷郡縣選娶婦送行在所公不應判官楊慶以才幹自衒欲代為之公曰娶節婦也吾婦翁也奈何以婦翁而奪子婦之節慶曰慮有不測公怒擲杯于地曰首可斷節不可奪所為者

有如此杯事竟寢陞湖廣僉事有去思碑曹進善柘城人舉人禱應修五龍廟

嘉靖時有邵經江陰人舉人宋璉永年人進士周昊大理人明敏該博有幹濟才包築郡城尅期而就民不知其勞其他善政不能盡述陞長沙府同知人至今稱之馬公以後一人而已

同知有張三同字大亨阜城人進士創州治修廟學在城二十四坊名皆其所擬以治行聞張思忠廉幹著聲陞都水司郎中胡浩嘗理糧儲出納惟允孔㢠淮安人進士李東山洛陽人進士胡侍寧夏人進士以光祿少卿左遷剛介不阿重大體敢言時事人以博學稱但知其文藝耳倪政甘肅

人貢士出將門謀而有勇平青羊之變與有力焉

判官有王尹實慈谿人進士以中書左遷長于詩工真草隸書馮徽鳳翔人以御史左遷廉明有威上下咸服齊聰通許人以五府知事改授廉介嚴明有利于民極力任之以事去官人至今猶惜王正宗固安人進士以御史遷謫

吏目有甘子義修稅課局朱傑葺學功

潞安府知府嘉靖時宋圭號龍門直隸新城人進士寬平練達更革之始凡所經畫必協人情合理俗上下安焉陞徐州兵備韓楷江夏人進士未幾調煩楊州賈應春真定人進士器宏才練弛張雷厲剖決風行豪右畏若神

明善良懐如父母調煩開封官至户部尚書張環西安人進士未幾調煩太原王傳洛陽人進士僅一歲調萊州公躋奎蒙陰人進士陞湖廣副使劉棟任丘人進士孫國大名人進士政持大體治出通才興利革弊四民各得其所陞薊州兵備張纓安陽人進士張鎬定興人進士歷陞都御史張子順德州人進士陞山東副使祝天保唐山人進士陞本省副使陳莞餘姚人舉人侯有功號鳳山浮梁人進士治尚嚴明法行自近而于閭左則寬選擇才俊智課親加評品所甄許無不擢高第者好徽行屬吏凜凜奉法郡境肅然陞陝西副使孔惟德汝寧人進士楊吉號兩川屬旌人進士以憂去官至四

川叅政王宮用號桃溪成安人進士陞陝西副使隆慶時有王憑號月濱臨邑人舉人有雅量始終未見其怒然三尺法無敢撓者吏弊一露雖不窮追即鏟其根不得再發朔望謁廟畢與諸生論說理奥多所發明雖祁寒溽暑未嘗一輟以憂去士民攀送車不得行後官至兩淮運使加大叅銜致仕祝尚義號淮隅淮安衞人進士萬曆以來有麻永吉號慶川慶陽人進士自庶吉士改御史陞本府性長厚其治主于不擾民嘗易二紬既而悔曰價雖平恐開取用例仍還之六年市肆不知應官物陞本省副使官至按察使朱衣號覲墀岷州衞人進士陞薊州兵備李杜號雙溪永年人進士寬厚明決張弛俱宜值凶疫之歲多方賑恤有

乘機打搶者即置之法不少貸地方賴以安堵陞陝西副使官至按察使**陳廉**號靜埜元城人進士未幾調煩開封後補本道兵備復陞本省叅政**王度**號純齊深澤人進士陞陝西苑馬寺少卿長厚君子主于安撫**張子忠**號靖忱濟寧人進士調延安官至副使**劉復礿**號天虞高陵人進士以貢篚小吏不解事得罪中官旨從中出左轉廣東提舉今陞淮安府同知見任**孫鋐**號元涵滎陽人進士以前任珠寶旨從中出左轉見任嘉定州判官**曾臯**號見虞廬陵人進士請告歸累起不就**王浩**號酌吾臨邑人陞河南副使**張廷相**號程川金谿人進士陞福建興泉道副使**洪良範**號中格沂州人進士熟諳民情諸事親理民有詞給原票

自拘不差人到即奸偽立剖曲者朴責而諭之不供罪亦不多批詞錢糧令花户自封投櫃收頭徵銀交官起解衙役不許向收頭支領工食鋼銀帰官支用每月初二十六率僚屬分詣鄉約講六訓稽查善惡立保甲以防盗賊嚴行各縣毋用掛搭佐領皂快由堂撥每季一換坊里家火不許應官一時小民頗得安堵

同知嘉靖時有孟奇陝西咸寧人進士陞順慶知府郭從道陝西徽州人舉人李元芳號虚菴秦安人舉人歷六載嘗署郡值虜儆設守遠探令民各安其業聞鐘聲則蟻附登城所賴鎮靜無恐無擾後以毋壽高屢請終養去

李全內江人進士陞南京户部郎中　張應麒肥鄉人貢士　史直臣涿州人進士歷官副使　谷萬臨潁人舉人　方其學洛陽人進士陞東昌知府　劉良寀荆州人舉人　葛大紀商州人進士厚重持大體不假威嚴人自起敬歷官本省參政　隆慶時有靖四方淇縣人舉人練達精明諸事就矩歷官僉事　萬曆以来有喬木號玄洲上海人進士嚴能馭衆明足服人尤重文學之士凢所甄拔後皆知名陞河南僉憲歷官至雲南副使　董仕號敏軒汝陽人舉人卒于官　呂子桂號月宇滄州人進士陞南京户部員外郎　蔣洽號虹洲錢塘人舉人陞兩淮運同　任秉乾鄜州人舉人陞晉府長史

李應辰號會臺慈谿人進士致仕　童世彥號夔溪榮縣人舉人陞鶴慶知府　楊震雷大名人舉人終養　勇慎霸州人舉人　張和中號蘭復濱州人進士陞順慶知府　張調元號咢和蒲城人舉人見任

通判在嘉靖時有表軒冕章丘人進士陞河澗同知　竇綱龍門衛人貢士　陳宗年江夏人舉人　潘彥富荊州人貢士　楊栢直隸新城人官生　虞文翊金華人舉人　陳正富平人舉人　傅以中南鄭人舉人陞渾源知州　周夢綵阜城人舉人善書有氣節能封淡薄陞鳳

翔同知步天衢薊州人舉人吳承恩桐城人貢士祝繼恩
海寧人貢士值觀期蕉署府縣印及編審以此招議罷去石邦政豐潤人舉人陞
郃川知州王江博野人舉人張梧長垣人舉人陞安樂知州隆慶時
有李宏昌平人舉人萬曆以来有許蘭長垣人舉人李
冲斗欒城人舉人趙岳生開州人官生靳賢静寧州人舉人有治
民才且老成練達歷署各州縣印編審聽訟人人稱平其催科尤為得體首單稱頭次單
包收每月一比親按紅簿四鄉各點欠戶一人徵責吏胥里老毫不得與人爭輸納及一
再比歲額告完賢聲大著委無虛日皆稱任使陞岢嵐知州不就自有糧廳以来一人而

巳

張振宗鎮平人貢士陞河間同知

曾士登瀘州人貢士

高數伢寶鷄人舉人初任值貢篚列其銜解役得罪于中貴旨從中出與太守劉公俱解任

黃裳畧陽人選貢亦司貢篚鑒前之失親部入京果稱旨中人旌其賢遂為士論所不滿労轉去潞之職貢素稱敬慎而其難在交納由前之失中貴怒也由後之失中人悦也而皆得罪官此地何之而可況于民也哉

李德號齊吾岷州人舉人陞霸州知州

臧文元甘州人貢士陞隰州知州

王之彥號少田冠縣人貢士左遷德府審理

宋鈿號芳齊耀州人選貢見任

推官則嘉靖時有孫簡中屯衛人進士陞刑部主事魏希佐歷城人進士嚴肅武進人舉人歷任一年以疾歸徐潤延安人舉人劉大武號百洲江陵人進士在潞多善政嘗值旱步禱五龍山瞻拜畢復步還雨隨之衣盡濕左右進肩輿不許城中士民亦冒雨出迎是歲大稔後陞戶部主事牛珠暹許人進士陞王常州府同知強書涇陽人舉人陞蔚州知州周京永年人進士徵拜給事中郭鋐平山衛人舉人陞大同府同知張鎰醴泉人舉人劉思問號紫山盂縣人進士徵拜御史官至南戶部尚書崔鏞號榆浦綏德人進士官至本省巡撫和易可親而中有定見李克實號孟齊左屯衛人進

士陞主事官至運使隆慶時有羅壁號嵩石沔陽人進士文章精邃制行高潔閱視軍實以勞瘁卒于官孟學易號靜菴靈臺人進士陞主事官至四川副使王雲鷺號見河夏邑人進士陞主事官至知府萬曆以來有成憲號監吾薊州人進士由館中出陞主事後歷本道副使調學道官至祭酒耿鳴世號敬亭山東新城人進士自御史左遷陞主事官至陝西叅議性耿介見人有所不可即正色糾列上官亦虛懷受之尤好誘掖獎引後學多所成就馬應夢號柳城曹州人進士自御史左遷陞主事薛曜號寰海膠州人舉人吳邦泰號三江順義人舉人坦衷應物順理推情下求赫赫之名而事無不舉陞濟南同知

李騰鵬號槐亭南安人舉人有特學以才取忌陞鳳翔通判王之棟號桂石寧晉人進士自御史左遷陞吏部主事今廳起王愛號涇谷任丘人進士陞主事歷任陝西靖邊兵備布政使焦思忠號薑軒延津人舉人陞評事王致中號海若太和人進士陞兵部主事牛維赤號尚我商州人舉人憂去王建業號岐陽鄜州人選貢見任

西路管糧通判有張應麒肥鄉人貢士陞本府同知楊世茂趙州人貢士劉賡禹州人舉人王士吉鞏昌人舉人程琯

鞏昌人舉人殷宗虞邢臺人貢士王世康清苑人舉人錢騰鮫仁和人舉人尹祺肥鄉人貢士同知有劉東魯濮州人舉人胡恪汝寧人舉人今改太原府衘經歷以才幹稱者有包珍河南人貢士陞知縣完東氣遼東人陞知縣以進士左遷者有韓志道章丘人由光山知縣左遷卒于任杜和春隴西人歷主事府同知左遷後陞岳池知縣李時香莊浪人選貢張仲友永福吏員常沐恩固原人選貢

照磨有高雲鵬葭州人署長治者贊執法人稱之　程隼南和人

褚於仁長洲人吏

長治縣即古上黨縣創自隋至元無改

國初省入潞州故縣乘不備宦跡無考惟於竹帛金石間得一尉數令耳自長治建設以来僅七十年吏是邑者屈指可計其人品治行父老類能悉言之允論定者可以撮其要而

書之也官制以前無考今設知縣一縣丞主簿典史各一陰陽醫學僧道官以附府不另設

唐宋璟南和人任上黨尉後為名相

宋劉文濟上黨令郡有疑獄文濟推之得白事載原理　楚興宗宣和時上黨令　李惇信上黨令

金夾谷中上黨令　潘希孟主簿見百穀山石刻

元郭從善至正間為上黨尹時盜賊縱横從善鞋和輯其民整義旅與關保虎林赤

犄角破賊保全澤潞與有功焉 杜佐 至元間爲上黨尹曾董修潞州公廨 乃剌重修永濟橋 張惟寧 上黨尉撰五龍廟感應記 尉士弘 李伯顏 徐楨 張序 趙尹瑞 靳居仁 李可行 俱上黨尹散見金石間無政績可考

國朝知縣嘉靖中有雎澤 晉州人貢士長治首一令也 徐琉 懷遠人貢士 薛騰蛟 渭南人進士時創縣未久制度未備蚤夜殫思多所裁定銘章程節里甲抑强扶弱崇禮勵俗作興學校與民休息至于馭吏則甚嚴毫不假貸陞主事至今八十年民思之如一日後來咸守其畫一云 程紳 樂安人進士陞主事

尹梁晉州人進士時海内方務奔競以聲黠相高稍稍薄靡閭侯獨坦率發于誠欸為政若布帛菽粟與百姓若家人父子自奉甚菲青山之外寒一褐暑一布而已詩云豈弟君子民之父母又曰羔羊之皮素絲五紽尹侯有焉陞户部主事

郝鳴陰寶坻人進士

張嘉孚肇昌安定人進士明敏果斷民有訟者即與受理持片紙自拘至即入見片言而決非大事不入罪須吏庭中空傳呼續至者續入續決門外復空猶散步吟咏乃退民情悉得上通在公常有餘閑自建縣以来長才堪稱第一陞户部主事

李應元祥符人進士持法不撓人畏之陞户部主事

李燧號古河景州人進士鋒頴飈發其嚴不可犯徵拜給事中

辛應乾號順菴安丘人進士心恕法嚴

植善良裁強禦凡貲即脫後者益以門銀于是困者舒奸巧不得避邑稱平陞户部主事陞本省巡撫官至兵部侍郎張煥號栢洲益都人進士真心為民不事粉飾而左右近習謟慝不得行至于水蘗之操始終如一徵拜給事中官至巡撫隆慶時有熊鎡光州人進士丁惟寧號少濱諸城人進士敏達果毅事至一照無遺徃時上司取納差役需索行人甚苦侯獨裁抑之公庭之上刑不煩而左右凜凜原以丁憂補任未半年徵拜御史人至今稱之官至湖廣副使劉四科號健菴涇陽人進士陞吏部主事官至兵部尚書萬曆以來有馬化龍號在田新野人進士才長而敏應事如流時裁損公費額編不足能多方設處民無賠累之苦

陞兵部主事官至兵備副使

張主敬號恒華柏鄉人進士一清如水而尤不通關節創修提學道歲省搭厰之費數百金其修縣志義例尤嚴堪稱實録陞兵部主事官至郎中

胡盃清號湛宇光山人進士以憂去官至主事

楊登雲蘭州人舉人

蕭汝芳號豐原遼東人進士視事兩月陞大理評事

李仙品號雲卿高陵人進士陞楊州府同知湖廣副使

李獻明號廷芳米脂人進士見任刑部郎中

閻溥號鳳樓隴州人進士陞南京刑部主事見任懷慶府知府

陶鴻儒號雲衢新野人進士

任澄清號四山盩厔人舉人

齊君榮號葵心陽信人進士陞戶部主事

縣丞有李茂平山貢士實賢以誣去趙方伯希夔有詩送之三月迎汝來八月送汝去人皆為公憐我獨為公譽為相與為奴命也誰能與謝沖任丘貢士力能文攬縣印其鄉士緩為井苦善崩乃範鐵數節輦以去井其鄉王介相王介俱元城人兄弟也以兄官囊厚弟更名棲踵來高薦耀州貢士淳篤無偽陞孟縣知縣曾鉷華亭吏以才幹稱陞開州判官武鉉井陘貢士才貌俱偉陞洛南知縣劉熈載山海衛人貢士陞崇寧知縣汪垣安陽人由選貢見任

主簿有侯說雄縣貢士陞武陟縣丞張松齡山陰知印以作字自負好吟詩楊善漢中吏由驛丞而兩陞至縣佐年尚壯知砥礪常自言異途而得與生于縣尹傍已出望外而有苟且心非夫也未幾陞王官一時同事者曰楊主簿清竟何益哉于是小吏鮮競勸者任志曾平谷監生盧洪楚涇陽人監生

典史有陳廷相容城承差以才稱陞濮州吏目王守印新鄉吏清而有為意有未愜遂致仕去李克卿仁和吏善捕盜李尚和即墨吏趙胤昌六合人吏鄭國祥黄陂人吏

長子縣創在上黨縣先自立郡即置縣有令丞尉各一簿得自調漢宋皆然唐增尉一元增達魯花赤一典史二改令為尹國朝改尹曰知縣丞簿典史各一屬有漳澤驛驛丞一陰陽醫學訓術訓科各一僧道會司僧道會各一舊有稅課局因益遞運所大使各一今裁

漢班稚彪之父為令有善治

唐崔珏一名元靜樂平人貞觀進士任縣令公直廉介發奸擿伏人不敢欺縣境有虎禱于神遣一吏追捕至伏堦下殺之民為頌功立祠至今祠遍郡境無名氏殺虎行青天無雲日卓午道路縱橫遶狠虎磨牙掉尾群食人髑髏夜泣倀鬼咨使君奮怒祈諸神一念精誠流肺腑上帝好生陰祐靈狠虎就縛如擒梟嗚呼猛獸之猛尚肯誅苛政之苛寧肯施可憐率獸食人者惡在為民父母歟

宋邵伯溫康節子由大名助教調長子尉去監永興軍民思之

劉絢為縣不鞭朴而賦自集歲旱府勘實僅蠲十二絢封檄還府請盡蠲富鄭公聞之曰真縣令也

宋君晉城人崇寧五年知縣事卓犖有古人風

金烏塘遼陽人大定間令舊有訟牒千餘塘至剖決如流皆得其情單包納侵漁之弊招撫流移復業者衆民感為立德政碑郭俣澤州人大定間進士調長子主簿

趙惠　賀允功俱有修城功

元齊泰至正間為尹修繕城池表揚者德馬德元統中為尹嘗搆新學校劉讓雲中人至元間為尹有修學功

國朝知縣洪武時有鄭谷安創建官舍及驛遞寇奉祖修學宮增其未備永樂時有艾敬三原人貢士以永寧主簿陞在任有政聲正統時有徐兗商河人募丁壯利器械以給邊備歲歉加意賑恤民

無流移成化時有易鵬固始人進士剛明果斷政先躬率多惠政徵拜御史李政葉縣人進士勸農務本而教以節儉去其不便于民者循吏也楊寅磁州人舉人卒于官弘治時有孫璽青城人進士清貞無私謁酌貧富均徭役寬催徵之限勸借粟米以拯飢民王澤暖陽人舉人修廟學增祭器有阮侍郎記正德時有冉繼志蠡縣人進士發奸摘伏境內肅然陞吉州知州史紀華州人舉人善詩歌陞任去李璿杞縣人貢士郝銈開州人舉人郭田藍田人進士馬負圖大名人舉人補葺學宮嘉靖時有劉耕蘭州人進士清敏有為為民圖便宜不遺餘力崔麟順天人舉人

王密唐山人進士剛明嚴毅豪右歛手盜賊聞風遁跡徵拜御史徐固偃城人舉人奮奬單奸興學造士公餘遊覽吟咏有與民同樂之意卒于官士民悼之為立專祠胡經磁州人進士才頴過人不畏强禦陞主事李鍪瀘州人舉人倪瑷楊州人進士陳養正蘭州人舉人劉誥咸陽人舉人沈應時洛陽人進士單靡費制豪猾減課額清户口興學校正風俗百度犂然就舉陞西安同知位至尚書黃勳陝西人舉人增修城池調內黃劉顯任濮州人舉人鄭國禎醴泉人舉人屠濟金州人舉人性儉素大著聲稱取忌于同事者罷去隆慶時有劉復禮山海衛人舉人推誠布公恤民造士有功保障

陞渾源知州遺愛于今為烈萬曆以來有李可愛沙河人擧人

許鏈武清人進士雅馴清介修學有功調萃縣官至副使張一德邯鄲人進士

霍鵬井陘人進士官至巡撫陳詩遂平人擧人蘇子綸隆平人擧人

何出圖扶構人進士陞兵部主事武之大東平人進士陞主事官至本省副使

吳愈汝陽人進士見任主事孫光孝咸寧人擧人陞河間通判

宋槃樂陵人進士崔爾進長安人進士今行取耿含章靈壽人擧人卒于官

宋學道永年人進士見任

縣丞有閻弼洪武初任創縣治修學宮李如栢甘泉人歲貢劉大有才力修葺城垣有功陞萬全知縣趙應辰武進人監生

主簿有郝景隆蓬萊人舉人宣德年任廉能勤慎會學宮傾圮捐俸修葺歲旱禱雨輒應民係去思胡應祿清苑人監生

典史有阮河交阯人永樂初平交阯河率先歸附授雲屯典史宣德初犁氏之亂挈家航海來歸賜賚調長子有惠政卒于官子孫因占籍為科第名門吉廷

祥華州人吏

屯留亦創在上黨縣先立郡即置縣歷代官制與長子同惟驛曰余吾

唐薛僅字用沖漢御史大夫廣漢之後也開元間玄宗將巡潞藩擇賢能為長吏俾宿諸供僅以拾遺出宰畧無慍色躬親庶務朝夕勤勞特屬不稔諸事克辦朝廷稱之次年更歛出公私米賑活以百萬計又防水患歲漸轉豐邑稱大治以異能稱引退與時賢怡老徐季鴒東海人開元中任主簿有文學明濟平源人貞元七年調高平

宋李昌言熙寧中任縣尉遷徐州録事參軍

金張之驪淄州人為屯留縣尉致仕還鄉死于元兵之難　王競彰德人任主簿後官至禮部尚書

元陳善大德二年尹有增拓廟學之功　張鵬翼大梁人至正間尹時盜起四境躬親當矢石百姓恃以無恐又以計擒籍盜為奸者外衞寇掠内供芻米指顧而辦尤見其才置其餘力作興學校然謙冲淡泊絶無餽遺上官怒庭争不屈去民為立碑　劉依仁字企顔自潞城選調而來招撫流移禁革吏擊民揚仲禄為豪兵誣陷竟為白之有平寃碑

國朝知縣洪武時有楚琩創縣治廟學及驛遞舖舍草昧初開規制為之一新王暾有增修廟學之功永樂時有崔藝商河人陞主事遂占籍屯留王志禮四川人宣德時有閻哲河南人正統時有李真遂平人洪鈞直隸新城人舉人自新喻調任有德政芝草生于堂柱李墉平度人景泰時有尹鑑寧遠人嘗葺城垣魏徽江西人天順時有李玘字良玉平鄉人卒于官民痛之政可知矣成化時有張璣泰州人尚貞長垣人清直不阿抑強扶弱及歸行李蕭然民餽之一錢不受李崙字世璿臨潼人進士甘貧好學不事修飭而真

心為民值大饑又浲水嚙城乃興工給食所賴全活甚多陞主事官至叅政王紳字晉卿安化人進士思威並著徵拜御史官至副使管通東光人進士陳琳遼東人進士弘治時有劉綱任丘人進士有才猷重新廟學倉舍陞主事官至知府李永安張鵬善都人貢士愷悌愛人保民去思田世芳霸州人舉人存心仁恕莅政寬平左經耀州人進士官至僉都御史

正德時有楊懷鄭州人舉人張激汲縣人舉人崔紀安樂人舉人能清倉庫之弊以疾致仕范景沂州人舉人馬隆懷來人舉人

嘉靖時有陳情醴泉人舉人處事嚴明吏民畏服高岳咸寧人舉

人孔時長安人舉人清勤寬厚事濟民安陞崇愛知州王正人泰安人舉人性嚴心直守潔才優諸弊盡釐郡奸懾服政成恬退人至今慕之張廷用澄城人舉人以文學稱楊錫武安人貢士任肅祁州人舉人姜大成章丘人舉人黃朝用武昌人貢士陳松定州人舉人金蘭相鄉人舉人陞通判錢祿壽州人舉人唐寅永年人貢士齊宗堯昌黎人監生由本縣縣丞陞二任俱有聲稱陞汾知州張汝乾洛南人貢士邑有金龍池禱雨素應時旱禱失應汝乾命濬池得伏屍曰此究鬼也祈夢于神神曰李姓弟殺兄也詰朝訪得村民李逢奇因謀產殺兄逢春已三年矣一鞫而服是夕大雨隆慶

時有張一鳳光山人貢士柳自省寶鷄人舉人廉潔任勞事興弊革民至今稱之徐鳴鶴杞縣人進士時尚苛猛獨任寬平有視民如子之心境內陰受和平之福不競聲華人自莫及徵拜御史萬曆以来有曲成青州人貢士韓復礽涇陽人舉人孫光祖玉田人進士青年雅操綽有聲稱入覲舉卓異以疾卒于任陞主事已蓋棺矣阮國仁滁州人舉人劉天章華州人舉人陞知州蔡夢齊定興人進士見任府同知趙光裕臨潼人舉人陞通判俞汝謙宿松人舉人陞府同黃衮光州人進士方任即調歷城藺完植偃師人進士唐虞龍慶陽人舉人見任

縣丞有趙簡涇陽人考清愼第一趙鑑蓬萊人清而且勤武建武陟監生修城有功劉鵬禹城吏善催科何應漢隴州人有公勤譽張道明餘姚人進士由科臣謫郭大儒新淦吏有清丈荒田均攤洒派之績龔宏信陽選貢

主簿有李實學優文粹政興事舉嘗作界石文張謙固安人能勤其職傅俊長安人謹愼精明張衡陵縣人遇事敢任士民悅服洪熙聊城人當官有要陳九儀容城監生

典史有趙漢潁州吏以勤愼稱湯勉商河吏以廉能稱劉侑

德州吏以捕盜殞身王之傑華州吏

襄垣歷代官制亦與長子同惟驛曰褫亭有驛丞及遞運所大使一五攢山有巡檢一今裁昔嘗為郡為州其官制官蹟不可得而考也故惟書縣治可考者

金喬庠未詳何官嘗著襄垣座中銘銘曰宅無一區不能不債而廨宇足以安田無一畝不農不桑而衣食足以厚家無一僕不傭不顧而得供已之人足以充部曲世無一官不進不獻而籍任子之蔭足以補職員爾無致主之術澤民之才今享福既已如是而用

心宜何如哉若乃富不知足貴不知止無厭之欲何時而已患中性之易流防侈心之漸啓緬思古人尚有勒几杖以識其過佩弦韋以矯其情吾恐久而忘之也故書之為座中銘之

韓俊天會間令盜賊蜂起率衆禦之且戰且城為保民計寇漸平又築外城以容衆民有所恃不至如他邑晝為盜賊所魚肉功茂哉

趙岐遼州人威惠張弛吏民畏服

賀允中大定中還承直郎行襄垣縣令勤政愛民廢墜修舉

王京懷遠將軍行府襄垣縣令

元

傅仲禮貞元間尹有惠政民思不忘

郭思敬吏民畏服人無私交

劉沂河間人蒞政不猛撫字有方以文學政事著名

倒刺沙下闕人至元初為達

魯花赤有政績民為勒碑紀之楊綱字道紀永平人好儒重道創修廟學閻仲

榮　何巨濟俱襄垣尹

國朝知縣洪武時有袁有常真定人政寬而不弛民罹大飢百方撫綏卒無失業李文置儒學更衣亭李珪修建布政司公館壇壝景泰時有白中行清澗人舉人愛民禮士有循更風以憂去後徵拜御史孫信周寧成化時有張曉三原人進士廉謹愛民政無不舉民有清水明鏡之謠徵拜御史官至按察使柳芻睢州人進士劉瓚清苑人進士值大饑賑捄有方民賴全活甚衆至今懷之王溫長清人進士甯知

弘治時有王景和長清人進士張鎰濟寧人舉人王錦醴泉人進士官至僉事冉雍乾州人舉人正德時有姜世雍溧陽人進士張鋭鞏縣人舉人朱昺臨清人舉人余大綱襄陽人舉人張鵬翰慶陽人進士清苦自甘先是尹售才徼荒田溢額外不能去君均攤于全徵中創置學田寒士至今賴其賑恤劉明濮州人官生以精明廉慎稱功之著在修城垣嘉靖時有趙永淳任丘人進士實心任事公署樓櫓之類廢者比雜任煥然一新孫允中兗州人進士為政簡肅公庭無事而四境肅然官至本省僉事秦世顯涇陽人進士史筆南陽人舉人孝友之士也

居官以不畏強禦稱　張皐　萊陽人進士愛民重士有循吏風　賈樞　商河人進士清約節省而用法明恕添創城樓官至參議　葛縉　昌邑人進士政教嚴明民安盜息歷本省巡撫官至侍郎　賈希顏　祥符人舉人政尚寬平時傳虜警市野悉驚乃處以鎮靜而料理防禦之術地方恃以無恐　翟琳　欒城人舉人　王尚禮　渭南人進士劉直著名　董遜　嵩縣人進士鋤強扶弱善政為多邑有乘暗殺人者盜察之卒得其人置之法人稱神明性至孝聞母病輒棄官歸監司素重促還治母病愈始就道政成徵拜給事中歷本省副使　馬鈇　睢州人進士有水蘗操而政尚和平陞主事　王尚直　昌黎人進士飭釐錢粮飛詭宿獘催科無擾擢主事　公一

揚崇陰人進士郡守躋奎子也年少蒞任蕭守身河內人進士約己裕民重修學宮及縣署陞主事官至知府李貴和祥符人進士節用愛人而深惡惡少年故一時地方無賭博者徵拜給事中官至叅議隆慶時有党馨盃都人進士萬曆以來有劉振基沂水人進士呂坤寧陵人進士歷本省巡撫見以侍即起用胡峻德光州人進士以御史謫後官至知府田子堅永寧人進士以僉事謫老成慈愛尤善作興學校陳三策武定人進士鹿文徵定興人進士徵拜御史楊述中富順人進士徵拜御史趙之德偃師人舉人張嘉福霑化人舉人薛國用洛南人進

士秦顯道洛陽人進士武可則武陟人舉人王一輿南康人選貢周三俊長安人舉人陞劍州知州韓炳衡保安人進士見任

縣丞有魏惟明洪武初任刑政得體草創之初縣治驛遞舖舍皆其創建張德牧平陰歲貢寬仁果斷民不忍欺陞睢州判官李郁重慶人進士以近謫任公明廉幹官至知府董陽北直隸人清公守法佐貳中賢良也段鳴雷舞陽選貢陞蒲縣知縣江大震婺源監生

主簿有宋麟滑縣人有文學洪武甲子聘考山西鄉試朱璽曲周人廉幹之吏而且知止以致仕歸郭東陽安塞歲貢催科一毫不染時縣丞陸倫訐

群盜盜起殺丞遂亂東陽督捕盡殺之陞縣丞沈應璉義烏監生燕繼祜魯山人監生

典史有張太權朝邑吏有挑濬漳河及築堤功戴鵬程壁山吏

張順蠡縣吏

潞城歷代官制亦與長子同惟無驛遞衙門

近復裁一主簿

晉溫嶠以秀才補潞令劉琨妻其從母也琨深禮之請為參軍歷上黨太守為謀主屢立戰功後為琨游揚江左不得歸為晉名臣

宋谷大同濟陰人紹聖中爲潞城令

金女奚烈資禄咸平人從軍有功遷潞城主簿

元張仲夔至元間爲潞城尹劉依仁淇人至正間尹治效居最選調屯留

李景章本縣人初授本縣尹陞潭州知州

國朝知縣洪武時有張璧蒙城人修舉廢墜招撫流移吏畏民懷今猶頌之管文創建祠壇廨宇景泰時有王清固始人進士以御史左遷陞知州天順時有杜彪魏縣人舉人陞知州張璟臨漳人進士廉清慎勤之譽修學造士尤係人心陞苑馬寺丞成化時有張遇項城

人進士徽判御史弘治時有王佐祥符人進士史塘偃師人舉
人賽賢平涼人舉人正德時有楊盈章丘人舉人剛介明敏有
不可奪之操能使豪強斂跡城社肅清士感民懷為一時之才吏嘉靖時有
王維垣武清人進士陞主事值陳卿之變招脅從安反側其功于邑為多李
淳濮州人進士陞主事民有青天慈母之謠王堯卿良鄉人舉人張思
誠固安人進士歷官至太僕寺卿王濟民豐潤人舉人趙鑰祥符人舉
人馬追同州人貢士陞真定通判王惟善新蔡人進士陞主事李嘉
祿禹州人舉人通敏嚴明能宄遁負劉卓保定人舉人秉公時廉法行政舉陞

河州知州孔惟經汝陽人舉人性敦素政不尚文外若有乖于人中實無歉于己楊汝奎陝西咸寧人舉人隆慶時有李思忠隆德人貢士清廉慈惠而以殿課左遷士民垂涕送之鍾爵懷柔人貢士勤于職事尤善興作

萬曆以來有陳柱保安人貢士霍鵬井陘人進士以才諝長子見任大同巡撫陳九疇歷城人進士古朴廉介之士撫瘝民如嬰兒不求聞達而聲實自茂陞主事劉九淵延慶恩貢馮惟賢西安人舉人唐寀慶陽人舉人卒于官節費省刑墾荒緩征事事為民其不遣吏人行鄉民尤稱便張鶴騰潁州衛人進士以才諝揄次宗孔光山人選貢見任忠州知州曹

烈西安舉人調棲霞鄭崇厚錦衣人舉人陞大同府同知劉三傑乾州人舉人劉可行涇陽人舉人見任

縣丞有唐尚文鄆城監生陞任事尤善催科林模遼東貢士官卑而勵操守尤勤其職汪象乾休寧吏

主簿有張鶚城固貢士頗有蘊籍諸事俱練尤思孝保安貢士以廉能稱張三綱泗水貢士官情不愜遂告帰誼有足取

典史有李祥瀘州人進士汪清固始人進士以御史謫陞知縣韓晃京山吏

壺關歷代官制與潞城同近亦裁減主簿

宋范鉞陳留人為縣尉嘗作静軒記

金王宥本縣人為本縣主簿

元崔顯　李元儒俱延祐間尹　張德澤州人延祐間尉陞本縣尹

牛天麟　叶仲和俱至正間尹　郅朗肥鄉人至元間為縣尹政平訟簡百廢俱興學校尤致重焉遇旱禱輒應時有蝗亦不災陞本州同知尤著政聲

國朝知縣洪武時有呂士安　張鯤　沈溥

馬成興學舉賢政有可觀永樂時有張著　馬興　宣德時有張敏　靳清　正統時有蘭興增修城垣天順時有楊動三原人舉人為政有方民到于今思之成化時有劉儀　楊訓　王祐金鄉人監生植弱鋤强四民咸安其業以憂去送者盈途任式慈谿人弘治時有朱錦順義人舉人劉鋐任丘人序班張激汲縣人舉人正德時有曹紀長安人舉人吳方完縣人舉人才識明敏敢任事不避仇怨張友直三原人舉人舒徐和易温厚宏雅初輯縣志未就陞任江東霸州人舉人屈守直東光

人舉人**楊時中**故城人監生**丘鎧**乾州人舉人有幹才諸事振舉陞知州**牛恒**武功人進士寬弘溫雅頹廢俱舉有功于縣陞主事**吳傢**杞縣人舉人**李用敬**益都人進士簡易不苛能斷獄訟或未得情而訟者詞直則斷然改從徵拜給事中官至通政**晙錦**恩縣人進士剛介嚴毅令出凜然宿惡巨奸懾心屏跡無敢犯其禁者徵拜御史官至叅議**王弘兆**錦衣人舉人**徐行**西安人舉人陞知府**何永慶**懷遠人進士**張白**青城人舉人直指逮去**奈邦奇**鳳翔舉人儉朴公清謙恭有禮壺關自李給諫晙侍御之後絕盛難繼富厚變為凋瘵俟能與民休息緩征疎網流移漸還閭里之間一時改觀陞兵馬官至同知有去

思碑　李逢時涉縣人舉人　王允中固安人舉人寬厚不擾民亦相安陞

通判　胡錠光山人舉人　劉憲益都人舉人　駱無逸商河人舉人直

指去逮　李澤嶧縣人貢陞通判　張祥鄒縣人舉人　趙汝梅鉄嶺

衛人舉人曾復國初郭榜眼墓　劉華魯掖縣人選貢　梁雲梯太康人舉

人　文運際三水人選貢　胡惟觀桃源人選貢　王正修洛陽

人舉人　方應明光州人進士以才調洪洞　齊君榮陽信人進士以才調

長治　邊橊任丘人舉人見任

縣丞　有陳欽洪武初任創建縣治及壇壝鋪舍　郭栢閬縣人進士鑒

惠澤池有善政裴瑀宜府人陞永壽知縣王禮完縣人知自愛有執持民程虎山謀殺人被訟不得屍禮往檢驗忽旋風起曰此究氣也隨之遂得屍已二十年尚不朽一鞫而就崔科睢州人貢士直介不畏豪强陞州判傅學曾上饒監生

主簿有梅之尹洪武初以宣城訓導推薦壺關主簿李堯相濮州貢士寬仁廉靜能任其職紡緝蒔蔬以自給一毫不擾于民佐貳中循良也陞縣丞

典史劉國璋將樂人

黎城官制亦與壺關同近亦裁簿有吾兒峪

巡檢一

宋張泛太平興國間令廉介篤信之士敷政以誠淑人以禮士賴造就民賴生存有古循良風孫渤崇寧間令才興超逸能愛民禮賢觸景即有題咏浩宣至和間令韓固主簿俱見法堂記

金李晏高平人進士為縣令民崇佛至燃指斷臂晏以禮俗化之崇學校行鄉飲舊俗漸革後以尚書封侯起為昭義節度使

元趙思忠元初創修文廟劉渥繼修文廟崔聚創修城池杜珏繼修城池白謙延祐間尹時大亂之後學校雖立若無書籍乃出素所集書及廣求四方經史子集凡得四千二百餘卷作藏書樓貯之其功在學校甚鉅靳汰至正間尹

馬復廣平人元末尹值旱蝗起積誠禱祝雨隨降蝗不爲災既解任民爲立去思碑

沙班至正中主簿公勤有幹知所先務宣化崇文之賢倅也

國朝知縣洪武時有崔鳳項城人兵亂之後井里盡墟即官廨秩祠僅存壁址下車招安流移撫恤如子化誨從善乃創修頹廢邑漸以治陞大名同知本朝第一賢令也

鍾持敬建預備倉永樂時有宣和值旱齋潔親詣聖井懇禱遂雨秋大熟劉浩重建縣治正統時有李善岐山人進士文章政事皆有足稱陞汾州知州景泰時有廖靖重修縣城天順時有趙縉淄川人成化時有李進修退省堂谷琮

李憲　高鳳井陘人監生　弘治時有金山夏邑人進士性剛介疾惡甚嚴後官至參政　尚俊滄州人　劉一清陳州人舉人清慎不擾民循吏也人至今稱之　正德時有荀京商州人監生時流賊猖獗郡邑驚擾乃設備守城人心恃以無恐乘暇修浚城隍添設樓櫓保障之功至今永賴　齊景芳房山人監生陞通判　嘉靖時有魏朝相增修廟學　楊良臣即墨人舉人政尚平易勸農興學有實政陞太原府通判　馬驎陝西咸寧人舉人其政至于釐弊安民左右讒弄一言不得進入覲舉循吏陞臨清知州　劉大綸神木人舉人　徐子楝武城人舉人清慎不擾調易州知縣

滑參直隸人舉人沉毅寡言民甚畏之卒于官張光霽博興人監生李
艮能郟縣人舉人警敏有為不惑謗聞之言陞代州知州任應祺順天人舉
人劉希仁禹州人舉人錢進學掖縣人舉人高尚賢延川
人舉魏朝相薊州人貢士才猷風力俱有可稱杜文錦寧夏人舉
人恬淡之性無意功名致仕去隆慶時有張遵約单縣人貢士諸廢俱
修始創縣志萬曆以來有張應宿錦衣人舉人陞通判韓守
默滋陽人貢士段可學舞陽人舉人德政深入士民至今思慕管仲
呂保定人舉人耿孟春元氏人貢士真心為民而行己一毫不染引疾歸士

民送者如蟻。劉繼志容城人舉人以勤慎稱陞通判萬子可濟寧人舉人梁雲梯太康人舉人陳文獻咸寧人舉人趙珙豐潤人歲貢才守俱甘民自畏服李體嚴衡輝人舉人李孟韶衡陽人舉人李重謙南樂人舉人任官甫十月百廢俱興教民紡織課士子讀誦旱則步禱荒則賑恤以至饔食俱廢卒于官士民為之痛哭經學參全州人舉人寬嚴並用豪猾歛手而善良鼓腹至編審事釐絕左右弊竇足為一時法亦以疾殞士民哭之如重謙

吾觀黎城耿尹之引疾也民送之榮於登仙李尹經尹之卒也民哭之如喪考妣矣

知民心至愚而神政貴以實不以文也

齊聞道鄜州人舉人清絕一時政事俱真陞知州而卒民亦追思其德無逸前尹

雷夔潭忠州人舉人田德立河間人舉人毛學曾階州人舉人見任

縣丞有劉靖立身不苟民亦德之魏輔淳化監生陞贊黃知縣景陽鄒平監生以致仕歸張秩鎮安貢士

主簿有嚴杞臨川人洪武初任文章政事皆有可稱陞武功知縣左君智洪武中建申明旌善亭焦繼靖虜貢士頗能詩其秋日寓懷日永庭偏寂蕭

然兀坐時一官成潦倒三載愧棲遲政簡非才短操清豈位卑故園常注念松菊竟誰依

典史有張東銘樂安吏亦能詩曾與謝四溟相倡和有官閒十詠其八曰質性已如此為官將奈何寸心常是赤雙鬓任教皤髮破家貲損鶴添口數多翻思渤海畔閑却釣魚簔楊邊延津吏

平順新建縣地偏僻官不必備初設知縣主簿典史各一今裁簿有玉峽虹梯關巡檢二其陰陽醫學僧道會司官與各縣同

知縣嘉靖時有高崇武井陘人貢士創建城垣官署路中

孚平谷人舉人卒于官徐元道秦州人貢士寬厚恤民而能任事當草創之時諸制未備悉心經畫必順人情而量民力數載間規制粗完其經營變化之心亦苦矣政成致仕去至今猶繫民思張楠鄠縣人舉人吳希同伊府人監生王沛通渭人貢士李寶涿州人貢士尹憲南宮人貢士尹萬民濱州人貢士陳舜卿江陰人舉人劉必誠輝縣人舉人李先芳衡水人貢士張思聰安化人舉人王甲利津人舉人揭文獻河間人歲貢修通濟橋民不病涉張永錫洛南人舉人王榮諸華州人舉人陞大同通判陳所行潼關人歲貢李時化涼州人歲貢

崔一龍蘭州人舉人　趙完璧肥城人選貢　鄢儼昌文縣人選貢　門沂靜海人選貢見任

主簿

有李[illegible]真定人歲貢建縣之初與高知縣創始復與徐知縣落成城池縣學諸功多賴其力

典史

今為梁昌新會吏

潞安府志卷四終

潞安府志卷五

建置四

學校

學校通於天下三代制也坑焚之後且不得挾書及偶語詩書何論學政雖漢唐極力反王亦惟王都建學耳郡邑間設文學一員宋天聖中始詔藩鎮立學既又及於軍府州監元制府立教授州立學正縣立教諭各一

國朝重道崇文十室之邑亦必有學師儒之数與郡邑吏等潞為州時視元增訓導三陞府後更學正為教授各縣視元增訓導二長治以附郭潞城黎城平順以簡僻各裁訓導一而官師姓字府畫録州紀可考縣有專志紀其著者前代湮滅即得一字焉亦記之

宋李夷行　潞州教授

金王簡　教授見百穀山刻　張天祐　教授見五龍廟祈雨記

元潞州學正程世文時藩王小薛屯牧于潞有學田在分地中州守周幹臣啓請王悟召世文還其田李遹作雄山書院記曹太業撰五龍廟感應記宋英上黨教諭齊孝見觀稼軒記屯留教諭晉鵬上黨人至正間進士為屯留教諭遷平遙縣尹潞城教諭連肇襄垣人至元間進士杜學壺關人解元壺關教諭韓仲元郭祖儀

國朝潞州學正之可考者有申甫壺關人以鄉魁陞蕪湖知縣鄭麟連江舉人以明經聘典山西鄉試易思忠江陵舉人條教嚴肅

聘典陝西鄉試彭綮安福舉人有經學善造士陞鳳陽教授黎浩高要舉人學術醇正聘典陝西鄉試陞河南府教授王鏞盧陵舉人立教有方恩義兼盡其所成就實多陞國子學正喬奉先章丘舉人學富有氣節陞國子監博士魏澄餘姚舉人卒于官余大綱襄陽舉人陞垣曲知縣黃士傑潼關舉人顧恩順天舉人王致中洛陽舉人富于學有誨人不倦之心正德嘉靖之際科第之盛皆其陶鑄力也王靖長安舉人陞茌平知縣李應春河陰舉人丁繼文秦州舉人學行俱優處僚友有禮與諸生講論雖寒暑不輟

訓導之著者有左師慈莘縣貢士溫良純雅不校束修士子至今

纂之

潞安府教授有張雲衢平谷舉人李應春河陰舉人周綋金縣貢士黃世隆蘭陽舉人劉志中獻縣貢士高第雲南舉人黃激壽光舉人薛萬里景州貢士郝樸高唐貢士嚴整法起人敬憚心胡賓兗山舉人陞知縣孫光祖獲鹿貢士郭彥章桐柏貢士孫從教韓城舉人儀容修整與人處有恩義聘典應天鄉試得名士孫繼臯聯捷狀元張宗輔南陽城貢士高懿厚錦衣人貢士趙思温臨城貢士勤考校能甄拔人品寬恤貧士不校束修馮瑤山東貢士老成直介言論亦有執持

余存一光山貢士劉峩汝州貢士劉白山東貢士高潔之士蒞任數月
懇請致仕去孫湛滄州舉人貌魁梧性耿直凛然師範人不敢慢王澤恩
寧州舉人陞通判石國樞范縣貢士胡遵化上蔡進士士子晋謁即譚
秋疊疊無倦容接引後學惟恐不及陞真定推官張時中大同貢士有治事之
才而又不吝小費凡木主祭器階壁損壞不白郡邑捐俸修理必求堅久入學宮諸事整
肅人自起敬足為良有司而陞王官去可惜蕭必登蒲臺貢士焦宗亮
雞澤貢士陞衛教授伍養默兗州貢士學足師人廉能表俗陞衛教授轉米脂知
縣馬繼魯大同貢士鄧純臣衡陽舉人陞荊府紀善郭敬霍州

貢士陞王府教授孫學孔榆次貢士張正憲臨汾貢士陞代府教授

王嘉祿甘州貢士劉渠清河貢士邵保靈州貢士

訓導有王旌藍田貢士丁時鄧州貢士張學道濟源貢士邢

禎內黃貢士李用臨漳貢士劉彥魁坰鄉貢士余廷學真陽貢士

張永昌陝西貢士郭翰通渭貢士王鎰寧夏貢士劉雄盧龍貢士

師儒華陰貢士左龍陵縣貢士陳得人武功貢士周世亨唐縣

貢士安貧知止致仕去劉志道廣寧貢士廣朝用澄城貢士性恢潤鈍

談論士樂從之李在寧夏貢士每押期于本齋聚衆說書時有發明耿贊臨頌

貢士寡言足法　孫尚質　高唐貢士　趙國王　祁州貢士長厚不問束修　劉大觀　鄭州貢士　邢校　武陟貢士　丁牧　新城貢士　智海　鞏昌貢士　顧言　冠縣貢士　李智　扶風貢士　吳汝器　萬全貢士　張維　夏縣貢士恒裹應物允毅勤學之士　晉子修　寧羌貢士神器清爽絕無脂韋態嘗署壺關長子印　自備薪水經薦無所營竟以常調　魏至健　淇縣貢士和易可親陞濟源教諭　宋奎　臨汾貢士處僚友有情待士子有禮陞清源教諭　鄭臣　平陽貢士恩義相接絕無校論陞廣寧教諭　靳科　襄陵貢士經旨明暢作文多淂大意士子每接必有所得陞沁源教諭　何清　靈石貢士陞晉州學正　郭萬程　臨晉貢士

制歸後歷長治教諭郝瓚忻州貢士郭萬里新安貢士賈謐解州貢士
有氣節憂去張養心高州貢士中甲午鄉試今成進士見任大同府推官
穆伯渾源貢士楊芳隴州貢士賈學仁榆次貢士呂效古夏縣
貢士亢濟邦汾州貢士周祉河曲貢士陞長武教諭張承祖太平
貢士陞清源教諭郝愷崞縣貢士學足以應六之求任學舜太原貢士
陞絳縣教諭侯宗舜介休貢士賀時珍寧鄉貢士賀敬業渭南
貢士陞隴西教諭劉應舉朔州貢士陞神縣教諭馮時化隰州貢士
今見任韓過蒲城貢士今見任趙汝明興縣貢士

郡學校職從來重名義以教人爲事士亦樂從之遊聞弘正時號舍常不能容書聲達旦廣文夜聽以稽勤惰至携茶酒慰勞及正德嘉靖時人才輩出則王學正致中造就之功也後雖稍殺於别庠然遺風猶在鬻贇尚雅保勘尚公譚經講執今尚有人是在當事君子尚實學廉奬拔優異則師儒自勸勿視青毡冷落謂無人

長治教職之著者教諭有党盃肇昌舉人蒞肅得體夏楚不施士自起敬李禮滋陽貢士朴質簡靜未嘗校量束修陳人第蓬萊舉人有揮霍才官至汝寧府同知高登明翼城舉人見任保定府同知劉汝禎臨汾貢士陞渾源州學正王俊民蔚州貢士

訓導陳三重猗氏貢士

長子教職之著者教諭有索冲本縣人致仕與本省庚午丙子鄉試張鳳兩當舉人善誨訓諸士翕然從之一時科第稱得人楊茂鳳翔貢士亦善訓誨及門之士多躋賢科亢時霖藍田舉人明經疏達能陶成諸士陞

知縣陳浩直隸新城舉人寬弘簡重勤訓誨諸生出門下者思德教不衰

羅錦隆慶貢士性嚴毅公正不阿至今推譽不䏻忘

陳同文順天舉人立身不苟雅善作人

邵蕙寧州舉人勤督率操守更潔

李應聘乾州舉人慱雅以古文詞立教出其門者率為知名士

李逢時渾源州貢士

韓景琦萬全貢士

丘思敬平遙貢士

訓導有高遷

李獲詔寶雞貢士師道甚嚴不冠不見諸生而誨人有不倦之意

劉惟恒漢中人善書畫嘗周給貧生有一體分誼

高民望昨城人恂恂篤實而遇人恭謹暇則琴書自娛怡如也

李華春稷山貢士

高平

貢士馬禎永和貢士王可諫吉州貢士

屯留教職之著者有教諭王麟潞州人以明經任典本省鄉試燕貫本縣人以歲貢任李奎祥符舉人博雅能文嘗纂邑乘韓俊修武舉人博學善教聘典山東應天鄉試董能安陽舉人富於文學尤以成就後學為心馮友長安舉人學有本原教有成法屯留科第之盛自友作之聘典浙江鄉試劉天章華州舉人陞本縣知縣衛麃猗氏舉人陞待詔見任郎中張官武鄉貢士馮魚蒲縣恩貢

訓導有許復本縣人洪武初以儒士選授王廷玉汝陽貢士富於

潞安府志　卷五　七

文學訓誨亦勤白爾心吉州貢士胡獻琛慶陽衛貢士

襄垣教職之著者有教諭師錦渭南舉人嚴於持己寬以誨人學博才宏出其門者多登科第縫掖之士至今懷之閻鳳翔登州舉人學優善教為一時師表之最王霄秦州舉人學博才長行取陞徐州知州姜密夏津舉人以身為教屢署各縣印益有聲稱官至郎中麻直慶陽貢士學行俱優待僚友如兄弟分士子為十會親課其業寒暑不輟子永吉後為潞安守賈緣韓城舉人慱雅之士能甘淡薄官至運同李蘇陝西咸寧人以解元就職胷襟海濶學識淵涵鼓篋誨人特其餘事耳後官至副使康侯國保德州貢士

訓導有任昂河陰人元進士隱居不仕洪武初為襄垣訓導官至禮部尚書

張大奇漢中貢士清標絕俗事上官無媚態屢僚友諸生宛如家人中山西席子

鄉試陞新樂知縣

張學禮沁州貢士

李楠代州貢士

潞城教職之著者有教諭吳增光盩厔舉人德行文學俱佳陞知縣

郭維藩河津貢士學有本原常以不欺教人陞學正

張士魁內丘貢士

訓導有李公度本縣人洪武初以儒士舉授本縣訓導陞國子助教

郭一舫汾西貢士

孟履信澤州貢士

壺關教職之著者有教諭張維祥符舉人以才學著名擢監察御史李得春武功貢士有理學先自治諸生憚之曹蘭陝西咸寧舉人懔學善教登進士官至副都御史許琦亦陝西咸寧舉人經嶽講學孜孜不怠嘗夜行釁舍聞諸生誦有伊吾聲必手持酒果勞之若子弟然兼有恩義蓋近世學官中之僅見者郭淶長安舉人學有心得與士子論滔滔不竭能濟貧生之急陞撫寧知縣王一誠臨漳貢士李九園山陰貢士

訓導有王賓本縣人解元彭卓安福儒士修巳以道教人有方馬載圖文水貢士馬獻洛山丹衛貢士

黎城教職之著者有教諭蕭纁滋陽貢士縣志稱其能文勤教朱邦才歷城貢士彭高鄜州貢士訓導有李敏本縣人洪武中應聘本省鄉試文復禮高陵貢士言動不苟以身教者裴從義儀封歲貢性醇篤不枝束修孫名儒威遠衛貢士

平順教諭令為韓學孔定襄貢士訓導有王天衢沁水貢士右各縣教職多矣胡諸志可録僅僅若爾人然非無可自見之官也果如高遷張大

奇等之自持而又如許琦等之善教即欲不傳無由矣

建置五

衛所

潞之有衛自我

國朝始耶在秦漢已設材官矣唐府兵徧天下潞有府一曰戡黎衛制實肇於此又以地重設總管府以鎮之尋改設都督府又陞大都

督府府兵既廢方鎮常兼大都督之任一將一兵皆隸節度五代及宋因而不改金元或設元帥末年察罕帖木兒總兵征討嘗宿重兵于潞潞之武衛自府兵以後未歇也

國家設衛得唐府兵遺意然唐制屢變而我

祖宗之法至今畫一鑒往思來即千萬世可恃以無恐雖然潞用武之國戰國以來雖未建衛其將兵得失安可盡畧而不書也

戰國廉頗為趙將拒秦兵于長平數戰不利乃堅壁以伺之秦得借以行反間趙**括**徒讀父書而不知變秦行反間得代廉頗為將入秦伏中不得出食盡力戰死其下四十萬人皆降白起以計坑殺之**八諫**括特知兵多妄舉軍中有八諫而死者非將必兵今不可考故鄉曰八諫而鎮曰八義云

晉劉琨募兵上黨得五千人

唐戡黎府有折衝都尉果毅都尉長史兵曹別將校尉其人皆不可考**總管有李襲譽**安康郡公之討王世充也襲譽以太府少卿拜潞州總管時突厥已和親而又通使世充襲譽捕斬之**都督**

有李安遠夏州人太宗甚重之歷潞州都督以幹用顯然急刻少恩頗損名譽

節度諸將有李廷芝李抱真卒司馬元誼據磁州殺王虔休遣廷芝討之戰長橋斬級數百又潰其衆來希皓潞于鷄澤決水灌其城誼窮奔魏博大將節度使李長榮卒中使提詔察軍士附者即授之希皓為衆所推固辭而盧從史遂越次偕受代當時諸將皆若希皓安得有藩鎮之變烏重胤潞大將為軍中所素服盧從史被縛重胤坐軍門諭軍士以禍福衆即定拜河陽節度使王元徵第五釗皆盧從史時大將惡其險惡不與同心張伾潞州將鎮磁州田悅攻之嬰城固守數月攻益急食盡士多死傷乃悉召將卒出其女使拜之曰家無寸物營公等

頭賁此女為將士一日賁衆大哭誓死守會馬燧將太原兵至內外合擊無不一當百圍解以功遷泗州刺史

夏侯仲宣 昭義將也討吳少誠為韓全義誘殺之死非其罪

王猷 潞兵馬使當郗士美討王承宗也將萬人為先鋒逗撓不進士美斬以殉軍聲遂振大破承宗

賈直言 劉悟副將悟既脅黨劉承偕漸驕蹇無人臣禮直言責之曰公欲效李司空耶軍中安知無如公者悟改容謝之及悟死從諫謀襲職直言入責曰爾父提十二州地歸之朝廷其功非細祇以張汶之故常自謂不潔淋頭竟至羞死爾孺子安敢如此從諫悚亥不敢言一軍皆服其論而廟堂竟授從諫節鉞以至貽禍地方從諫亦因以滅族則直言一論所關甚不細也

鄭注 昭義行軍司馬善醫王守

澄薦之文宗遂得幸卒召甘露之禍
李丕潞將劉禎拒命丕不欲從而軍中且疾其才乃乞為游奕深入遂脫歸拜振武節度使
薛茂卿潞將為劉禎拒天井關與忠武軍王宰密約取澤州茂卿為內應宰失期事覺為禎所殺贈博州刺史
李萬江本退渾部從李抱玉至潞牧馬津梁世為潞將劉從諫疑之遂滅其族
王協
劉守義劉武德劉公直安全慶李道德李佐
堯董可武皆潞將附禎亂石雄縛送京時並誅死
郭誼潞大將為禎謀主王師四集取山東三州勢已去又謀殺禎欲邀寵以得節鉞李德裕請誅以懲奸惡遂伏誅
白惟信潞梟將懼石雄走保潞城且斬雄使數輩雄欲盡誅其衆靈鈞為保

全械送京師夫以梟將失身于禎非靈鈞路寬厚幾與王協郭誼同誅亂可輕從哉

州小將 史失其名太初中白敏中以宰相統節鎮兵數萬征吐蕃既陣有蕃酋緋葺裘寶帶乘白駿馬揚鞭挑戰凡數次去我軍僅百步指揮其衆傍若無人我軍中有路州小將彎弓貫矢而出二發皆中其項躍馬而前踣於鞍遽袍解帶奪馬而旋我兵大振奮戰追奔獲輜畜無筭束手降者四萬人河湟界在匈奴者盡為唐土小將倡激之力也而名竟泯泯位卑功高不得施于後世從古已然矣

劉廣 路將高潯擊黃巢敗于石橋廣擅歸據潞

成麟 亦潞將因高潯敗奔華州遂殺潯歸據潞與廣俱為孟方立所殺

梁牛存節 以功遷潞州都指揮使法令嚴肅尚善得士心全忠攻鳳翔召存節為將潞人送者皆泣

後唐裴約 潞州牙將後為澤州刺史不肯降梁死節 **石君立** 潞州牙將將兵五百救晉陽朝發夕至出奇退敵後被梁執不肯屈 **馬舉** 潞州牙將因奏事謁令狐綯一僧相之謂綯曰當與公繼揚相代綯不之信後破龐勛拜淮南司馬果與綯代于揚州

宋李昭亮 潞州人以父繼昌蔭補官曾為潞州兵馬鈐轄

金馬甫 潞州都統興定元年元兵徇潞州甫死之 **納合蒲剌都** 大名人以

元帥右監軍行元帥府事興定二年元兵破潞力戰而死

張開　以元帥左監軍行元帥府事詳節鎮志

元

任志　壺關人以歸木華黎授潞州元帥死于武安

任存　志子龍職金將武仙攻潞死之

任成　存姪以存死授本州長官

任立　存子存死尚幼故先官成成卒授立本州長官

高守忠　元初千户攻黄州戰死子觿為元名臣

闕保　字傑河南人為察罕帖木兒裨將駐兵澤潞志奮忠義誓殲群盗展築城垣出奇制勝地方賴以安寧有勳德碑在潞城

虎林赤　亦河南人與闕保同心合力屢建大功同進左轄同載勳德碑

國朝潞州衛有指揮有衛鎮撫有經歷有左右中後中左五千戶所有千百戶有所鎮撫原設官軍五千八百三十六員名見在官軍三千四百六十七員名所屬有磁州守禦千戶所

今見任官

指揮使薛世漪見任黃花路叅將　紫國棟　鄭其心

指揮同知　沈重祿　顧君恩　孔夢麟

李識　指揮僉事朱天[火帝]見任薊鎮參將　唐時叙

莊胤爵　汪千頃　栁逢㑹　劉承祖　淩

霄岳　胡承勲京營副總兵　臧廷熏　秦寛　王

承基見任洞庭守備　以武舉陞有楊希震原任千户　以納

級任者有唐紹周原任千户　鄭光大原任千户　杜國喬原任百户

鎮撫張進賢　蔡惟馨

左所正千户李尚質　劉芳遠　和一元

四十一員名
中左所副千户許三元　黄嘉官　李汝忠
沈應科　董國用　王道大
百户范本植　趙尚科　劉承芳　羅賢
盛當時　周孔言　郭一清　見在官軍五
百七十九員名
後所正千户董宗舒　申化鮫　張君威
副千户張其韜　王繼爵　朱國正

百户張省度　崔鑛　陳丹衷　張延祖
何出圖　竇如斗　見在官軍五百六十五
員名
自設衛以來以會武出者有百户常經任守備
千户申紹祖任參將　指揮胡承勳任都督同知副總兵　百
户楊希震任守備　民生申以祥平順人任守備　魏光裕
長治人任鎮撫　以斬獲虜級陞任者有指揮劉源任都
指揮同知　以才兼文武謀勇出衆應

詔而出者有千戶張英至京比試騎射策詔併優賞鈔千貫隨操京營
陞指揮僉事從征荊襄盜賊應募出奇詐降
誘賊遂擒元惡復賞進級卒于軍護喪歸遺
官諭祭妻王氏哀動一時見節婦傳以薦將才陞用者有
百戶王儒陞守備引年士林重之指揮朱玉任都督僉事副總兵
子永祚亦任都督僉事副總兵孫即天煒見任薊州叅將指揮
薛奎任叅將子即世漪見任黃花路叅將指揮孔允熈
任大寧掌印都指揮千戶董大衆任叅將百戶楊一教任守
備子即希震千戶王之股任守備王丕顯任守

備百户杜繼忠任遊擊其從征青羊賊陣亡者有指揮薛朝僎秦訓顧瀾衛廣陣亡者有指揮淩鸞子襲陞一級以父衛倭有功廕本衛千户有任爾節蘇松兵備贈光祿卿環之子後以薦任守備其負異懷奇校秇射策聯中武試鄉闈者不可勝數而以武生發解則有王用中

磁州守禦千户所官軍駐劄磁州今不盡録

王化熙為一時名將子即承基廕陞潞州衛指揮見任洞庭守備

本衛屯田在安陽縣有李坊營（後所登百戶）在磁州者有曲溝營（左所艾百戶）長巷營（右所翟百戶）光祿營（右所陳百戶）尭豐營（右所李百戶）膏腴營（右所何百戶）木鼻營（中所路百戶）東城營（中所姚百戶）獨村營（中所花百戶）凹裏營（中所畢百戶）杏園營（中左所盛百戶）栁兒營（中左所董百戶）馬兒庄營（中左所沈百戶）香菜營（中左所鄭百戶）狼圪塔營（中左所周百戶）在臨漳縣者有馬軍營（右所周百戶）磚寨營（後所張百戶）胡村營（後所馬百戶）在永年縣者有

張固營中所戴百户北陳營中所陳百户許官營中所許百户石官營中所石百户馬道故營中所陳百户沇蒲營中所韓百户在鷄澤縣者有拗压營右所羅百户馬昌營右所常百户孫家堡營右所徐百户小寨營中左所趙百户單家堡營中左所羅百户懷玉橋營中左所郭百户慕家堡營中左所劉百户郭林口營中左所李百户在肥鄉縣者有蒼黄堡營左所孫百户嗒喇哰寨營左所梅百户張兒寨營左所朱百户舊店營左所杜百户北高營左所黄百户

軍容舊皆務實官惟騎馬張蓋四人唱騶軍皆入隊備操堪效實用今聲容既盛武備自弛一有緩急恐雍容之度不足以臨戎乎詩云不愆不忘率由舊章在衛君子念之哉

經歷有趙鮫才守俱佳陞知縣甚有聲稱顧渭上虞人

嘉靖中

憲王奏請增設參將添新軍未幾以無益多費裁去其參將爲种繼

潞安府志卷五　終

潞安府志　卷六

一

石有壁立千仞虎豹在山之勢焉隆慶初虜破石州闔省修浚城隍而潞之四周俱掘及泉深四丈濶如之其流潺湲有聲會於西水洞流入黑水河兩岸栽植楊柳森森密布古稱金湯未必是過今泉已壅淤不流而樹復斫伐殆盡非復當時景象矣父老猶能稱說土城時旋葺旋頹歲費民力不知其幾周使君完乂缺之典垂不朽之功非一手一足力

也當時下不偏勞上無殄費固不若築一舍興一役者之集囂歛怨焉則綜理之咨作用之妙令人神想而不得其觧矣

瀋府王城在郡城中稍西永樂中建嘉靖初憲王用磚石包砌前為端禮門後為廣智門左右及四隅皆有樓樓各覆以碧琉璃城圍三里高二丈五尺

長治縣附郭

長子縣舊城周二十里舊志云丹朱築縣古
考晉末慕容永僭號因加修築為都金天會
閒昭義節度使楊天吉病其太大難守就東
偏建小城縣令趙惠成之賀允中繼修即今
城也圍五里高二丈濶一丈池淺深不一門
四

國朝景泰初增闢西小門門各有樓知縣徐究
易鶚史紀王寀劉復禮何出圖俱有修葺功

而史紀功尤著

屯留縣城唐武德中移治而築也唐宋修廢不可考元縣尹劉依仁因舊修葺圜四里有奇高三丈池深半之

國朝知縣楚琩重修四門建樓於上范景加重樓後絳水衝敗北城尹鑑李崙王紳相繼修補任蕭復高城深池各丈許錢祿徐鵬[illegible][illegible]有修補功

在縣西北十八里即古余吾縣治今為驛**襄垣古安民城**郡治西移於此

縣志作安仁城在縣北十里**韓城**在縣北一里甘水之陽趙襄子所築也故稱襄垣後周即舊治置韓州唐貞觀中移今治城遂廢

石勒城在縣北城底鄉勒攻上黨築以積芻米

甯城在縣北二十七里

傾城在縣北九十里

臨川城魏書載襄垣有臨川城

潞城縣舊城在縣東北四十里本漢治後魏改刈陵移治沾水北此城遂廢

微子城在縣東十里微子食采之邑也

武軍城魏書載潞縣有武軍城

壺關舊城二壺析上黨縣復置壺關自頹陽岡遷高望堡始定于清流川為今治頹陽高望二城志雖載俱失其處

陽護

城在縣東二十六里以今考之在縣南所謂縣東者以故縣言也盍陽城在故縣東南二十里黎城縣有黎侯故城在縣北十八里後魏大武初城始廢故縣城魏初置潞城被誅遺民之廢宋遷今治故城遂廢平順有照城原屬壺關與陽護盍陽皆慕容永築以拒慕容垂者石勒城原屬黎城亦石勒築以為積糧之所孫藩有詩巍嵂山峽間有地窄如掌雖得百二謀曉瘠非沃壤胡鮮恣相興國憑似不廣如何蟻封微欲作函西亭孤城出雲嶂遺址尚十丈我來一把酒慼慨追昔往崎起一奇哉晉室方骫髀敢與南陽公逐鹿中原上

嘉靖間虜患孔棘各縣於民居繁衍村落督

建城堡以保衛民群雉雲連崇墉棋布似亦足恃以無恐未幾而吏緣為奸胥竊權髮詭為不可結之局以難居民而要厚實叫囂衝突日夕不休民怨不敢言於是告併告廢當道亦悉其莫可誰何之情而亟准之民惟恐其壞之不速而貽復舉之憂也相與墮其墉夷其基而後快其心更不念異日屢患之再棘矣是豈愚無遠慮切於近憂故也夫城城

以衛民而乃盖其禍穴之足以穿墉也盖如此今雖有廢雉数區亦不敢録

建置七

宮殿

銅鞮宮 一名虒祈宮晉平公築大数里宮成諸侯皆来賀春秋昭公八年椒子如晉賀虒祈也當時土木之興至動石言必宏麗甲一時上黨記曰晉别宮墟關猶有北城乃今水抱狐垣登望惟見堆阜綿亘堪增一嘆

黎侯故宮 黎立商周二代君臨此土德澤既久能使人以君故而忘泥中當時朝宁寢室即一椽一桷皆足稱述今顧不

可得而考矣惟傳黎侯一亭亦無遺址

飛龍宮

在郡治內本唐玄宗別駕潞州時故第開元十一年將幸太原次潞州改故第為飛龍宮後又更名啓聖宮玄宗過故居詩三千初擊浪九萬欲摶空天地猶驚否陰陽始遇蒙存身其歷試佐貳佇昭融多謝時康理良慙實頼功長懷問鼎氣夙負拔山雄不學劉琨舞先歌漢祖風英髦既包括豪傑自牢籠人事一朝異謳歌四海同如何昔朱邸今此作離宮鴈沼澄瀾翠猨巖落照紅小山餘桂發長坂舊蘭叢即是淹留處乖歡樂未窮。張說和蓊蔚興王郡殷憂啓聖圖周成會西土漢定幸南都歲卜鑾輿邁農祠鴈政敷武威殊外域文教雜中區鶩蹕千弋捧朝宗萬國趨舊落人事革新化谷殊壁有真龍畫庭餘鳴鳳梧叢觴祝堯　合樂劇湯

劉陽樂寒初變春恩暨共蘇三耆頌命服五
稔從田輸君賦大風起人歌湛露濡從臣觀
王業方頒紀靈符曰蘇頲和路國臨潞郎天
王別駕興出潛離隱際小往大來初東陛行
春失南陽即舊居約川星罕扶莅日旂舒
雲霧運行在風迴助掃餘氷行咸邑望皐落
土田疏昔試邦興后今過俗後予亦威寧校
獵崇藪不陳漁府吏趨神衆紳耆捧帝車帳
傾三飲處閑整六飛餘盛業銘汾鼎昌聖瑞
期應洛書頗陪歌賦末留此蜀相如

閣在飛龍宮側玄宗在潞時境內現十九
瑞後朝京遂留不遺及即位潞州獻瑞應
圖遂建此閣張九齡聖應圖贊臣聞落聖者
天也宜有以覺悟受命者聖也必有以明徵
啟神不言而可知時將至而先兆當
陛下龍潛于上黨也或託數于雲物或効靈于

卜筮天之意者丁寧垂象惟恐後時而又以
潞水之泓深山鹿之挺走馳騁是獲屬流不
濡非力所觝以明或躍乾之上體時而九四
神道幽贊聖朗密邇自後而占何著明其若
此孟天福海內地降聖迹以瑞非常之后以
決如神之策至於再三明必信耳有郡掾崔
弼時其從行見龍騎先馳謂河流可涉亦既
數步還已滅頂非洗也安足以驗飛無乃也
於何以昭聖幸來自久命常惟新臣不勝至
願謹為聖應圖遂獻讚曰龍之或躍泉有河
深神亦成象化為背脅陵屬是獲明
命則慚如彼從揚馬觝不慚

興唐宮

在郡南六十里羊頭山下玄宗幸潞之行宮
也先是童謠羊頭山北作朝堂至是果應潛
奕賦熒惑之星兮列天文降為童謠兮告聖
君發自鵺車之歲稱為竹馬之群其言伊何

克明寶位惟山之北正應天與之居曰興朝堂更彰天子之寘大人貞之而自負黎庶聞之而屬意天人合慶歷運其昌同康衢聞於翼善北歸毫順于成湯言且表微諒人神之應章惟在昔殊飛走之祥豈比卯金稱為劉氏赤伏徵于漢光且游童之謳謡羌且偉殊曠昔千古所記百王不易豈徒秉於茅茨空用書於竹帛天贊我皇時高列璧惟一人之有應根六合之光宅

德風亭在郡治後玄宗建西有葦道與香花梳洗樓相接今曰遊嶺宋徽宗為節度時重加整飭元至今有廢必修為一郡大觀

潞府

國初為衛治實唐宋以來節度署也

簡王之國即以為邸初制從簡嘉靖中
憲王奏請帑金十萬撤其舊而一新之而規
制始大
承運殿在　王城中為臣民拜祝
聖壽而設有兩廊前為承運門
存心殿
王受朝賀之所在
承運殿後兩翼有便殿下亦有兩廊

存心殿後有寢殿即
王宫也角殿兩廊如　存心殿宫後有
勅賜寶恩楼楼後即廣智門承運門前有兩朝
廊朝廊之下左為體仁門右為遵義門前為
端禮門體仁門内為
宗廟為
世子宫為典膳所遵義門内為勉學書院為
承奉司為廣實庫端禮門前左為東外門右

為西外門前為
藩國門又前為
勅奬坊又前為大逵大逵之東為皇華館駐
使節之所也此其大較其中離宫别殿秘圃蘭
亭有不可得而悉記者
各郡王府以　藩府為中陵川六合沁水鎮
康平遥雲和稷山俱在東保定德化靈壽安
慶沁源宜山宿遷黎城俱在北吳江定陶唐

山清源俱在西内丘永年德平俱在南其制
中為殿後爲宫前爲門門左右爲教授典膳
所而唐山府有崇古書院清源府有日新書
院沁水府有遜學書院永年府勳滙有崇德
書院皆有
勅有賜書陵川府有宗約在
瀋府東沁水府有進脩宗會在城東南隅
夫宫殿君臨此土始得建也黎侯之亭玄宗

之閣繫遐思焉尋之者動黍離之悲睹之者
啓甘棠之愛銅鞮已不足為有無矣西燕建
號改年與十六國並稱南面豈無朝會寢燕
之所而太行佳勝之處並有石勒高歡之離
宫當時欲其遠壤至今過其地者尚起憎嫌
則為德異而施於民者不同耳

建置八

公署

兵備道嘉靖七年始設即舊按察分司中為執憲堂後為氷玉堂又後為宅廨堂左為賓館右為吏書房兩廊為皂隸房前為儀門又前為道門折而西通上黨門堂左有題名記右有按察箴皆次山劉公涇勒也萬曆十年為山劉公伯縉易民居直通前巷左右樹坊即今制也

潞安府在城東西大逵之北南北大逵之西

舖北有養濟院

郡中行臺有

察院在郡治西南上黨門内中爲堂後爲寢兩翼爲監生房書吏房門厨皂隸房前爲儀門又前爲大門建於知州李顯忠修於王楫萬曆二十六年知府劉公復初增建後亭頗都雅大學士夏言我心亭箴叙曰潞御史行臺有亭翼翼當甬之中四柱離立前後左右無有蔽障而豁焉虚明也柱洲子按事於此日與之對焉因憶宋史洞開諸門之語

名其亭曰我心作我心亭箴惟人有心體則
靈明物交利誘乃喪厥靈神出鬼沒憧憧来
往户牖錯雜居用弗廣我觀斯亭豁如貫通
則而象之無為大中巍巍大人兆民所視諫
臣作箴敢告侍史御史王好問左右警詞外
莊正而陰蓄回慝者天無不知之飾廉静而
實多嗜欲者心無不知之事求不愧于吾心
事君之道在是矣職思不負于吾君事天之
道在是矣

布政分司在察院之右稍退後本舊提學道
知府祝公天保重修也萬曆十六年始定為
布政分司有堂有寢兩翼為吏書門厨皂隷

房有儀門大門

提學道在布政司西萬曆十六年知縣張主敬改建於此堂寢規制與布政分司同前兩翼為廊即考試席舍四角有瞭望樓儀門外有賓亭同知童世彥又置桌凳各六百惟臨時排設耳往時搭廠墀中豎木與臺等平以木板始樹木結搆覆以蘆席中及四圍施篾胎白油紙纆竿結綵其竹木繩席布帛之類

以數百千計然後派桌派凳數月而集數月而散催攢給發獘孔百出公私之費不知其幾張侯創立此署總數百金而地方免無窮之患踵其迹而修補之即百世可仍也利之陰及於民者有既哉

小行臺在察院前以備一時並至之客館

參將府在鼓樓坡乃舊郡治門麗譙也當時直達八義門通金橋今郡治稍遷于東而八

義門亦塞嘉靖中新設參將建以爲府後嘗
借以爲分守道劉太府復袝以其風氣佳爲
士子文會所今漸廢
寅賓館在西關爲郊亭候客所有門有亭有
後亭今漸廢
韓店官亭通高平路中火處也創自萬曆二
十二年縣李侯仙品建
祗應房在察院前以供各衙門日用之需昔

用里甲以牌頭祗候富人乘急放子錢百日倍償無不破其業者後易以官吏額編常不足官為設處不可繼乃易以盤夫猶之牌頭也縣張侯主敬廉其實不在公用而在催取者之横索富民愛身家寧費不敢惜且懼有後禍即有真心為民而欲除其害者詢之亦不敢言乃以皂隸領之隨取而應據實關支水極清矣然無魚不可行也數年之後遂歸

半里許有鍾鼓樓西南有養濟院東南有教
場南門外有漳澤驛行臺有
都察院在縣治東察院在都察院東布政分司在察院東按
察分司在縣治西靈湫廟公署知縣桂爾進建
屯留縣治在城中門有臺基臺有樓設鍾鼓進
為儀門左土地祠右獄又進為戒石亭為堂
左右為各房科堂左為庫樓右為幕廳後為
後樂堂又後為知縣廨東為丞廨典史廨及

馬廠西為主簿廨吏廨申明旌善亭在縣門東預備倉在縣治之西北養濟院在縣治之東南教場在東門外一里許其行臺有察院在縣治東北布政司在縣治東北分司在縣治北余吾驛公館在余吾城今驛舍移縣館漸廢交川公館自驛移縣去褫亭路長鼓于此設停驂之所○大叅毛愷斗亭賦屯留公署後有亭翼如方圓丈許厰形肖斗予憇而樂焉情景偶會因名以斗亭遂賦之辭曰歲維春兮孟月憇留吁兮孤城謝塵氛兮簿領偶徜徉兮茲亭亭之高兮不踰尋勢岌岌兮上侵引微茫之顥氣排曨暖之氛陰亭之

廣兮不盈丈廓有容兮爲象乾坤儼以周旋宇宙森其上下觀其審出面勢負陰嚮陽户牖洞豁輪奐翬翔趾崇肇磐石之固頂構藻華蓋之張牕窈窕以生白檻的皪而浮光匪華匪樸宜溫宜涼即游衍者之自適知經始者之多良彼西蜀兮草玄洎瑯琊兮醉翁萬石筆於柳綠宴喜記於韓公率因人兮標勝累異代兮靡同嗟人生之幾何兮信隙駒之匆匆湫今古於瞬息兮委天地於樊籠况茲亭之於吾兮亦客主之相逢苟情境之冥會兮又寧羨夫瑶臺之與蘂宮若夫青陽煦煦青草萋萋童冠六七彈冠振衣則下榻神怡杏壇之依稀也薰風自南翠樹若綠幘岸烏紗琴揮雅操則隱几咲傲竹林之高蹈也林影蕭疎月明千里曠望長空一碧如洗則憑欄徙倚庾樓之不啻也玄戚栗烈六花皎潔

尚

授簡擕騷烹茶瀹雪則當軒瑩澈梁園之弗胥也繫四時之殊候兮隨所值而可順豈文武之道兮寄張弛於其斯維政務之紀紛兮役形神之既疲聊於中乎偃息兮假静嘿以養之亂慮滯氣無自而入兮庶理人育物之咸宜蓋有動必有静兮雖造化莫能違胡人非金石兮顧終歳而驅馳抑寧知萬變之在人兮其實本無一事能行所無事兮縱有事亦如是是謂貫動静於一致兮復何分於彼此則益亭也可以静可以動静觀會通如囊斯括動中肯綮如矢斯發豈但覽景物之光華悠襟抱之寥闊而已哉○直指張鵬飲同官詩臨水遙将歸臺星照太微青驄開遠道白日近斜暉塵海萍重聚霜空鴈又飛一尊須盡興客裏故人稀○杜史復南歸排閶謁紫微披襟談往事呼酒坐餘暉愧别青城久

難隨黄鵠飛芳華已逢暮落木不勝稀○風霜驚寂寞暗語入幽微走馬爐秋色揮戈怨夕暉論交看未路處世貴雌飛北極天猶遠東吳信轉稀○晝遊君借便風力我慚微絳水逢行旆丹楓帶落暉百年叨晩契八翼看横飛自信同臺誼真應舊日稀

襄垣縣治在城西北隅中為忠愛堂前為戒石亭為儀門為縣門堂左為幕廳右為庫樓兩序為各房科儀門外東為土地祠為請益亭西為馬房為預備倉堂後為敬事堂又後為知縣廨東為丞廨西為主簿典史廨在丞

廨南吏廨在主簿廨西獄在吏廨南縣門左為鼓樓右為鍾樓申明亭在其西旌善亭在其東陰陽醫學俱在縣治南養濟院在縣治西南隅教場在城南二里許其行臺有察院在縣治東布政司在縣治西南按察司在縣治西南褫亭鎮察院在驛東

潞城縣治在城北中為廳事左幕廳右庫前戒石亭兩序為各房科前為儀門東為土地

祠為賓館為內倉西為獄周列徵收房又前為縣門廳事後為琴鶴堂為知縣廨左為丞及典史廨右為主簿廨及吏廨縣治之南為陰陽醫學為預備倉為養濟院西為申明旌善亭東南為鍾鼓樓教場在城南其行臺有察院在縣治東布政司在察院西按察司在縣治西

壺關縣治在城西北隅中為廳事前為戒石亭後為知縣廨丞廨居左典史廨居右廳左

為幕廳後為庫兩序為各房科儀門外為土地祠為賓亭為鍾鼓樓為徵收房為獄縣門外為申明旌善亭預備倉在典史宅後草場在縣治西養濟院在聚賢坊教場在縣二里許行臺有

布政分司（在縣治東）按察分司（在縣治西今廢）

黎城縣治在城西北隅有臺門門直北為土地祠稍西為儀門進為戒石亭又進為廳事

左為幕廳右為庫左右列各房科及倉廳事後為退省堂為式清亭稍西為知縣廨儀門內西折而北為典史廨又北為舊簿廨為丞廨北為[illegible]西南為獄東北為鍾鼓樓為預備倉申明旌善亭在治前陰陽醫學在城東南隅今廢養濟院教場在城東北行臺有察院在縣治東南按察分司在察院東冀南分司在縣治東北公官舍在縣治西南。御史黃洪毗詩去年今日黃金臺郵亭尊酒醉顏開車前遥指燕然石萬里炎風去復來越嶲衝星太行路天高暑薄沾清露悠悠不覺冬與春過眼朱明逼秋素丈夫許國志如何磨埃拂拭劍光多欲刺長鯨瀚海外先除猛虎太行阿日射五雲天闊近消渼頻抱憂時病漢掾周史愧官常幾度低回思帝命

平順縣治在北城下直南門中為廳事左右為幕廳為庫兩序為六房承發司架閣庫前為戒石亭為儀門左為賓館右為獄又前為縣門外為申明旌善亭縣西為養濟院又西為預備倉教場在東門外一里許行臺有

察院在縣治東

潞安府志卷六　終

潞安府志卷七

建置九

廟學 附書院社學

郡學在今郡治西南金申良佐興學賦云在郡長衢之東南當時郡治直八義門也舊志莫詳其創始興學賦云見之碑刻李唐以來已有之故金元喬通守李節度崔判官陳州守王同知或稱改建或稱補葺或稱重修云

國朝張同知三同燕知州義方相繼修葺而實大修于馬知州暾自大成殿明倫堂而下若廡若門若泮池文昌義陽等祠若齋若號若庖湢庾藏俎豆簠簋象勺干舞之類凡所以奉祭祀而資講學者莫不增飾完美而又復豪右之侵地塞捷徑之便途自改府後郡守宋公珪孫公國又從而充拓修飾之文教大興士風丕振其後添設縣學割去東偏而又

東巽方之臺人文遂弱郡守劉公復初始建
尊經閣於北義陽文昌魁星三樓于東繼又
改卜縣學欲復舊制而公
旨從中出矣今守張公廷相崇文念切繼治道
同併魁星文昌二樓合建為一歸於巽方依
然往日之制而宏敞過之且委任得人一磚
一石悉從公買從来公役之興未有如斯役
之不擾者今制廟在學宮之西中為大成殿

東西為廡前為戟門左右為鄉賢名宦祠下
為泮池東有省牲齋戒所又前為櫺星門後
有臺高丈許冠以亭本石之制甚精巧為敬
一亭學居廟東中為明倫堂後有亭州治時
會講堂也又後為尊經閣堂兩序為端本登
瀛崇德養正齋前為敷教坊為道義坊左右
有角門為規矩為準繩東西為倉庫前為儀
門又前為學門學之東極北為義陽樓樓前

徹文昌魁星二楼將營教授訓導廨又東為
啟聖祠即縣學所創者今見還祠前築臺建
楼合祀文昌魁星以復舊制基東尚有餘地
甚長可作射圃金有斯文楼議道堂已久廢
不可考長治縣學初建在本府學東同守葛
公大紀創縣尹劉公四科增魁星閣置祭器
書籍張公主敬增儒學門楼高十尋說者謂
其勢太重地臨深坎不能勝於是郡守劉公

復初議改卜得吉于永豊倉之前規制始定公已解任去督理者憑臆自斷仍襲前制失公改建意矣知縣陶公鴻儒以學後稍低為建尊經閣改學前高樓而門之又移魁星閣于學門東始與劉公之意合今其制大成殿居中兩廡序列前為戟門為泮池為欞星門為鄉賢名宦祠後為明倫堂兩齋序列又後為尊經閣西為敬一亭教諭訓導廨東為啟

聖祠祠前為儒學門門之東為魁星楼長子

縣學在東門内建于宋建中靖國初元縣尹

馬德重修

國初縣丞閻衍因舊址創建知縣晁奉祖楊鶚

王澤馬負圖許鐘何出圖相繼修葺崔爾進

新增培秀倉今其制中為大成殿兩廡序列

前為戟門左右為鄉賢名宦祠又前為欞星

門後為明倫堂左右序為兩齋又後為敎諭

訓導廨左極北為啟聖祠前為敬一亭又前
為文昌閣右為培考倉舊有射圃及號房饌
舍今廢有學田在中村等里亦崔侯置
屯留縣學在縣治東志稱元縣尹陳善重修
則建自元以前矣
國朝知縣楚琱王敦李玘王紳劉剛金瀾齊宗
堯重修中為大成殿東西為兩廡前為戟門
為名宦鄉賢祠又前為櫺星門東為啟聖祠

為敬一亭西為儒學門析而進於殿後為明
倫堂兩序為博文約禮齋又後有亭亭後有
笥經樓樓東西為退講亭為教諭訓導廨舊
有射圃今廢
襄垣縣學在縣治東南金天會間縣令韓俊
創元縣尹傅仲禮楊綱等及我
朝知縣李文栁豸蕭守身李貴和各有修補功
而規制一新則郡守劉公復初梢授知縣張

嘉福而定也知縣武可則踵成之廟制中爲大成殿後爲尊經閣左爲文昌祠右爲敬聖祠兩序爲廡前爲戟門爲泮池左右列鄉賢名宦祠又前爲櫺星門學制中爲明倫堂東西進德修業齋前爲儀門爲儒學門後爲敬一亭教諭訓導廨有學田三百餘畝

潞城縣學在縣治東南金天會間建元大德間重修成

朝知縣張璧杜麗張璟張邁馮惟賢張鸛鷹各
有增飾功郡守劉公復初助修文昌閣以補
風氣廟制大成殿兩廡戟門泮池名宦鄉賢
祠欞星門以次而南後為啟聖祠敬一亭學
在廟東北隅明倫堂居中勤學好問齋翼列
東南為文昌閣堂後為教官廨
壺關縣學在縣治東南其創始莫考金季喪
亂鞠為蔬圃元縣尹郅朗建

國朝知縣呂士安沈溥張署馬興任式何來慶
張梓方應明相繼修葺知府劉公復初又為
之改泮池建尊經閣今其制廟中為大成殿
左右為廡前為戟門左右列名宦鄉賢祠又
前為櫺星門外為泮池後為敬一亭殿左為
明倫堂兩齋序列有東西號房前為儀門為
儒學門門內稍東為啟聖祠後為教諭訓導
廨殿右為射圃亭明倫堂後為尊經閣學門

南為奎楼奎楼方侯建也
黎城縣學在縣治南宋建金修後燬於兵元
縣尹趙思忠劉涅修復又燬
國初知縣崔鳳因舊址復創李善李進魏朝相
楊良臣馬驎張遵約各有修葺功而良臣之
功鉅廟居學西大成殿兩廡戟門泮池櫺星
門以次而前名宦鄉賢二祠列于戟門外神
厨在戟門内廟東北為學中為明倫堂序為

兩齋有倉有庫有號房有教諭訓導廨明倫堂後為敬一亭學東為啟聖祠東南與城應上有奎光樓舊有藏書樓建於元至正間今廢

平順縣學嘉靖十年知縣徐元道主簿李鸞建初在縣東萬曆二十五年郡守劉公復初以為幽隘非文明氣象乃改卜城東北隅捐俸百金粟六百斛鼎建今制中大成殿兩廡

戟門名宦鄉賢祠泮池欞星門以次而南後為明倫堂為兩齋為號房啟聖有祠敬一有亭教諭訓導各有廨歷知縣王誥蔡崔一龍趙完璧而後功始竣

各鄉文廟七一在長治西火鎮宋紹聖間建一在長治故縣元至正間建一在襄垣褫亭鎮唐時建一在潞城李庄今屬平順金太和中建黎城之桑曹北社下遥各一莫詳建始

遂祠徧海內不厭重復夫子之祀雖達之天下至郡縣止矣鄉鎮未有另設者吾潞乃獨有其七可以觀人心而西火逢掖之士五十人自行釋菜禮餘或具廟而禮不行又可歎

書院

書院者群俊秀而養之用廣正學雖與學校並設不厭其多也查郡中可紀者六因附廟學之後

雄山書院在長治蘆城鎮創自宋靖康間元泰定間儒士李桓修復毀燕齋堂畧倣郡學田二頃松萬株見侵于寺僧尚書惟馨請于禮部榜知前額及尚書還山以為怡老之所今遺址猶彷彿可尋而田與松不知所主矣內有可已亭知非齋萬松亭俱廢

東山書院在長治東火村嘉靖間義門仇氏建在東山之巔制甚宏偉隆慶初以祀側移置本村今為其家子孫毀廢

藕澤書院在屯留縣藕澤村元隱士宋思約建有殿有廡有講堂

滄溪書院在黎城縣田溪正德初隱士趙初建有聖賢道統之堂為講授所

泰晉書院在襄垣縣萬曆辛卯知縣楊述中建中為堂有廊後為講堂亦有廊前為儀門大門

尚交書院在壺關萬曆乙巳知

縣方應明建後為講堂前為堂各有廊又前有門

右書院雖廢必錄崇正學也亦悲夫踵之者無其人而慨佛老之徒之居之盛世俗所重在彼不在此也

社學

古人重蒙養故

國初廣設社學潞州時在城者八一在州治前一在潤德坊一在西關廂一在西門內一在

北關廂一在北門内一在南門内一在關王廟側各鄉四十餘處各就廟寺擇有行學者羣民間子弟而教育之厥後漸廢萬曆戊子張侯主敬清查之及新增僅得六所則外邑可知今惟紀見存者

長治六所縣治西一即前淵德坊故處五龍廟左一即前西門内故址華陽廟側一即前北關故址北門内西一即前北門内故址西關廂一即前西關故址南門内東一張侯

新易者各有亭四楹前有門惟北門内有左右舍今為日無幾已漸傾圮矣

長子三所一在縣治前一在通玄觀門内一在遵化坊

屯留杜學志稱久廢

襄垣一所在中明亭南

潞城一所在縣治東南二百步許

壺關一所在中明亭南

黎城一所舊在縣治東北廢圮不可復知縣
雷夢澤新建於城隍廟西有亭四楹
平順志不載
小學之教不講非旦夕事故社學旋立旋廢
而必詳載者所闗蒙養匪細以俟留心造就
人才之君子也
建置十
群祠

國祀社稷壇在郡城北門外稍西祀國社國稷風雲雷雨壇在郡城南門外龍泉橋西祀潞國名山大川衆山群水風雲雷雨城隍之神皆以春秋仲月

國王致祭有司隨之

郡祀郡厲壇在北門外稍東八蜡廟在南門外稍西城隍廟在城中洪武初竺知州克仁建後燕知州雲馬知州暾張知府子順重修而近庙之民亦續有修飾棟宇雄麗規模弘敞亦勝槩也文昌祠在郡學新建閣上城東南隅亦有專祠

名宦祠祀任敖　荀諫　趙興俱漢上黨守　温嶠
呂温俱晉上黨太守　鄭渾魏上黨太守　柳昂　辛彥之俱隋潞州刺史　王行敏　姚崇　李濟　李嗣真俱唐潞州刺史　宋璟唐上黨縣尉　郭子儀唐汾陽王兼朔方河中北庭潞儀澤沁等州節度行營兵馬副元帥　王思禮　程千里　李抱玉
李抱真　王虔休　郗士美　盧鈞　辛秘
沈詢　孫揆　李殷銳俱唐昭義節度使　孔戡唐昭義節度掌書記　葛從周梁昭義節度使　李嗣昭　李克修俱後唐昭

義節度使裴約　後唐澤州知州牛守節　梁潞州都指揮王瞖　呉

元裒　尹洙　畢士安俱宋潞州知州劉文濟宋上黨縣令

苗時中宋司錄參軍張礭　韓昭俱宋隆德知府沈璋

金潞州知州蕭仲宣　李晏　孫德源　張開

梁鏜俱金昭義節度使納合蒲剌都金元帥左監軍鄭玘

陳伯福　周幹臣俱元潞州知州閔保虎林赤俱元左轄

張三同明潞州同知才寛　張萱　周昊俱明潞州知州

王致中明潞州學正

鄉賢祠祀豫讓周義士馮奉世漢關內侯馮野王漢大鴻臚馮逡漢隴西太守馮立漢太原太守馮參漢宜鄉侯續咸晉東安太守鮑玄晉南海太守郝洽唐處士李肇後唐司徒李崇矩宋太傅李繼昌宋連州刺史李處耘宋檢校太傅李繼隆宋中書令李繼和宋鎮州防禦使王陟宋轉運使苗授宋保康節度使王彥宋洪州觀察使張仲容金屯田員外郎董文甫金武昌節度副使王良臣金孟州防禦使張温金進士王天祐元太常博士高觹元少傅劉宣元吏部尚書李孟元平章嘉彬

元湖廣行省僉事李庚元內臺中丞秦起宗元兵部尚書曹伯堅元郎中靳克忠元河中知府王守忠元絳州知州董誠元戶部尚書李公瑯元沁州節度副知曹璣元東平路摠管李惟馨元兵部尚書李鐸明江西僉事暴昭明刑部尚書李昱明光祿署丞王佐明西平知縣贈光祿少卿李紀明運使王廷相明兵部尚書張序明隆德知縣李新芳明御史李延康明湖廣副使任環明光祿卿

弘治時馬侯暾始創名宦鄉賢祠當時博訪

精擇名宦得十六人鄉賢得十八人耳今數倍四五而當祀者反多見遺甚矣藻鑑不同而去取太易也而尤有所當正者沿習州制也業已專立縣庠則名宦之官于縣者宜祠于縣名宦祠鄉賢宜盡歸之縣鄉賢祠而授所屬之吏賢者祀之郡鄉賢祠始為得體

神農廟在百穀山神農嘗百草於此因立廟祀焉肖像甚古北齊時重建長子北關亦有廟神農嘗于羊頭山得嘉穀也即所稱秬秠

大禹廟在壺口山之西莫詳

創始宋咸平中重建屯留之浮山路城南十里壺關之辛村平順之侯壁皆有廟爲治水經歷之所也

五龍廟

在五龍山陳汝義謝雨詩馬踏山雲徑路高樹頭風腳靜蕭騷已知神物爲霖意須念農夫促澤勞頻使瘦苗如日擢却田枯壞作春膏憫勤本是諸侯事晉叔當年魯史褒其刻風骨遒勁神采類古柏行而字畫爲大過客登覽多愛重之○金濼陽許曾覽圖經說異祥如今始識五龍鄉里敬漫遠過深谷雲氣微茫接太行亭被丹崖松柏秀碑橫翠琰蘚苔蒼我来默與神相禱願隨甘霖澍八荒○栗應麟遊廟詩絕巘龍祠紫翠中巖幬拂曉入龍宮三山海氣蒸初日萬壑松濤走半空朝夕風雲隨世變古今登眺幾人同若知慶水桑花意始信桃源有路通神能出雲致雨有禱輒應

民甚崇奉郡城西門內長治之椎山巔屯留之良村潰黎城之南三里平順之張井寨垣之北門皆有行祠

義陽王祠祀唐節度李抱真在府學

二忠祠在城東南隅祀宋隆德知府張確官此土者明西平知縣贈光祿少卿王佐生此土者嘉靖十二年知府宋圭改二仙廟建立

綦公祠在東南營祀刑部尚書綦昭李林州尚實

謁祠詩二首○烽火霄紅照戍樓白旗搴㯭大江流雲馳鐵騎雷霆吼天入金壇龍鳳愁豫讓智教番趙賊張良到底報韓仇我來顏漢高祠晚一片西風蘆荻秋○尚書祠屋古城新小撮溪毛薦猎鑽左右句當兵義士乾坤故使有頑民有言是氏將安漢錯把閻官解誤人夜闌一龕燈火冢青青廟木杜鵑春

四貞祠祀烈婦尹氏程氏烈女趙

氏袁氏正德七年奉
勅建在西火鎮
邑祠長治名宦祠祀薛騰蛟明知縣丹梁明知縣
張嘉孚明知縣建縣八十年入者三人其官績
方隆及孟楷未入者尚未敢議而唐有宋璟
上黨縣尉入郡祀以未立縣學也今已建縣自當
還之縣庠宋有劉文濟上黨令與王曙辨疑獄
曙已祀郡庠文濟不宜獨遺元有郭從善上黨
丞能積儲繕甲親率民兵與閻保虎林赤犄

角破賊地方藉安尤宜急祀鄉賢祠祀任璟光祿卿張邦彥汶上知縣陳吉禹州知州

長子社稷壇在城西北隅風雲雷雨壇在南關稍西邑厲壇在北關外西偏八蜡廟在發十臺城隍廟在縣治西靈湫廟即漳源風伯雨師廟在縣西北三十里壁村名宦祠祀崔珏唐縣令邵伯温宋縣尉烏塘金縣令阮河明典史郝景隆明主簿易鵰明知縣徐圓明知縣沈應時明知縣陳浩明教諭鄉賢祠祀鮑宣漢司隸校尉堯暄魏司

農宋子貞元平章宋道元太子賓客王綱元隱士栗恕

明吏部尚書任毅明工部侍郎阮勤明侍郎張美明禮縣知縣

王瑀明湖州教授崔公祠在東門內專祠崔珏而郡城東門內屯留縣治

東襄垣縣治東南壺關之南関黎城之故縣平順之實口皆有祠攝虎之威服人深也

屯留社稷壇在西郭外風雲雷雨壇在城南邑厲壇

在城北城隍廟在縣東南隅八蜡廟在城西三嵕廟在三

嵕山神最顯應祠徧各州縣郡城東門內及北関壺神頭長子之西郭潞城西十里壺関

北三里黎城之西汻村平順之王庄其餘鄉鎮建立者多不可勝紀與五龍皆山川之望

雨香火允繁韓太守祠在縣北祀宋隆德府知府韓昭

名宦祠祀薛僅唐縣令張之驪金縣令張鵬翼元縣尹劉依仁元縣尹陳善元縣士洪鈞明知縣李崙明知縣王紳明知縣韓俊明教諭馮友明教諭

鄉賢祠祀鮑漢司隸鮑昱漢太尉王烈魏隱士宋司齋元潞州判官宋思約元隱士李逵明御史李春明僉事王紹明副使馮斐明僉事

褒垣社稷壇在城西風雲雷雨壇在城南邑厲壇在城北城隍廟在縣治西南八蜡廟在城南文昌祠在儒

學前劉文安公祠在儒學前祀明尚書劉龍名宦祠祀喬宸
金時仕襄垣韓俊金縣令張曉明知縣劉瓚明知縣劉明
明知縣賈希顏明知縣蕭守身明知縣鄉賢祠祀豫
讓晉義士楊引魏孝子楊仁風元中書左丞張佩元義士
張翯元沂州同知連肇元集賢院學士連楹明御史王擯明推
官李濬明都御史劉端明學正劉潔明副使贈尚書劉鳳儀
明員外郎贈尚書劉龍明尚書崔仲和明知縣
潞城社稷壇在城西北風雲雷雨壇在城南邑厲壇

為交魚之數莫既素絲標滿手漢三老祠在西門知縣方應明建名宦祠祀郅朗元縣尹王祐明知縣李用敬明知縣鄉賢祠祀令狐茂漢三老苗晉卿唐太師任尚志元元帥馬繩武元同知上都留守杜勤明四輔楊奇明參政黎城社稷壇在縣西北風雲雷雨壇在縣南邑厲壇在縣北城隍廟在縣治東北八蜡廟在縣東北文昌祠在儒學名宦祠祀張泛宋縣令孫勍宋縣令李晏金縣令馬復元縣尹鄉賢祠祀權執中元鈞州同知趙慱明鳳

翔知府靈源聖井廟在縣東北長垣村嵐山神廟在縣西二十里

平順社稷壇在縣西北風雲雷雨壇在縣西南邑厲壇在縣東城隍廟在縣治西八蜡廟在縣南晏公祠在舊儒學東今廢名宦祠缺鄉賢祠祀李景章元澤州知州本潞城人今其里割入平順故平順祀之

通祀其歷代君相有唐太宗廟在郡城南門內稍東及長治之坡頭嶺長子縣東南古城隅壺關縣南四家池神有呑蝗之功故農民奉祀惟謹

玄宗廟一在長治之西火村遇赦處士之所也一在屯留東南二十五里一在黎城南保村皆其出獵之地留侯廟在屯留水南村關王廟在郡城之瀋府西長子城隍庙東屯留縣治西潞城縣西南隅壺関黎城之南関今郡城四關各巷各関及各鎮各村凡闤闠之中閭閈之上望之棟宇煇煌楼閣崔巍皆神像也下至三家之市環堵之家莫不崇奉而愚夫愚婦一抱不平指神相誓則凜懍變色盖其大義精忠通天貫日故威靈攝服人心自肅華陽君廟在郡北関馮亭墓前馮將軍廟在黎城戚里庄祀馮奉世此皆有功於世即無德於潞而崇奉之亦人心也況玄宗以潞為龍潛德

澤最深兩馮又其宦遊故里乎又有魏文帝廟一在屯留疑山一在襄垣神頭山隴西王廟俗稱慕容廟在郡城西南營祀慕容永舊志以傳說夢寐為慕容暐誤也詳在辨疑志慕容將軍廟慕容赤土也一在襄垣縣西一在屯留縣西相傳以為魏孝文將幸潞天地昏暗凡五日帝不敢進問變故赤土極言時政之失剖心以明天遂開朗故屯留有疑山襄垣有五陰山而將軍亦有廟以祀之雖其人無足取然身歷之地創廟未必無因而慕容走死收瘞立廟尤見人心之厚至於天神則有玉皇廟郡城南馬房頭新建壺關

沙窟村古廟北極廟一在壺關楢林村有松数百株開科郭翀曾于兹借筯一在黎城金牙山廟亦壯麗有感必應三官廟一在郡西南一在襄垣縣治西一在黎城西關地祇則有東嶽廟郡城衛前及南營長治之西西火長子之比流襄垣之李村下良壺關之秦庄庙皆宏麗其餘鄉鎮尚多不能悉紀雖非境内之神人以其掌生死之籍故崇奉尤切人神則有真武廟郡城北營長子上方村襄垣東門内壺關南川底皆有廟二郎廟郡西關一東陽關一人仙則有二仙廟在壺關縣東南紫團鄉廟貌宏麗香火来及相衛祠宇徧於澤潞郡城東南隅長治之韓川鎮橋頭村屯留之李村襄垣之白石梯黎城之北社董壁平順之

赤壁其餘窮鄉絶巘專祠不可勝紀盖神節孝天成百世之下令人人感慕不忘其崇奉之盛獨邁本地沖举諸仙三仙廟在黎城彭庄村八仙廟在屯留蓮花崗

本境山川則有昭澤王廟一在襄垣縣治東南一在黎城隴阜山生于襄垣修真于隴阜白龍王廟在屯留縣北常村黑龍王廟在黎城上壁臺蒼龍王廟在平順張井里大巢山神廟在黎城大巢山九龍廟一在郡北関村一在襄垣獅山一在黎城玉泉村龍王廟潞城東門内一黎城三皇山一龍泉廟在屯留縣西北二里其有益生民則有穀神廟長治南三十里欒王廟在壺関東南鳳凰山近郡

城及郡東南山亦建立盧醫廟在潞城東南山馬神廟郡城二在東西營長子一在縣治東其沿前代封號則有炳靈王廟在長治縣後靈顯王廟在屯留南門內明靈王廟在黎城白官莊廣禪侯廟在黎城路保村靈應侯廟在長子方山俗傳神醫也曾愈帝堯疾黎城長寧村亦有祠右皆沿襲香火人不忍絶其最無謂者則潞子嬰兒祠在黎城東南十五里潞祠山奪我黎邦非晉滅之不足以洩神人之憤祀之何為夏王廟在平順寶口以祀竇建德謂其邑人也史稱建德漳南人非上黨屬邑即真邑人乎流毒當時斷首就戮足為邑人羞祀

之何為廣武君廟在平順之廣李以為左地通志舊志未今信

而祀之廣武雖與潞無涉人尚足取彼二人何

為者歟其補風氣而建者則有三教堂一在長治

縣治東知縣閆溥建一在襄垣治東莫詳建始文昌閣一在長治縣東知縣陶鴻

儒建一在壺關縣東山知縣方應明建其新建生祠則有御史

趙公祠在郡城西闉名文炳任縣人候代駐潞稅使假巡歷而來橫索富民許告

訐即毀其家他郡不能支潞以公在得免皇紬若在催督官紬難在交納公叅為救抑民

稱便地方有奸盜無不知知即鏟去其他德政在通省者不具述也公已矣士民過祠起

歌如生郿守劉公祠名後枌高陵人一在郡西閣一在壺關一在黎城縣一在平順學公潔已為民精堪輿論九可修補不難蠲濟故隨在有祠二守童公祠名世㚒榮縣人在黎城縣救荒立倉縣民感德立祠長治尹李公祠名謚品高陵人祠在郡西閣陞任後民追思建祠壺關尹方公祠名應明祠在縣北關調繁洪洞民思建祠夫祠以報德也潞之先明歷漢及今有功德於地方者豈僅僅數公哉其深入人心爛然竹白即名不能盡收指其事而數之婦女皆能言又不在祠與不祠矣

潞安府志卷七 終

潞安府志 卷七 二十二

山西文華·史料編

潞安府志

明萬曆版 第二冊

卷八至卷十四

劉思聰◎整理

《山西文華》編纂委員會 編

山西出版傳媒集團
三晉出版社

山西文华

潞安府志卷八

建置十一

里甲鄉鎮

長治縣[illegible]時原編一百八十里後文丙都告併[illegible]編一百七十七里在城曰坊坊有九編里二十三在關曰廂廂有三編里四郊外曰鄉鄉有四一曰太平領都十四編里三十有八二曰五龍領都十一編里三十有

九三曰八諫領都十一編里三十有一四曰椎山領都十一編里四十有二生齒日繁村居錯落不能盡書書其成市集而爲鎮者高河漳澤俱太平鄉韓店蘇店郝店北董南董俱五龍鄉八義金史已載東和俱八諫鄉王坊大峪蔭城西火桑梓俱椎山鄉

長子縣在城八坊在關二廂各繫以在鄉之里計八十有三曰崇文坊領里九曰理仁坊

領里九曰安懷坊領里九曰迎恩廂領里九曰清平坊領里六曰仁和坊領里八曰集賢坊領里九曰遵化坊領里九曰太平廂領里八曰永興坊領里七有鎮四曰鮑店曰布村曰淲村曰大關屯留原編四坊五鄉二十都六十一里今更為六坊四十四里坊在城者里在鄉者也曰遵教坊領里七曰遵政坊領里七曰文奎坊領里七曰蓮池坊領里八曰

仁義坊領里八曰忠信坊領里七有鎮七曰
余吾曰寺底金史已載曰上村曰豐儀曰邊寨曰
交八佛曰中村
襄垣原編四鄉七都九十里今併為四鄉九
坊都五十四里一曰永豐鄉領坊里一十四
二曰平善鄉領坊里一十五三曰長樂鄉領
坊里一十四四曰甘泉鄉領坊里一十七有
鎮五曰虒亭金史已載曰夏店曰下良曰長龍曰

西營

潞城原編四鄉十一都九十七里嘉靖中創建平順縣割去一十六里因併八都編八十一坊里而四鄉如舊曰平原鄉領里二十曰善政鄉領里二十四曰潞川鄉領里二十曰葛井鄉領里九而分屬于在城之八坊廂合之為八十一里有鎮六曰黃碾曰安昌曰潞河店曰微子店其南垂神頭二鎮今漸廢

壺關原編八十九里嘉靖中割去十里凑建平順縣今存七十九里分為四鄉曰三老領里二十曰紫團領里十九曰崇陽領里二十曰通潤領里二十有鎮曰大峪（半屬長治）曰馮坡

黎城縣原編四十五里嘉靖中割去五里凑建平順縣嗣復併集今編里二十八分四鄉領之東曰平賢領里七南曰漳源領里七西曰隴阜領里七北曰玉泉領里七有鎮二曰

西井曰南陌

平順縣原割潞城十六里壺關十里黎城五里共三十一里分為四鄉曰文化領里八曰平北領里七曰信民領里八曰關東領里八無大市鎮紀其人烟稍集者有龍真有羊圈有杏城有趙城有花園

建置十二

驛逓鋪舍

置郵傳命從來久矣歷代相沿以其徵冗不載考之唐史有龍泉驛五代史有太平驛宋史有白馬驛上黨西韓村石碑記謂通南北往來之驛路　潞城耽文亦載潞川驛是潞各縣從古固有驛也載籍湮泯驛雖設官已無可稽況鋪舍哉姑從今記

漳澤驛洪武三年設于郡西漳澤村八年移置長子南關與長平驛接今有馬三十一匹驢一十七頭固益遞運所洪武三年

設于長子南固益村八年遷置於縣南關今有夫一百名今所裁大使夫附于縣

余吾驛在屯留縣西十八里古余吾城與漳澤接今移置屯留縣西關　學憲王汝孝書余吾驛詩壁游子倦行役悠悠懷故鄉明星燦夕犍飛旆凝朝霜鬢以憂時改心緣問道長歸田欲有賦豈學阮生狂　大參高叔嗣詩微雨潤春城層雲冐空山訟庭放散吏高閣掩重關緩帶不違息投身簿書閒惟昔郎署君此時曹務閑焚香娛道心服藥養羸顏良遊未易再行役何時還邊城多客愁日夕鬢毛班今有馬三十五匹驢一十五頭夫八十一名今附縣管

虒亭驛在襄垣縣西北六十里古銅鞮治本晉虒祈宮漢更名為虒亭今祖其名

為驛與余吾驛接北達沁州今有馬三十五匹驢一十五頭虒亭遞運所（在驛西今亦裁去）有夫一百四十名以上三驛乃省會通衢南達中州北入雲中往時僉各縣富民協濟衹應富民驕養使客故為蹂躪鞭箠催辱橫索如意而始行十年一役未有不破業者巡撫萬公（諱恭）廉其弊立為章程不禁而戢所省殆十九公諱更為召募以近驛居民充役馬驢給於官領芻豆

挨次差遣夫則計道里給其直使客知貧民無長物亦不横索百年積蠹牢不可破二公一鏟去弊根不使再發其造福全晉豈但省百千萬計一二世蒙其澤也哉

驛遞官之可攷者有余吾驛丞吳珣委署虒亭遞運所遂建所治其未可知

長治縣舖八總舖舊在上黨門外沒于有力者今卑設于縣治東壹

神頭舖通壺關　侯南庄舖　高河舖通長子　史家庄

舖漳澤舖通屯畱關村舖通潞城華家庄舖通襄垣

長子縣舖九總舖在東關辛庄舖宋村舖通長治

堡頭舖冲仁舖張店舖通高平鮑村舖馬村舖

張庄舖通屯畱

屯畱縣舖十總舖在縣前宋庄舖鳴水舖史村

舖通長治魏村舖余吾舖武庄舖交川舖通虒亭

虒店舖田庄舖通長子

襄垣縣舖一十八總舖在縣前王喬舖泉水舖

通潞城上村舖偏橋舖下表舖木佛舖中頊舖通武鄉乇子嶺舖榆林舖五嶺山舖通屯畱新興舖井泉舖夏店舖獅山舖太平舖虒亭舖赤壁舖通沁州

潞城縣舖十一總舖在縣前今改為公館石岡舖馮村舖神頭舖潞河舖通黎城翟店舖南垂舖通長治史坊舖河拜舖王禮舖故亦舖通襄垣張庄舖李村舖通屯畱

壷關縣舖二總舖在縣前　石橋舖通長治

黎城縣舖五總舖在縣前　西仵舖通潞城　亭河舖

故關舖吾兒峪舖通涉縣

平順縣舖二青羊舖在南關　羊井舖通長治　以上

各舖設舖司舖兵名數多寡不同用以急遞

公文近添設巡舖鄉民挨守以備盜賊不具

書

橋梁 附石牌河渠

龍泉橋 在郡南關 **金橋** 在郡西南關唐玄宗封太山迴車駕次上黨父老迎謁獻食上受之親加存問賚錫有差有識悉賜酒食語舊所過村部詢孤窮喪疾之家乃恤之父老忻忻瞻戴叩乞駐留及還金橋御路縈轉顧見旗羽鮮嚴謂左右曰張說言我勒兵三十萬旌旗經千里真才子也遂召吴道玄韋無忝陳閎令製金橋圖聖容及所乘照夜白馬陳閎主之橋梁山水車輿人物草樹鷹鳥器仗帷幕吴道玄主之狗馬駝騾貓猴猪獾四足之屬韋無忝主之圖成時稱三絶方玄宗別駕時有童謡曰聖人持節過金橋至是果驗潘炎有賦曰汚役流水兮清且漣漪度木爲梁兮斯馬在斯成金橋之巨麗

得鐵鏁之宏規當其受以全模觀其曲面經始也則大火朝流成功焉乃天根夕見彰於聖德發彼謳歌千人唱爲人和丹艭蜿蜒倚晴空之螮蝀蝺村櫛比趙度海之黿鼉人且告符功惟用壯非塡鵲之可比法牽牛而爲狀鶴鳴處于鴈覆隋川異東明繫水而接步歷秦帝驅山而著鞭惟彼童謠兮言猶在耳共人應運兮奉天而起乘彼橋以徑道按周道以如砥於是提三尺乘六龍懐萬邦入九重

老胡橋舊名通晉橋在郡城西三里舊橋圯有屬胡僧募修者一夕而成因以名橋

永濟橋在城南韓店創自宋宣和間元時重修

淘清橋在郡南淘清河河源流頻遠又委曲而來夏月有暗漲趨避不及漂沒者多嘉靖中鄉民建工頻巨民更之令衝激就圯且急修治則費省而

力矣劦

雍水橋在長子縣北三里壅水上　藍橋在長子縣北藍水上洪武中縣丞馮道古建工頗巨行者稱便今崩圮過半無續其績者　仙濟橋在屯留之上村　鳴水橋在屯留之鳴水村今廢　良馬橋在屯留之邊寨　永惠橋在襄垣縣井水上知縣張曉建　太平橋在襄垣縣紫岩寺東宋天聖二年建成化間知縣王溫劉瓚重修　市橋在襄垣縣故城先天觀後相傳以為豫讓伺襄子之橋未詳是否　虒亭橋在襄垣縣虒亭鎮　南營橋在襄垣縣西北四十五里未詳是否　潞河橋在潞城縣北潞河上嘉靖中奉旨創造費數萬資竭各郡力二年始成無何一雨衝汶盖山澗合流頃刻數丈漂木走石橋故不能敵也

石梁在潞城縣北四十里臨潞萮林父伐曲梁即此鳳棲橋在潞城東十五里徵子橋在潞城東北十五里黃山橋在壺關縣南三十里其橋甚古必前代所建合峪橋在壺關縣之璦壞村正德中鄉民建進德橋龍溪橋在壺關縣北俱勝國時建金陵孔廕詩壺關二月氣蕭森滿地風塵接暮陰行過溪橋問春色數株松栢對孤岑田溪橋在黎城北峪石橋在黎城東北故縣橋在黎城西北吾兒峪橋在吾兒峪鳳凰橋在城城之辛村石橋在黎城橫山下天橋在平順石灰里栢橋在平順遷善里以栢木結構而成古朴且堅必名匠也龍行橋在平順王曲里漳水浮

橋長子之南五里長治之高河漳澤襄垣之付壁潞城河南店黎城之趙店北馬平頒之王曲皆於農隙搭造春汛撤去亦有不及徹而衝沒者惟高河漳澤舊有板橋平頒揭知縣文獻亦嘗造之可駕可卸似為省便然非隨時修補數年必壞故舊志棄焉惡欲效滹沱河造小航二隻板橋一架夏秋水漲則棬橋用航以利涉冬春水合則維航用橋以利行力不多費人亦通濟似又通融經久之策也近黎潞雖造小航然水手無利多阻隔不行潞郡依山溝澗頗多非橋不免于病涉且虞漂沒之患近日隨地添修不可勝紀如郡城外寨子村信義蘇店西南關長子門黑水

一河無慮十餘橋即紫團盈盈一水山中之曲徑耳范金礱石亦建名橋二三其各縣各鄉又寧可紀吾獨念夫創建難修補易一木一石之壞而即治之則橋固數百年之利也

橋梁之外可紀者有石牌二一在長治韓店即古西韓村居東西兩山之間雨集溝澗奔流傾注而來土性踈緩激為深澗官路傾圮至棧閣而行金明昌初節度使李晏議修石牌於轉折之處兩傍建石壁數仞下鋪巨石中疊石牌十餘級於是東水西合于漳其舊澗填塞非數百萬簣土數年功不能就晏令

削水為鐵縱横置澗中其後山水復至済員淤壅塗澗遂平民竈舍其上至今四百年矣賴焉往歲桶壞復㵐為澗邑陶侯鴻儒募夫修築桶成舊澗雖平恥廢城土實之民不告勞舊績以續

一在郡東門外郡城在東山之麓雨集澗水奔流東門外向城隍環繞西出土性亦疎鬆易崩㵐隘成渠先年濬府修建石牌未幾牌崩㵐及官道未有繼其績者亦必如韓店的儕建石壁數仍然後為石級石底始堪永久

又有河渠三

一在屯畱縣北絳水侵城知縣李崙捄荒於城北廣原桃濬成渠王紳繼之修復堤岸城賴以保全

一在襄垣縣東北漳水遶環襄垣之西南遶繞襄垣之東北故昔稱勝邑愚民利決灘引之東去不復西抱

氏

郡守劉公復初曰非計也復之邑復一在潞漸勝頗近城修築頗勞亦不得惜矣一在潞城稷店山水侵田築堤而渠入漳水自宋政和間至成化嘉靖年重修萬曆三十二年知縣鄭崇厚又重修

建置十四

關隘 附塞垣

關以禦暴自古重之考之漢史上黨郡有上黨關魏寄氏縣有上黨谷先屬猗氏今屬屯留此西關也壺口關今吾兒峪先屬壺關今屬黎城此東關也石研關研音陘未詳何地按上黨舊轄沾縣地接

井陘亦轄涅氏北通盤陀皆石徑可名此北關也天井關今屬澤州此南關也當時全據諸險足稱四塞之國後雖割裂分屬然亦隨要害之地而設守長子有長平關此必與高都故氏分裂後置也有穀關在羊頭山下載魏史有橫水巡檢司元置西控平陽襄垣亦有井谷關後魏置北齊廢汻谷故關見唐書而後魏又載石井關豈即石研關耶今所存惟壺口關即吾兒峪巡檢司元更此名今因之正統間撫臣請於五巑山置關屬襄垣縣駐虎

亭鎮北控沁州今裁去嘉靖中青羊寇平諫臣請置玉峽虹梯二關各設巡檢司皆屬平順東控林縣大學士夏言玉峽關銘玉峽關者夏子瓛馬而命之名也舊曰風門口在隆慮萬山之巔為兩河三晉之界蓋天作之險也前此弗設守禦往往憑阻以拒命吏茲大非失理與乃即是關馬關成而係之以銘太行盤盤橫厲中原近引河朔遥綴崑崙太原大梁維國雄藩壺關林慮界於花園鳥道嵜仄輪摧馬煩怪石齴列熊攀豹蹲連崖壁立屹如墉垣絕頂中斷是曰風門俛臨夜壑仰逼朝曦一夫挺身萬騎空乜設險慎固王者道存乃告守吏爰作鍵閤勒銘岩阿罷以瑶琨臨眎在德用戒嚚昏。虹梯關銘玉峽關西來餘百里近巘尖砦千峯壁立中通峭峽狀如風門而小下則無磴之盤石磴盤盤迴霄漢望之若虹霓然此歲青羊之寇憑負以拒汴師者此也故號洪梯予易以今名亦因以関焉從而銘焉石崖孿天仄磴千迴俯干塞明俯臨嚴壑欽壁勿建偕餘中開觀者駭魄行予心摧直如長虹橫絕天階彼昏者嗾肆其喧慼爰擾培塿以抗雲霄卒于大刑亦孔之夜太行之阿大河之限關門弗嚴嚴絕

帝念哉北山有石南山有材經之營之突焉崔嵬侍臣作銘以詔後來其山徑僅通人行者則有榆林隘口在畢陽峽上通輝縣十八盤隘口通林縣楊家石墻口漳巖隘口兩山壁立漳水通流涯許僅可人行

（通林縣俗稱漳義關）馬路隘口（在寶口峪亦僅容人行俗稱馬路關）皆在壺關平順東境萬曆二十九年屯留縣請於本縣邊寨鎮設防守廳以本縣主簿駐劄巡緝雖不設關有關之意焉此皆太行險絕處也一夫荷戈萬軍退舍承平裁去古關惟壺口新關惟玉峽虹梯在耳

嗟夫山谿固國君子羞稱然設險以守亦王公所重所貴修德行政以合人心則山谿始

爲我有而敵國無間可乘耳非謂險可盡廢也考之漢史關設都尉雖未爲知本猶知重人五代及宋亦以有功軍師爲巡檢乃後世惟以下吏領之徒與行旅之嘆當道知其無裨以爲贅員去之有以也漢關尉不可考吾於五代宋得四巡檢以爲勸戒

後晉王守恩 前節度建立之子與後節度張從恩爲姻親從恩朝契丹署守恩爲本州巡檢以守潞從恩未廻守恩已竊其家貲降漢而代爲節度矣

後周陳思讓潞州巡檢破北漢兵于虒亭

宋王仲寶字器之潞州高密人善捕盜隨在招捕有功以河北提舉捉賊從澤潞等處巡檢使至官才八日獲太行宿賊八十人後官至將軍致仕王植為潞州管界巡檢

塞垣

關以守要害也而蹊徑可入隘以防傍曲也而峯巔可越是以三代之後爰築長城壺口關東石壁数仞橫亘崔嵬固潞之長城也乃

險屬上黨守屬中州若曰晉能禦虜則中州袵席脫有不能置晉度外據險以守虜奈我何又若曰并土氣勁而民悍據有全險控制為難分以與人使之有險而不得守此深長之慮晉人何敢議其得失惟是寇在險內則當外分其勢寇在險外又不可盡去其防周之七雄漢之緑林諸寇及唐之黃巢王仙芝皆起太行之外惟晉宋之末胡虜乘之全晉

碾英

不能支則中原亦為所魚肉故古人以三晉為天下之藩蔽況

神京在北晉作股肱上黨蟠據中堅又全晉咽喉之地重

神京則宜重三晉重三晉尤宜重上黨從古及今形勢皆然而今日尤為喫緊

廟堂顧此長城毋俾頹壞蓋非一手一足之力僅僅數十百金之費也

又

潞澤之交橫亘一山起丹朱嶺至馬鞍壑有古長城一道歲久傾頹然遺跡尚在登高望之宛然聯絡中有營壘以詢土人皆曰梁晉交兵築以相拒考之五代史一夾寨書一甬道書未有長城百里而不書者今陵川呼此山為秦嶺以為秦築以事考之則長平之役秦人遮絕趙捄兵及芻餉而築也當時秦為

客趙為主客居主地設伏出奇引四十萬人入于計中四十七日至于盡降盡坑畧不相聞非其勢壓山川安得咫尺千里計此城必此時築以限趙之南北也又計石城百里即以萬人之力假以歲月成亦不易乃趙括才困長平而四方縈已壁立秦計何其詭而成功何其速哉吾嘗循沁河之濱當絕險之地有城二北曰武安南曰屯城皆白起屯兵之

所左山右水進退有櫞其去長平尚百餘里頓其大兵於此越數險而擒難大敵俾無噍類夫以四十萬衆既當其鋒又絕其後又宿重兵于別所其衆當幾倍於趙然兵不在衆也布置得宜陰陽其用吾事自辦敵安知吾之多寡哉吾觀武安君之行營部置而信其能城于頃刻也即秦王不親至河內發民十五以上赴長平武安亦足以自辦矣其殘忍

刻薄固不足取而奇正倚伏則信其為卓然
千古之名將

建置十五

寺觀

郡城昭覺寺在城內西南有僧綱司規模宏
麗後有員通閣山人呂甬東詩
郡僧往來熟不厭日登臨天外流雲氣城頭
結暮陰鳥声知夏近山色未歸心悵爾無人
問凭欄祇自吟○講易會程太守應登栗司
馬求禄鮑方伯承陰朱京兆卿郭太僕羿驥
李太守尚賓過昭覺禪院聯句吾儕原學易
李餘暇一談禪乘入平章藏回鮑冥心太極

玄朱璧當恭楊慶山落酒杯前程同證鳥生
理朱都空色相緣郭錫鶯翔鶴去栗孟咒穿
龍藏寶徽中蛇變李陰廊鼠雀穿朱獅王常
作吼要象帝歐居朱程昔露醒迷偉李攀鳳
表正傳郭樊林金粟見栗萬法寶珠懸鮑改
席新詩徒程登樓逸興備粟吟雲抵護閣李
花雨細垂逆郭井散招提步鮑疑想彼岸天
閑思翻貝葉程老欲絕帶編李師已覺三昧
朱人期微数年郭上乘標雪嶺栗小衆應
躔纖蔦南熏瀛程島巾海月連李松蘿游白
社郭水石照青蓮鮑下界飄香梵經終宵演
妙詮朱銳根除未破鮑覺義悟來圓郭倘許
操鉛槧時時過大顛李○潘宜王和前韻物
物具微顯殊真妙入禪水窮雲乍白巢呂歲
應玄結珮靈霞外便樽法象前三身初自定
四聖本從緣道備知常住神全覺不眠求空

爲境滅攝見逐竄穿塵界難容後僧祇來許光南宗千苦息東駿一機傳珠繼心燈爍虛堂慧鏡懸迷方形所局離垢地何偏露竹依經藏烟松覆講筵欲超非想處且悟偏光天繹緒探圖函精思續簡編寶坊歌[illegible]日驚極頌梵牟智達維摩麈星分太宰纓雨花来鶴馭溪淺機鵬騫風動雙旛影祥開七葉蓮高深原有隱理借始熱全淨月情因契了波性著圖胃然閙瀾倒卓爾其鉄顧長興寺在城內東南法住寺在城西

慶雲寺在鮑店百穀寺在百穀山嘉祥寺在賈張正覺寺在州字村龍泉寺在[illegible]村延福寺在西原村香嚴寺在韓店洪福寺在李坊洪濟寺在黎嶺際子寺在北和寶

峯寺頭在坡　寶雲寺在王村　大雲寺在隆城　正覺寺在八義有浮屠　西巖寺在桑梓　翠巖寺在西火　大安寺在師庄　摩雲寺在佛耳山學憲陳霆詩蒼藤借上援青壁費前仰東瞻湫雲海下視失寂懷疲憊憚登陟過鳥阻来往不知雲靄淼但覺衣袂爽山人慕飛舉信步畢幽賞長歌人不聞天風振餘響○吳興顧應祥詩如来已入滅度去此地空餘佛耳山静洗六根還色相歷残千刧更孱顏飛梯迥出烟蘿外梵語如聆霄漢間擬向諸天參上乘笑看九地自塵寰　翠雲寺在佛耳山中　寶雨寺在郡城中今廢惟存古塔　延唐寺攈玉海玄宗別駕時延唐寺有李樹連理潘炎有賦惟彼嘉樹列星之精耀本

祥跡當元光之降誕盤根連理應我后之文明天之發祥豈無他木以曰茲樹是光皇族所以並修幹連高枝青房表異朱仲稱奇察以休徵不假終軍之識同于樹德寧為簡主之知族茂宗榮盤根合理花之發也露舞亂下青春實之繁芳珠更深於寒水豈徒生於靈井植彼東國自感義以相待但成蹊而不言此乃興聖主之符表天家之姓一人覩靚六合稱慶至若鍾山之實玉井之仙或正冠而垂訓或投贈以成篇比德于我彼何有焉臣炎作賦

天子萬年

梵境寺

在郡城東北今長治縣側隋建不知毀于何代萬曆巳酉居民取土得舍利唐儀鳳三年藏也有石刻舍利銘夫八相分容應物而弘攝受二乘命駕自我而開執轍是以迷方罕詣入彀含而續法妻務喪魚歸赴權門而戴慈父倚

幻機而踐迹道格四生随滿願而呈姿仁涵六趣櫛沐三灾之運舟航八苦之津有念必從無求不應然後藏山示盡促耆老之朝峯变海帰空急恒源之夜水雙林顧命仍留住世之恩千疊遺身詎隕將来之相可謂生滅慈護終始經营求闢悲田長弘願力者矣舍利者即釋迦牟尼如来般涅槃之真體也分形梵[illegible]作瑞神京乘至弊而幽通降天慈而光被通議大夫使持節潞州諸軍事守潞州刺史上騎都尉賀拔正面承恩授項戴而還凡四十九粒為青白二色流瓶轉匣吐照含明離若分珠争開日月之彩合如聚米各富天地之容一見一聞永清三業且瞻且仰長擯六塵曰大唐儀鳳三年歳在戊寅四月丁亥朔八日甲午安厝于梵境寺舊塔之下恭皇綍也尒其重局制玉疊櫛鎔金徵卸石而

陳謨命班輸而作範極雕礱之變態究象設之閑安朝散大夫守潞州長史崔承休司馬戴安棊群僚等並洗心申敬濯影校誠如登刹利之祈若睹闍維之會僧尼雲委士女風趍同瞻四犿之姿共慘千行之目願乘茲介福普證菩提假此妙緣俱清煩惱刻石紀日即修後善對衆起信誓斷前惡凡在道場念茲在茲矣

大泉庵在椎山東泉石林木清幽足賞山人胡懷玉詩晚宿校金界幽尋傍虎溪移樽石上酌月落萬峯低望外疎鍾散烟中獨鳥棲真如自無相有句不須題

神霄宮在潞府前有道紀司

洞雲宮在桑梓

玉虛觀在西火

白鶴觀在府城南玄宗別駕時擄案假寐白鶴觀道士宋大辯等三十人見赤龍在案有潘炎賦玄天之龍兮見而在田我

后之龍兮飛以御天櫌聖人之大寶與列祖而同玄高出而潛躍以自試來定天寶居然假寐合而成體散而成章若窺於牖若施於堂且櫌梭而向明負扆以當陽日月在身有祇天之嘉夢風雨合氣將振翼而雄驤群居愕主聖作物覩赫然龍光真我明王祈券表異亦惟前聞曠然振古卓有吾君王人之瑞比之龍首高居而遠望以臨乎九有天子之威比之龍鱗皇之可畏以肅乎萬人徒稱其象未覩其真恭惟我后近取諸身於昭巨唐其命惟新求櫌九五斯馬萬春觀今廢

以上寺觀俱落今長治

境內長子有天王寺在城東南隅能仁寺在縣西門外

法興寺在慈林山聖壽寺二一在南陳一在化師山唐異僧葬處也

西龍泉寺在交李村　大覺寺在寺頭村　乾德寺在大景村　仙師教寺在王史村　法慧寺在周村　崇慶寺在紫雲山下　廣化寺在樂陽村　興福寺在橫水鎮　資壽寺在王波村　興國寺在論庄　演教寺在潛山　古塔寺在莫村　妙覺寺在碾張村　通玄觀在城東北隅　浩然觀在城隍廟左　修真觀在金村

屯留縣有永福寺在縣治北　慈廣寺在石山之陽　聚定林寺在余吾　永寧寺在故城　龍泉寺在北栗村　興國寺在平村　惠照寺在酋馬村　普明寺在常村　寶福寺在杜村　寶

峰寺在王村石佛寺在余吾明月寺在中村雲影寺在鳳凰山大覺寺在岑村井泉寺在縣北百里玉溪禪院在魏村朝元觀在縣治西北玉虛觀在原庄南峯觀在西村褒垣縣有壽聖寺在縣治東南淨福寺在縣治東南寶峰寺在嵕巖山慈雲寺在長隆村香巖寺在苑樹村興福寺在縣西南十三里有凉樓為昔人避暑之所圓明寺在蒲池村仁濟寺在五陰山前淨居寺在上良村建封寺在李付村西仙堂寺在堂山化成寺在下良五峰寺在縣北五十里開化寺

在縣西北五十里華藏寺在王壁村先天觀在北門外幽棲觀在西川村洞真觀在縣北四十里長生觀在鳫谷村普照庵在縣北十里潞城縣有妙聖寺在縣治東圓寂寺在葛井山下洪濟寺在常村崇勝寺在小韓山西慈雲寺在故漳里寶寂寺在中峰南村廣濟寺在鳳凰山靜居寺在龍山壽聖寺二一在西流村一在東王村寶祥寺在祥井里石相寺在李村法雲寺在上史興西白鶴觀在縣東二里崇仙觀在合室村玄真觀在常村壺關縣有福嚴寺在縣北二里龍溪山下

大覺寺在四家池　洪福寺在崇賢村　大明寺在東歸善　金山寺在黄陀村　廣慈寺在烏泉山　多寶寺在東栢林　寶相寺在城寨　慈雲寺在紫團山畔　雲蓋寺在紫團山下翰林張鐸詩下馬禮空王道進步法堂名山椎晉魏紺宇自隋唐雲擁諸天濕風生六月凉關仙當日事踪跡已微茫寺北有橋樓淙翰林亦有詩經轉橋樓出騎斷猿鶴驚捫蘿防磴滑柱杖看雲生仙去樓空閉橋深淙自清臨風揉綠綺山水歛含情　崇雲寺在紫團山南　白雲寺在紫團山上　竹巖寺在縣東南一百六十里俗名三崇寺　祥鹿觀在修善村唐徐王為潞州刺史時曾逐白鹿于此　吉祥觀在縣南三里

黎城縣有延慶寺在南関白巖寺在白巖山麓大通寺在辛村里石塘曾銑詩底事匆匆道路間花時每惜賞心難翻憐野寺風光別麥已黄時見棃闌松池寺在宋家庄法會寺在百谷村水陸寺在內陽村僊福寺在區村里顯慶寺在城南村寶泰寺在故縣禪房寺在後庄聖壽寺在原泉村委泉寺在玉泉村西井寺在西井村佛堂寺在彭庄大聖寺在南陌嶺崇福寺在縣北二十里黄崖寺在看後村流泉寺在鹿頭村偏城寺在偏城村通仙觀在城太清觀在桑曾村平順有妙輪寺舊剎兵燹今改

建東北山曲大雲寺在龍耳山龍門寺在石灰里潭法寺在石

城里海會寺在張井里薦福寺在東禪里清源寺在安善里寶

嚴寺在花園村太行山頂俗名金燈寺誠心默祝則見金燈自遠空浮來古鄭崔士

榮詩太行千里亘地軸隆廬西來群峯矗拱

峪嶺下梵宮開景象端嚴梵天竺玲瓏亂壘

如倒蓮石龕空洞似華屋棟宇追琢皆文章

千佛萬佛駭人目神工運巧如巨靈泉水消

消繞佛足昔聞清夜見仙燈半信半疑心未

服花朝携交一登臨詩囊酒榼隨童僕曉行

紅日上高岑俯瞰白雲滿空谷行行枝履近

青霄寥寥壓寰真一掬半山雨落濕樵薪山

上朝瞰疑樹緑來來往往人攀躋香火朝神

相陸續轆轤千尺下瓊漿启底行人消吻酷

洞垂佛手浴清冬頂偃古松蒼盖覆平生性
僻愛烟霞天下奇觀可爭獨夕陽對酌發高
歌近夜看燈試默祝忽然對山一星明清輝
晃晃如行燭須臾數點起四山眼底澗中五
燈簇乍明乍暗焰熒熒還遠還近光熀熀分
明出見摩尼珠龍女來呈照林巖遊人大咤
琥佛聲果是山靈酬我欲僧人邀我坐禪床
手捧清茶奏梵曲細問此山開何時住持詎
者番芳躅云昔修定芊上人石窟端居虎自
伏示寂一性返靈山百年遺骨香如玉寳塔
幽堂卧儼然過客咨嗟盡瞻肅聖境須生聖
皆成梵天巍峩表亭毒聞言不覺豎頭毛胷
中愁煩消萬斛禪宗我悟最上乘覩此佛靈
莫敢瀆同行俱是青雲流紀勝教予書柬牘
燈下走筆思若狂謾吟只恐大家辱西山奇
跡滿吟懷歸家可作卧遊録小窗一枕騂春

風清夢爽游伴猿鹿水陸寺在侯壁里福興寺在新興里佛頭寺在侯壁里小巖寺在陵笋里龍虎寺在新二里元熈寺在新安里龍泉寺在新興二里馮善寺在遷善里大覺寺在新興里崇仙觀在石城里龍祥觀在王曲里靈顯觀在安善里吕純陽游此有詩素衣丹壑寄生涯相近茅衡共幾家臥听松音臨水石坐看山色老烟霞林中有鶴窺來客岩畔無人看落花但把琴書消白晝不須炉裏煉丹炒

右釋老之宫皆漢唐以來奉勅修建者近日崇奉者衆創建者多郡邑鄉鎮間為堂為庵

為祠為閣以事佛菩薩老君仙衆或合為三
教堂十方院無處無之多者十餘不厭其煩
雖足以化愚頑而望善良然陰敗風俗事亦
匪細或亦佛老聖人所不欲聞乎轉移化導
在
君相之權衡而明正道以正之則其本而已

潞安府志卷八　終

潞安府志卷九

政事一

田賦

古之觀風者以土地田野爲第一事而不言賦者公田即在土地田野中也自井田既廢有司終歲拮据惟催科一事耳故志政事而首之以田賦

禹貢冀域厥田惟中中厥賦上上錯夫田賦

相視而賦高四等則晉賦自昔稱重矣歷代
數不可考始見于我
國初至創州志而再見創府志而三見今重修
則四見而消長之數歷歷可考
洪武年潞州併所屬六縣共地四萬一千六
百五十五頃六十畝桑八萬餘株棗七千餘
株應納夏稅麥五萬八千七十七石五斗三
升有奇秋糧米二十二萬二千三百九石三

斗五升有奇内本州地五千七百五十七頃九十一畝有奇夏稅麥九千四百四十八石三斗二升有奇秋糧米三萬七千七百五十一石一斗八升有奇

長子地六千七百七十三頃七十四畝有奇夏稅麥一萬一百七十九石二斗四升有奇秋糧米四萬七百一十六石九斗六升有奇

屯留地八千五百五頃七十三畝有奇夏稅麥一萬二千九百七十三石三斗九升有奇秋糧米五萬一千八百九十三石四斗九升有奇

襄垣地六千六百六十五頃四十六畝有奇夏稅麥八千二百七石三斗有奇秋糧米三萬二千八百五十九石二斗有奇

潞城地六千二百一十頃九十六畝有奇夏稅麥八千二百六十八石一斗六升有奇秋糧米三萬三千七十

二石六斗五升有奇壺關地四千八百九十七頃七畝有奇夏稅麥六千二百九十四石八斗有奇秋糧米二萬二千一百七十九石二斗三升有奇黎城地三千八百四十四頃七十三畝有奇夏稅麥三千七百一十六石二斗六升有奇秋糧米一萬四千八百六十五石七升有奇桑絲三百三十三斤有奇各照桑株攤派

弘治年潞州并所屬六縣地四萬二百二十四頃六十八畝有奇桑九萬餘株應納夏稅麥五萬五千七百五十石二升有奇秋糧米

二十二萬二千石一斗有奇內本州地五千七百一十一頃八十一畝有奇夏稅麥八千五百三石六斗九升有奇秋糧米三萬四千一十四石七斗六升有奇長子地六千五百七頃七十畝有奇夏稅麥九千七百六十五石七斗五升有奇秋糧米三萬九千六十三石三升有奇屯留地八千一十四頃四十二畝有奇夏稅麥一萬一千九百九十五石八斗有奇秋糧米四萬七千九百八十三石二斗一升有奇襄垣地六千二百五十八頃一十三畝有奇夏稅麥七千七百二十三石二斗四升有奇秋糧米三萬八百九十二石九斗六升有奇潞城地六千一百頃六十九畝有奇夏稅麥七千九百八十六石二斗五升有奇秋糧米三萬

一千九百四十五石二升有奇壺關地四千八百八十二頃五十一畝有奇夏稅麥六千二百八十一石六斗六升有奇秋糧米二萬五千一百二十六石六斗四升有奇黎城地二千七百四十九頃四十七畝有奇夏稅麥三千五百三十二石四斗二升有奇秋糧米一萬四千一百四十九石六斗八升有奇馬草四十四萬六千束桑絲折絹二百八十七疋各照田桑攤派

嘉靖年本府所屬八縣共地三萬二千一百八十三頃八十九畝夏稅麥四萬八百九十

八石有奇秋糧米十六萬二千九百九十七石有奇夏稅秋糧共全徵十五萬四千一百七石有奇拋荒半徵四萬九千七百八十八石有奇實徵糧二十萬三千八百九十五石有奇内長治地四千五百七十三頃五十八畝有奇夏稅麥八千四百二十五石有奇秋糧米三萬三千七百四石有奇内拋荒半徵八千七百一十八石有奇長子地五千二百六頃一十六畝有奇夏稅麥六千五百五十八石有奇秋糧米二萬六千二百二十二石有奇内拋荒半徵四千八百一十二石有奇屯留地六千四

百一十一頃五十三畝夏稅麥六千四十一石
有奇秋糧米二萬四千一百六十五石有奇
內拋荒半徵三千二百六十四石有奇**襄垣**地五千六頃五十畝有奇夏稅麥四
千五百九石有奇秋糧米一萬七千九百石
有奇內拋荒半徵九千九百六十九石有奇
潞城地四千一百二十八頃二十三畝夏稅麥五千九百一十三石有奇秋糧米二
萬三千六百五十四石有奇內拋荒半徵七千二十二石有奇**壺關**地三千三百七
十頃二十五畝有奇夏稅麥四千八百三石
有奇秋糧米一萬九千二百一十三石有奇
內拋荒半徵五千一百六十八石有奇**黎城**地二千七十四頃三十二畝有奇夏
稅麥二千一百三十五石有奇秋糧米一萬
二千九十四石有奇內拋荒半徵四百五十

四石有奇平順地一千四百一十三頃二十八畝夏稅麥一千五百一十石有奇秋糧米六千四十三石有奇内拋荒半徵一千三百七十八石有奇馬草絲絹俱照地畝攤派境内無桑故也

萬曆九年遵

詔清所屬八縣共地三萬八千五百三十五頃八十四畝有奇夏稅麥四萬八百三十四石七斗九升秋糧米一十五萬四千九百六十八石五斗五升今條鞭共馬草站銀農桑徵

銀一十七萬六千三百六十九兩三錢四分

内長治上中下三色地共六千三百九十六頃一十畝夏稅麥八千四百二十五石七斗五升有奇秋糧米三萬三千七百四石七升有奇今條鞭共馬草驛站農桑徵銀三萬九千四百七十一兩有奇長子上中下三色地共六千五百二頃六十五畝有奇夏稅麥六千五百二十二石二斗七升有奇秋糧米二萬六千一百五十六石七升有奇今條鞭共馬草站銀農桑徵銀三萬一千四百八十二兩屯留上中下弁下下堪種四色地共七千二十三頃五十三畝有奇夏稅麥六千一十一石二斗五升有奇秋糧米二萬三千一百九十七石五斗二升有奇今條鞭共馬草站銀農桑徵銀二萬三千

八百六十四兩有奇

襄垣上中下三色地五千八百二十一頃六十九畝有奇夏稅麥四千五百二十六石四斗六升有奇秋糧米一萬八百四十石五斗五升有奇今條鞭共馬草站銀農桑徵銀二萬八千八百六兩七錢有奇

潞城上中下并下下四色地五千四百四十一頃四十一畝有奇夏稅麥五千九百一十三石五斗有奇秋糧米二萬三千六百五十四石一斗有奇今條鞭共馬草站銀農桑徵銀二萬七千一百五十三兩四分有奇

壺關上中下三色地三千六百八十三頃八十七畝有奇夏稅麥四千八百三石二斗七升有奇秋糧米一萬九千三百一十三石九升有奇今條鞭共馬草站銀農桑徵銀一萬二千九十一兩七錢有奇

黎城上中下三色地二千七百

五十五頃三十九畝有奇夏稅麥三千一百二十七石三斗有奇秋糧米一萬二千七十八石二斗五升有奇共馬草站銀農桑及抵補差銀不足之數徵銀一萬六千五百五十兩九錢有奇

平順上中下三色地一千三百六十頃七畝有奇夏稅麥一千五百四石九斗有奇秋糧米六千二十四石九斗有奇參條鞭共馬草站銀農桑徵銀六千九百五十兩有奇

郡瘠土也山居其半可耕之地其與幾何而郡北二十里外及遠僻之鄉衰草連阡民力有所不及此荒田也又傍山日累近水日衝

累砌修築之功不能再舉往歲清丈必欲如昔日之額虛數浮加則實數自損故今潞田畝僅八分此無田也無田而有賦田荒而賦存以此責民民其何堪以此責官官有何術惟是上下兩難之時曲爲調劑則先政有良法六下民有積弊十又有未行之法已效于他方者一焉所謂良法者一曰墾荒墾荒有實政亦有途人耳目者惟太府劉公復初查荒招墾以贖粟買牛百餘益之以種每牛責令墾荒

若干無田之民資牛種以盡力荒漸開而召旨從中出矣民牽牛環車而泣公盡以牛種畀之勿令還官近日壷關方侯應明長子崔侯爾進做而行之皆獲實效爲民父母者果以家事視民事則前人美意固在也無荒則有賦此爲知本

二曰恤荒

荒非世業也借官之力以創塦即愚者所樂趨也每下墾荒之令民不敢承則既開之後故主爭里胥嚇官又責其公家之入一歲所獲能幾寧堪公私之交責惟壷關李侯邦奇悉革此弊三年之後方令起科乃有荒甫開而即責前日之逋賦者後雖有恤民之言民終不肯信故招墾之後必申三年起科之信而後可

三曰灑浮數

往清丈時報數之後上司或見縮于原額則浮加虛數地在無何有之鄉人爲無是地烏有浮加之數而

里書乘之反多飛詭影射之弊長子何令尚圖洛城馮令惟賢均洒于應出地糧之內而諸弊盡革各邑倘有浮數未清者此法固在也嘗考嘉靖中襄垣地畝亦有浮數縣令張鵬翰已先行之篤實心爲民先後一揆矣

四曰省催比

催比之法固不可廢然在長治則可以省本府通判靳君賢曾署縣當開徵時先出明示禁包收里老止于查催而免其比較及比期亦無牒欠之擾親閱赤曆四鄉各挐欠戶一人立期即至先審有人包納即捕包納者重責追補無則責本人而方容其上納于是人人懷惧爭先灌輸才一再限而告完矣此長治已見實效者顧衙役里老舉失利耳

五曰分限比

此可行之各縣者襄垣楊令述中見民貧賦難促辦分為十限即三五十金之賦一限纔

三五兩富者易辦也三五錢之賦一限纔三五分貧者亦不難也力有餘者早完而自便力不足者挨次以自由期日雖似稍遲而人人樂輸人人完報則視終歲嚴比而逋負如故者功相萬矣此法可以通行各縣而不得行亦衙蠹里蠹失利耳六曰分多寡此壺關善政也舊時一槩混比巧者得以規避其單薄里分父子兄弟相繼斃杖下而終不能完縣令劉華魯因其厚薄定為等差其某里完十分某里完九分某里完八分七分某里完六分五分總合八分之數此一縣自相調停之法也後有易其法者徒斃民命而無益若更以襄垣十限法行之卽至疲之邑亦當及于分數所謂十弊者

一曰書手派徵之弊糧地相依此定法也此開徵收月更歲易數十

年後糧數無由矣故有地去而糧存宜輕而反重者在隨發隨查隨即更正若以細事置之後將至于不可究詰

二曰里老預收之弊里老預收此通弊也預收而果代納奚不可着顧收則費費則難補過比則支吾事急則逸去而復累種地之人故新通府嚴禁之犯者重究

三曰棍徒包攬之弊民有鄉居而惧見官府者亦有事急而不得分身入城者則近衙棍徒每爲之包攬經收人役惧其訐陷銀錢低假不敢不收甚至記欠而遂不補且或盡費而誰何其害尤甚于里老之預收

四曰銀錢低昂之弊潞郡昔時錢重而官定價稍浮一二以當易銀傾銷之費今銀重矣官多引嫌定數嘗縮于時價之中每兩縮二分是千金縮二十兩非

細事也價有消長在隨時定值俾收納俱不虧負耳五曰各項需索之弊收頭多冨民不耐蹂躪故多視爲奇貨各縣猶可而附郭更難即真心愛民如近日兵憲陳公薦推府王君致中縣尹陶侯鴻儒悉心詢問收頭寧受刑而不敢吐一言者投鼠有所忌也此弊革則收頭可以不賠六曰收頭花費之弊自折封禁嚴而官多引嫖出入委之收頭而漫不稽覈少年子弟任便花費至起解則束手無措而官不免追比是追比錢糧之外復增一追比花費事矣縱民之欲且以蕩民之產不若專任有司責令稽覈之爲便七曰起解交納之弊徵收之弊難言需索之弊尤難言起解之弊更難言矣是在上司留心每日銀到即收間一視秤收

畢即出通關發批迴以速爲主則抑勒不得行而所省當不貲八曰未完包墊之弊賦額可完則追比納户如其不得完者明開拖欠此海内通例也惟長治納户不完收頭包墊此傳來宿弊也奸頑里長延捱不納以待收頭包解之後沿鄉收索而以惡濫物充之十不得二三焉然納户固全出止肥奸頑里長而已九曰指稱告擾之弊收頭賠累此理之所必信者乃無良之民侵欺花費及起解不前以累苦聳聽上人信之則告賣房地或告進償或告遠年已賣之房屋而稱虧價更易衙門重復纏擾有一人而十數告騙百餘家者此不可不禁也十曰歲月牽纏之弊收頭上櫃不有其家事畢歸寧人之願也乃有奸人假以拖欠未完撤官

相

銀而貿易以至事不歸結諸人守候雖不經收而累年不敢歸寧則一二奸民累之耳故今掃倉一批最爲累手亦不可不爲之處右良法六有司德政也

積弊十地方沿習也必非常之人始革非常之弊則有未行之法已效于他方者一爲夫諸弊之興正以防君子太過官以不親錢糧爲幸防小人太踈經收者以官不稽查爲便耳愚民無知輕費忘患是以嚇者敢嚇騙者敢騙需索者敢于需索拖欠者敢于拖欠至

于勢窮難結又以錢糧爲重卽明知其詐不得不容其告擾使專任君子而防小人共弊安得至此嘗見財賦之邦雖設經收人役止于上號登記而不得經手錢糧納户自秤自封自投櫃中收頭上號出小票數日運櫃送官對號抽封查驗色數則通拆總封以寄庫約至數千或萬計當堂傾錠差官起解大約積少成多百金可餘二兩傾銷火耗之外卽

可充解官之盤費及分外之添搭初皆以爲難事行則殊甚易也何也萬金可餘二百金諸費自足矣明白易見官有何嬾而又原足使用官有何苦經收之人毫不沾染孰嚇騙之孰需索之渠亦何所賠補哉惟一年效力于官而已矣此政舉則諸弊革水清無魚城社中或阻撓乎請以近日長治綱銀喻收頭祇應隨帳開銷奚至賠累惟追呼者叫囂衝

實難受也交納時抑勒退換難支也籍一取二虧其價值不敢言也一事至則鎖項再至再鎖有一人而六七鎖者一身無主遑恤其他于是倍價取物倍息取債酒食使用之費惟其所需完一事始去一鎖即欲控訴而懼後患惟有傷心飲痛而已自吾陶侯鴻儒身任其事諸弊自息故民勒石頌德真心也非貢諛也收頭之事亦在有司擔當上司專任

之耳

政事二

户口徭役

民爲邦本盛衰之際國運關焉先王重民數而務休養不獨爲其供役而已也是故考歷代之版圖卽以民數相參則寬徭裕民之政油然不容已矣

漢領縣十四户七萬三千七百九十八口三十

三萬七千七百六十六
後漢領縣十三户二萬六千二百二十二口十
二萬七千四百三
晉領縣十户一萬三千
元魏領縣五户二萬五千九百三十七口一十
萬四千四百七十五
隋領縣十户十二萬五千五十七
唐領縣十户六萬八千三百九十一口三十八

萬八千六百三十三

宋領縣八户五萬二千九百九十七口一十三萬三千一百四十六

金領縣八户七萬九千二百三十二

元領縣七户口不可考

國朝洪武中潞州領縣六户九萬六千二百一十一口六十四萬三千五百三十二內潞州户二萬八千五百二十四口一十九萬六千九百一十八長子户一萬一千七百六

十九口九萬四千九十三屯留戶一萬二千一百六十四口七萬八千二百九十七

襄垣戶六千三百六十四口三萬五千七百八潞城戶一萬三千四百八口一

十萬五千壺關戶一萬三千三百七口八萬四千九十三黎城戶九千六百七

十五口四萬九千三百四十六

弘治中潞州領縣六戶八萬四千五百六口

五十五萬五千六百六十九內潞州戶二萬三千二

百一十七口一十五萬六千七百一十六長子戶一萬二千八百三十四口七萬三

千八百五十一屯留戶八千八百六十三口五萬三千三百襄垣戶一萬二

千二百七十四口六萬七千五百六潞城戶一萬二千一百三十七口七萬八千六百九十二壺關戶八千八百三十七口七萬一千六百五十九黎城戶九千六百七十五口四萬九千三百四十六

嘉靖中本府領縣八戶九萬四千一百三十五口五十一萬七千七百六十三內長治戶二萬四千四百三十七口一十四萬三千一十四長子戶一萬二千七百一十六口五萬七千二百八十六屯留戶八千八百六十三口五萬三千三百一襄垣戶一萬二千二百三十四口七萬九千一百七十二潞城戶一萬一千一百三十七

口七萬八千六百九十二壺關户一萬七千七十六口五萬二千二十二黎城户六千六百七十一口五萬四千二百七十二平順户四千三百七十三口二萬八千五十四

今萬曆三十七年實在户共八萬六千二百三十四口共三十七萬九千九百四十九銀力二差共銀六萬五千一百五十七兩有奇

内長治户二萬四千三百七十七口一十四萬二千九百四十五歲辦銀差均費銀共一萬四千六百一十五兩有奇遇閏加銀二百二十七兩有奇力差均役銀共四千

八百九兩有奇遇閏加銀九十一兩五錢有奇

長子戶一萬一千八百六十三口四萬三千一百七十歲辦銀力二差共賚銀九千五十一兩有奇遇閏另加徵派

屯留戶五千八百四十六口三萬五千四百七十二歲辦銀力二差共銀三千九百六十一兩有奇

襄垣戶一萬二千三百三十四口三萬四千九百四歲辦銀差均賚銀共八千三百四十三兩有奇力差均役二千三兩遇閏另加

潞城戶九千六百七十六口二萬九百歲辦銀差均賚五千六百三十七兩有奇力差均役一千五百一十七兩有奇遇閏另加

壺關戶一萬六百五十一口五萬二千七百五十五歲辦銀力二差共銀七千四百七兩有奇遇閏另加

黎城戶七千一百四十口三萬七千六百

九十二歲辦銀差均費銀三千八百六十四兩有奇力差均役銀一千三百五十四兩有奇遇閏另加

平順户四千三百四十七口一萬二千一十二歲辦銀差均費一千九百八兩有奇力差均役六百八十八兩遇閏另加

考今民數足追西漢之盛但西漢領縣十四今雖領縣八實當時七縣之故地也土地半而民數同謂非生聚休息之功不可乃舊志以爲户口黄册數也舊管多不開除惟賦役應差斯爲實數以今目覩即賦役亦有未實者十六成丁六十

開除制也而襁褓報丁垂白未豁老幼之數業居其半謂數倍之誣矣雖然西漢盛世也以其土地之半而合民數之半則今治與漢治等矣願成丁開老一遵

時制雖民數稍減役似頗重然民力實蘇以稱均徭名實符矣至于編審良法惟在公審自持耳吾邑長治嘉靖時辛侯應乾抑貴郎寬貧民得裒益之法隆萬之際劉侯四科當

編審時移入叅府棘闈巡柝止帶該房吏書封閉于內公堂門役遠侍隸列兩廊巡視者列門外鱗次而入陞擦開收與衆共議而定內外關節毫髮不通一巡視少年才騙鄉愚錢五十同役者懼累即公稟枷示鄉民一錢不費事畢出示始歸縣理事此足為編審者之法

政事三

課程

課程商稅之額也原以抑末而過取則病民漢唐無可考宋熙寧以前潞之商稅六務三萬貫以下酒稅十務亦三萬貫以下此其大畧也而今則漸增矣

國朝潞州設稅課局陞府後改稅課司各縣原亦設局稅薄不足當一官理因裁去稅歸之縣為甚便稽其原額郡鈔不足八千錠各縣

不足九千錠折爲銀數則稅課司一百一十九兩有奇長子六十八兩有奇屯留一十一兩有奇襄垣一十二兩有奇潞城二十五兩有奇壺關一十三兩有奇黎城二十三兩有奇

嘉靖中始逐貨征收另立餘課名目稅課司加餘課二千三百五十兩有奇長治酒課九百七十兩有奇長子雖免餘課亦加酒課七十二兩屯留加餘課一兩酒課卅九兩有奇襄垣加餘課四十餘兩酒課二百七十兩有奇潞城加餘課一十餘兩酒課三十兩有奇壺關加餘課一十三兩酒課四十九兩有奇黎城雖無餘課而酒課加三十一兩有奇亦

平順雖新縣偏僻亦定稅一十四兩酒課三兩有奇潞州衛酒課四兩八錢

舊志粟僉憲曰潞額課舊百十金耳今增至二千三百餘金不啻十倍于原額矣自是市無不稅之物商有不来之貨刀錐分奪一孔不遺欲民之逸而得所難矣夫稅從貨貨從商商多則貨多商少則貨少非若田賦戶口有常數也今商不來而稅猶不止有司往往避嫌不敢有言而必欲完數橫征倍斂勢所

不免若不早行禁革量爲調停不惟受壓之家不能守市而安土之民亦不能安堵矣寬一分則民受一分之惠遲一日則民多一日之擾惟長民者圖之僉憲爲此說時稅使尚未出也視原額已不勝其多視往市已不勝其擾今貂璫啣

命籍口瓊盈豺獸作謀茸心谿壑如虎而冠冠而且翼商肉幾何能當其食禍及平民累及

長民者爲之心苦調停節費省役朘其餼廩其與能幾加無可加省無可省至于攤派斂解名爲包稅而稅使左右之心愈無底止一遇起解凡投文秤兑掣批等項抑勒需索更出本數之外未及期而催督方及期而守提咆哮衝突皆飽其欲而後歸又出不經之令開告訐之門羅織陷穽使人仰訴無門而神奸鬼蜮洋洋得志遂視地方爲易與擅自巡

歷如寇至敵臨人人莫必其命而中人以上之家殘毀而莫可誰何此猶通省之患也潞紬價值二兩五錢者僅發價八錢曾不足以當來人之一飧驗收轉解無異稅銀之煩苦歲凡數易易凡數百杼軸安得而不空地方安得而不敝哉然而不至他變者以
明旨停徹有期近且有司收而稅監解是以子遺之民忍死須臾以俟四面之盡解而尚爲

潞安府志　卷九

太平之民耳故包稅之數旦暮且停原非經制聞之者駭書之者痛其數不敢與正稅明書于志蓋亦有難言者在也

政事門

儲蓄 附錢法

儲蓄民命也古者三年耕而餘一年之食九年而餘三年之食以三十年之通制國用雖有旱乾水溢民無菜色然後天子食日舉以

樂此冢宰之制通官民制之故其蓄廣而用不竭後世竭民之有而不恤其私又任民之費而不制以禮閭閻多寡與歲俱盡所恃惟在官之庾即使陳陳相因然一有緩急則數千萬石之粟能供軍興十萬幾日之需能捄飢民數十萬幾日之餓而況未必陳陳相因哉則儲蓄之政不可不急講已前代不可考

國朝本府有永豐倉嘉靖年儲粟一萬九千有奇米三百八十石有奇今

儲粟二萬三千五百三十石

各縣有預備倉

長治嘉靖時儲粟萬石有奇今儲粟二萬三千二百五十一石

長子嘉靖時儲粟一千二百石有奇今儲粟一萬二千七百三十七石

屯留嘉靖時儲粟千石有奇今儲粟四千三百石

襄垣嘉靖時儲粟八百五十石有奇今儲粟二千五百九十石

潞城嘉靖時儲粟千石有奇今儲粟五千九十七石有奇

壺關嘉靖時儲粟一千七百六十石有奇今儲粟九千一石有奇

黎城嘉靖時儲粟三千三百八十石有奇今儲粟四千一百七石有奇

平順嘉靖時儲粟一百二十石有奇今儲粟三千八百六十五石有奇

常平倉長治一千八十四石有奇襄垣一千三百二十四石有奇壺關二千二百九十六石有奇黎城一萬四百八石有奇平順一千七百二十二石有奇

各鄉有社倉創自隆慶初年于民居稠密鄉鎮有粟之家各派數目攢立一社春月民領用至秋出息還倉社之多寡各隨縣粟之多寡各隨社雖報數在官實民間之秋積然盈縮無常故止書社名而不定粟數長治九社角沿羊堡北董蘇店東和師庄西火東火蔭城長子四社一在城三在鮑店琥村石哲屯留三社在城豐義余吾襄垣四社褫亭下良夏店長龍潞城

四社在城南焉安昌黃碾壺關四社三老紫團崇陽通潤黎城五社一在城四在東陽彰陽玉泉南陌平順四社王庄奥治東禪龍真

嘗考古倉庾之盛無過敖倉洛口然皆爲官不爲民故積厚怨深而秦隋國祚因以不保其爲民而設者惟耿壽昌之常平與長孫平之義倉至唐開元時玄宗留心民事二法並行計關內及河北諸道得常平糧四百六十餘萬義倉糧六千三百一十餘萬其常平法

于郡縣築倉以商稅罪贖爲糴本穀賤則增價而糴以利農穀貴則減價而糶以利衆義倉則自王公以下計墾田畝稅二合于當社造倉貯之歲不熟當社有饑饉者即以此賑給今之社倉即義倉遺意也但義倉計畝均攤雖寡亦多且貴賤同蠲人自不以爲厲累年增貯無收放之擾及逋負賠補之累儲峙有倉而防守爲甚易焉社倉則任意攤派雖

多亦寡有力者脱不免偏派于孤寒且計什二之利有收放催督之擾強梁者倒換以爲常逃亡者空券其誰償稽之籍百千其多較之斛十一其解官府之鞭朴又增一催科經收之賠補又增一皆役況無原立倉廒而但寄之琳宮梵刹防守為難一旦儴亡林木能保其不焚乎故今立社鄉鎮有識之人咸願歸併預備倉非輕捐已成之利其爲後慮至

深遠也今爲社倉計莫若因其成效而稍爲
覔假以復義倉之制計當時數百石之社今
已數千數十石之社今已數百利不可爲不
多矣于秋收之時還倉人户盡蠲其利逃亡
人户量蠲其本以原本所獲之利修建倉廒
則防守便免其出放取息則弊孔塞而又每
歲照義倉畝收二合增入倉中即百畝之家
才出二斗力固易辦也推及無倉之鄉以漸

而舉如此則有增無減有利無害積于有年
之日賑于無年之時是真爲民不爲官民自
踴躍赴義而無難今之永豐預備即常平遺
意也但常平秋糶夏糶以平價爲主均利于
民而非專利在官又一入一出在倉能幾何
時自無浥爛之苦糶則粟米在倉糶則糶本
歸庫無侵費之弊且免稽覈之勞永豐預備
但主于積貯耳積之數年自然浥爛浥爛數

多則經收者有賠補之苦一經查覈數百金之家可以立破于是不得已而通以出陳易新之法里胥緣以爲奸出則扣盤費扣脚價十不得其一也收則科使費科加耗十不當其一也包侵花費官府之鞭朴又增一催科愚民之受比又增一罪累矣今爲永豐預備計莫若因其成效而盡復常平之制則諸弊盡息而上下享真實之利雖然有治人無治

法曾見諸法之立始未嘗不善而後百弊盡出遂至不可收拾則孤兎盤據之固蒙蔽之深雖有忠言無由進而禍且立至也天下弊皆然不獨一倉庾而已

各縣有養廉倉此按臺趙公文炳發贖金以爲糴本而立之倉也每年春發冬收加二還倉遇荒年闔學生員均分利息其意最美數年以來官吏易積奸欺隱豈但倉無積米

羅本亦不知其何在矣

長子有培秀倉知縣崔爾進立在儒學壺關有育賢倉知縣方應明立在尚文書院黎城有興文倉知縣雷夢澤立此皆爲學校設也總在得人養廉倉有殷鑒矣

襄垣舊有河倉舊漳河環繞邑城風氣固佳不免有侵食之患開渠築堤下難數請上難數應故設倉積粟專待河工邑志不載豈因水徑東而廢耶今河渠復則倉亦宜急復事事而請公帑難爲繼矣是在令茲土者之留心耳

錢法

錢通交易與銀子母相權潞俗儉朴米盐蔬果之類多寡裒益用錢最便故岩穴貧民有不辨銀色及錙銖分數者漢唐以來取地所產鑄鐵爲錢公私相雜至折三折五而難行宋嘗立交子務于潞州以制河東一帶之權宜未幾亦廢入

國朝行歷代之銅錢猶用折二相權然錢重銀輕弘治正德時以錢六百當銀一兩嘉靖時

人知商遊銀亦漸重故緡錢與銀兩大數相
當萬曆初遵
例鼓鑄制錢一時銅價騰踴數倍而監造官與
匠役減去銅料雜以鉛錫愚民見利爭趋日
有私鑄雖論死不止而制錢堆積不能行舊
時所用錢又散之他方不得復聚今所行皆
古錢之薄惡他方之餘而波流及潞者故銀
日重錢日輕交易囤煩而一切輸納官帑經

收者亦不勝其苦夫制錢業已不行古錢又難再得惟有與時高下聽民之便其輸納官帑隨時定值嚴禁包攬攙攬之弊及估計低昂之權亦自行所無事矣

政事五

武備

兵凶戰危乃儒者之常譚然忘戰未有不危者也潞用武之國自戰國以來有備則安無

備則危徃牒可鏡安得以承平而遂忽之令衛有軍縣有民壯更番操備真有安不忘危之意乃穿窬竊發未見有披纓徃救而擒獲者況大敵臨境望其搴旗斬將哉唐女兵冠天下固澤潞子弟也在善用者寬其力恤其私明其賞罰而禁其剝削耳

郡城民兵四百九十名潞州衛官軍一千四百員名原領降軍器二萬五千三百四十八件歲造盔甲刀牌弓箭等器四千件

長治民壯一百名勇夫四百名軍器

盔甲等項共二百一件火器火藥鉄子稱是長子民壯一百名驍勇夫四百名見在盔甲鎗砲等器三千有奇硝黃鉛鉄子稱是屯留民壯八十大名驍勇夫三百九十名軍器盔甲鎗刀等項共一千一百六十八件襄垣民壯二百九十三名快手二十名盔甲鎗砲等器三千三百餘件硝黃鉛鉄子稱是潞城民壯九十名驍勇夫一百五十名見在盔甲鎗砲等器三千有奇硝黃鉛鉄子稱是壺關民壯八十八名勇夫三百名軍器盔甲等項共一千七百七十三件火器等項稱是黎城民壯六十五名勇夫二百名軍器盔甲等項一千三百三十件火器火藥鉛子稱是平順民壯五十六名勇夫一百名軍器盔甲等項共四百一十六件火器火藥

鄧子稱是

夫以用武之國合衛所各縣之兵不足三千單弱甚矣然承平之日即單弱猶爲贅旒至費餉更爲一蠹憤世者尚曰可盡罷罷之不可而養之又無用則李抱真步兵冠天下不有成法乎擇民間壯丁就近分隊各命以技令其隨便演習農隙之時官爲親閱量行賞罰而蠲其本身之徭勿令官統官統則不免

于朘削勿令官役官役則漸染于胥徒而爲
民害勿令奸吏蒙蔽非時呼喚以妨其本業
下不束身于官官不分餉于下一有緩急擇
人而將給以優餉因勞敘賞勿奪其功則有
利無害爲桑梓計者孰不用命乎大抵今之
積習全在朘削而兵不得一飽又在苦役而
兵不得一休其大者在于縱肆而大爲民害
平日果祛此弊也即今見存之衛兵民兵皆

可以責實效矣

政事六

鄉約保甲

鄉約以化民保甲以衛民此今時善政也善政而民不奉行負上德意矣吾郡固有已行效驗也擇人而桴鼓之舞之自臻實效

郡城有陵川宗約其冠婚喪祭準諸古禮而參酌以今制自嘉靖初年行之本宗遂以著

令名 呂涇野詩孤松宗室振高風氣味只於常布同白首赤心無一事身先宗約訓兒童○三天土皆特父達王孫垂老不輕肥壽常夜半開千老漢代河間今是非名言修悳憶先王每誨芝蘭夜未央祖訓分明如日月王孫進莫少怠忘

長治之東火有鄉約起于仇氏其條教祖藍田呂氏而參考于海內之名儒如呂公柟馬公理何公瑭王公雲鳳皆互相參酌而後定自正德年行之本鄉遂稱仁讓里 呂涇野題東火鄉約詩蒼蒼鳳尾竹不種殉榛傍風雨搖深塢清陰遍四方不見夷惠里貪鄙皆不生渭水鄙薄士抗志痛碩爭竊緣三十年無能酬寸長深慚仇氏子

隱居報義皇諸義肯終實豈羨爲公卿仇氏之家有家範本于浦江鄭氏而亦參考于海内之名儒其冠婚喪祭一準于朱紫陽氏其家遂稱義門考其立約之人皆博雅尚論力行古道陵川宗人爲孤松詮鉸孤巖詮錄孤雲詮鉼仇氏爲森欄朴勳不言而躬行故一宗一鄉一家之衆觀之而化速也當時雍容揖讓藹然和睦之氣象猶可想見今宗約老成猶在槼矱猶存而鄉約家範渫于冨親濡其儉

朴怨興于家人之不平望失于鄉鄰之不服其父祖百年積累之善行子孫一旦掃滅而無餘吁可嘆哉今萬室之邑三家之市皆有鄉約豈不盛于當時然不講禮讓而講把持不言躬行而言禁制至勾攝奔走如臺皁然力行古道之士耻爲之而巽愞者又不足以壓衆人其勢不得不屬于鄉曲之武斷借公行私需求報復一出其口信爲鄉評皂負不

白之寬而約操不制之權矣夫宗約固在一
振舉而可復推之各宗漸磨薰染國俗計日
自變也是在
藩國君之留意耳鄉約家範雖亡而流風未遠
敦請有德之士以爲鄉約正不視爲臺皂服
役之流使遵成約躬行誨化以陶其俗至于
家範雖人自爲政而立章程正名分別等殺
重行古道之人嘉恬退之士以愧浮薄而罰

不檢則長民者有鼓舞作興之責焉是所謂道之以德齊之以禮庶可望民之有恥且格也

吾潞行鄉約且行保甲保甲誠行固弭盜之善策也今觀十家爲保各立一牌註其丁口查其出入法非不嚴然盜至不能知盜在不能捕盜去不能追終鮮實效何哉原未有實行也蓋保甲主于弭盜安民而挨門逐派似

于均徭力役之征吏緣爲奸洗垢吹毛索瘢求疵是田賦丁口之外又增一苦役矣故有力者脱去而惟閭左編入不能呼群動衆遇寇發閉户潛身一息不敢出得以不死于寇爲幸刑責所自甘也然保甲與鄉約相表裏鄉約實行則保甲亦實行矣鄉約實行則貴賤貧富以禮會集而無隔閡不通之患保甲者即吾鄉約中人也血脉既通呼吸自應東

火鄉約行時絶無盜賊亦無囂訟即其驗也當時官府至其鄉數百人幅巾深衣迎謁道左爲之改容禮接絶不以勾攝使令加是以士庶安爲一體不至規避而偏有所累而事皆可以實行或曰鄉約保甲非古與曰古有飲射讀法鄉大夫黨正主之而必以鄉先生爲賓孔子于鄉黨恂恂如也似不能言者正與鄉黨聚會時事也後世鄉約微得其意而

也大失其真古有比閭族黨州鄉聯屬其民有事則爲伍兩卒旅軍師以行征討後世保甲僅得其一偏而已盡失其大全若因鄉約而復古飲射讀法之禮則不但惡俗變禮俗行且人才真作用實而王道可必其易易矣因保甲而復比閭族黨之制則不但盜賊息然民數實武事備而天下可以常無事是又
聖君賢相之責非一郡一邑所得而擅其議者

政事七

風俗附時歲

上有教化下有風俗風俗者政事之影響也

故志政事而終之以風俗

史記世家吳季札聞唐國之風曰思深哉其有

陶唐氏之遺風乎不然何其思之遠也非令

德之後誰能若是

漢書上黨多晉公族子孫以詐力相傾矜誇功

名報讎過直婚嫁送死奢靡漢興號爲難治
常擇嚴猛之將或任殺伐以爲威父兄被誅
子孫怨憤至告訐刺史二千石民俗懻忮
隋地志人多重農桑性尤朴直少輕詐
五代史潞州山川高險而人俗勁悍自劉稹以
來常逐其帥
五州志其人純質節儉勤于稼穡其地宜黍
稷喜雨水不宜旱氣候遲

一統志民多勤儉而力農士尚氣節而務學

長子志其民淳朴而力田節儉而尚禮

屯留志其民純儉務農織不事商賈頗好學

襄垣志其民純儉務本好儒

潞城志風俗淳厚其民勤儉而力田

壺關志其民貧儉淳朴力田

黎城志其民淳儉勤于力田

平順志其俗朴直少文儉嗇不奢勤于農桑

短于商賈

歷觀諸志潞俗本於勤儉力農釀爲氣節文學而其原則漸于唐堯之令德化爲憂深思遠之人心頗稱淳美乃漢興號爲難治晚唐更不可以爲訓何哉蓋山高土瘠所產不足以自贍安得不儉儉積而有贏餘一見可欲安得不奢因而相激相軋漸成頑悖必待勢極力憊而後思安返本復歸淳儉此人勢之

必然亦天道循環之理所不爽也故以季札所觀深有陶唐氏之遺風矣一染于晉族之豪縱遂成誇詐奢靡之風以隋地志所載直朴少輕詐矣一激于劉禎之叛逆遂成勁悍難治之俗至于

國朝儉質而力農氣節而務學不但還其故矣彬彬然且日趨于盛焉則知勤儉其本質也奢靡其習染也勁悍本于地氣淳美由于化

成也乃今長治志則深憂其奢縱矣謂永宣成弘之時士無不循悖行務實農若商惟儉素任野綈繒旃毳罔敢凌逞自恣者至于惟薄儉約人皆相嘉慕之今則稍稍靡也宗室武弁紈袴之子不啻晋族即偶得之浮名且高自負矣商賈家亦雕櫳繡栱玉勒金羈埒王公矣婦女則珠絡翠翹飛纖垂綃幾后妃之飾矣而冠笄之儀鈌焉不講惟送葬蔑禮務闊華麗納采嫁奩至于傾產尚巫信鬼齋醮比閭梵宇琳宮凌駕重霄充拓九地蓋騷然繁費已又有健兒少俠呼盧蹋踘彈鈌控弦負氣逞心畧無顧忌甚則豪傑之夫陰擠巧陷飛語神謠以蠱官聾衆矣夫山川不移人物如故而日化月遷遂岐本實然則轉移之機蓋有所在不可諉也

長子志則深憂其儉而愚矣謂當風會侈靡之極而循然朴畧如是則儉非所患己顧儉鄰鄙鄙鄰貪貪悪德也機固相乘哉是故服鮮羅綺居不瑩榭終日糴食而徵逐讌集或取給于市肆可已然而婚嫁計財喪葬廢禮骨肉傷夷而利簿賄以志報復此何以解也猶有倒置其間者不講禮而飯僧不急公賦而崇祀禱厭屋頹壁即市井不飾而構神祠梵宇侈于王者蓋晉俗尚鬼固然而自經溝瀆溺于水若赴何至薄待其躬若此則剛勁之釀成也蓋長治附郭習見王公宮室車馬服食之盛而生艷心易流于奢外邑僻處一隅即世有繁華無從目擊何由生

心則有守其固陋而漸入于鄙薄耳至洗淳彫朴詐僞漸新則淫溢生于驕侈廉耻喪于饑寒兩者受病俱均禮曰國奢則示之以儉國儉則示之以禮雖反正之漸予以爲禮一示則奢亦可徑中焉夫今郡俗之靡正以士庶而效王公之儀節耳蓋其聯姻締交往来求稱過者爲恭不及者以爲簡一或未稱有責備者有非笑者主人有忸怩而不自安耳

世祿紈袴富商大賈乘此鬪靡遂至江河不返雖郡大夫屢政于上郡守李公杜劉公復初洪公良範皆刊布禁約鄉先生力挽于下方伯趙公希夔都御史李公尚智身先節儉而諄諄化誨少司馬栗公永祿又著爲正俗冗談意非不佳徒責其侈靡而不先正其名分世祿之家有餘力督沾之崛起者有餘財思一自騁而不得乃稱不便新進喜事之少年又從而鬪導之故其約不得久行也不知人各有分也王公縉紳

以至士庶其等殺不可越也守其分之謂禮循其禮之爲恭不相責備也不相非笑也如分而止是之謂稱稱我名分不稱彼儀物之隆殺也今侈極而貧且愚返本而時俗皆然不能自異所望司世道者有以齊之耳齊以刑不若齊以禮禮達分定豈惟奢者不敢增即儉者亦何敢減而淫濫喪耻詐僞之徒且無自起亦無所容長治志所謂轉移之機蓋

有所在是推本之論也

歲時

歲時風俗中一事也達之天下大畧皆同似不必書然五方異性亦微有不同者故亦書之以驗風氣而觀習俗

立春迎春鞭春及春盤春餅海內俱同舊志以有春雞春蛾謂出自瀋藩製極工巧以贈各官今不見有此舉　元旦春帖鍾馗尭符爆竹椒酒拜賀俱與海內同　五日送窮雖韓子辨之甚悉然鄙俗不能革　人日送綵勝遊宴　上元

蒸麵繭以祀蠶姑作粘穗以祀蠶神其元宵燈火與海內同今民間蕭條不如昔盛

添倉在二十日倉庾庖廚燃燈添供俗令也　中和節二月一日出穀一引　龍二日俗謂龍擡頭以秫粉煎餅餽女氏　花朝士人宴遊亦與海內同　社日多造社酒社糕城中士女亦以此日走社　三月三日俗以此日爲祓除殊失上巳故與　寒食晉俗爲介子推斷火一月老幼不能堪周舉爲并州刺史移書介廟斷火三日魏武帝以太原上黨西河皆寒沍不堪斷火盡除寒食而今尚留其名　拜掃在清明墓祭也民間有鞦韆紙鳶之戲　浴佛四月八日僧寺設淨水法進香火甚盛　五龍會四月十九日近山居民享祀爲大會簇帛製楮作幡

幢樓閣人物花鳥之狀聯絡籠統懸掛高樹謂之掛綵金碧玲瓏五色掩映製極工巧四方觀者因爲交易三日而罷市焚綵**端陽**艾虎角黍長命縷與海內同更以麥麵爲白團與角黍相餽送婦女剪綵縷金爲花草鳥虫相問遺**關王廟會**五月十三日其會亦盛**六月六日**曝衣與海內同牧養之家祀享于羊馬牧中**伏日**王公以爲避暑飲**七夕**乞巧與海內同**中元**薦麻穀于先祖以楮帛製爲寒衣焚化之或修齋誦經日追薦造麪羊以饋女氏**中秋**設瓜果拜月與海內同潞俗以是日抬增飲**社日**禾稼將登士女走社覘春又盛**重陽**登高賞菊茲海內同潞俗造麪爲節糕相饋**下元**十月初一日俗以是日與清明中元

爲三鬼節皆祭先祖士人家亦祭族屬農家于是日勞農休息曰開塲門冬至俗缺拜賀之禮臘八臘月八日也取肉汁煑白粲加棗栗榛杏以爲糜曰臘八粥以秝粉煎餅祀祖先相問遺祀竈臘月二十四日也餳祭與海內同除日守歲與海內同俗于是日多婚娶以新舊交承無避忌非也

舊志于歲時甚悉而尤詳于農桑著爲圖說其用心良勤及問之農圃考其時月多不相合孔子曰吾不如老農吾不如老圃各有所專也以時授民而授非其時不如其已故今

序歲時而不書農桑之事

潞安府志卷九　終

潞安府志卷十

人物一

薦舉徵聘

漢馮奉世上黨人以良家子選爲郎又爲使絕域詳名賢志馮譚奉世長子舉孝廉詳名賢志馮逡奉世子舉孝廉詳名賢志馮永逡子舉茂才

鮑永屯留人舉秀才不應徵拜尚書詳名賢志

魏崔游上黨人舉孝廉詳名賢志

南北朝李虬長子人舉孝廉李玄紀虬子舉孝廉卒于金鄉令李業

興玄紀子舉孝廉詳名賢志

宋張才翁屯留人仕至屯留令張穆之才翁弟仕至朝散郎張元禮亦才翁弟仕至朝請郎兄弟俱有才名皆以徵聘起

元王天祐潞州人字國卿高祖政進義校尉祖勵翼白水主簿父夢臣以天祐貴贈澤州知州上黨縣男天祐資穎悟有儁才屬搜訪遺逸擢充檢討官歷太常奉禮郎轉國子博士出佐隰州入爲太常博士會議大禮多見俞允皇慶中以潞州知州進階致仕子琫澤州學正琮陽城主簿璜吉州學正琥太廟奉禮郎劉宣潞州人以才薦官至吏部尚書詳名賢志李孟潞州人以布衣薦官至平章詳名賢志李庚字希

白潞州人舉明經授翰林侍書出爲真定路總管入爲內臺中丞

張和潞州人見名賢志

宋衜長子人禮聘至太子賓客詳名賢志

國朝杜斆壺關人徵拜太子賓客詳名賢志

曹鶴潞州人瑛之子舉賢良方正見名賢志

曹九齡鶴之弟以薦舉累官四輔官武英殿大學士舊志亦不載其行實

栗恕長子人以縣學生薦官至吏部尚書詳名賢志

王麟潞州人舉明經任屯留教諭傳雅淳正大爲士林所推服

劉璟潞州人舉茂才授泗水知縣詳名賢志

張吉壺關人舉明經授長洲知縣改新化官至戶部主事

許復屯留人以儒士舉官本縣訓導

毛允中屯留人舉人材官知臯縣主簿

楊能

屯留人舉茂才官岷州判官李克敬屯留人舉茂才任雎寧縣主簿靳權潞城人徵授國子助教尋致仕與山西甲子丁卯丙鄉試李公度潞城人舉儒士授本縣訓導陞國子助教致仕卒李毓傳宏俱黎城人以儒士舉索冲長子人以明經薦為本縣教諭與山西庚午丙子兩鄉試劉徵襄垣人與杜勱同時被徵徵辭不就張謙壺關人舉茂才為兩當典史綽有政聲

人物二

進士

唐苗晉卿壺關人官至左相詳名賢志

宋王陟上黨人初授嵐州推官累遷開封府參軍以謹幹聞時真宗為尹倚被知遇改著作郎督餉灵武歷河東轉運使官至三司盐鐵勾院以京府舊僚擢會有飛語止及陟之卒真宗甚憫之廕其二子若拙若谷及其妻死子雖終制稱給俸錢　張仲容潞州人官至屯田員外郎以好士名九知名士皆卑禮締交致仕以詩篇意最工

李遵勗潞州人名對選尚公主官至節度使詳名賢志　李新襄垣人官至尚書　李經　令狐光俱潞州人　鄭景真襄垣人

金李執　董文甫官至節度副使詳名賢志　王良臣官翰林詳名賢志　張溫仲容孫太和六年進士及第以詩樂府著名有祖風　王勵翼

郝長卿　邊大中　范[illegible]俱潞州人　李安襄垣人進士及第官至翰林學士子嗣安孫讓仕元俱爲文武大臣至

國初裔孫李晉卿尚以科目任主事　宋楫長子人天德二年擢第除著作郎母老乞歸養後起官至孟州防禦使

元李希賢中丞庚之弟授潞州判官累陞榮祿大夫中書左丞子孫不失書香至

國朝猶有入仕者　李易源字伯海官至中正院長史　原提字獻之官至獻州判官　崔景蔦字巨鎮官臨州判官　晉鵬舉字椎飛官平遙縣知縣　王懋字昭甫官稷山知縣　李文祿　張潛以上俱潞州人　宋元

吉金孟州防禦使楫子官至兵部員外郎**宋元圭**元吉弟**宋子貞**官至平章詳名賢志以上俱長子人**連肇**歷路城陵川汾州教官太尉府參軍充山東道考試官卒贈集賢院學士孫楹為國朝忠臣**李讓**安之孫父嗣訓歷官戶部尚書封隴西伯讓舉進士歷官至河中府知府讓子格官至工部主事格子需官至平江知州李氏自宋即有顯者金元簪笏最盛至國初猶有京朝官**楊仁風**金懷遠將軍潤之子幼聰敏能文仕為刑部郎中累官遼陽參政以中書左丞致仕**李執中**官集賢學士累官禮部尚書**路永昌**官至平章以上俱襄垣人**張時髦**授吉州判官陞本縣尹文學政事俱重于時舉

為河南儒學提舉官至秘書監丞 王昂 裴直卿 秦琮

姜文秀 劉高蟾 郗秉誠以上俱壺關人 權秉中

黎城人官至翰林編修

舊志元進士有仇敏查其家乘曰鄉舉也今改正

國朝進士舊缺洪武乙丑科當時黃練秉華除之政靖難仆碑故不敢録今考登科録闔郡得四人照録補入别科失次及訛者亦照録

更正

洪武辛亥科八人晉罡潞州人該博之學有奇抱授撫州樂安縣丞歸田樂道郭璘長子人授福建福清縣丞王錫屯留人授樂仁縣丞張鵬潞城人授縣縣縣丞郭翀字飛鄉才高學博素以狀元自期許

國朝開科傳臚果第一及升殿
太祖易之板與伯宗第一賓翀第二授吏部主
事在中書省與伯宗等唱和詩鳳凰城闕紫
霄開曆數丕承王氣還舊說圖書符洛邑載
瞻王帛會塗山太平有象耕桑盛邊奏無聞
甲胄閑自古英才晴盛美願歌天保陸
龍顏賈敏授武寧縣丞陞監察御史改國子監學正助教李素授宜春縣丞俱盡闕

人與郭飛卿友善一時登第人以為奇　是科舊志有襄垣傅奎

查登科錄無此名誤以庚戌為甲科也今正

之

乙丑科四人程顥潞州人　郭炳　張肅　姜輔俱壺

關人

丁丑科一人王贊屯留人詳名賢志

永樂壬辰科一人李濬襄垣人授兵部主事歷郎中保定河間知府陞

右都御史作文華贍有體操守清嚴歷任俱有聲稱

宣德庚戌科一人劉昭潞州人授給事中陞臨兆府知府詳名賢志

正統乙丑科一人王紹屯留人父獻鄉舉任蘇州知事紹授大理評事陞河南僉憲廣東憲副有異政子延祿官西安府同知

景泰甲戌科二人阮勤長子人官至侍郎詳名賢志屈銓潞城人任戶部主事歸田以廉正率鄉閭

天順丁丑科一人宋賓潞州人歷官御史知府

成化庚戌科一人趙傳黎城人解元登第歷刑部主事員外郎中鳳翔知府為政執法不撓作郡更有聲稱子初以隱逸稱

辛丑科一人楊奇壺關人知府熊之子官至浙江參政詳名賢志

甲戌科一人申盤潞城人任吏部主事陞河南僉憲居官清慎居家孝友

弘治庚戌科一人劉鳳儀襄垣人授商密知縣陞户部員外郎贈尚書子孫科第冠一時

己未科二人栗銘潞州人官至徐州知州其後科第最盛見名賢志

劉龍襄垣人鳳儀子探花官至尚書詳名賢志

正德辛未科一人劉夔字舜弼襄垣人鳳儀次子改庶吉士歷給事中檢討出為河南僉憲因建言謫大名通判陞南京宗人府經歷户部郎中江西副使陝西

叅政山東按察使以僉都御史巡撫保定歸卒賜祭葬

丁丑科一人吳琦潞州人授歷城知縣

嘉靖癸未科二人李鎬任真定推官　李新芳官至御史詳名賢志俱潞州人

丙戌科一人張鐸壺關人改庶吉士出為三原知縣陞户部主事調兵部歷員外郎中湖州知府才清學博性頗頡頏因忤權勢遂罷歸

己丑科二人栗應麟銘族孫幼負才名作文有奇氣以易經魁天下側宗戚不得授京朝官出知陳州稍遷順德同知陞陜西僉憲以才取忌而又不能俯仰故不

得大用歸以吟觴終其身其詩文類六朝而高奇過之芳奇色澤可摘而咀嚼焉一時豪傑才也

李延馨縣丞瑄之子授青州府推官陞南户部主事補刑部歷員外郎中補户部陞真定知府調登州俱潞州人

壬辰科一人李延康潞州人延馨弟歷官御史副使詳名賢志

乙未科三人宿檜群牧所人授和州知州官至河間同知

趙希夔長治人同知秉中子官至河南左布政詳名賢志

李世芳黎城人授刑部主事歷員外郎中陞鞏昌知府官至陝西副使在部曾斷閹豎之侵田在郡有救荒修水利之善政恬退家居敦睦友愛稱于鄉里縣志極推之

戊戌科一人鮑龍長治人傷父早卒益致孝行其母勵志問學遂成進士授崑山知縣夙獎糺盤且多大旗徐融化之降海寇秦蕃因築城後倭寇劫掠三吳崑山以城完無恙稍遷刑部主事即出同知河州歷順德通判泰州知州慶陽府同知子承蔭官至左布政承華貢士

辛丑科二人陳吉長治縣人官禹州知州詳名賢志郝良臣襄垣人授長垣知縣歷吏部四司掌選擢太僕少卿調提督四夷館陞南太僕卿改光祿謫河南參政歷山東按察使江西右布政

甲辰科五人栗永祿銘曾孫官至侍郎詳名賢志任環官至蘇松

兵備參政贈光祿卿詳名賢志李庭桂同知豪之子授丹陽知縣張邦彥授汶上知縣詳名賢志俱長治縣人李尚智屯留人官至都御史詳名賢志

丁未科六人李敏德運使紀之孫任祥符知縣徵拜臺諫以宗戚外補蘇州府同知歷湖州知府山東副使陝西參政河南按察使右布政轉陝西左布政卒湖州有去思碑其嗣節官序班屈諫授戶部主事歷員外郎中監督遼東兵餉子揚熙舉人李知桂延馨延康姪官至陝西副使見名賢志俱長治人姚唐屯留人授松江府推官清若以平釋冤抑為念丁內艱哀毀而卒賈天爵授行人陞兵部主事歷員外郎中彰德知府調登州子潛見任訓導姚九功陵川許知

州刑部員外歷陝西僉事叅議副使叅政俱襄垣人

癸丑科四人

崔大德長治人授鄢陵知縣調臨潼補饒陽內召格于宗親出為大名府同知以才調真定陞廣平知府以爭疑獄歸子允靜官河南按察司知事

崔宗先大德族姪幼同學及是同舉進士授文安知縣左遷徐州判官陞潼川知州卒于任子紹勳貢士

路王道屯留人以解元舉進士授南樂知縣補臨潼陞禮部主事歷員外郎光祿寺丞尚寶卿太常少卿光祿卿以忤權勢出為應天尹不就令年耄猶色壯而好學修行如少年

郭士髦壺關人授丹徒知縣陞太倉州知州

丙辰科三人鮑承蔭長治人龍子官至左布政詳名賢志劉永寧授陝西咸寧知縣陞刑部主事歷員外郎中出為河南知府陞陝西憲副致仕卒朱卿授戶部主事歷員外陞僉事歷叅議憲副按察使左右布政轉順天府尹不就致仕卒俱長子人

己未科三人郜光先官至總督尚書詳名賢傳侯戩未仕卒俱長治人王期古潞州衛人授蘇州推官內召以宗藏外補彰德府同知陞明封知府

壬戌科二人宋守約授成都推官召選臺諫格于宗藏外補彰德府同知陞呂平兵備由叅政俓陞僉都御史巡撫延綏仇旲給事中敬之後授如臯知縣改

徽州教授歷廣平順天通判户部主事以疾
請告卒博覽群書至老不倦而淳朴清修出
于性成有古人之風焉蓋義門之子漸漬者
素也楊州志極稱其廉且白其左遷之誣但
長治
人

乙丑科一人暴孟奇屯留人授户部主事改御史歷衛輝知府陝西副使
參政以貲捧卒于途

隆慶戊辰科一人鮑希顔長子人授洛陽知縣召拜御史以風裁著
聞緣上疏小失謫縣倅陞推府歷僉憲參議
以副使備兵遼左晉參政按察使即拜僉都
御史巡撫其地制歸家居十年廷推大僚凡
數十疏皆不報及工部侍郎之

旨下而已蓋棺矣

辛未科一人趙于敏長治人希夔子以鄉魁舉進士高等格于宗戚不得官京朝遂授河州知州稍遷廣平府同知河南知府疎于應酬權貴不悅因得罪歸事白屢薦來及起用卒家甚窘

萬曆丁丑科二人程宗伊長治縣人授户部主事歷員外郎中兩督永平糧儲回部陞江西副使以疾辭致仕子于中任序班陳簡屯留人通判世鳳子授户部主事歷員外郎中陞大名知府補廣平陞本道兵憲河南參議調漕儲道歷副使參政按察使督運卒于途事贈光禄寺卿

丙戌科一人高環長治人授定興知縣補確山陞戶部主事歷員外郎中陞州同糧儲以勞卒于官子朴子厚俱舉人

壬辰科一人周一梧通判欽之子長治人授戶部主事歷員外郎中陞歸德知府調常州蘇州陞陝西副使

辛丑科二人王基洪教諭尚志姪改庶吉士授御史

王雲龍訓導侯臣子授臨朐知縣補東鹿令見任俱襄垣人

甲辰科一人吉人訓導廷弼子長治人授獲鹿知縣今行取御史

丁未科一人程正巳知州應登孫長治人今任行人

人物三

舉人

宋魏晴 壺關人

元李庭遹 解元，官孟州學正，河間府照磨 藉敬 董建 董昭

田郝廷用 俱潞州人，見各碑碣中 雜宋知柔 長子人，與從弟子貞

同舉于鄉，同遊國學，人有大宋小宋之稱，子貞為名臣 張碧 有文學，著述得大義

官沂州同知 聚希孟 趙登時 韓濟 俱襄垣人 杜斅

解元，詳名賢志 郭景真 元惟一 牛彥誠 李舜

臣　李晦　張泰時暹子壺關人　俱　連磐黎城人通經史翰畢

授河南儒學提舉不就望重縉紳卒贈集賢直學士　仇敏　潞州人仕

國初為兵科給事中調西靖府通判遠不能歸子孫留潞者甚盛為義門孝子俱見孝義志

其由科貢仕者有趙相遠縣丞熠懷柔知縣昊户部主事圻清俱教諭

國朝舉人各縣顧有失次州志因之今查正一

二餘從府舊志

洪武庚戌科十一人　晉罡潞州人見進士　郭鄰長子人見進士

王錫屯留人見進士　傅奎初授兵部主事改通政司經歷累官陝西左參政以

文章飾吏治所至有聲李晉卿元主事格之子官刑部主事史文勉俱襄垣人張鶴潞城人見進士申甫兆授潞州學正官至蕪湖知縣幼有異質長遊秦雍造詣淵邃與四輔杜公爲莫逆交嘗爲作麗澤齋記郭翀見進士賈敏見進士李燾見進士俱壺關人

甲子科九人程顥潞州人見進士王瓛屯留人授蘇州府知事李時習連楹元集賢學士肇之孫官御史死靖難節詳名賢志俱襄垣人王賓解元任本縣訓導郭炳見進士張肅見進士姜輔見進士俱壺關人程達黎城人官至廣西參議

丁卯科三人張顯屯留人授後府斷事王擴任應天府推官以廉直明允稱居鄉勸化鄉人為善人敬仰之郭紘官監察御史俱襄垣人

庚午科三人連迪襄垣人官監察御史張復官潞州知州張操官戶部主事俱黎城人

癸酉科一人和鈞壺關人授濱州學正歷靈龍山陽知縣卒于官

丙子科六人牛毅潞州人任通判王贊屯留人見進士郭鵬任府谷教諭韓擾任陵州學正司謙任濰縣訓導張亨俱壺關人

巳卯科三人宋齊潞州人秦瓚壺關人任監察御史張羽黎成

人

壬午科五人班貿　張燦　李雲　董守中任知

縣俱潞城人　郝寧壺關人任臨城訓導

永樂乙酉科六人申顯　李肅　張鵬俱潞州人

李麟長子人任輝縣知縣　王復貞襄垣人任知縣　王敬身黎城人任

嘉興通判

戊子科三人張振任臨漳教諭　張登任延長教諭俱屯留人

李濬襄垣人見進士

辛卯科九人王璀潞州人任都察院經歷居官清慎陞松江府同知許

鈍魁不求仕窮年力學滄貫經史充然自得常衡官至肇慶同知王弼

俱屯留人李爀襄垣人任雎州知州史淵任大名府同知高朗任吏目

王潤授南京兵馬陞大名府同知賈有年敏之子任獲鹿教諭俱壺關人

甲午科十三人張鳴潞州人任盂都教諭衛彬任西安府訓導

喬完任留守衛經歷楊顒任王府奉祀張浩任上海知縣張春

任曲堡教諭俱長子人楊翔任臨淮知縣行學優卓其蒞政也以明爾稱子孫以

鄉舉教諭任賈冲任延安縣主簿王憲常讓俱屯留人張廉

襄垣人靳斐壺關人趙璉黎城人任綏德州同知

丁酉科九人劉誠任知縣李元俱潞州人李賓屯留人任莘縣

教諭李昇襄垣人官至工部員外郎趙琰閆鼎任福建按察司知事

路振任邯鄲知縣王讓俱壺關人常毅潞城人任濰縣知縣

庚子科三人田福長子人任河南通判王鎮任同官縣丞傅繼

烈俱襄垣人

癸卯科七人趙泰潞州人官至郎中詳名賢志朱鑑長子人任南樂

教諭許嵩屯留人任盧陵縣丞劉端教諭以子孝貴贈御史其後科第蟬聯甲

于一邑衛傑任蒲城知縣魏雲昇任惠州府同知郭聰任日照教諭俱襄垣人

宣德丙午科九人王齡　路敬任行人　張英　宋福　李演　劉昭登進士詳名賢志俱潞州人　牛逵長子人授衛經歷陞武昌知縣　韓綱　衛英任知縣俱襄垣人

巳酉科一人秦玉壺關人贊之弟任溫縣知縣

壬子科二人宋徵潞州人　趙瑄屯留人任咸寧訓導

乙卯科二人李昱潞州人任光祿署丞死于土木之難詳名賢志　崔欽

屯留人任成安教諭孫英亦鄉舉

正統戊午科三人李琰　趙儁官至青州知府詳名貢志俱潞州人

薛復屯留人任鳳翔訓導

辛酉科五人車榮潞州人任知縣程顥長子人喃衡潞城人任國子助教杜矩壺關人學之孫靳祺黎城人晉州知州陞楊州府同知

甲子科四人郝麟長子人任鳳翔知縣王紹屯留人見進士李景範潞城人任知縣張能壺關人任耀州知州

丁卯科六人王文潞州人官至兩浙運使詳名賢志安鐸長子人

楊旃屯留人瑚之子任環縣教諭善訓迪多所造就崔淵潞城人任主事

李圭任即墨訓導高昇俱黎城人

景泰庚午科四人張昭潞州人馮斐屯留人任監察御史性剛直得激揚體陞陝西僉憲子璽慕義助婚喪救荒邑人甚德之劉潔魁襄垣人端子官至憲副詳名賢志趙俊潞城人任新城知縣

癸酉科十五人原通魁元進士捷之孫官至同知詳名賢傳

宋賓見進士劉芳任知縣金玉俱潞州人阮勤長子人見進士

屈銓解元見進士　馬俊歷官府同知　王春　王奉任知縣俱潞城人　路慶壺關人任月照知縣民立祠祀之　和渙　郭麟

趙驥　李實　王旻俱黎城人

丙子科七人

梁榮魁　常寧任安肅知縣　宋讓俱潞州人　李潔潞城人任通判　麻濟　董毅　劉泛俱黎城人

天順己卯科四人

胡孟麟魁　王端俱潞州人　楊能壺關人官至知府詳名賢志子孫科第迄于今　劉祇黎城人

壬午科三人

龐政潞州人任知縣詳名賢志　郭瑄襄垣人聰之子任松

江府通判趙傅黎城人解元見進士

成化乙酉科三人李綱任知縣李紀官至運使贈參政詳名賢志李時俱潞州人

戊子科二人江湧潞州人任饒州通判崔英屯留人欽之孫任靜寧學正

辛卯科六人栗鉦潞州人官至知州為栗氏科第開先詳名賢志馬定屯留人任至武清知縣楊鴻杜綸矩之子歷任延安平涼漢中三府通判俱壺關人郎暹萬傑俱黎城人

甲午科四人李潤任泰順知縣御史新芳之伯父王綸任知縣俱潞州

人阮壽長子人勤之子郭釗屯留人任鎮原知縣

丁酉科三人袁紀潞州人任沛縣知縣楊清長子人任内黄縣知縣

張可行潞城人任主事

庚子科三人劉鳳儀魁襄垣人索之子見進士楊奇壺關人見進士

和璧黎城人

癸卯科三人王廷琛屯留人紹之子任臨洮府同知卲盤見進士

朱盛歷官知州俱潞城人

丙午科一人蘇璉潞城人

弘治己酉科四人宋瑛任宜川知縣李璽任南召知縣俱潞州人侯璽長子人官至僉憲詳名賢志張勇襄垣人任真定推官

壬子科四人栗銘鉦之弟見進士牛良任南鄭知縣俱潞州人郭綺襄垣人璣之子任邠州知州申琦潞城人任知縣

己卯科六人李堂昱之孫歷宜君遵化知縣擢苑馬寺丞李壕堂兄授固安知縣內轉上元陞松江府同知王佐任西平知縣流賊攻城死難贈光祿少卿詳名賢志王楠文之子任長清教諭俱潞州人劉龍見進士韓儆

任平原知縣俱襄垣人

戊午科二人陳敢任商河知縣沈禎任商水知縣孫一陽貢士曾孫

國華舉人俱潞州人

辛酉科四人劉本淳任真定府同知姚文明任順天府通判

俱潞州人程瀚壺關人任寧波通判張良弼屯留人任壽光知縣

甲子科三人董策潞州人任保安知縣王宗舜襄垣人授博平知縣

陞平涼通判郭份壺關人任霸州知州子恰推官

正德丁卯科三人趙鐣孫用廉貢士宋朴任國子博士詳名賢

志俱潞州人劉鳳鳴襄垣人潔次子任潁州知州

庚午科三人郭銘潞州人任教諭孫邦驥官太僕少卿劉夔龍之弟見進士李佑任棲霞知縣俱襄垣人

癸酉科三人吳琦潞州人見進士薛大川長子人任漢中同知剛方之士人皆推重牛澄壺關人任信陽知州

丙子科四人李新芳魁見進士李鎬魁見進士吳灝任永寧知縣陞鞏昌通判宋檣任容縣知縣俱潞州人

乙卯科四人栗應麟鉦從孫見進士劉宸王鍾靈歷官

青州府同知府王冕任隆平知縣俱潞州人

嘉靖壬午科五人鮑龍見進士李延康進士俱潞州人

楊河紬之孫歷廣[illegible]陽知縣楊洛河之弟歷單縣渭源知縣張鎮臺俱

關人

乙酉科七人栗應宏應麟弟好學攻古文詞嘗賞金數百至金陵買書舟

載而歸作蠹魚其中詩文軼晉魏而上屢厄春官授南陽通判薄吏事遂罷歸貴郡中近

日第一文學士也李延馨見進士張秉義歷官東昌府同知鄖府長

史俱潞州人陳天爵長子人任兗州推官李芴郝良臣見進

士俱襄垣人張鐸壺關人鎮之弟見進士

戊子科三人張美長子人任鎮遠知縣補公安調禮縣任公安值歲歉多方拯救所全活甚多子開明官知州劉傑潞城人任高淳知縣宋朝綱壺關人任金華通判

辛卯科六人景一陽任刑部司務陳吉見進士李庭桂壕之子見進士俱潞州人高崙長子人任嶧縣知縣歲祲請蠲逋賦德之郭忻壺關人份之任李世芳黎城人見進士

甲午科十一人宿椿見進士趙希夔見進士秦佩任海

豐知縣張邦彥見進士屈諫見進士仇熠敏玄孫任隆平

知縣以才敏稱時虜冦薊鎮邊邑残毀部擇
治行已著者撫治之因調懷柔時警報未息
捍禦最苦有寄故舊詩塞草焦黄六月秋連
霄烽火照邊樓故鄉若問為官事身在
皇家地盡頭以不能俯仰歸俱府學張奇長子人美之兄任新城知縣

郭郊屯留人授金華推官陞永平通判劉承恩魁龍之子任郎中

賈天爵見進士俱襄垣人閆希思壺關人

丁酉科六人李克善昱曾孫任開封同知歷九年政成陞思南知府補馬
湖汪澍任臨洮推官崔宗尧見進士鮑時馨俱府學

宋朝紀朝綱弟　郭恬份之子任兖州推官俱壺關人

庚子科十六人栗永禄解元銘曾孫見進士　程應登任知州詳名賢志　李如桂延馨延康任見進士　李敏德紀之孫見進士

王潤歷官衛輝府同知陞長史　汪瀚澍之弟　崔大德見進士　吳朝柱任新安知縣　任環見進士　栗永爵永禄兄任夏邑知縣陞磁州知州是科郡庠中十人而栗氏兄弟同科子崇讚官按察司照磨

高應元長子人　李尚智見進士　馮典　李之茂任滋陽知縣持三尺不畏強禦徵拜御史陞陝西僉事俱屯留人子都生舉人冠生貢士

劉承裕襄垣人夔之子任與平知縣張大奇襄垣訓導

癸卯科六人夏尚禮任滎陽知縣侯峩見進士李宗堯任廣元知縣俱府學裴守一魁長子人任禮部司務卒于官以介直清苦稱疾歸有宿負未償命其子破產完之然後瞑目趙鋭潞城人任泰安知州閆光祖壺關人任鉅鹿知縣

丙午科八人仇昃魁玄孫見進士彭宗瑀郭邦驥銘之孫授唐山知縣歷同知知府陞行太僕少卿制闋遂不出俱府學楊世卿長子人官至郎中見名賢志路王道解元見進士王惟一姚

唐見進士俱屯留人　姚九功襄垣人見進士

己酉科六人栗繼祖銘之孫府學　王三聘長子人任定興知縣

李養性屯留人任南陽推官陞平度知州　楊天賜襄垣人　郭士髦見進士　賀貢任城武知縣補魚臺俱壺關人

壬子科七人李尚實魁任輝縣知縣補淇縣陞裕州知州仍留治淇有異才詞賦翰墨自出機軸絕去烟火氣性不脂韋故士途以為恃才乾衆擠之使歸畧不介意嘗乏炊乞妻鳳釵妻曰御史論知州貪貪固乏炊耶曰誅求及婦一釵不保李子不貪誰貪戲謔之間神閒情暢其襟懷足仰而其遭際亦足悲矣子夢熊官至知州　鮑承

陰見進士任弘業環族侄任平山知縣改揚州教授復威縣知縣焦宇
主簿鉦子任鳳縣知縣俱府學陳訓任永平府推官劉永寧見進士俱長子
人趙津襄垣人任部陽知縣
乙卯科五人孟昊任宜君知縣官至平涼通判劉希孔任永清知
縣邑歲患水親築隄禦之禱于神塞其衝決之源歲大熟陞綏德知州卒于官郜光
先見進士王期古見進士俱府學朱卿長子人見進士
戊午科十人宋天德任唐山知縣程宗伊見進士俱府學張
汝愚長子人李尚信尚智弟任東昌推官楊廷柄邵之孫任河南

通判劉芳 龐鳳鳴任懷柔知縣陞西安通判俱屯留人 李迎時

任中部知縣 王爵任東鹿鎮遠知縣俱襄垣人 李希彗黎城人任鷄澤

知縣

辛酉科二人宋守約府學見進士 馬宜春長子人任肩縣知縣

博學清修約中時辭有司分外作興居官竟以清著名

甲子科七人趙于敏魁希夔子見進士 栗永壽魁繼祖任棠

縣知縣 鄭卿授泌陽教諭陞國子助教官至懷慶府同知 鄭大原鄉子

任登封知縣 宋守中任廬州通判陞滄州知州俱府學 鮑希顏長子

人見進士　暴孟奇黎屯留人見進士

隆慶丁卯科六人姚崇儒　唐思周任清澗知縣俱府學

王賜榮長子人任確山知縣　郭包田任文登知縣　陳簡見進士

李思謙任武陟知縣陞漢中通判俱屯留人

庚午科四人王大芳任崇慶知州陞趙府長史補秦府　程三樂任樂陵知縣陞雄縣知縣　嚴朝相任鹽山知縣補魚臺俱府學　屈揚熈諫之子潞城人

萬曆癸酉科五人牛希尹任固原知州　高環見進士俱府學

李以幾長治人新芳子　靳汝顔屯留人　趙大紀襄垣人

丙子科六人李夢熊尚寶子任棗強知縣陞滄州知州入覲染疾卒于京邸　栗永馨任揚州府通州知州　楊大亨任平凉推官慶府長史補岷府再補晋府　趙敬脩俱府學　郭熙皐任新津知縣陞巴州知州　原秉雲任隴州知州調兩浙運判歷陞保定通判晋州知州鞏昌府同知俱長治人

己卯科六人趙復儒布政希夔孫　宋一芳俱府學　李如松延康子任息縣知縣歷陞南京户部主事郎中衡州府知府奉旨致仕　任弘烈弘業從弟任長武知縣陞裕州知州補泰安陞曲靖府同知不就俱長治人

張問明美之子長子人任泰州知州調永寧李都生屯留人之茂子任靈寶知縣

壬午科七人周一梧魁見進士鄭敦原卿之子任永壽知縣陞耀州知州西安府同知俱府學賈涇澍任汾州學正入為國子學正出為秦州知州以思親致仕羅汶俊任臨潁知縣陞鄭州知州補同州陞真定府同知俱長治人霍應麟屯留人任達州知州陞慶陽知府閻國盛潞城人任廣平推官歷衡州府同知陞山東運同卒于官武有備壺關人任崇信知縣

乙酉科二人吉人郡府學見進士李雲桂長治人

戊子科一人張淑賢長治人

辛卯科三人阮健長子人王基洪見進士李芳任鄜州知州陞延安府同知俱襄垣人

甲午科四人張養心府學訓導宋來賓長治人曹司禮潞城人任臨汾教諭陞撫寧知縣郝鏘襄垣人

丁酉科三人唐時化府學沈國華禎曾孫王輿任高平教諭俱長治人

庚子科二人馮元亨長子人王雲龍襄垣人見進士

癸卯科三人張維縉長治人楊采世卿孫馬信宜春侄俱長子人

丙午科五人程正己應登孫見進士高厚環子俱府學李一爵昱裔孫長治人李應選屯留人楊夢龍壺關人能裔孫

己酉科七人王廷弼李登雲俱府學高朴長治人環之子賈以敎長子人暴謙貞魁孟奇孫申宏才俱屯留人李和貴潞城人

人物四

歲貢

潞州洪武年李鏵才通識敏任江西僉憲剛正不阿得風憲體　李文[illegible][illegible]歷任濟南知府在郡多善政以才幹馳聲　暴昭官至刑部尚書詳名賢志

高舉　原與　史泰　侯署　連敏　李智丰爽英異涉獵書史歷兵科給事中　申本任監察御史遷刑部主事　張皞

李瀛　董宗訓

永樂年王昇　徐整　楊巍　李鑑任監察御史性

剛介不事矯飾人敬畏之　申正　李文顯　王式　辛民

閆慶　萬盈　李璲任陳州知州陞兩浙運司同知　王有成

李聰　申綱本子　李文　鄧璐　李永元中丞庚之孫

任知縣　申安　王達　宋禮　党文

宣德年　李素元兵部尚書惟馨孫任嵩縣知縣有德政歷兩考致仕

李讓　李增　陳安　陳鑑　李翥任安定知縣有

惠政入名宦延馨延康如桂如松皆其後也　顧瑄任鄒平知縣不畏權勢績有聲

正統年　車輗　裴恕永康縣丞　張諒　綦貴　陳

慶　韓瓚　成名　李榮　王懋　張俊

景泰年張綱　牛政　求建　牛道　李洪元中書左丞希賢之孫　李琦　張理　鮑旺

天順年戎璵任耀州吏目　劉京　李文會　楊俊

劉鎰　劉忠任文安知縣調鄰縣　李珂　王惠任長知縣　清

崔泉　索璠　趙澄郎中泰之子任蘭縣丞　顧恒瑄子

王昂　程雲任廣宗縣丞子楠曾孫三世俱知縣　常鉞寧子　宿瑨

郗遠　蘇奇

成化年李濬　陳鎰安子　王臣任山陽縣丞致仕　路奇

王璽　柳潤任平蕪縣丞　王敬　牛禧　陳璽

劉榮　張信　王璋任齊河知縣　張瑩　馮瓚

張鵬任西安通判　廉能　李繼洪子　王俊　馬炎

馬賡任隆慶州判官　張經任宜君縣知縣清白自處而以平易近民民德之歸

立去思碑　王義　閻振任主簿　張倫見孝行　趙汝璋知府

偉之子任教授

弘治年王聰　李炫翥之子任洛南縣丞民悍連訟其令君治之民

乃安政可知矣以一例敎其子兩進士孫一進士一舉人以子延康貴贈御

史

劉暹

王卿

原喜同知通之子任主簿

郭興

索鑾任訓導

陳灝安之孫任吏目

王楷運使文之子

栗威任鄢縣丞

宋聰任夏津縣主簿

張薰任咸寧主簿

郭鍾任磁州訓導

紫錡

歷官濱州知州

夏仁任真定通判

李俊

郭釗

鮑麟

正德年

張賢任照磨

王良臣任冀州判官

李景和任鄜州同知

姚中

和允中任東平吏目

趙秉中官至陝州同知贈左布政使希夔于敏復儒皆其子若孫也詳名賢志

張序任隆德知縣秉義父

也詳名賢志　崔鯉任定州學正　曹瑋任訓導　崔成任金縣知縣

李騰漢任淶水縣丞　崔尚志任都事　張大經　綦經

任知事　史文　路堂任訓導　張九經任靜寧訓導詳名賢志

嘉靖年　原昂任歸德州同知延安同知通之孫　孫儒任教授

仇楷敏曾孫任招遠縣丞子即贈懷柔知縣　焦鉦任東阿主簿居鄉歷官供

得人心按臺侯公阿人也訪其廬請為鄉飲王賓子即鳳縣知縣李女未合巹而守節為

旌表節婦　遠宇任遼州學正　王維烈　崔朝佐任教諭

李霓任照磨

潞安府自嘉靖七年立學首貢爲張秉禮任經歷

王大化任訓導　沈祺任訓導　李培　郭鉦任中部縣丞性耿介寡合嚴于取予鄉里敬畏之　楊樹恭政奇之子任廣平教授　徐鏞任訓導　張邦傑任上猶主簿　楊潛奇之子任邯鄲主簿　楊瀲亦奇子任新城訓導　張澤任華州學正　崔芻　張景暘九經子任雞澤教諭　王鸞任欒城教諭　宋珽任澤州吏目　姚大韶　牛順昌平判官　李汝弼任原武知縣　牛角任儀封主簿陞秦府紀善　栗禧任霍丘主簿　牛亢任蘭州學正　姚誼任祿勸吏目　花坤句容縣丞

路騰漢任永壽縣丞　姚舜龍任武陟訓導　牛朝陽任安肅訓導　李克道任階州訓導府紀善　宋之儒任汝陽訓導　夏尚忠　王朝相任漢陽教授　吳尚質任新泰教諭陞韓府紀善　張九疇任磁州訓導　仇增歷金州訓導富平教諭　王建中任寧晉教諭　楊遇堯

隆慶年　鄭年任渭南主簿　仇圻楷之孫歷臨晉訓導乾州學正

劉志正　王國衡仕至國子學正　阮天祿任寧鄉訓導

栗繼武任寧鄉訓導

萬曆年魏文顯任上蔡主簿袁志道任恩縣訓導牛希尹見舉人寀守孟歷登州通判陞邠州知州致仕張坤元秉禮子任平陽訓導張時雨任絳州訓導陞環縣教諭張邦立邦彥弟授歷城主簿陞杞縣丞致仕以壽終王之卿任沁州訓導陞忻州學正寧化府教授牛迪吉良之孫歷陵川訓導曲陽教諭鳳翔教授柴承乾張法任河津訓導原應春任和順訓導陞教諭吉廷弼授解州訓導以子人貴贈獲鹿知縣程應科應登弟任彰德訓導原瀾任臨汾訓導陞衛府教授崔棨歷太原縣訓導富平教諭涇州學正劉大中任平遙訓導

崔宗孔宗堯弟，歷邯鄲訓導、唐山教諭　陳兆玉吉之子，歷嘉祥訓導、寶雞教諭　左學曾　趙惟任任解州訓導，制歸不赴選　牛任重任寧鄉訓導，陞河曲教諭　王廷琰　段采任解州訓導，陞猗氏教諭　趙惟精任芮城訓導　袁繼祖任稷山訓導，陞白水教諭　王業純　畢竟成歷訓導、教諭，陞國子典簿　張騰高任安邑訓導，陞宜川教諭　鮑承華龍之子　閆學詩任定襄訓導　楊位任盂縣訓導　王希曾任解州訓導　宿拱孟　程尚勤應登子　趙用廉鏜曾孫　郭峻　張巍坤元子　李時曜庭桂子　宋邦翰守中子

韓繼美　薛及　郭天瑞

長治縣自隆慶元年起首貢爲李崇惠任邠州訓導陞漢陰知縣　吳自新灝之子歷林縣中牟訓導陞陵川教諭致仕　焦汝霖歷真定長安縣丞陞平涼知縣　李以中新芳子任雲川訓導陞榆次教諭

萬曆年李品任廣靈訓導　陳治言之弟任廣平訓導陞平虜衛教授

郭一蛟任文水訓導　李孔復　周全任洪洞訓導陞清源教諭以耿直歸　沈一陽禎之孫任太原訓導陞浙川教諭楠清源子國華今為少年鄉舉　趙于朴希夔子　張晄任長安縣丞陞肇昌通判子淑賢舉人

郜繼英光先子授南府通判　河李舒馨任蒲城主簿　原登雲

秉雲兄任朝城知縣　張正蒙任河東訓導　張惟香任榆林訓導陞教諭

沈國華見舉人　崔紹勳宗堯子　焦桐任曲沃訓導陞城固教諭

閆科任蒲州訓導陞晉府教授　吳一正　魏光祚任曲沃訓導陞

晉府教授　李嘉言　崔逢召　張體道　郭邦騮

長子縣洪武年王亨官至太平府同知　楊子暈任通渭教諭

李茂　王惟善任樂陵典史　任毅初任蘇州府事歷重慶開封知

府陞工部侍郎謫本部主事歷員外郎中　梁通歷官至河南按察使　王禮任永

平熙磨
連海任合水縣丞　楊斌任吏科給事中陞河南府知府
永樂年鮑益任霍丘主簿　吳益任慶雲知縣陞上林苑監丞
鄭恕任沙河知縣　鮑本任昌平知縣　王昇任瞿城縣丞　陳紀
陳志任清水知縣　張穀任宣府衛經歷　王鑄任南城兵馬　郭鏞
任扶風縣知縣　王鎬　鮑鯉任鄠縣知縣　馮源　賈振任東
城兵馬　和惠任葉縣知縣　陳盛任金川門吏目
宣德年程輅任狄道縣丞　何振任神木典史　張旺任經歷陞
恩縣知縣　張翺任西安府檢校　王安任南京戍字庫大使　瓊璉

正統年朱昭　苗結任永平府知事　王綸　裴文正

任寧夏衛經歷　吳紀任靖虜衛經歷　鮑矩任潞州主簿　王永任盧施主

簿

景泰年聶瑄任脩武縣丞　趙慶任引禮　吳璿任曹州判官監

丞益之子　郭弘任知事　郭璉任延津訓導　張紘任鄒縣縣丞

天順年裴璉任邠州吏目　閆安任趙府引禮　郭福任常州府

照磨　王安任陝西行太僕寺主簿

成化年李琛　王玘任清州府知事　冀玉　張璞任

雲縣知縣趙善任唐山縣丞牛泰任蘭州訓導張祿朱濬

璩璋秦奎任丘縣縣丞李琢任紀縣主簿

弘治年張冲任浩任興平縣丞楊輝任保安縣知縣

張弘任河南府照磨郭善任曲阜縣丞高鵬任城固縣丞王俊

張拱辰任德州判官王廷芳性直方居家以孝友稱任西鄉縣知縣能

其職民頌之郭禎任湯陰縣丞趙偉仕至吏科給事中

正德年劉敏任即墨縣丞楊釛舉人清之子任大名縣知縣

趙希賢任陽谷縣丞宋錫任井泉知縣宋登瀛任平涼府推官

裴準任深州判官　李繼儒任青州府訓導　范繼宗任周府紀善

潘鋐

嘉靖年　邢道任岐山知縣　秦志仁任昌黎知縣　李璋任安肅縣丞　李居仁任甘州衛訓導　孔希賢　孔天民任安定縣丞明敏有聲見于本治志中　任紹琰任華陰縣丞　李承爵歷官萊州府通判　馮鉞任鄒平主簿　任紹傑　陳天祿任肇縣縣丞　馬清任都督府經歷　陳文質任孟縣知縣　孫大賓任萊陽縣丞　馮鎬有清操善古作官至通判大有聲稱　馬憲任崇慶州判官　郭志高

任遲縣縣丞史卿任漢中府經歷楊挺雲楊挺秀任諸城縣

主簿崔天爵靳來臣任臨清州訓導王璃歷祁州訓導無極教

諭湖州教授紀雅長厚雅善作人士多感服為立碑入祠祀之陳世卿任諸城縣

教諭宋之官任臨州訓導

隆慶年高鎣任漢陰縣主簿宋文臣任諸城訓導聶世卿

任商城縣訓導王三省任襄陽中經歷

萬曆年裴守業楊挺然任夔州府經歷老成端嚴雅為士林

所望王三錫閆世卿任聞喜縣訓導楊時春任平陽府訓導

孔學禮任鄢陵縣主簿　衛九韶任遼州訓導　韓天爵任隰汾縣

訓導　高應科任扶風訓導　劉鳳至任南和縣教諭　侯維屏任鳳

翔府訓導　裴希尹任平遥訓導　馬中孚任寧武所訓導　蘇效曾

任太原縣訓導　馮士奇任新野訓導　王賜命蒲縣訓導　王國寧慶訓導

梁桂　靳思義　鄭蘭芳

屯留洪武年李進任福建道御史秉公執法風采凜然出按地方軍民咸服

王春學純行篤累官陝西參政歸日行李蕭然人稱其廉　李本任戶部主事監

督京倉劉剔宿弊特以爲能　李春歷任山東僉事有令名善斷訟至則迎刃

而解無有凝滯　趙恒任交趾順化市提舉　李吉任阜平縣訓導　燕貫本縣教諭

永樂年楊庸授綏德州知州慈祥樂易不為苛刻歷陞河南左叅政

尹固任崑山知縣　韓彧任湖廣都司斷事　楊遂任肅州同知

王憲任臨洮府通判　韓瑄任鄜州知州守正循禮言動不苟　崔幹任嘉祥知縣

苗滋　任納　常毅　王欣　張亨

張循任韓府引禮舍人

宣德年陳融任銅陵縣丞　李琚任觀座嶺巡檢　張順任濮州吏

目

馬堅任後軍都督府經歷　李忠任裕州訓導

正統年　李玉任祁州知州　閆教任遵化知縣　原清任順寧關

巡檢　羅素任苑平縣主簿　常俊任淇縣縣丞　崔致恭任貴池縣丞

龔遂任天津經歷　王敬任霑化縣主簿

景泰年　李昭　毛鑑　周宣　范朴　李鸞

程憲　姚禮任蘭陽縣主簿

天順年　周禮任武昌府知事　尹璉任唐縣知縣政令嚴肅時有黨惡按法悉誅徙之人以為触　王聰任交河縣主簿　尹瑁任沂水縣主簿

李華任鳳陽縣主簿　張翀任淇縣訓導　楊邵知縣弼之子任開州吏目
孫廷榜嘉靖戊午科舉人　韓儒璮之長孫任保安州判官　崔顯任江陽縣主簿
崔林任安化縣丞　原大實　常增　張璣
成化年李讓　王受　閻暘任盧氏主簿　韓昱璮之
仲孫任上元主簿　王本任榆林訓導　周世隆任嵩陽縣丞清眘盡職事
生繼母俱孝鄉人崇重　李柰任南陽府訓導　靳銓任邯鄲縣丞　王相
任合江知縣　張玉任崇信知縣　李宗任南城兵馬指揮　王禹任瑞
昌縣主簿　王得義任華州吏目　李貫任封丘縣丞　趙端任狄道縣

丞　郭璽任延安府檢校　李政　崔洸　楊遇春旃之子

馮[illegible]　崔鸞

正德年　郭承芳任歙縣縣丞　吳江任王府教授　李璟任涪陽縣訓導　王琅任東鹿縣主簿　王錫任睢州訓導　周卿任鳳翔縣主簿

劉澄　羅睿　郗朝卿

嘉靖年　李孟曦任王府紀善　馬良珮　馬良璧任順州衛經歷　崔靜任寧夏衛訓導　范溫任虞城縣丞　陳世鳳任鞏昌府通判子簡舉進士官至按察使　靳鳴周任寧州訓導　李懷忠任韓城縣

訓導李叙任固原州訓導楊譽任中城兵馬陛平凉通判殷惠任咸陽縣

丞周尚忠任華陰縣主簿楊信任興平縣丞馬希龍任武弦知

縣韓朝霓昱之孫南陽經歷馮希舜吴一貫靳

鳴璧任輝縣主簿李養純叙之子任上蔡訓導李孚先任綏德州

判官宋相任臨朐訓導王取任隆德知縣張輅任邯鄲訓導王之孫

申時龍任朝邑主簿李必芳任滋陽縣訓導

隆慶年李乾任順天府訓導陛大同府教授路周道王道弟

郭廓任贊黃訓導陛西城知縣路廷臣任江陰縣丞

萬曆年霍騰任遼東廣衛經歷子應麟見任同知　靳鳴珮任無極縣訓導　靳鳴道任蒲州訓導　馬敦任襄陵縣訓導　鮑朝先任定襄縣訓導　李喬任榮河縣訓導　程講道任汾州訓導陞莊浪教授　吳夢麟任聞喜縣訓導　申所學任太平縣訓導陞臨清州學正　暴孟義　郭

包荒包田兄任朝邑縣訓導陞河中府教授　郭思廉　尹樂耕任蔚州訓導陞會寧知縣　趙邦翰任懷仁縣訓導陞舞陽縣教諭　李育岐任臨津縣訓導　賈學文任太平縣訓導　暴所養孟奇子任肥鄉縣訓導

郭思孝　李之選　常熙

襄垣洪武年衛師魯　史鑑　李公政任禮部員外郎陞工部郎中福建按察司副使調河南副使　崔昱任刑部主事　趙陞任長泌府推官政尚嚴明政聲籍甚陞大理寺評事太僕寺丞本寺少卿陞大理寺少卿本寺正卿鞫訊允精多所平反

永樂年陳斌任西安府通判陞户部員外郎　韓禋任吏部司務陞本部員外郎　張琛任泰州知州　崔秉智任隴西知縣　衛芳　韓顒任萬載縣知縣

宣德年李子深　賈福　王弁　張循任高郵州

知州傅徿任金鄉縣知縣栗恕任陽武主簿栗堅

正統年王輝任王府引禮舍人傅文任韓府典簿楊麟

李祚任開州判官連鏞任真寧縣主簿

景泰年李純任商城縣丞趙子福任東城兵馬李文玘

任文縣主簿傅岩任洛川主簿李倫

天順年李郁任彰德府檢校戴鎬任常州府知事李弘

任鞏昌府經歷

成化年衛中任祚城縣丞楊璽任井泉教諭常亨任宜川縣

丞　許烒任汝寧府檢校　李義任安化縣丞　張文會　王序

任西平知縣　傅滿　趙璋任宜川縣丞　李栾任曲周訓導　李

懷任裕陵衛經歷

弘治年　栗驥恕之子　張敏　郭華　潘傑任雲南河

西縣知縣　路孜任蘇州衛經歷　宋寧　趙明任遼東瀋陽衛訓導

王廷任涇州訓導陞莊浪衛教授韓府紀善　崔璟性捐介徑直不妄笑言

李暘

正德年　楊驥任隆德訓導　李經都御史濬之孫任直隸太倉州判官

崔斌　李矩任潁州吏目　崔仲和任汝陽縣訓導陞登封教諭國典籍陝西郿縣縣見孝義志　李齊任開州同知　趙松任永寧衛經歷　郝軾任滕縣縣丞　郭弘仁任靈壁縣丞　李時元

陰乾

嘉靖年史臣任陽信知縣　王濟任元城縣丞　王鈺任岐山縣丞　趙葉　李齡任猷縣縣丞　王信　趙鉉陞之曾孫天性孝友學問該博任鳳翔訓導陞襄垣王府教授復除宣寧王府教授王皆敬重

李遇泰任鉅野縣丞陞署陽知縣鞏昌府通判　賈天爵見進士

王宗顏　馮廷佐任高邑訓導　趙文瀚　常經任安定訓導　郝臣任光州訓導陞秦州學正性質豪宕言辯紛錯字學鍾王體自成一家所至課士科目得人士儒多從之歸田教子耕讀詩酒行樂不逐貨利鄉人推重焉　王宗尹任兗州府訓導　崔應辰任清城訓導　李鳳任扶溝訓導　李迪任沭陽知縣　王裾任復州衛訓導陞吳橋縣教諭　王宗稷任登封訓導陞中部教諭崇府教授　李鋭任鎮安知縣　李峻任慈谿訓導　郭憲任廬江訓導　趙文洪聰之孫任良鄉訓導陞固原學正　趙淵　郝思翰臣之子任崑山縣丞陞晉府典寶壽九十終鄉評推

重悟澹士也趙文淵聰之孫任歸德訓導陞麟遊教諭又陞沂州學正

隆慶年趙謨任蠡縣主簿李學古任猗氏訓導陞文城教諭

郝良佐任鄰縣訓導牛鏜劉珙任松江府照磨

萬曆年崔淳王尚志任垣曲教諭子基洪舉進士

楊天章葭州學正郝鐸任固安主簿趙秋芳任平陽府訓導

趙士愚韓珙任保安知縣王俊民任霍州訓導子雲龍舉進士

宋文譽任上津訓導郗應魁任盂縣教諭馮繼京

周道興任安邑訓導確山教諭歷鳳翔懷來教授崔鑾任邢臺訓導

黄習業任平陽府訓導 賈潛任平陰訓導 楊學朱任輝縣訓導

郝鏗 姚希顔 趙期閔

壺關洪武年郭炳 梁恕任光禄寺丞 郭齊任順天推官陞

兵部員外郎出為四川右參議 徐貞歷城縣典史以卓異陞甘肅行太僕寺丞

永樂年高敏任鎮原知縣 王鐸任麟遊主簿 皇甫福任金

吾衛經歷 韓瓚 宋隆 張傑 郭周 路鑑

郭壽任東昌府知事 王遜 郭斌

洪熙年王珪

宣德年崔俊任密雲教諭　秦煥任涇州衛經歷　馬載

孫清　宋贇

正統年郝儼寧之子　張聚　張秉任臨漳主簿　崔通任大寧衛經歷　程徽任登州衛經歷　牛奇

景泰年牛順　程祥　王璣璉之弟任平涼府照磨

常銘任臨川縣丞　李素任河州衛經歷　張綬　閆鳳

天順年楊清　高信　牛牧　張泉

成化年張儁任杭州府經歷　閆瑛　王良任長垣縣丞

姜琛任上林署丞邠州判官　路廉慶之弟任蔚州衛經歷　王政任燕山衛經歷　李春　楊鑑任延安府知事　張凱　趙昺任神木知縣　李萬增任井陘行太僕寺主簿

弘治年趙惠任黎平府經歷　閆理任利州衛經歷　姜鑑任懷柔知縣　陳忠　張儼任松潘衛經歷　常倫任信豐主簿　賈玲　張林能之子任上海知縣　馬健　申虎任興州左衛經歷　張德任樂亭訓導

正德年萬齡任曲周縣丞　高景山　郭儀昌之子任滑縣

知縣賈琮玲之子任濮州判官　張琪任無極教諭　李昱　徐行

貞之曾孫任陳留訓導陞徽府紀善　張璣任衛輝府經歷　楊瑫任懷柔故城訓

導邯鄲教諭陞國子典簿嚴拒常例節省浮費清勤供職前後鮮儷陞河間府通判

嘉靖年王紳任安陽訓導　杜武矩之孫　呂僎　王霈

郭遷　高崇勳任通許訓導　萬克敬任醴泉教諭　呂崇

義僎之子　郭乾　張潺任陝州學正　李雲鳳　姜河

任夔州府推官　楊昱　吳夢吉任華陰教諭　韓激　郭鍠

任蘭府教授　張瑚任靜海縣教諭　楊瀾洛之弟任滄州學正孫夢龍舉人

栗善繼　張時毓任沈丘縣教諭　郭繩祖　張時彥任杞縣縣丞　張時馨任涇陽縣丞　牛繼先任館陶訓導　楊昻霄璠之子任晉州訓導

隆慶年張鳳梧　郭永爵任苑馬寺監丞　張定任陝西秋道縣丞　任應翔任榆林教授

萬曆年郭光祖　楊承勛洛之子任翼城訓導陞嵐縣教諭　郭鋐儀之子任垣曲縣訓導　賀明楊任阜城縣丞　平遲任寧鄉訓導　張達時毓之子　趙民望任武功縣丞　楊承恩任高平訓導陞

鳳府教授張鍛任威遠衛訓導陞武邑知縣武鳳鳴有備之父授太原訓

導張引 郭衛澤 郭兗相任陵川訓導張遜遠之

兄任介休訓導陞內丘教諭平章任陽曲訓導張遠遜之弟任代州訓導

陳友徐任澤州訓導任應第 劉大受 張弘道

潞城閆澤任戶部主事屈禋任涇陽教諭子銓舉進士申桊 郭

儀 趙端任武進縣主簿魏璘 魏正 王會 申

復禮任慶陽府知事孟希端 陳俊任茌平縣丞李交

間任河間府照磨王兆 王盛 馬璣任光祿署丞陞鄜州知州

守身無玷居官無私 李福 李鶴任南鄭主簿 呂堅任延安府知事

王成 崔璽任長沙知縣起奬興褒不畏強禦 秦寧任崑山主簿遇

事敢為立心不苟 趙清任濟寧州判 戴清 魏知之 王

鐸 劉鐸 張忠 申璋任安樂知州 申昭 申

富 申彪任臨城訓導 申珩 王範任獲嘉主簿 王卿

任漢中衛經歷蒞官守法居家守禮 梛渶任白水主簿 王體仁任登州府

檢校 申瑞任江油主簿 廉祺 康盤任太平主簿 孟愛任晉

府紀善 曹文靜 秦鎬 武珮任饒陽知縣 王廷臣

王仲仁任內黄縣丞　崔文富任州　任齊河教諭

柳得春任洧川教諭　秦金任崑山主簿　翟任文縣知縣

石銘任蘭陽縣丞　劉九德任鎮江府經歷醇篤謙冲循雅沉靜刑家克盡

孝友莅官卓著廉能樂善喜施生平無愧　申希曾任岸縣訓導　李一桂

任肥鄉縣丞　陳三謨　王尚友　王廷寶任丘縣知縣

王廷臣任咸寧縣丞　王宗文　王元吉任廣宗縣教諭

牛佐任山陽訓導　申相　曹汝脩任繁峙教諭　陳天佑

任衡水訓導　武濟文任嵩嵐正　馬負祥任棗強訓導

秦邦寵任蒲城縣丞　張廷賜任安邑訓導　王嘉客　衛學顏任渭南縣丞　趙愷任文水訓導　陳三餘任汾州訓導　陳三豈任山陰訓導　郭守陽　申希淵任威遠衛訓導　李世芳　崔斯和任臨汾訓導　李凌雲任西安府訓導陞介休教諭霍州學正淮安府教授　石守謙任寧縣訓導　李芬　李時亨　申自脩任代州訓導陞平定州學正汾州府教授　劉鉁任臨清州訓導　劉信任代州訓導　石瑝任平遙訓導　趙貞明　王秉乾　賈天啓

黎城李毓任本縣訓導充本省甲子科考試 傅宏任祁縣教諭充本省丙子考試 王昭 董威任黃州知府 徐俊 李昱 劉達
郭愬 程繪任武昌府經歷 范宣 梁巘 程亨
王彪 李韶任趙州判官 李時 李臻 綦徽
李好古 王矩 馮琦 郭玘 劉璇 劉壁 劉鐸 李約 趙經任桃源知縣東城兵馬司指揮致仕子傅登進士官至知府 靳學任政和知縣 申錫 徐利 常顒 劉璠 楊暹任提舉司提舉 董良任嘉興府檢校 孫玉

程琛　韓紀任阜城知縣　李文　李恭任樂平縣主簿
侯輝任沔陽州知州　張謐任元城訓導　王良任中部縣丞　王震
任丹徒縣主簿　王相任陝西主簿　王中任松江府照磨　張顒任渭源知
縣　徐恭任無極主簿　韓濟　李鎔任真寧縣丞　李讓任常
熟主簿　史彪任蕭山主簿　楊裕任嚴州府經歷　李敬任荊門州吏目
王道任陽武縣丞　李全任濟南府知事　王會任寧海州判官　靳紳
任井陘知縣　鄭增任自在州知州　靳欽任長山主簿　楊安任曲陽縣
丞　任佐任臨潁縣丞　張誠任京衛經歷　張濬引禮舍人　李輔

許宏 王德 申定 張孟元 侯勳 馬麒任岐山縣丞 劉玉任金壇主簿 程麟任蒲主簿 董張文振任魚臺主簿 張詔任考城主簿 王紹祖任咸陽縣丞 王璋任綿知縣潼 劉浩 李緒 王允任魏縣訓導 蔣蘭任宜陽訓導 王賛 王綱 張好古 趙希尹任紀善 王素任莊浪教諭 魏思誠任濰縣縣丞 賈輔任鳳翔府經歷 李秉和任懷慶府照磨 劉宗仁任泰安州訓導 王景陽任平山縣丞 張孟春任睢州吏目 任傑任經歷審理 楊拱辰

史崇德　劉智任教諭教授　王以德任新化州吏目　王良
佑任沁陽訓導　王思周任保安縣教諭　劉永平任日照縣訓導
李環　王景明任西和知縣居官能得民心歸田飭躬範俗捐金濟衆鄉
評重之　馬健任清澗訓導　王應辰景陽子任三源縣丞　李騰霄
珪之孫　史一中崇德之子任武陽主簿　高進任文登縣教諭
王之瑞任安肅縣丞　李鎬任岢嵐訓導　高鸞任狄道縣丞
王子順任脩武縣丞　王永定任荊門州同知　邵璉　張黄
裳任白水教諭　龐繼德任懷慶府訓導　王以旌　王民望

任靜樂教諭　王民薰任延安訓導　王時言　王昌言任汝

寧教授　王崇雅景陽之孫臨潁客縣知縣　范志登任大同教諭

邵琿任寧州學正　王日新任順德府訓導　李尚絅任大同府訓導

靳世英任披縣訓導　王好德　喬舍　王弘業應辰

之孫　王行孝

平順當創學時實以各州縣諸生故貢多外籍

今其邑人材漸茂貢皆本縣人矣嘉靖八年

首貢爲王藩蒲州人任漢中府羊縣教諭　王良臣蒲州人

靳惟精黎城人任西平知縣　王廷槐長治人任咸寧主簿　王仲銘本縣人任淄川縣丞以後本縣人俱不註籍　王濟美仲銘子任直隸臨城主簿補寧陽改襄城委署紫陽西鄉咸有功効陞金鄉縣丞委治河工底績擢德州判官卒　周欽長治人一梧父任歸德府通判贈蘇州知府詳名賢志　李尚賢任昌邑知縣　宋璧任照磨　王弘化任新河知縣　王珽任萬全衛教諭　葉桓任訓導　王艾任寶山知縣　馬鏜任靈山衛教授見孝義志　姚麟　張附翔歷任安化知縣孝事孀母義周煢獨厄難及者口不言人之過　王得相固安訓導　石珩訓導　陳加言陽武縣丞　程汝梅舞陽

主簿劉天賜　申朝聘任黃縣主簿以清慎名著陞延津知縣　張

應麟教諭　宋德馨高平教諭　劉世本伊陽主簿　宋應麟渭南

縣丞　宋應登任臨津訓導陞學正　徐璔第內丘知縣陞府判　王棨

濟美子任太原府訓導陞教諭教授　王邦治封丘縣丞　程策任騰越州判陞

興州衛經歷　張桂臨晉訓導　曹捷鉅野縣丞　牛思炳　劉珠

任澤州訓導陞高平教諭　姚錫爵　王誥　許錦任良鄉訓導

王士彥平陸訓導　申其達朝聘次子　申鐸　王觀光

劉一江

潞安府志卷十一

人物五

名賢附群材

春秋仲章 潞賢人也豊舒爲政棄而不用故伯宗數其罪而伐之

戰國豫讓 郡人臣事智伯以國士待之及智伯爲趙襄子所滅讓爲復讐凡三起俱爲襄子所覺最後請襄子衣三斬之曰吾可以報智伯于地下矣遂伏劍有傳見藝文

漢三老茂 壺關人武帝任江充興巫蠱獄充追促戾太子太子不堪收斬充發兵自救帝怒詔捕反者並廷大臣莫敢申救大子亡去未獲茂上書訟冤甚悉書見藝文上黨

記及漢紀皆曰茂姓令狐

馮奉世字子明上黨人前守亭之後以良家子選爲郎補武安長前將軍韓增奏爲司空令先是漢數使出西域多辱命增舉奉世以衛侯持節送大宛諸國客至伊脩城莎車與傍國共殺漢所置莎車王拜殺漢使奉世合諸國兵進擊拔其城莎車新王自殺傳其首詣長安諸國悉平威震西域奉世至大宛敬之異于常使得其名馬象龍而歸上悅議封蕭望之不可乃以爲光祿大夫水衡都尉元帝時西羌反大臣集議漢然莫有對者奉世願率師討之斬首六千級賜爵關內侯食邑五百戶黃金六十斤以壽終居爪牙官爲折衝宿將功名次趙充國卒後二年甘延壽以誅郅支單于封社欽上疏爲奉世訟功以先帝時事不復録奉世九男四女長女媛選充后宮生中

山王後爲中山太后見烈女志子譚野王逡立參知名馮譚奉世長子舉孝
廉爲郎功次補天水司馬奉世擊西羌譚爲校尉隨父進擊有功未拜病卒
馮野王字君卿奉世子以父任爲太子中庶子歷三令長遷隴西太守以治行高
等入爲左馮翊京師稱其威信拜大鴻臚會補御史大夫衆以野王行能第一帝以昭儀
兄避嫌不用爲三公然實見器重成帝立有司奏王舅不宜備九卿出爲上郡太守成帝
亦知野王賢會病免復以故二千石使行河堤因拜爲瑯琊太守時王鳳專權多灾異王
章薦野王使代鳳及章受誅野王不自安賜告歸杜陵鳳遂陷野王免其官初野王嗣父
爵爲關內侯免歸數年卒于家子馮逡字子產舉產嗣爵至孫坐中山太后事絕

孝廉爲郎補謁者至清河都尉隴西太守爲
都尉時上言河堤方略雖不見用其言皆驗
子永舉馮立字聖通以父任爲郎稍遷諸曹
茂才出爲五原屬國都尉遷太守徙
西河上郡郡東海下邳病痺天子聞之徙太原
更歷五郡所居有績年老卒于官在上郡時
與兄野王相代公廉治行畧相似而好智有
恩好爲條教吏民嘉美歌之曰大馮君小馮
君兄弟繼踵相因循聰明賢智惠吏民馮參
政如魯衛德化鈞周公康叔猶二君
字叔平立弟爲人矜嚴好脩儀容進退恂恂
甚可觀也參昭儀少弟行又勑備以嚴見憚
終不得親近侍帷幄以王舅自黃門出補爲
渭陵食官令病徙爲寢中郎有詔勿事擢上
河農都尉超遷代郡太守內徙安定病免復
爲諫議大夫使領護左馮翊都水中山王不

得立乃封參宜鄉侯以慰王意後以列侯奉朝請五侯皆敬憚之參不肯少貶須之哀帝立傅太后用事追怨中山太后陷以詛呪大逆之罪參以同產當隨坐遂自殺死者十十人當時莫不憐之宗族徙歸故郡班固贊曰詩稱抑抑威儀惟德之隅宜鄉侯參鞠躬履方擇地而行可謂淑人君子然卒死于非罪不能自免哀哉讒邪交亂貞良被害自古而然故伯奇流放孟子宮刑申生雉經屈原赴湘小弁之詩作離騷之辭興經曰心之憂矣涕既隕之馮參姊弟亦云悲矣

吾讀馮氏傳而深悲焉嗟夫漢重軍功凡樹勳絕域無不侯者而奉世獨不得封亦

重外戚多以女寵貴而對王尼弟獨以賤至昭儀當熊以身衛主致傅太后愧而深嫉禍及同產尤足悲矣豈曰適逢世則守正不阿苟寵不隆而蒙禍獨深也

鮑永字君長屯留人父宣哀帝時爲司隸校尉爲王莽所殺莽欲滅宣後太守苟諫趙與保全之會有稱侍中止傳舍者與往謁永疑其詐極力止數日莽詔捕矯稱者永由是知名更始立徵拜尚書行大將軍事安集河東幷州朔部遂破青犢封中陽侯光武即位遣使召永永不應校繫使者後知更始敗乃發喪散兵詣行在見帝拜諫議大夫說降

河內東破董憲封關內侯後為司隸校尉彈良與鮑恢並以抗直稱帝常曰貴戚

手以避二鮑其見憚如此嘗過霸陵

墓帝不平張湛曰仁者行之宗忠者義之主也仁不遺舊忠不忘君行之高者也帝意乃釋官至兖州牧卒于官

鮑昱字文泉永子少有智畧建武中太行有劇盜為梗太守戴涉就錫永署為高都長賊遂平通路開通由是知名後為泚陽長政化仁愛境內清靜中元初拜司隸校尉故事通官文書不著姓重封下帝令著姓露布曰欲天下知忠臣後復為司隸也昱奉法守正有父風後代王敏為司徒又代牟融為太尉肅宗嘗問消弭災眚之道對以楚獄太濫宜還諸從家屬蠲除禁錮興滅繼絕使生死獲所如此則和氣可致帝納其言

鮑德昱之子修志節有名稱累官南陽太守時諸郡多災惟南陽豐穰吏民愛悅號為神父修學舍備俎豆等饗國老燕會諸儒百姓觀者莫不歡服在職九年徵拜大司農卒子昂見孝行其後有鮑靚鮑照另見後

魏

崔游字子相上黨人學儒術恬靜謙退自少及長未嘗語及財利舉孝廉除相府舍人出為氐池長甚有惠政以病免晉武帝泰始初錄敘魏文帝故府僚屬就家拜郎中年七十餘猶敦學不倦及劉淵僭位召為御史大夫不就年九十三卒

晉

續咸字孝宗上黨人性孝謹敦重履道貞素師事京兆杜預專春秋鄭氏易教授常數十人且明達刑書仕晉為廷尉平東安太守劉琨承制以為從事中郎後沒于石勒以

爲埋曹參軍持法平詳當時稱其清裕比之于公年九十卒贈儀同三司

崔游續咸皆晉史儒林中人物也游爲元海師而不受其三公之聘咸一陷石勒爲之叅軍雖著清裕之稱實冒仕夷之耻不若游遠矣

南北朝鮑照 字明遠上黨人少有文思仕齊官至前軍刑獄叅軍侍臨海王鎮荊州宋景亂爲所殺著作甚富多散失今僅存十卷曰鮑叅軍集昔人謂其得景陽之諔詭含茂先之靡嫚骨節強于謝混驅邁疾于顏延即大家如杜亦曰俊逸鮑叅軍詩可知矣

其夢歸鄉詩御淚出郭門撫劍無人達風沙暗空起離心眷鄉織夜分就孤枕夢想慗言歸孀婦當户嘆搔絲復鳴機慊欵論久别相將還倚闌歷歷簷下涼朧朧帳裏輝刈蘭爭芬芳採菊競戲鬆開奩奪香蘇探袖解纓徽夢中長路近覺後大江違驚起空嘆息恍惚神夢飛白水漫浩浩高山壯巍巍巍波瀾異社復風雲改榮衰此土非吾土慷慨當告誰當時中原沉陸蹟晉南遷離況愁思究然在目

堯暄字辟邪長子人堯之後也聰俊美容貌仕魏稍遷中散奉使齊州檢察平原鎮將及長史貪暴事推情診理皆得其實屢遷南部尚書前後從征及出使檢察三十餘許度皆有克己奉公之稱賜爵平陽伯卒于大司農贈安北將軍相州刺史子洪襲鎮北録事參軍遵伏波將軍臨洮太守贈龍驤將

軍謚曰思榮員外散騎侍郎洪子傑榮子雄奮難宗俱仕北齊另見下

堯雄字休武榮之子儁北齊功臣屢立戰功撫養兵民得其力用又愛士盡禮治豫十餘年人懷慕之官至儀同三司城平縣開國公從兄傑亦北齊功臣性果決吏民懷畏官至開府儀同三司樂城縣公弟奮從北齊平鄴拒西魏有功拜驃騎將軍潁州刺史難宗官至征西將軍征羌縣伯堯氏祖孫凡三世歷魏齊兩代簪纓獨冠于一時

王聰屯留人通毛詩尚書禮記華陰徐遵明名士也請屯留師聰授其三經而歸

李業興長子人祖虬父玄紀俱舉孝廉玄紀卒于金鄉令業興少耿介志學精力師事徐遵明于趙魏間後乃博涉百家圖緯風角天文占候無不討練尤長于算曆舉孝

廉爲校書郎爲戊子元曆時獻新曆者九家共推業興爲主賜爵長子伯預行登極禮封屯留子造鄴都宮室繕治器服皆請業興參其事使于梁辨論古今經籍疑義明析有據君臣俱服後又定議五禮爲甲子元曆九宮行棋歷更爲明妙當時學術無出其右故魏史亟稱之子崇祖知名祖習父業襲爵長子伯遵

李崇祖字子述業興子子北齊文襄集朝士命盧景裕講易崇祖年十二論難往復景裕憚之後構三臺材瓦工程皆出其算位至太尉外兵參軍

唐郝洽字元澤上黨人祖溫元魏時以門第爲本州中正洽隱居潞之西火玄宗出獵洽謁見與語奇之因造其第見其女秀整請乞後宮及帝即位授以官不拜終身以處士

稱賜田給養

苗晉卿

字元輔壺關人祖曰襲夔父曰殆庶俱以晉卿贈極品兄如蘭永王府諮議參軍世以儒素稱晉卿舉進士歷郡邑臺省終于宰相嘗從魏郡太守充河北採訪使政化大行有王維撰德政碑請歸望邑門縣步太守迎勞使屬吏行酒必立飲白醪侍老有獻降西階拜而飲時美其恭安祿山反縉紳多陷賊晉卿間走金州謁肅宗于扶風進恢復計拜左相封韓國公當郭子儀收復二京晉卿實與共行經畧大業翊贊功多玄宗崩肅宗稽古諒闇詔晉卿攝冢宰三日肅宗崩復詔攝政固辭老甚代宗優禮入閤不趨為卿小延英詔對宰相對小延英自晉卿始年八十以太保終贈太師詔京兆少尹護喪歸葬謚懿獻當收復東京時得諸臣陷賊者四十人議在誅死晉卿請

寬宥以安人心不從史思明因得借以鼓衆復亂後卒用晋卿計亂始定其練達事體多類此尤好薦拔人不數年得並列而小心謹畏不顯斥人之得失故唐史比之漢朝廣云書卿十子得官者五人收通事舍人發駕部郎中王河南少尹粲郎中昌戶部員外陸勢嘗欲晋粲官帝曰晋卿攝政時有不臣之言而名其子多與古帝王同勢極言賞罰當與衆共讒間必不可行晋卿起文儒致位臺輔謙柔敦厚三朝所推艱危盡忠安常蹈逆老臣必無此帝雖然之而諸子終不得顯其弟泣亦官清漳主簿諸父延嗣官至太原少尹唐宰相族無不貴者苗氏獨以諸簿亦遇也哉

郝讓襄垣人博學宏才初授饒安令遷守兗州年八十三卒舊志稱其憂進不以為榮屢退不以為辱高曠自得蓋有道

之士也

五代李肇上黨人仕後唐歷軍校至檢校司徒從討王都于定州契丹來援唐師不利肇力戰死之子孫入宋爲勳臣貴戚

宋李處耘肇之子父沒時尚幼隨兄處疇入京值兵亂以童子當里門射殺數人里中賴之由是知名爲李繼勳守河津得契丹奸細通西川江南蠟書太祖遂以隸帳下陳橋之變臨機決事謀無不中太祖重之從征李筠又從征李重進遂知揚州撫綏得民心召歸民遮道至不得行慕容延釗討荊襄處耘爲都監以計入江陵平荊湖軍士犯令即絕治不以貸因與延釗有隙互相論奏坐左遷淄川刺史卒贈檢校太傅太祖追念納其

女爲太宗妃即明德皇后也　李繼隆　處耘子字霸圖以父蔭補官平蜀選爲果閬監軍征江南以寡破衆太祖聞其勇敢器重之從征太原禦契丹征李繼遷及邑從澶淵皆著大功料敵出奇每得勝筭歷事三朝謙謹保身明德后寢疾欲面上促之往至閤門拜箋終不敢入累遷鎮安軍節度使官至中書門下平章事卒贈中書令謚忠武與李沆王旦配享真宗廟庭　李繼和　繼隆弟字周叔以父廕補供奉官三遷至洛苑使從兄在邊每令入奏機事初繼遷請城鎮戎軍以控西夏朝議不果及張齊賢梁顥經畧訪邊事于繼和繼和上言鎮戎當城甚悉又言邊將内憂窘乏外憂譏毁宜賞厚恩深不必事從中制皆要務也後統兵擘衛理族于天麻川諸族皆懼求内附因請移涇原部

署于鎮戎開導環延爲應援真宗以其精心戍事甚嘉之但御衆過嚴人以爲刻官至及前鄜慶候鎮州防禦使卒贈鎮國軍節度使弟繼恂官至苑洛使順州刺史

李昭亮繼隆子與兄昭慶及從弟昭遜同廕昭慶官至洛苑使昭遜官至供備庫使惟昭亮有聲稱幼時遣至繼遷軍中問方略還奏稱旨遂鄉意任用歷知十數州領十數節練習邊敏審委任故無他過爲真定總管時保州兵叛遣使招降乘埤者曰得李步兵來我即降矣昭亮至果開門出降其信義素著可知矣爲殿前指揮時誅猾博鬪兵祀南郊配騎卒失弓矢者禁軍股慄驕縱之習爲之一變官至平章判大名真宗親書親賢勳舊字賜之卒于昭德節度使贈中書令謚良僖

李惟賢昭亮子以文廕

補官嘗知莫州倉粟陳腐戍卒弗受大譟衆懼不知所爲惟賢馳至理諭之斬一人流一人軍中帖然遷四方館使卒善宣辭令習朝儀仁宗愛之

李崇矩字守則上黨人孤貧有志行史弘肇副漢祖起兵至上黨聞其名置爲親吏歷周至宋從征高平澤潞揚州俱有功代趙普爲樞密加檢校太傅禁軍校呂翰搆亂軍多亡命入其黨言者請誅其妻子崇矩以萬人太衆請釋之亡命者聞之稍稍自歸後因讒領鎮移嶺南再移瓊亞崇貲給軍爊其酋長還州右金吾卒贈太尉諡元靖終身不忘史氏恩而性絕嘿重然諾然喜黃白奉佛飯僧建寺雖被誑猶信多費亦不惜也

李繼昌字世長崇矩子太祖與崇矩有舊欲使尚主繼昌辭之爲都巡檢使改鈐轄以計擒賊酋雷虎從討敵

王均主師中賊計繼昌止不聽獨得全軍及入城嚴令無擾護婦女稚幼俱閉空所事定各遣還再使契丹稱職歷知四郡以疾乞爲神武大將軍卒于連州刺史性謹厚士大夫樂與之遊爲治尚寬所至民懷之鄭伸者父崇矩客也曾譖害崇矩伸死母餓從繼昌丐家人恨競前詬逐繼昌召見予百金時人義之

李遵勗

繼昌子字公武舉進士召對便殿上喜尚萬壽公主授駙馬都尉公主下嫁宮室衣服有龍鳳文令鑱去昇藏之帝嘆喜班在父上請下許之聞父在涇州疾馳省不俟命還自劾帝慰諭之遷觀察願領郡自試知澶州築堤捍河患遷節度求山林號不許章獻太后垂簾時密問外人言曰但言天子冠當以時還政耳又上三疏五事以論時政其所構盖爲多好園池花石延知名士

士亦樂與之交師事楊億億亡爲服喪通釋典瘁華與浮屠楚圖爲偈頌卒贈中書令謚文和子三端懿端愿最知名端愨官至蔡州觀察使卒贈昭德節度使謚恭敏

李端懿字元伯勗子喜問學通陰陽醫術星經地理聞善士傾身下之故名播士林以知京副使累遷知冀州民愛其不擾知鄆州值民饑發廪大賑買弓手局教射遂知精兵治汶堤百里以郤水患民稱便卒于寧遠節度訃聞帝方宴爲徹樂謚良定在嘉祐時密請建儲人無知者弟端愨因護喪得其稿上之神宗曰近世之賢戚也由是名益著

李端愿端懿弟歷事仁英神哲嘗諫稅三折民力不堪請英宗親政以係人心皆時政之大者富弼嘗問其居官聲譽之不同曰初宮書事豐厨饌以干名而譽者至矣後

肅豪強鋤猾吏而毁隨歷中外官至武康軍節度而卒子評官至成州團練論事頗見采納然多采外事以自效至以公主遺命爭官視其父祖忠君自愛異矣

笛京潞州人守麟州趙元昊入寇死之

笛授京子少從胡翼之學補國子生以父蔭起家王詔取鎮洮田瓊死于香子之圍授以五百騎大破羗兵又破鬼章功居第一取銀川降木征召使契丹神宗勞之曰香子之役非卿幾敗吾事討生羗斬萬級降附十萬五千帳取定西降户五萬追北轉鬭數千里百日始入塞史稱其遇事持議不苟合上城籛南及條奏征靈武進止利害皆確官至殿前都指揮以保康節度知潞州卒贈開府儀同三司謚莊敏

笛履授子束髮從戎授之降木征也履護送至京得閤門

祇候及其父時已官四方館使吉州防禦使
矣後知蘭州同王贍取青唐贍將戰敗羌復
圍城諸將多遁去優獨率衆力戰遂潰羌焚
其族帳而還後累功陞至捧日天武都指揮
使子傳号
見叛逆志

王彥字子才上黨人性豪縱喜讀
韜畧先仕爲清河尉金人入
汴慨然棄家赴闕求自試討賊張所異其才
擢爲都統使將岳飛等十一將渡河敗金人
復衛州傳檄諸郡金兵大至圍數匝衆寡不
敵諸將皆潰歸彥獨保西山結豪傑圖再舉
两河響應有衆十餘萬綿亘數百里金人以
其砦堅如鐵爲未易圖彥刻日北伐告期于
宗澤澤召會議遣如行在所力陳两河忠義
延頸以望王師願因人心以圖恢復言辭慷
激大忤汪黃免對致仕後雖從張浚立功川
陜未竟其志卒于洪洞觀察使知邵州參事

親孝居官廉子弟從軍有戰功多不與推賞故其後不顯

吾觀宋中興諸將如韓世忠劉錡吳玠雖皆一時之傑然戰將耳志在恢復則宗澤張所岳飛與彥四人而已始悞于汪黃再悞于秦檜千載下令人扼腕流涕而不能自已宋史有彥傳亦深惜其用之未竟云

宇文光黎城人博極群書尤精于春秋左傳曰不讀此無以斷大事豈獨取其富而豔哉當宋中葉邪正迭進光審時嘉遯絕意功名靖康中金兵南下猶讀書山谷中見

義不屈而死是日女亦死節見烈女志

金董文甫 潞州人承安中進士歷金昌府判官禮部員外郎武昌節度副使稟質恬于世味于心學有所得子安仁亦尚心學與父嘗居寶豐門終日閉户習靜

王良臣 潞州人承安中進士詩才敏捷尤邃于内典入翰林修起居注興定二年為潞州元帥府參議官元兵徇潞與元帥納合蕭剌都死之贈孟州防禦使

元任尚志 壺關人元木華黎畧地至潞志首迎降授以虎符俾充元帥收輯山寨數與金兵戰有功金嘗得其長子如山以招之曰降則爾子生不則爾子死志曰我為帥豈愛一子親射其子殪之木華黎召議事道過武安其縣尹父為金逐遇害木華黎悼惜請

國朝錄其子

任存尚志于藁父職爲潞州元帥金將武仙攻潞存戰死詔給其妻孥家屬廩賜居第子立來能官先官其姪成爲本州長官及立長吏之佩金符歷澤州陳州卒自宋遁于金高宗南遷遺民仇金不能復元兵南下志歸得張良爲韓遺意父子死節事更偉

宋子貞長子人性敏悟好學工詞賦舉進士金末世亂歸元東平行臺嚴實爲詳議官歡實交歡丞相自是實奏請無所聞既下汴民飢出栗拯救活萬人士人流寓者薦拔之故東平幕府多名士世宗南伐召問方畧以不殺對拜尚書草創典章多所裁定上十事大畧乃拜平章又上時務十二策帝方悔用子貞之晚國制既定請老大事猶訪于家子貞聞事有不便亦自家封奏君臣相信亦近代所無也子勷有才名官至集

賢學士洙蔭四品官孫惟有官至沁州同知惟讓官至蔚州知州惟饋善書翰有祖風官至和州同知皆蔭也

高觽 上黨人父守忠元初千户從征黄州戰歿觽事世祖備宿衛頗見親信以才選充太子官屬稱職遷工部侍郎同知工府都總管事太子從帝北幸丞相阿黑馬貪横自恣千户王著乘夜詐稱皇太子來誅黑馬觽部宿衛宫中識其詐叱衛士急捕遂擒著明日馳驛上聞帝急遣還收捕餘黨鎮撫京師進同知留守兼少傳卒于河南等倫宣慰使

劉宣 潞州人字伯宣沉毅清介居家孝友喜讀書有經世之志從許衡講明理學累官吏部尚書時伐交趾再征日本宣累章諫止切中時弊及更錢法諫論利弊甚悉後官行臺中丞爲忙古臺所忌羅織被逮因自裁然宣忠義節操爲世所

重聞者嗟悼後從子自持上其事實御史臺以聞贈御史大夫上護軍追封彭城郡公謚忠忞

李孟

字道復潞州人曾祖乾金進士祖昌祚歸元授本州宣撫使父唐署陽縣尹有惠政孟敏悟倜儻七歲能文目五行俱下日誦千言學成經濟耻于自進乃屏居授徒時武宗仁宗未出閤裕聖后爲求名儒輔導得孟甚重之未幾武宗撫軍北方昭獻后降居于懷仁宗從侍孟以孝弟進言及講論大經大法後仁宗全孝弟行而爲元明主皆其輔導之功也成宗崩內有異謀孟決策定難功成不居棄祭知政事遁于山林武宗蒐訪而得即授平章曰此皇祖妣命爲朕賓師者繼相仁宗魚水相授大行其志而其引退之心不忘于懷仁宗又倚如左右手故再退再相圖其像敕詞臣爲之贊大書秋谷字賜

之秋谷者孟之號路東山也初賜爵秦國公改封韓國追封魏國謚文忠先塋在秋谷孟葬宛平縣弟欒官至漢中廉訪使森贛州總管信大都路總管兼大興尹奎積貯庫大使子獻歷權內臺御史累官御史中丞知經筵能世其家戊官內臺御史

嘉彬字仲文路州人父兆平金有功授平陽太原等處都達魯花赤彬以征西功選充內臺通事隨臺臣奏事帝嘉之擢御史糾平章阿黑馬受賄事旌其直言累遷刑部尚書僉湖廣行中書省事卒追封京兆郡侯

秦起宗字元卿上黨人金孝子常之後生長兵間學書無紙父順削柳爲簡寫授成誦削去再書學成歷臺省諸史選玄太子家令典簿官上言東宮補導不宜理財朝廷是之遷南臺御史建康水許　不實起宗微行得之人神明相

警諫征入番帝曰非起宗幾爲失計劾中丞和尚伏其辜帝曰爲御史當如此矣朝議以起宗治蜀寡而悞書其字帝引筆更之漕事漸廢帝曰賴御史爲我治其見重每如此總管撫州裁供帳諸費曰我農家素儉事務安靜庶吾民化之以兵部尚書致仕卒謚昭肅子鈞西臺御史鏞延徽奇經歷銓都省掾

宋衜長子人兵部員外郎元吉孫金狀元楫曾孫也幼好學長寓河內經畧趙璧聞其名禮聘之擢翰林脩撰從討高麗以爲行省員外郎從征江華島居民于平壤復命厚加慰勞官太常少卿太子以耆德召見應對詳雅大悅賚旨遂侍經筵開諭爲多及立詹事府首命衜爲賓客每燕見多被優禮以疾卒于官

張和字德義潞州人由儒士薦授青州路經歷陜西行省左司郎中爲人尚氣

節有才幹所至以廉能稱　靳克忠字唐臣潞州人儒吏兼通累官西臺御史後知河中府對失鉄木兒叛克忠不從兵公服坐廳事遇害事聞贈陝西行省參知政事謚忠懋子文用薦擢西臺御史除福建廉訪僉事以軍功陞本道廉訪使行中書省參知政事

王綱長子人從學陝西侯伯政博綜道奥恬退不仕纂粹經樓集書數千卷日訓子弟子其中元末兵亂經籍散失樓

國初猶存

宋思齊屯留人以儒吏兼通授武備司知事陞潞州判官再陞陽武縣尹為政尚德化後鞭朴歷著聲稱

宋思約思齊弟性恬靜私淑聖學不樂仕進建藕擇書院講學其中後學從之敎化大行

董誠字亥道潞州人儒吏兼通授兵部主事累官戶部尚書守法奉

公僚屬敬憚出爲山東行省叅政晉右丞致仕歸與尚書李惟馨解元杜數爲詩酒杜時人謂之樵山三老其子孫衣冠盛于一時伯寧官至叅知政事思明陝西僉事紹顏四川僉事又有臨清知縣政諠陵州同知起宗唐州同知紹祖武功知縣宗顏武陟知州宗武其郡邑佐領尚多不可勝紀

李惟馨字庭芳潞州人解元庭遠之族唐韓王元嘉之後也賦異質而又好學南遊楚越北入燕京師友賢豪遂富經濟江淮兵起脫脫征之請爲幕賓進言據要害以號令四方推擇豪民以銷他變止妄殺使人得自新遂平徐亂丁父憂值曹濮盜踰太行陷陵川高平鄉民奔竄惟馨止之率衆憑險以守伺便生縛數十百人賊不敢入後應察罕帖木兒聘說以據上黨翼京師屯磁邢以次翦滅群盜皆

如其業累陞兵部尚書後副擴廓帖木兒進
兼不用遂至于敗乃歸杜門終老我
太祖統一海內考禮正樂惟馨在居中事峻辭
歸復召授以官以老病辭
上許之守其先世雄山書院建萬松亭知非齋
可已堂有節曰始終交秋一時耆宿如宋濂
陶凱華嘉其高尚運章贈別泰帙至今尚存
內海門瞿莊詩知非老人何卓犖翩翩絶似
青田鶴萬里軒騰振羽翰落日飛鳥向林埜
悵從風雨隔燕然五雲東上達紫天白衣曾
議南宮禮紫微每聽黃門宣乞身不爲誇高
潔兩鬢秋風颯華雪獨攜節竹伴閑身留得
青松同晚節歸耕好鳴鶴在陰魚在藻鄉民
要見歌唐虞丁寧莫負釣臺老公若多散逸
惟存知非齋稿一卷及宋遼金正統論其孫
通仕

國朝爲夏津主簿曾孫誠輸粟一千一十石賑飢旌爲義民素以貢授嵩縣知縣歷兩考有政聲八世孫策任寶豐主簿能詩有聽麽集

國朝曹鑾字九皋潞州人元東平總管幾之子刑部郎中伯堅之後舉賢良方正拜右副都御史轉左副都御史遂拜左都御史國初重憲紀不輕授人公三任即長憲才品可知惜舊志俱畧無從考其實也弟九齡以薦舉累官武英殿大學士舊志亦不載其行實

粟恕長子人以縣學生薦官至吏部尚書能甄拔士類拯濟時艱大爲輿論所推許

王士弘潞州人爲寧海知縣時吳禎收籍方氏溫台明三郡故兵無賴子挾私濫及平民民大擾士弘曰吾寧獲死罪不可誣良民爲兵即上封事辭甚懇切事遂寢三郡

之民賴以全安壽擢南雄通判卒三郡之民悲思之按士弘府州縣三志俱不載今見薛方山憲章録言出君子事必有據

杜斆字致道壺關人兼通五經尤長于易元末中河東鄉試第一稍上仕爲教職見世亂遂歸隱除陝西儒學提舉及省院辟皆不就以俟天下之清也我太祖登大位其門生爲侍從好爲容飾斆遺書戒之漸斂飭太祖怪而問之對曰臣師杜斆之訓也即遣使徵召一見大悅時初革丞相即拜四輔官兼太子賓客分直時日齊心燮理講論政治必以古先哲王爲範太祖亦以稷契期之時祭酒缺一訪于斆上薦宋訥果稱職嘗侍燕遊聯句賦詩

上亦幸其私第曰看卿安否數頓首謀至于
命坐命茶賜饌賜衣日兼一日禮遇殊常雖帷
幄親密之臣然非道德仁義深契
聖心安得眷顧如此惟其深沉忠謹不敢輕泄
故人罕聞其詳
上以此益重之後以老病請
恩諭馳驛歸再召不能起卒于家其出處進退
之節無愧古人至其明哲保身人未易識謂
其尤精于易信矣其子孫最繁衍
孫矩曾孫綸俱登鄉試見科目志

暴昭潞州人爲

紀綺少言笑舉止殊常洪武中以國子生授
大理司務耿介孤立歷司副丞少卿讞獄平
允有異聲還鄉里無異貧時居常麻履布袍
當之京父老餞送及河昭先渡俟父老至中
流即下拜不欲其答禮也累官刑部尚書靖
難兵起設平燕布政司于真定以昭掌司事

及靖難武成被執不屈至于析齒斷手足終不屈而後斷其首仍族誅親黨皆戍邊有傳載執文

連楹字子聰襄垣人元集賢學士肇之孫也幼孤奉寡母訓讀書山中日炊米一杓刻厲進修

國初舉于鄉授官轉春坊改御史糾彈無所避因專其任歷六七考不調靖難兵起與同列姚譿相誓糾察大小臣工有懷二心者露章彈之及金川門不守猶以大義抗諫遂就死當時死節諸臣多遭夷族其親族皆變姓名隱匿去追禁弛稍稍復業歛衣冠而葬之及

今上用言官言查錄給敕明著其事入鄉賢祠樹碑道左

暴尚書連御史皆一時忠臣也乃尚書事

久著而御史事直待于今日蓋尚書禍烈人共覩記御史禍止一身懼及血屬故忍相容隱久而始明也亦可以見天理之在人心有終不容泯者

王贇屯留人由進士授定興知縣以抗中貴調慶城其政以安良善鋤奸宄爲務竟以中貴中傷而歸

劉深潞州人舉茂才任泗水知縣考課居最特免本户差後此必卓異惜莫詳其政績耳

趙泰字熙和潞州人由鄉舉任常州府同知能任事修孟瀆得勝河及要路橋閘諸善政最多嘗夢神指一婦人曰當辨其寃次日果有訴婦

詢究得情寬遂白時河決東省陞治河郎中而尚書周忱又疏請協同督運詔從之乃以勤瘁致疾而殞其為政不刻覈而事自舉及其卒也上下悼之子澄任縣丞

劉昭字克明潞州人好學文有奇氣成進士授南科給事中時中貴監收倉儲奏革其擾嚴皇城門禁凡所糾彈不避貴近陞臨洮知府尤真心為民墾荒田修學校事求實用而不沽名曰吾求盡在我者而已在任七年不調入覲卒于途

趙偉字士奇潞州人以鄉舉授開封府同知有政聲于肅愍公巡撫河南奏請陞衛輝懷慶知府未及行而制歸補萊州及青州知府凡八年善政最多民有一家坐死者三人憫其絕後為出一人以朝會請老林下十年子孫滿前以壽終長子汝淮任教授

李昱字文昭潞州人性剛

毅篤于爲義慷慨自許動以古人爲法由鄉舉授光禄署丞扈從
英廟及于土木之變不屈而死尋被恤典進階贈光禄子長洲陳璠有輓詩曰嗚乎朔風胡塵起沙漠連空連空幾千里秋高馬肥弓力强匈奴跳梁犯犬羊
天朝猛将氣如虎折馘牽俘消一鼓奸權誤主提六軍秘計解甲投斧群兇倏忽來襲人驚豕散置無精神師熸旅衄會陽九日色慘淡悲忠臣公時扈從在行陣痛心疾首怒方震揮戈挺進嗟醜虜但見乘輿忘白刃一木難支大廈傾眼花亂落飄雲烟膏澤潤草不須惜報讐之恨終吞天期爲厲鬼滅此種血魂來肯歸龍隴世間有死鳴毛輕惟死國事丘山重岿堂烨烨褒龍章千年節義風聲揚維揚大郡官賢郎三尺持平才益長忠臣奕葉傳不朽奸賊

身家復何有子淳以公廕歷汝寧揚州推官常以不得復讐爲恨孫壕堂同舉于鄉曾孫庭桂舉進士充善鄉舉知府今有一爵少年舉人時耀貢士各詳科貢志奕世書香足爲忠臣之報

原通字文達潞州人元進士拔之後性耿介以書經魁授漢中通判陞潞安府同知所至以勤能著聲致仕辛子喜主簿孫昂州同知俱貢

王文章字彥衛人以鄉舉授郟州知州報最陞漳州知府調河南平涼爲政尚德化不任刑威民多去後思官至浙江轉運使陞江西右參議陳乞致仕父贈知州子楷貢士楠舉人官長清教諭

寥朴潞州人歷官國子博士古賢尚行無書不讀爲文宏放若奔濤赴壑一瀉千里而斂華藏鍔詩有古色去驟漢魏宦遊四十年束書來歸無一長物

蕪政字養民潞

州人以鄉舉授安丘知縣著聲仁惠調河南值歲祲飢殍枕籍乃盡便宜悉心拯救全活以萬計民去思入名宦子煒例貢任盧江縣主簿

阮勤字必成長子人父河自交趾歸附調長子典史因占籍焉勤以進士授大理評事轉寺副陞台州知府單車之任導利發奸九年而民愛戴之晋山東叅政歷左右布政使陝西巡撫入爲兵部侍郎改刑部乞休進階榮祿大夫生平清介揚歷中外四十年始終一節朝野推之子壽中順天鄉試富廕國子生孫忠補廕官上林苑署丞

劉潔字清之襄垣人父端以鄉舉官教諭時稱爲淳朴方正之士潔以鄉舉任御史征荊襄之寇所活脅從以萬計晋浙江副使卒于官子鳳儀進士官至員外郎鳳鳴舉人官至知州孫龍夔俱進士龍及第爲名臣夔官

至都御史會孫承爵以蔭官宗人府經歷承恩承裕皆舉人承恩官郎中承裕官西平知縣玄孫珙貢士龍另有傳

劉龍字濟卿鳳儀子進士及第授翰林編修歷修撰中允學士充經筵日講進讜以優盛約以持盈之說世宗嘉納褒諭寵賚與鄉會試俱稱得人陞禮部侍郎章太后欲謁廟公執以爲不可轉南京禮部尚書改吏部兵部致仕卒諡文安賜葬祭

栗鉦字靜之潞州人由鄉舉授沛縣知縣調隴西居官清慎公惠爲擢階州知州歸老自適雖飲射不入公門開栗氏之科遂爲望族從弟銘舉進士姪孫應麟以易魁天下應宏鄉舉通判皆以文章馳聲銘之孫繼祖曾孫永爵永祿永壽永馨科第蟬聯而永祿

最顯其以明經貴者則有威愍樞繼武恩廕則有崇德與嘉賓栗銘字警之歷知陽信丹徒二縣剛正有風力不屈權勢徵拜臺諫格于宗親例出守徐州致仕歸常自列所履事以見平生言動未嘗或乖于則云栗永祿字士學銘曾孫也以禮經發解與兄永爵同舉進士授壽州知州復古圩陂塘績最著陞蘇州府同知歷陝西僉事副使浙江參政仍以參議調河南陞昌平兵備歷副使參政識奸細于市得其情豫防之及虜入寇督戰有功受上賞加俸歷江西湖廣陝西藩臬長入爲光祿卿順天尹以進鄉試題穆宗奇其貌曰可置邊陲以當單于越數日虜犯昌平甚急遂以副都御史出鎮虜關之引去改河南巡撫入爲兵部侍郎改南京總督糧儲罷歸起爲兵部侍郎巡撫甘肅致仕卒

性剛直敢任事居鄉以禮俗正人祖潼父木俱贈侍郎崇德即其嗣嘉貫即崇德子以公廕也公之卒也

上悼之賜葬祭

楊能字惟謙壺關人以鄉舉授東昌府同知居官廉

明譽徹上下有妖獄連無辜千餘人能爲辨釋之陞本府知府真心爲民而不善事上官故得罪左遷徽江通判其後科第不絕子奇進士有令名以其貴贈父郎中其孫河洛玄孫夢龍俱鄉舉孫潛溉澍瀾曾孫承恩承勛皆貢士奇另有傳

楊奇字秀夫能之子聯捷進士歷户部主事員外郎中陞嘉興知府調夔州陞兩浙運使調兩淮卒于浙江恭政理財治民俱有聲稱爲户部郎時上足食足兵疏在端本澄源而簡冗除蠹理不可緩語侵貴近時論韙之在夔州德入民心爲立祠祀之蓋真實之士有用之學也

李紀字朝振潞州人由鄉薦授故城知縣歷錦衣經歷陞臨洮知府官至福建都轉運使魏魁岸嚴毅沉嘿寡言發爲文詞則滔滔不倦尤精賞鑑知臨洮時識何景明于驛丞孺子後果爲天下士子汝佐傳雅能詩有著述與景明相友善得其切磋之力孫敏德官至陝西左布政見科目志

王佐字汝弼潞州人性跅逸有才辨素以義氣自雄稠人廣坐中言論侃侃稍欲自見衆爲傾聽之弘治乙酉舉于鄉授西平知縣以惠愛爲政招徠失業撫輯其居者汲汲若不暇邑無廢事獄無滯囚時稱廉平會盜蜂起劉六劉七劫掠遍天下君曰盜且至不可無備築城浚隍大修戰守其賊不敢犯偶出遇賊欲辱之毅然不屈賊曰壯士舍之既而賊勢益猖獗擁衆數萬奄至城下大呼館穀我出子女

金帛不且屠城君曰是尚可以爲邑哉是尚何以令爲哉乃以忠義激士民誓死守登陴拒戰殺賊數十人斃賊首一人賊憤攻益急列將畏賊擁兵不敢捄力竭城破被執懸之旗首叢射之瞋目大罵不少沮復置地下挺刃使屈罵益厲遂裂而殺之事聞贈光祿少卿賜祭葬廕子官爲國子生立祠西平命有司春秋致祭表其門曰節義仍入鄉賢及二忠祠君死後諸路聞風皆爲死守計諸將奮厲賊遂平劉太宰龍有詩哭公張巡不爲綱常計楊令難成社稷功則知公一死益于國大矣當時死事諸臣皆有户侯廕公死事更烈而廕止國子抑亦失平

趙秉中字宗正剛介傅雅自負遠大爲文雲馳飇發須刻千言青羊之變僉憲陳公諮其籌策遂以平賊官至陝州司知受誣歸田自

力教子希夔修行力學早成進士以其貴贈左布政爲科第名家

趙希夔

字一卿秉中子進士授安州知州陞東昌府同知歷四川雲南僉事貴州參議湖廣副使陜西參政按察使右布政官至河南左布政使以藩親不得爲京朝官加食正一品俸且開散官廕子之例爲州時值弱冠耳嘗督隄功水大至衆皆驚散乃獨立衝所衆還競築隄得不壞又編審有譁其不公者詢其故謝而改之時

世廟南巡道路獲罪者衆安肅令逃去當道以攝縣乃爲貴布行宮供億皆實用無異物

上喜欲以爲巡撫地方官以不拜止同知時值

獻后梓宮南下中人護喪郡縣不能支臨清守又逃去當道以攝州機禮應酬中人競服銅仁小平茶苗叛官軍征之不克公在貴州以

他道署事撫按檄進征毅然履陣賊退入林箐深密兵不敢進乃爲砲䂬望烟飛擊賊不支再退伐木開道如前再擊遂及其穴察罪帥安大朝可用釋其縲絏授以方畧使之立功贖罪苗遂平拓地二百里以其功歸帥臣僅受陞俸金幣之賞其爲藩臬長廉平冠一時民有趙佛之稱致仕歸絕請謁明農訓子勸化鄉人隨分歸善壽八十七而終遠及山巖賤及輿馬莫不齊走號泣實行素孚可知已子三于實儀賓克家于斂知府于朴貢士孫復儒舉人俱見科貢志

侯璽 長子人由鄉薦授白水知縣明斷之才案無留牘革徵收之弊無所肆其侵漁民思之祀入名宦累官河南僉憲致仕居鄉謹愿尤不喜浮屠

李新芳 字元德潞州人性剛寡合嚴毅難犯燕居危坐如對神明處家室若臨師

保其自勵有云事在分中皆可做理根心上不難明又云身心不可告天地面目如何對聖賢以書魁登進士主司閱其文曰此道德功業之士也歷淮安保定推官陞户部主事改監察御史以秉公杜託鋤強伸枉爲政及爲御史風裁凜然出按真定發奸摘伏而尤深恤民隱屬吏敬憚生忌心遂擠之歸得致仕杜門講學體驗身心造詣愈深從遊之士日益衆隨品陶鑄多爲名人雖王公長者皆稱漳野先生云子以中貢士以幾舉人

張九經字一誠潞州人遊學京師授易于大司馬彭蘭皋歸而講學倡明易理多所造就以貢授静寧訓導卒于官雖位不克德而人景仰不衰

張序字世倫潞州人以貢授隆德知縣卒于官有遺愛人皆慕之精于易學善造就與九經齊名識趙方伯希

變之才遂妻以女子秉義鄉舉官至鄭府長史李延康字允吉祖安定知縣翥父洛南縣丞玹世有積德公與兄登州知府廷馨相繼登進士初授汝寧推官徵拜御史按秦隴順天出爲河南僉事陝西參議湖廣副使歸卒于家爲人剛直不撓所歷又皆法紀司故隨在著風裁爲御史時能使一二武臣及中貴斂跡避驄爲參議時能使按臣不敢以非禮相加乃心甚仁恕斷汝寧豪獄及治商洛礦徒不肯及無辜毋訟子逆動以真情能使感泣回心是以吏民感服而權貴多不悅御史未幾而外轉藩臬未幾而歸田至今輿論共推聞者猶然興慕焉子如松歷任户部郎中知府李如桂字希寶延康之姪玹之長孫也生而好學一飯不肯釋卷早成進士授濟南推官內召拘于藩親補廬州

府同知陞浙江僉事監軍御倭開弓一發而賊晉陝西參議守環慶虜攻城垂破設伏退之晉副使巡關南又值佃夷亂招撫之又亂討平之歷歲勤勞遘疾卒于官父老呂贈推官

任環字應乾長治人幼警悟不凡為學先行誼重名節始為諸生時大書壁曰營私者無上爵行者無祿又曰充海闊天高之量養先憂後樂之心必如是始可以言士弱冠成進士授廣平知縣調沙河補清豐首酋尉餼罷征求以次釋免獄毀淫祠凡所與革必視民所便民皆為立生祠樹德政碑以草興徵拘藩親例補蘇州府同知適倭寇發掠海上無能禦者當道屬公毅然自任乃練所統民兵與力戰而躬介冑策馬以先之與兵同飲食或同連日夜絕食或同露宿草野中即所得俸及上官之牢醴悉分兵衆由是

兵感奮合爲一體敗賊于上海之八團營既而守太倉方病疽報賊至即舁瘡出海怒濤如山慣海舟師亦怖公手劒揮兵大敗賊斬俘百餘又敗之陰沙敗之孫山敗之南沙賊望見公旗幟輙遁去旋聞擢蘇松兵憲賊圍蘇州民爭走入城保聚門鑰不得入男女相抱泣聲震原野公啓四門納之有奸細混入斬以殉所全活凡數十萬人越歲賊大至復大敗之斬首六百級晉憲副膺一手爲千户丁生母憂請歸制詞甚酸切詔以大義責不得歸而破格封其生母以慰其心寇平始乞終制晉參政未起復而卒壽僅四十贈光禄卿諭祭仍立祠蘇州有司春秋致祭清介忠烈獨步一時其長才大畧惜未竟其用也子承節廕千户官至守備孫可淳見任千户姪弘業舉人官至知縣弘烈舉人官至府同知

張邦彥字德業，長治人。孤介特立，安貧嗜學，言動必以禮度自繩檢。郡守宋公珪欲延爲館賓，曰：必欲延邦彥者，以師事之，不肯不能也。守曰：固然。往過其廬，隘甚，罄折而入，下拜。公儼然抗禮，守固益喜，以爲得師。後舉進士，授汝上知縣，終以矯亢歸，其貧窘無異諸生時。弟邦立，子正蒙，皆貢，邦立尤有品。

張邦立邦彥弟，幼事兄，得其懿矩。積學不售，貢爲歷城主簿，有操守，以禮自持，不隨衆趨蹌。巡撫孫公鑛重其人，欲薦之，衆以簿爲傲吏，無推者。陞杞縣丞，屈彊如故，致仕歸，以壽終。請與木，曰：先人亡時，家貧僅成禮，吾願從其薄。

陳吉字守正，長治人。舉進士，剛毅負氣，少有不平，即形之詞色。閒家雖貧，自砥礪不少挫，赴義如不及，即昂鑊在前，胥以貢育，九死不能回也。讐惡如鴆毒屣蛇守鈞州與徽庶人構庶人顧愈下公公侵之窘甚及爲所[illegible]謫海南安置七年讀書自適無少倘促悲憐之意及庶人以逆節伏誅復其官死矣子兆玉官至教授

鮑承蔭字子傳長治人主事龍之子由進士授中書舍人改御史三持憲節與著風裁陞河南副使山東參政河南按察使左右布政使歷有聲稱其最關風教者爲御史時西山開戒壇聚觀者塡塞道路不能辨左右曰非盛治事也疏請禁止從之至今都人士猶稱其偉舉

周欽字克敬長治人一標父也由平順貢授咸陽知縣陞歸德通判爲政以約己裕民爲主治獄以罪疑惟輕爲心至義所當爲毅然自任雖代庖攝事亦必爲經久計在咸陽七載與民情洽宛若家人其利病曲直可入訴即可伸抑凡城郭廟學

宮室道路橋梁河防比行煥然一新功之最著者在均州縣田立畫一之法無所容奸民思之立碑頌德入祠名宦在歸德有貴戚勢占民田七百頃吏不敢問悉令勒歸其督儲栽省及捕寇安民尚爲常事云積勞成疾乞休不得竟長往當道始爲請得致仕素食貧官十餘載清約如一日歸半載而卒子孫代不能舉火後三十年一梧成進士累贈蘇州府知府

李尚智字子愚屯留人以進士授清苑知縣徵拜御史歷青州知府密雲兵備副使補四川陞參政山東按察使布政使轉都御史巡撫延綏調保定居官以廉潔爲本而出之以公慎故自郘縣至開府民有餘思家無長物布衣蔬食至稱貸自贍怡如也與郘城趙方伯並著清望當道凡數十薦竟以守正不起後銓曹有知公者將大用

而公告終矣弟尚信以鄉薦授東昌推官**郜光先**字子孝長治人以進士授上海縣知縣報最拜御史按貴州湖廣首發大中丞姦贓及窮治彊藩徒黨擢大理寺丞晉少卿拜都御史歷撫延綏陝西回院協理兵部侍郎出爲三邊總督陞尚書兼太子少保歷中外太半居戎馬之塲爲人嚴重有威望之如神明而襟度曠夷人得自盡方畧求內附衆議未决公謂宜外示羈縻而內修備完則操縱在我于是貢議始定以是廟堂推重故久于西陲十餘年間全陝無虞而心力亦竭矣積勞抱恙又聞封君疾革一慟而殞贈太子太保

賜祭葬子三人繼業官生繼英河南府通判繼蕓官生孫自部候補蔭

程應登字司晉長治人幼負異贄遊李侍御漳野之門

而與任光祿董相切靡又主陵川宗約教數與諸宗爲聲律交故詩文脫蹊徑外而寘契獨請爲更多弱冠領鄉薦七舉不第授雅州知州補延慶雅肥土也亟清左右夙弊延慶邊郡也一于防守衙衙商人有衙例饋遺者嚴拒且寘之法邊民始知公門不可私謁矣兩郡俱以制歸曰向爲親屈今可已矣與王公耆碩爲咸泉社八子會學易會皆推公爲長陶然詩酒棋枰間即屢空皆忘年七十七終弟應科以貢任訓導子尚勤貢士孫正巳少年成

楊世卿長子人幼有至性知崇正學進士闕李濂野先生講學于潞布衣徒步執雙雞爲贄先生取其真與進遂得心身之學舉于鄉授沙河知縣歷隴州知州河南府同知南京戶部員外郎中居官行政本于一真故所至浮得民心當隴州之入覲

也道由沁河舊民預探十許日比至空城迎接黃白扶輿歡聲滿路攀留數日以飛車送入都中即此一事德政入民可知已孫秉為少年鄉舉

諸志科目外古今可紀之人同列名賢人物中而科目中逸足反有不得與者取諸可紀之人相提而較亦有未平故今列名賢以標不朽之人而另設群材以收科目之外諸有可紀而未敢遽進于名賢者

朱紀上黨人與劉淵同學于崔游淵重之累官大司空太傅兼大司農

張蚝上黨人本弓姓有絶力觝挾牛走爲苻堅將常置左右世稱鄧羌張蚝皆萬人敵也

馮龍上黨人仕魏爲魏州刺史有善政觝驅蝗出境

馮範龍之子仕隋爲州傅士

馮裴範之子善

馮元裴之子俱以琴書自娛不樂仕進唐以隱士稱之

夏侯紹壺關人仕魏爲司徒

夏侯鳳仕晉爲驃騎將軍

夏侯瑜仕隋爲驍果校尉朝散大夫

程禮上黨人遠祖廣平人爲上黨太守封潞城縣侯子孫遂爲潞人禮仕北齊爲并州刺史

程相禮子仕隋爲葉縣令

程師仁相子仕唐爲本州司戶參軍改

同州録事**程詮**師仁子仕唐爲鄭王府司直

令狐芬壺關人仕北齊爲大司成遷廬江太守

王游壺關人仕北齊爲定遠將軍荆州刺史督七州軍事**王貴**游子仕隋爲揚州別駕**王生**貴子仕唐歷武城武連令

馮世基上黨人仕隋與馮翊郭均並有明悟幹畧相繼爲兵部尚書顯石千世

馬知遠襄垣人仕唐爲工部尚書**馬光義**知遠子仕唐爲曲沃主簿

李建崇上黨人少從軍善騎射歷後唐晉漢皆有戰功累官右衛大將軍周太祖即位授右監門大將軍

張彥誠潞城人後周爲金吾上將軍張延通彥誠子以蔭補供奉官宋太祖時爲西川兵馬都監聞太祖征太原勞苦狀曰上勞若此吾輩日享安樂蓋道其不自安之情也同事丁德裕與延通有隙借以爲指斥語誣奏被害死非其罪宋史冤之忠而受謗信而見疑于延通見之矣張彥威亦潞城人爲劉知遠行軍司馬契丹陷京城執晉主軍中推知遠爲天下主知遠謙讓彥威三上箋勸進郭威與楊邠更贊之遂即位彥威與彥誠同時豈兄弟耶王得中上黨人仕北漢爲樞密直學士周漢搆兵遣得中求救于契丹歸爲周世宗所得釋之賜以帶馬問虜兵至期終不肯言曰吾食劉氏祿老母在圍中以實告則周

人據險以拒之家國兩亡不若一死之爲愈也世宗以其欺周纔殺之嗟乎五代無定君而士亦無定主食其祿而死其事即豫讓爲智伯可也況周曾臣漢爲漢以仇周視豫讓爲尤正焉

申貴潞州人仕蜀爲眉州刺史將兵救王景崇以拒漢兵設伏敗之遂破寶雞又破安都寨亦名將也中國君若奕棋而仕于偏安固不幸也

李玉屯留人多才藝仕宋歷官諸路廉訪副使李汝明玉子長于詩文仕宋官至陝西都轉運使

李塘襄垣人仕宋至節度副使李倡本塘長子仕宋爲武英侯鎮守泗州子

安見進士**李佺**塘次子仕宋為禮部尚書**李嗣訓**進士安之子仕元為驍騎都尉隴西郡伯子讓見進士

王伯淵字嘉甫壺關人仕宋有仕至司徒者曾祖源為本州節判從祖宥為本縣主簿伯淵性謹恪好讀書由東朝宿衛歷雜造織染總管能革弊政陳其利害于朝陞會福院判以母老乞終養壽九十五終伯淵已踰七十矣故不復出以詩酒終其身

楊潤字君澤襄垣人勇力絕人少負大志金之末也元兵南下首破勍敵拜懷遠將軍同知沁南節度行銅鞮令悉力攻擊敵不得逞遣刺客刺于城樓猶搏殺數人乃殞子仁風元進士

馬繩武字象先壺關人儒吏兼通累陞户部主事刑部郎中以明敏拜御史賜金織衣同僉通政院事出爲浙江西道肅政廉訪副使官至同知上都留守追封父維翰爲扶風伯廕其二子

曹伯堅字仲益潞州人仕元至奉議大夫刑部郎中　曹璣字子衡伯堅之後任本州知州官至東平路總管子鶴九齡俱爲我國初大臣詳名賢志

王守忠字信卿潞州人少卓立兼通律學仕元爲隰州判官有善政歷岳陽閿鄉尹江州路判官進絳州知州致仕　王疊守忠子以父廕官中書監照磨　王梅字彥臣守忠從孫仕元由端本堂説書除寧紹宣撫司照磨轉内臺御史中書左司郎中

禮部侍郎改河東宣撫同知守太

行謚□保鄉土還爲樞密副使

李景章 潞城人才識卓越器宇軒昂

授本縣尹陞澤州知州

靳泌 字唐輔黎城人官中書天曆間陝西大

歉奉命賫楮帛幣六萬往賑分給有法

沾惠維均元統間遼陽大熟奉肴将

平糶八千斛民不知擾

權執中 黎城人編修秉中元

弟也官至鈞州同知

李公卿 字轄之潞州人沉毅多大畧以武功

累官定遠將軍同知沁州節度使

王汝礪 字蓋臣潞城人儒吏兼通由隴右廉

訪掾有政聲加授江西湖廣道廉訪

知事

宋相潞州人字朝卿例貢也才穎志高若蟬
脫鳳翔瀟然遊于塵壒之外躭遊工書
客遊都下與何仲默崔仲凫郭介夫輩相唱
和同知潁州未幾掛冠長往撫臺移檄走幣
梓里旌勞之日與李杜史潭野劉少保紫巖
以詩酒相娛樂有春臺獨往濠梁共遊之趣
年八十八以壽終從弟朴國子
博士亦博雅清修詳見前

李汝佐潞州人運使紀之子博雅能文不樂
仕進與何景明相友吟咏唱和得其
切磋之力

趙初黎城人知府傅之子力學恬澹重行誼
薄軒冕隱居西溪之陽創蒼溪書院以
讀書講學爲事建聖賢道統之堂春秋率弟
子行釋菜禮呂涇野過黎城聞其人命駕就

訪相與辨論終日嘆羨而去

伉鴻 潞州人給事中敏之曾孫幼嗜學致至夜竊下二十刻于書無不窺而尤精于史務見于行不徒事言語文字爾故孝弟義順身皆體之居喪準古禮而猶有歉于心不御酒肉後三年其後子孫遂有家範爭以孝義著名而鴻獨不傳予特著之于此考其鄉人曾私諡爲貞篤先生云

薦煒 知縣政之子以例貢授廬江主簿有長才知砥礪令倚知左右手流賊攻城有奸民倡異議惑衆者諭以禍福責以大義率民死守賊竟不克而去後以俵馬抗內監遂輕車歸位卑祿薄不爲勢利所屈而能臨流勇退亦夫也哉

仇森敏玄孫　牛麟　宿政同知椿之父　栗瑢僉憲應麟父

郗賢俱潞州人以儒生選爲儀賓而不屑爲富貴習相結爲斷金會讀書勵行吟咏唱和終身不輟縉紳重之呂涇野有序高蘇門叔嗣

瀋國頌亦極稱五六人之賢

王龍潞州衛人知府期古之父　蘇江　張仁知縣經之孫　廉承芳知縣政之孫俱長治人　張憲　張寔壺關人六人亦儀賓慕斷金之遺風立爲元吉會勗勉爲善亦數十年後則無繼其迹者矣

原廷璽長治人由吏員授河内主簿善剖斷催科得法縣尹倚重之時歸民送者

以千計歸家治農事課子誦讀事有不便于民者輒條其利害郡邑知其賢多虚懷納之

子登雲以貢任知縣乘雲以鄉舉任同知君亦三受封焉

韓盤黎城人由例貢授魏縣主簿從征浙寇頗著勳勞安濵海居民有所全活下吏中賢者也故邑人推重

衛綸路城人由例貢授易州判官陞良鄉知縣居官甚廉有才幹且勤慎故居衛要缺其官

申戚路城布衣涉獵詩書觸形之吟詠閭士大夫樂與之交有所著述情穊列秩文志

其他入粟拜爵邑志棨已備録郡乘安能盡收收其官至知縣以上及曾受

恩命者長治有程南縣丞雲之子由衛經歷陞朝城知縣孫三樂中鄉試李朝珮仕至永年府通判宋濚鴻臚署丞趙全璧鴻臚主簿璦好之鴻臚序班長子有陳鉞丘縣縣丞陞鄒縣知縣屯留有武子興真定知縣襄垣有趙聰歷南皮吳橋主簿陞寧津知縣黎城有王寧歷榆山神木盩田三縣知縣

潞安府志卷十一　終

潞安府志卷十二

人物六

封廕

廕自漢有之封及父祖自唐始必載籍可考者始收録先父祖後子孫分也故封先而廕後

封君

唐苗襲夔晉卿祖贈太子太師苗殆庶晉卿父贈禮部尚書襲夔本長子人

至殆庶則為壺關人矣

宋李遷 襄垣人執中祖贈禮部侍郎隴西郡伯 李世英 執中父封集賢直學士贈隴西郡伯

元王夢臣 上黨人天祐父贈澤州知州上黨縣男

王成 上黨人守忠父贈晉寧路治中上黨縣子

馬維翰 壺關人繩武父贈同僉太常禮儀院事扶風郡伯

李昌祚 孟祖原任潞州宣撫贈中書平章政事韓國公 李唐 孟父原任畧陽縣尹贈中書平章政事韓國公

李儁 惟馨祖贈同僉太常禮儀院事上黨郡伯 李貴 惟馨父贈禮部尚書隴西郡伯

國朝

趙賢 泰父封常州府同知

李昂 昱父贈光祿寺丞 李階 克善父贈開封府同知

王通 文父贈邠州知州

栗玄 鉦父封隴西知縣 栗濂 永祿祖累贈南京戶部侍郎 栗木 永祿父累贈南京部侍郎

李志美 翥父贈安定知縣 李玹 延馨廷康父贈監察御史 李延昌

如桂父贈濟南府推官

李貴紀父贈錦衣衛經歷

宋宣相父贈鼇山衛經歷

李清新芳父贈保定府推官

趙曾希夔祖累贈河南左布政使

趙秉忠希夔父原任陝州同知累贈河南左布政使

鮑才龍父贈崑山知縣

鮑龍承蔭父原任慶陽府同知封中書舍人

任翶環父贈滑縣知縣

屈俊　謙父贈户部主事

崔鶴　大德父贈饒陽知縣

郜祿　光先祖累贈兵部尚書太子少保

郜欽　光先父累封兵部尚書太子少保

宋文恭　守約父累贈巡撫都御史

郭天章　邦驥父累封慶陽府同知

仇桓　昊父贈户部主事

程瑶　宗伊父贈户部主事

高騰環父累贈户部員外郎

周欽一梧父原任歸德府通判贈蘇州府知府

原廷璽登雲秉雲父原任河内主簿累贈晉州知州

任進學弘烈父贈泰安知州

羅寵文俊父封臨潁知縣

吉廷弼人父原任解州訓導贈獲鹿知縣

郭效熙皞父贈新津知縣

以上俱長治

阮泰勤之祖交趾人以勤貴贈右副都御史

阮河勤父原任長子典史累贈

右副都御史

陳會 鉞父贈鄒縣知縣

楊興 世卿父贈龍州知州

劉宗周 永寧父累贈刑部郎中

朱順 卿祖累贈浙江左布政使　朱定 卿父累贈浙江左布政使

鮑卿 希顔父贈監察御史　以上俱長子

楊克中 庸父贈員外郎

王璥 紹父原任蘇州知事贈大理寺副

馬剛 堅父贈都督府經歷

李素 宗父贈南城兵馬副指揮

楊世占 譽父贈中城兵馬副指揮

李世雷 尚智父累贈右僉都御史

路聰 王道祖贈光祿寺卿

路棟材 王道父累贈光祿寺卿

李朝卿 之茂父累贈陝西按察司僉事

暴璉 孟奇父贈監察御史

陳世鳳 節父原任鞏昌通判累贈山東參政

霍騰 應麟父原任廣寧衛經歷贈應州知州　以上俱屯留

趙宗哲 陛父贈大理寺評事

李景剛 濬父封兵部主事

劉端 潔父原任教諭贈監察御史　劉潔 龍祖原任浙江副使累贈南京吏部尚書

劉鳳儀 龍父原任刑部員外郎累贈南京吏部尚書

王濬 宗舜父贈博平知縣

郝珍 良臣父贈吏部主事

賈良相 天爵父封兵部主事

王俊臣璽龍父原任教授贈束鹿知縣

王尚志基洪父贈監察御史　以上俱襄垣

關進芳國盛父累贈衛州府同知　潞城縣

楊能奇父原任東昌知府贈户部郎中

張隆鐸父贈兵部主事　以上俱壺關

趙經倫父贈刑部郎中

李謙世芳父贈刑部主事　以上俱黎城

其以入粟拜官而封者長治有宋鄉舜父贈署丞

趙得友全璧父贈序班　璆江好之父贈序班

廕子

漢馮野王上黨人奉世子官至大鴻臚襲關內侯　馮立奉世子官至代郡太守　馮座野王子襲關內侯

後魏充洪長子人暄子襲鎮北錄事參軍

李崇祖長子人業興子胄父業襲封屯留子

唐苗收壺關人晉卿子廕通事舍人

五代張延通潞城人彥誠子官至西川都監

宋李繼遷上黨人慶耘子官至中書門下平章事 李繼和慶耘子官至殿前都虞候端州防禦使 李昭慶繼遷子蔭洛苑使 李昭亮繼遷子官至平章判大名府 李昭遜繼恂子官至供備庫使 李惟賢昭慶子官至四方館使

李繼昌上黨人崇矩子官至神武大將軍連州刺史

王若拙上黨人陟子官至國子博士 王若谷陟子蔭奉禮郎

苗授潞州人父京死于麟州之難授蔭官至殿前都指揮以保康節度使知潞州

苗履授子官至捧日天武都指揮使

元李獻潞州人孟之子廕權西臺御史

宋洙長子人子貞子廕授四品官宋惟有廕至沁州同知宋惟讓官至蔚州同知州知州宋惟饋官至蔚州同知皆子貞孫

靳文用潞州人克忠子廕權西臺御史

任存壺關人尚志子廕潞州元帥任成存姪存死難子幼先廕成為潞州長官任立存子廕潞州長官

馬繩武二子壺關人志失其名俱廕國子生

國朝李淳潞州人昱子父死土木之難廕歷汝寧楊州推官陞高唐州同知

王官　潞州人佐子父禦寇死節廕授嘉定主簿

任爾節　長治人環子父征倭有功廕潞州衛千户官至守備　任可淳　環孫廕潞州衛千户

栗崇德　長治人永祿嗣廕國子生　栗嘉賓　崇德子補廕國子生

郜繼業　長治人光先子廕國子生　郜繼盡　光先子廕國子生

阮勤　長子典史河之子廕京庠生舉進士官至侍郎　阮冨　勤子廕國子生

阮忠　勤之孫以廕官至上林苑署丞

劉承爵　襄垣人龍之子以廕歷任宗人府經歷

官尊而廕常也吾鄉廕者若茵授蘄文用
任存任成任立李淳王官任爾節任可淳
皆父官未至京卿或署丞知縣爾以身殉
事破格而廕不以官而以節亦足以徵人
心之忠烈矣

人物七

流寓

長治志曰賢者避地久而安焉可不謂鄉人

哉曷可使其名泯滅不傳也故吾志流寓俾
無異域之悲云

漢鮑宣字子都渤海人仕至諫議大夫司隸校尉上書言民有七亡而無一得有七死而無一生及進何武退董賢多見采納後以執法抗宰相下廷尉獄太學生舉幡申救不死髡鉗徙上黨以長子宜畜牧因家焉子孫後居屯留焉屯留人鮑永鮑昱是也或居上黨為上黨人鮑靚鮑照是也今鮑氏散居各鄉邑而隨晉南遷者散處于徽寧之界

常林字伯槐河内溫人也少單貧非手力不取漢末太守王匡起兵討董卓任諸生察吏民過失絕以重法以崇威嚴林諸父以小過見收林往見匡同里胡毋虎說以撫形

勢收人心以匡復漢室不宜任匪人自取覆亡且道其叔父見拘之故虔即移書責匡其諸父得釋林即避地上黨耕種山阿時旱蝗林獨豐穫盡呼比隣升斗分之

張臶字子明鉅鹿人少遊太學兼內外後歸鄉袁紹前後辟命不應避之上黨幷州牧表除樂平令不就隱居授徒門下常數百人至魏求隱學之士郡屢上臶以老病辭年百五歲卒

南北朝

馮和信都人永嘉之亂避地上黨子安雄武有器量爲慕容永將

唐

宋舉西河人唐起義兵舉爲將有斬將搴旗之功勳授儀同三司不受心慕玄虛退隱于潞卒葬城西二里有墓志夫成功不居而回首神仙固豪傑士也舊志載其文遺其

人予特錄之

崔澄安善人嘗居潞玄宗別駕時比鄰而居相契合及玄宗入覲賓客別于近郊澄獨追隨至華後即位寵待有加澄好滑稽帝以慎容字親書笏端官至金紫光祿大夫封安善縣子

宋黃魯直宜春人嘗寓襄垣有所遺像贊及薄酒歌石刻士人至今寶重之考宋史魯直性孝以母疾辭官郡志原載張駁通方脉活人不責報魯直母安康君病秘結醫不能治駁投藥即愈魯直厚贈郤之則魯直之寓潞以就醫療母病耶

國朝張從恕東光人父仲素仕元爲長沙通判從恕亦爲元西寧總管元亡東歸

寓居壺關遂爲壺關人子謙舉茂才爲兩當典史

遷徙

君子去國尚從舊俗其心固有所不忍哉新安之朱東萊之呂槩數世矣乃先儒推本以志永思況于墳墓猶存親族尚往來而吉凶相慶恤鄉誼固在不得以路人視之矣故流寓以志他鄉之客吾鄉者遷徙以志吾鄉之客于他鄉者

戰國馮亭之後 亭戰死長平子孫居潞漢之馮奉世因稱上黨人也其自潞而徙趙則有官帥將官帥將子爲燕相燕相子爲漢郎署馮唐之秦者有馮無擇馮劫馮去疾俱爲將相列侯無擇子爲魏豹將馮敬馮亭之後留關中者有馮衍爲更始將

十六國馮跋 上黨人父安爲慕容永將永滅徙家昌黎跋事慕容熙坐事逃去乘熙暴虐人怨謀誅立高雲雲見殺乃自立卒以東滅嘗觀跋與祖和皆值亂世也和避亂以保身跋適亂以掌禍祖孫殊見而去就與轍詩稱明哲惟和近之矣

隋王通 其先祁人也寓居銅鞮父隆因號銅川通自序曰吾家頃居銅川六世矣註云上黨有銅鞮縣至通始徙龍門講學授徒爲世大儒

宋甯時中其先壺關人徙居宿州熙寧中曾爲潞州法曹叅軍能執法爭獄官至户部尚書

元郝經其先潞州人徙陵川爲人尚氣節學務有用事世祖論伐宋師凡數萬言皆高出一時惜不能用後充國信使使宋定和議平章王文統忌其才陰屬李璮侵宋以害之宋賈似道欲要戰功又遏使不得進拘繫之使不得退凡十一年備嘗困辱著書數百卷思託以垂不朽宋亡之前一年始歸歸卒謚文忠

國朝王廷相字子衡本潞州人父客儀封隨侍遂中河南鄉試其登科録尚稱潞州人儀封籍在京鄉社必先山西而後河南今潞有墳墓有坊牌有童時書館瀋王德

興過其館有詩子衛讀書處一徑入叢篁石硯封蒼蘚琴臺倚素牆捐金不易志銘罔已流芳地主能崇護鍾靈在此堂公文章勳業卓冠一時海內共知此不贅也

郭希愈壺關人係籍京衛中正德丁丑進士官至御史

楊儼壺關人係籍京衛中嘉靖七年順天鄉試

郭秉聰襄垣人寄籍順天中嘉靖丙戌進士官至通政

郭承緒秉聰子中萬曆丙子順天鄉試

申仲屯留人寄籍任丘中嘉靖甲辰進士官至御史

王光祖黎城人寄籍魏縣中嘉靖甲辰科進士官歷御史至知府

李師孔黎城人寄籍開州中嘉靖壬戌科進士官行人

秦尚明長子人父客太康遂占籍中萬曆己丑科進士

宋諾屯留人寄籍故

城嘉靖乙丑進士官至兗州知府

潞任

國初兩經遷民至今冀豫之域邂逅相話尚曰
祖宗自潞州遷徙而來世遠情疎不論鄉曲
非朝夕矣惟是民好商遊起家婚娶因占籍
遂爲東西南北之人其反本尋源拜墳塋叙
宗親者吾人也則書之其不然者曷得掠而
爲枌榆人物哉

潞安府志卷十二 終

潞安府志 卷十二

潞安府志卷十三

人物八

孝子

漢鮑永屯留人名賢也事母至孝妻嘗于母前叱狗而永即去之鮑昂永之孫字叔雅父德被病數年昂俯伏左右衣不緩帶及處喪毀瘠三年抱負乃行服闋遂潛于墓次不闚時務舉孝廉辟公府連徵不就卒于家

南北朝韓懷明上黨人年十歲母患疰每發輒危懷明情迫寒夜露禱星下俯伏稽顙或異香至空中人語曰童子母自苦母病且愈遲明果然鄉里異之十五喪父哭

幾絕家貧不受賻助負土成墳免喪與鄉人郭麻同師南陽劉虬虬一日輟講獨居涕泣人懷明竊問之其外祖忌辰也時虬母已亡故感痛懷明因念母即日辭歸虬曰韓生無從吾之恨矣嬉怡膝下朝夕不忍離雖貧必力致甘脆母年九十終水漿不入口者旬日號泣不絕聲廬于墓有白鵲伴三年除喪猶蔬素終身梁天監中刺史王瞻表言之累辟不就卒于家見孝順事實

楊引襄垣人三歲喪父養于叔母年九十二終引時七十五歲矣猶哀毀過禮恨不識父面追服斬衰粥食誓終厥身凡十三年孺慕如一日鄉閭三百人上狀稱孝有司奏聞後魏標其純孝加以散員見孝順事實

金泰當上黨人金季兵起母老不能遠避乃竄山麓為洞奉親居其中旁竅大洞匿里

中數百人具牛酒待兵兵入見其親問故曰孝士也釋之去里人賴以保全曰秦父生我孫起宗仕元爲兵部尚書

元李术魯克恭上黨人生二歲父母俱亡育于外氏比長患念常切風木之悲兄旅喪歸其遺骸伯孀失養躬具甘旨及終以禮葬人皆以孝義稱之

和孝中長子人性至孝貧甚力穡供甘旨父歿廬于墓三年幾廢櫛沐形槁骨脱人多憐之至正間旌爲孝子

王棨長子人母薄寢疾躬奉湯藥迨卒哀毀廬于墓側妻李亦歿子明亦哀毀與父同廬會兵興焚掠父子相對飲泣不去學士吳顯爲記有碑

申克讓黎城人父天祐卒廬于墓三年貢士成墳旌爲孝子

國朝張倫潞庠生幼喪父奉母備極甘旨卒合葬結廬墓側日負土崇其墳傍無水穿井深不及泉乃焚香泣拜水湧出人以為孝感奏聞旌其門後貢任東阿訓導

白聚良潞州人朴實不知書母歿廬墓六年終始無少懈其孝殆天性也

王俊潞州人鄉居西火質朴無偽親終廬于墓曠野無垣日夕哭泣泣已負土墳窿窿起弔者至惟稽顙不語居三年盜賊虎狼無犯者里人欲舉其孝力止之曰人子自盡其心何辱旌為自是里人化之廬墓者有仇氏二孝感仇氏而接迹者有梓人張攢張偍鄉民郭景榮車桐錐有旌未旌皆本于誠足以勵俗近来有寢處樓臺衣食豐美去来無定竊廬墓之虛名又有卒哭家居扶櫬蒙旌其視後為何如宜乎志壘未乾旋因事敗而

裁去者故廬墓一事棺木盖而論未定者不槩取

仇朴　仇欄 長治人凡弟也給事中敏之後事繼母如所生欄更讀書執禮母疾朝夕侍卒廬墓三年旌曰二孝姪勳亦以孝稱其父攖病癱吐瀉不離牀褥勳每手潔其穢居喪三年不入私室亦旌為孝子

原富 長治人父志學年八十二矣貧日傭以養父疾危篤思食肉力不能致乃割胸前肉一臠烹以進父食之曰奚自甚美富曰乞諸隣食請再乞疾立愈且健富刃傷不淡旬亦平楊廉訪命有司表其閭以庖廩給之夫刲肉若行也必若原富貧不能致可偶一為之然亦有親病不愈忍痛以冀奏効者吾郡一先達曾為之以為非中庸不欲聞于人又有一愚氓曾為之亦深自韜晦事不近名雖近怪皆真心也

王大節 長治

人父相嘉靖初商延安卒不能歸櫬母田方少遺腹生大節竭力養舅姑三十五年母亦卒夫節時為諸生痛父魂杳隔千里母魄孤閉九泉誓購同穴乃投牒于郡裹糧徒跣至延安莫識父所瘞處有高年王萬牙指告彷彿則曠野無從得焉大節叩地號泣望空禱額顱神約漫擲楮錢以卜即從楮錢所至處求之果得遺骸石碣存焉乃抱骸慟絕血滲漉入骨晝夜伏穴中不避豺虎噬齧櫬還鄉與母合葬隆慶三年郡邑諸生具列當道賜幣扁其居

路旬

長治人善養父母妻王氏協力助夫孝父嗜飲貧病不恒得飲夫婦晝夜制馬箠供養自啖菲惡父先卒母年愈高旬左右扶掖若保嬰家復裕母愛周貧旬輙先意挨其欲自少至老未嘗一語拂其意父母無日不歡卷云

宣化

長子

廩生以廬墓當道旌表**王卿**長子廩生事親孝親歿哀毁不復更事鉛槧哀慕若終身**李文志**長子人母老寢疾夜思肉食甚急文志引刀刲胸以進母食之疾愈懸旌其門**裴可**長子人家貧傭賃以供母日奉一黍米羹無少間母喪明奉事惟謹此力孝也可爲貧者法**霍惟德**長子廩生晨昏事親左右就養飲食蔬米親未食不敢先入口無他異術而親心嘗悅**邢民教**長子人父老卧病家貧極力辦藥物奉高氏供養凡數年無少懈有司旌之曰夫婦孝行**崔仲和**襄垣人性孝能順親心母疾思飲河水天旱水絶流和露禱河流復通取以供母疾遂愈聞者驚嘆仲和後仕鄢縣尹入鄉賢**王修身****馬大猷****邵孟**

夏旌俱黎城諸生皆以廬墓受旌修身後仕咸陽主簿　李清　張拱端俱屯留人拱端為諸生俱以廬墓受旌　馬鏜潞城人官至陵山衛教授事母孝色養蒸修母嘗失明晝夜籲天母目復明　孫田平順人孫滔義子也滔疾篤思肉無所得田割股以進滔食之疾遂愈有司旌之　牛繼先壺關人節婦路氏子生七月父沒稍長即知承順其母色養備至母雖未亡而不即亡者有以慰其心也有司旌曰母貞子孝繼先後為貢士任館陶訓導　陳德海壺關人母閆氏早孀德海衣愛其弟同事寡母得其歡母疾忘寢食始終不懈

義士

漢鮑宣少時上計道遇一書生暴心痛宣下車爲按摩奄忽而卒不及問其名氏有素書一卷銀十餅乃以一餅資殮餘同素書以爲殉後有一馬至其家白官以畀宣乘入京兆逸入一關內侯家乃馬故主也因問其得馬故且問素所行陰德事乃以殯書生事告之侯泣曰吾子也使人啓之書銀宛如所言宣後三世司隸子亦爵關內侯

魏祝公道袁尚將郭援攻絳絳守將賈逵死守攻益急父老乘城約不害守乃降既降欲屈辱之逵叱賊援怒欲斬之吏民伏其背且乘城大呼曰負約殺我賢君寧俱死耳乃因之壺關逵竊嘆曰此間無健兒耶而使義士死祝公道聞之夜半引出縱去不語以姓名及援敗乃知後以他事坐死逵救不能解爲之改服

晉上黨義兵　晉建興中劉曜虜二帝危晉室并州刺史劉琨矢心翼戴募兵上黨得效義勤王者五百人以太守劉惇兼帥鮮卑衆克復壺關

唐陳正謙　上黨人以信義著聞劉武周寇上黨高祖遣王行敏馳救兵乏食正謙出粟千石濟之由是人人自奮賊乃去

宋邢濟　潞州人八世同居真宗表其門蠲其租征

李處疇　父肇死于定州之戰時世亂弟處耘經繼遷等俱幼處疇攜入京師保全訓誨後皆爲宋名臣處疇亦官至作坊使

王彥死士　初彥圍河北諸將潰歸獨保共城西山遣腹心結兩河豪傑圖再舉金人購求彥甚急彥慮變夜寢屢遷部曲知其意相率刺面作赤心報國誓殺金賊

字以示無他意于是兩河忠義響應衆十餘萬綿亘數百里皆受彦約束金人欲以大兵破其壘其首領泣曰王都統兵堅如鐵石未易圖也彦治兵刻日大舉會召歸議事與汪黄議左不得面高宗而止夫一人倡義十萬同心事雖未就義不容不亟書矣

元**楊興**長子人至元十三年旌曰高年耆德**張甫**襄垣人五世同居鄉里義之至元初旌爲耆德義民

國朝**暴斌**長子人篤樸負氣節勇于赴義宣德初有邊警徙民實塞下兄在徙中難其往斌請以身代兄得免**韓錦** **李昇**俱潞城人皆立家範六世同居成化六年有司奏請一時受旌**仇楫**潞州人給事中敏之玄孫官宿州吏目與弟儀賓森

同立家範聯其家又舉行鄉約範其俗門内外雝雝肅肅閭里無聲伎僧道跡依稀三代之風　聖隆慶初已同居六世百五十年矣部使者奏聞旌爲義門長治志曰余聞仇氏家世同居則欣然鄉往纂之刑家化俗聲聞于天良亦奇矣無何負君寵而竪先緒室家荏解蕩然縱肆夫百五十年之義是爲難耳乃一日棄去無顧念惜哉

任翺長治人光祿鄉環之父幼從學長治生能孝友好爲義舉建書舍從士子讀書其中修橋梁道路以便往来即千金費無難色教子必曰忠孝故光祿爲聞人

劉斌潞州人正德辛未流賊掠抂山凡穩被虜斌聞之即冒險趨賊所泣請身代凡賊以刃加頸斌不爲動賊相顧駭嘆義而釋之

宋楠長治人幼業儒慷慨尚氣節因父喪明攻醫親療之青羊之變

應募劉捕奮然深入賊巢與賊大戰賊阻險以拒我師敗績補死焉

楊希賢屯留人馮寧寄金與希賢而寧歿子幼不知也希賢舉以歸其子封識宛然邑人以爲有古人之風

路聰屯留人強幹急義排難解紛而不受報成化中寇入澤潞轉掠橫甚聰請于官糾衆設伏縛其渠魁縣令被誣貧不能歸聰倡義爲治裝送之還鄉里又嘗說橫璫使自戕他璫助循細事也至孫王道發解成進士官至光祿卿

任光祿義庖徐佩從光祿征倭寇戰于入團營賊援劍徑擊光祿佩急前以身當劍而死公得免遂大破賊

義媪亦光祿僕婦也光祿統兵未回倭乘間急攻城內人紛投井死媪請先體肥塞井口不能上下光祿至圍解問內人俱圍井泣矣因啓甓出媪內人得全其天

假媪塞井以全忠臣之春屬耶　梁振僉事應麟之高祖　金秉文　張

復旺　趙興　崔景春知州宗堯之高祖　張宏

李贇　董子榮　李鸞　張鳳　李誠尚書惟馨

之孫　張恕　李果　鄭得興　王思賢　崔深

靳良　董興　楊慶　劉巖俱潞州人　任昇　秦

仕俱長子人　靳榮　社徧　范有亨　周公政

郗曾　王新　石曇俱屯留人　王威　吳伯雲

郭復陳俱襄垣人　路俊　郭麟知州郊之曾祖　王代昇

楊慶　王英　牛聚良　王仕亨　閆節

路環（俱壺關人）韓瞻　常鎡　楊得苗　張才茂

（俱黎城人）右四十六人當正統七年歲大祲斗米

三錢無從得粟宏等倡義捐粟各千一十石

以救貧民

英皇帝賜璽書獎諭勞以羊酒復其家三年至

成化十八年大祲潞州有栗玄（振之子捐粟一千石）比

留有范桓　石璉　郗倫　郗敏　張翺（各捐）

米八百石壺關有李瑾捐粟米五百石萬曆十四年大祲長治有萬寡婦捐粟一千石凶荒時所不免也所貴積而能散不爲守財虜斯富足稱矣當正統時歲一不登境內不期而輸千石粟者幾五十人未幾成化時又祲輸粟米者六七人耳猶丈夫也越百年而歲祲不知凡幾纔見一萬寡婦睹者以爲民俗漸不如昔以予目覩今境內歲獲千石粟者蓋寡矣而公家徭

賦視昔督責爲甚急私家貲且日就侈靡豐年盡耗其所有一遇凶年自救且不贍能以餘濟人哉必也緩征禁奢使富藏于氏然後緩急有所恃以無恐耳

人物九

列女

春秋黎莊夫人衛侯之女黎莊公之夫人也旣往而不同欲所務者異未嘗得見甚不得意其傅母閔夫人之賢公反不納憐其失意又恐其已見遣而不以時去謂夫

人曰夫婦之道有義則合無義則去今不得義胡不去乎乃賦詩曰式微式微胡不歸夫人曰婦人之道一而已矣彼雖不吾以吾何可以離于婦道乎乃賦詩曰微君之故胡爲乎中露終執貞一不違婦道以俟君命漢劉歆作頌曰黎莊夫人執行不衰莊公不偶行節乃乘傳母勸去作詩式微夫人守一終不肯歸又賛曰去歸之義夫人豈昧不改之節猶爲當遂傳母不情式微何爲中露之詩君子乃序

戰國趙括母 長平之役括母嘗上書趙王言括不可使括少讀父書自以天下莫能當與父言兵事父不能難然不謂善問其故父曰兵死事也而括易言之趙若用之必覆趙不可使爲將王不聽母曰即有不稱妾請無隨坐王許之卒用括以至于敗君子謂

趙母知子趙王不知臣爲足恨

漢中山太后

馮姓奉世女元帝昭儀生中山孝王嘗從上幸虎圈熊逸出攀檻欲上殿同侍傅昭儀等皆驚走馮當熊而立帝問故曰妾聞猛獸得人而止妾恐至御座故以身當之帝嗟嘆以此敬重傅昭儀等皆慚後隨王之國號中山太后傅孫立爲帝懷當熊之恨卒禍馮氏

桓少君

長子流寓鮑宣妻也宣嘗從其父學父奇其清苦即以少君妻之資裝甚盛宣不悅曰少君生富驕習美食而吾實貧賤不敢當禮少君悉歸侍御服飾更著短布裳與宣共挽鹿車歸鄉里拜舅姑畢提甕出汲修行婦道鄉邦稱之後宣官至司隸校尉子永亦顯于後漢孫昱從容問少君曰太夫人寧復識挽鹿車時不

對曰先姑有言存不忘亡安不忘危吾焉敢忘乎

十六國楊氏　故符秦后也慕容永僭位于長子欲以爲上夫人楊引劍刺之爲永所殺

隋陸讓母馮氏　上黨人性仁愛有母儀讓其孽子也仁壽中爲番州刺史以贓敗因詣長安上親臨問讓稱寃令治書侍御史覆按之狀不易前罪當死將就刑馮詣朝堂數讓曰汝無汗馬之勞致位刺史不能盡忠奉國以荅洪恩而反違犯憲章贓貨狼籍背君辱親不忠不孝死亦何辜但念爲汝父孤孽絶其後耳于是流涕嗚咽執盂粥勸讓令食旣而上表情甚切上愍然爲之改容侍御史都彪進曰馮氏母德之至有感行路如

或殺之何以爲勸上于是集京城士庶于朱雀門外遣舍人宣詔戒讓死除名復下詔曰馮氏體備仁慈夙閑禮度孽讓非其所生往犯憲章宜從極法躬自詣闕爲之請命匍匐頓顙朕哀其義特免死辜使天下婦人皆如馮者豈不聞門雍睦風俗和平朕每嘉嘆不能已宜標賜優賞用章有德可賜物五百段集諸命婦與馮相識以寵異之

唐張延賞夫人苗氏

壺關人宰相晉卿女延賞累代台鉉爲女擇婿莫有入其意者夫人有朗鑑特選韋皋以爲必貴無比既就婚皋性度高曠不拘小節延賞悔之至不齒礼一門婢僕漸見輕侮惟夫人待之常厚而抱不平皋妻泣曰韋郎七尺之軀學兼文武豈有沈滯于兹爲尊卑見誚而虛擲光陰乎皋乃辭去後權隴右軍事德宗幸

奉天西面之功獨居其匕帝旋自金吾持節西川以代延賞詭名韓翃去城三十里有報延賞者曰代相公常阜非韓翃也夫人曰是必常郎延賞笑曰天下同姓名何限彼常生應已委棄溝壑安能乘吾位乎夫人曰常郎昔雖貧賤氣陵霄漢以不屈媚相公因而見尤成事立功必此人也來早入州延賞憂愧曰吾不識人遂潛去諸婢僕曾無礼于阜者皆捧殺投之江皋待夫人過于布素時從此海內貴門不敢忽于貧賤壻

新聲

劉從諫客張谷安谷有文名爲從諫禮遇當從諫潛圖窺覦谷不能止新聲謂谷曰始天子以從諫爲節度非有野戰攻城之功直以其父挈齊十二州還天子去就間未能奪其嗣耳自有澤潞未聞以一縷一蹄爲天子壽左右皆無賴輩歷朝數鎮顛覆皆權才傑器尚不

能固天子恩況從諫擢自兒女手中苟不以法得亦宜以不法終君當脫族西去大太其柰何顧一飯恩以骨肉腥健兒食言訖悲涕谷不能決畏言泄縊殺之後劉貞敗谷竟不免若新聲者可謂賢婦人矣谷不能用而又殺之何哉

宋明德太后

上黨縣人潞州刺史李處耘女太祖爲太宗聘爲妃太宗即位立爲后性恭謹莊肅待諸嬪御甚厚嘗生子不育而撫諸子如已出真宗嗣位尊爲皇太后卒附葬太宗謚明德弟姪俱爲名臣稱世族

荊國大長公主

太宗女真宗時下嫁上黨李遵勗自幼不出房闥太宗嘗發寶藏令諸女擇取以觀其志主獨無所取宋制選尚主者降其父爲昆弟行主因遵勗生日以舅禮謁其父繼昌帝聞密以衣帶

器幣助其禮遵最賓客皆賢士主必親視饔饍蓮最守徐得疾不待奏請從五六人馳視之居夫喪麻不去身服除不御華麗嘗燕禁中帝親爲簪花曰誓不復爲此久矣主善筆札喜圖史能爲詩歌尤善女工之事嘗誡諸子以忠義自守無恃吾以速悔尤視他子與已出均後病目帝親爲醫視後宮皆往候因問子孫所欲曰豈可以母疾而邀賞賚白金三千兩亦不受遺命柩中無藏金工從夫制也若主者貴而不驕富而能儉樛木鳴鳩衆善俱備視挾貴以驕夫家者天壤懸矣

宇文氏

黎城人光之女適武時聃卒寡居靖康末金兵破黎大肆殘掠其時脅氏欲汚之罵曰狗奴我儒家女名門婦肯辱于汝遂墜井死時丁未二月丁亥日也父光亦以是日死難

元武氏路州人適程宅夫亡守節不二至元二年旌表平章政事李魏公孟書其額曰門旌程宅武氏高年耆德弘治七年知州馬暾修郡志訪獲之欲重爲表門而程已無第宅矣扁寄儒學庫

張氏路州人年十七歸崇信都牛贊二十二夫亡止子遺腹生一女遭兵亂產盡攜其子女歸依父母哀之欲令改適不聽矢以死紡績自給壽八十七卒觀風者録其行詔立石于墓以表之今猶稱張節婦墓云

張氏襄垣人適皇甫慶夫早逝氏年二十自矢守節終身不逾至正五年旌表

趙氏

楊氏與襄垣人姑婦也趙幼字史諒未歸而舅姑沒趙爲服喪終制始就婚家值中衰勤瘁無愠色生子惠二歲而夫卒家窘甚抱子寧父母以其少諷令再醮趙曰吾所以忍死至此

者爲史氏一綫計也若以禽獸行汚我有自經而死耳父母不能奪及惠長娶楊氏生子曰嗣宗亦二歲而惠又沒楊亦守節事姑姑婦雙節鄉人重之值元末未表後嗣宗五子有入仕籍者

郭氏兩李氏 倶壺關王門婦王爲甲族尚義同爨郭夫宣提領本州稅課時以爲能宣沒郭守節四十年李夫宇宇亡止二女當兵擾之時持堅白之守五十年如一日李夫英英卒李年三十耳守節四十年皆本縣薄宥之兄弟也一門三節縣尹郅朗上其事于中書復其家徭役加優恤

劉氏 壺關人適王天祐天祐將歿囑之曰我不幸負疾早逝汝當善養我母嚴訓我子無失婦道以遺我羞劉曰夫天也言豈可負于是啜粥面墨衣布簪荊終其身如夫言

國朝死節婦女

潞州長治有王氏千户張英妻英平荆襄没于軍　朝命護喪歸諭祭王迎柩觸殯復蘇既葬一日一拜其墓道哭不絶聲淚盡繼之以血卒以哀死夫致身于國妻致身于夫英無愧于忠王無愧于烈矣

王氏諸生張子明妻年二十一夫暴卒王痛哭即縊死柩側

程氏諸生閆誠妻誠應鄉試輿疾歸自知不起謂程曰亡之矣汝爲我善事父母死且無憾程泣曰君無恙脱不起自有兄嫂事舅姑我願從君于地下誠卒遂縊死

平氏王川妻

程氏焦相妻

趙悶兒公賢女

袁鷹菊佩女俱雄山鄉人正德辛未流賊入鄉居民竄匿岩谷中賊入山蒐掠獲平氏抱幼女投井死謂同掠之婦女曰吾志遂矣程氏臥地不

起賊曳之里許膚裂流血竟曳死二女被賊攜馬上投地奮罵賊憐其色復挾上馬復投地罵愈厲俱殺之事聞旌爲四貞命有司歲時致祭

原氏　焦鈞妻鈞亡縊以殉

劉氏　程天祐妻夫病傾簪珥市藥及故哀痛絕飲食者九日竟縊死

姬氏　鄭休繼妻也休市民稱其賢人未之信休病死姬痛哭潛縊柩側而死鄉父老爲文弔之送殯者甚衆予所目覩也

長子有侯氏　進倉女適原瑞無何瑞死侯頓地長號眦裂出血明日忽聲咽家人走視之則僵立頓頸死矣柩有血淚痕如著

屯留有張氏　銘女年十七適王廷秀能修婦道越兩年夫病將危張前跽曰勿過念我將從爾容赴家後年園自縊與夫同葬觀者墮淚

襄垣有趙氏　十

六嫁王應春窘甚紡績供姑旦夕遭喪稱貸不能償夫縊死趙誓以身殉姑防範甚密乃假斷葬遂自刎血濺地須臾死其姑張氏亦守節哭之曰昔我爲未亡人爲撫幼孤吾婦能自裁吾無憾也

郝氏 郝自省妻族弟無賴慕郝姿強求苟合郝不從遂引頸自刎

壺關有呂氏 生員楊昱妻夫卒呂遂自縊

黎城有劉氏 諸生季芬妻芬貧依從祖劉備嘗辛苦夫病篤無子有二幼女囑其改嫁攜二女去善視之劉且悲且憤誓以死殉夫卒殮畢縊于樹以救免投于井者再復以救免竟扃户縊死

王氏 諸生韓魏妻年十八夫故號痛絕粒及葬觸柱而死

右死節十六人惟四貞及張子明妻焦鈞

妻郗自省妻楊昱妻季芬妻八人旌表餘雖未旌皆冷族而事有的據故竝著之

苦節力歸三喪有吴氏潞州人盧清妻也清爲諸生食廩父客臨洺母隨任相繼沒清貧不能歸葬寄瘞旅次授徒自給以待後以讒誣失廩充掾于汴清憤恥發狂遂長逝官舁漏澤園吴聞訃痛絶嘆曰吾舅姑委骨于北良人殞命于南天乎何荼毒至此乃鬻其次女寄幼孤于姊兄所獨抵臨洺覓之不得瘞舅姑所號泣于野忽一叟夫至詢其故則清所授徒也指其處因收二骸以歸復當盛暑之汴負夫骨還至河水漲不能渡遇其姻商彼者佐以渡之而三喪乃畢葬先兆矣學正劉崧言于州守馬暾出俸

金贖其女仍厚恤之甘飢餓終身不少挫年七十五卒貧絕未旌

長治志李裕州曰吳寡婦爲盧家未亡人跋涉艱苦力返三喪詎惟節亦其才殊矣然兩遭阨輒遇故舊拯濟之事甚奇似有陰設之者曩覽秦范植妻孟姜事一哭而高城崩再哭而甘泉溢始心疑之今不覩吳寡婦猶落落不深信耳

守節而不爲豪強所奪則有任氏磁州人適長治栗繼芳爲

繼室八月夫亡有同里人以進士尹長子與任父母及姑舅欲奪其志任曰爲栗氏婦即栗氏鬼矣豈可再乎迫之甚有死而已尹上不復敢言任無出撫前子本寛慈而能嚴爲郡庠生守節四十餘年卒

郭氏屯留舉人王弼妻年二十一即寡豪右有求婚者叱之曰吾夫弱冠成名妾雖無子當守夫志誰敢奪也求者慚俱後以壽終

常氏襄垣人崔濟妻年二十七寡居不出中門順事姑舅有強婚者自縊人救之乃剪髮誓直指竟完節以終

未合卺而守節者有焦氏長治人東阿主簿鉦女字李曉將娶而夫卒欲往哭之父母不許縊于室幾死母因往偕哭盡哀見姑牛氏老且盲嗣已絕願留養

遂持喪曲盡孝敬姑嘗曰即兒在承權當不加于婦一日姑目忽開如少年人皆謂孝徵事聞旌表壽八十九終其女姪適袁近礼少亡遺一子亦守節三十年即鳳縣尹字之女素有家教故其女皆貞節

李氏 長治人諸生日逵女選配雲和中尉理園未婚而夫卒女時十七歲即稱未亡人同母往哭哀甚觸柩幾絕遂與母訣持喪葬夫畢閉居一僻室留侍兩女童屏棄鉛華問寢外足不踰閫舅姑憐之與衣食力辭受從菲能甘澹泊又如此則胸襟瑩潔宜節操堅貞矣今雖幼然卓行也且公族故亟書

累世孀孤而未得旌者有張氏戴氏張氏 俱潞州劉門婦也張諸生珽妻貧寡紡績教其子宸舉正德己卯鄉試及赴禮闈卒于途妻戴痛其

子幼姑衰無以撫育也勉為未亡人教子學顏為郡廩生將應鄉試又卒妻張即衰病以死珽妻孀居四十年宸妻三十年顏妻死時未三十歲一門節苦三世孤貞惜未之表

宋氏馮氏張氏俱長治郭門婦宋夫明二子曰紀曰繕明沒宋孀紀妻馮繕妻張尋亦孀二婦守節三十年事其姑終老馮有子鑑撫之成立

高氏胡氏俱長子人姑婦也高夫韓鄉早歿高守節撫孤德粹妻胡德粹早亡胡誓同守節機杼相對不夜分不止伏臘忌晨號泣之聲徹于道路高年七十三胡年六十八俱以壽終

李氏常氏李氏俱屯留申門婦也李夫福亡時李年二十四耳遺孤文興僅一歲娶常氏生子良方二歲常年二十七而文興亦亡姑婦共守以荷良長娶李氏而

良又亡李年二十五遺孤錫亦方二歲二孀共守之良婦李拾田傭織以奉兩孀姑後各壽終三世三厄更當貧窘而能苦節礪操視他姓爲尤難

楊氏韓氏霍氏俱屯留王門婦楊適文淵年十九生子盱而文淵沒紡績以度撫盱成人娶韓氏生子克聘盱以吏沒于京邸韓扶櫬歸葬養姑無忤顏及克聘長爲娶霍而克聘亦早沒三世皆孀終始無玷鄉人以爲難

李氏栗氏俱襄垣郝門婦李夫華早殁子思仁僅二歲翁姑憐其少諷諭他適李不肯撫孤漸長娶栗而思仁又殁栗年二十八矢心共守事李以壽終栗爲負土封馬鬣不櫛沐不更衰啜粥三年嗚呼姑婦双節難矣而栗之執喪即丈夫以孝稱者何以加然竟不得表而屠沽偶富原無實行乃攙虛聲卷帖坊扁

哀懇而至以誇衆飾婥其視栗節婦寧無汗顏

兩張氏趙氏俱黎城王門婦

張夫尚志早卒張年十九一子汝學存襁褓張自矢守節汝學稍長娶婦亦曰張氏而汝學沒汝學妻僅十六歲遺腹生子國忻兩張茹苦紡績撫之國忻稍長爲諸生娶趙氏而國忻又沒趙二十二歲一子建極趙上事二姑下撫孤子二姑俱以壽終趙氏亦年六十子亦成立

守節撫孤而有終者有陳氏潞州人典膳栗木妻木早卒遺孤永爵甫三歲永祿尚未週姑李祖姑韓俱垂白孀居仰事撫育殆三十年婦道母儀勞瘁曲盡嘉靖庚子二子同舉于鄉甲辰祿登進士旌表其門爲三節陳氏累贈至夫人

黄氏潞州人國子生宿昭妻夫死守節撫子起家旌表其門孫椿舉進士昭弟璐亦早卒妻王氏守節亦有嫂氏之風

吳氏長治人適汝賢賢早卒吳年二十四孤弘業甫二歲紡績聊生以教其子舉嘉靖壬子鄉試任知縣

李氏潞庠生仇煥妻年二十寡居守義門不窺閫外子揩以貢官教諭

阮氏長治人適蘇孀居四十年教其子鎧爲郡諸生

牛氏長治人夫趙敬年二十二而夫亡一子未周歲舅姑在堂牛養二親送其終撫孤補郡諸生復夭牛節彌堅獨守四十八年在弘治中奏表

宋氏潞州人原文會妻未期而寡生遺腹子常守節六十餘年常亦能養其母子垂白而母常無恙直指以絹米恤之旌曰貞孝

武氏潞州百户王榮妻年

二十夫亡守節撫其子儒泩官以才稱陞守備終身無玷事聞旌表郭氏長治人原江妻年二十八江故守節撫孤成人郭壽六十八卒高氏長治人璩森妻年十八夫亡撫遺孤紡績勤苦凡六十年貞操如一日崔氏長治人典膳李鉌妻鉌早逝崔孀居四十餘年子二人皆撫之成立王氏長治人庠生魏文淵妻文淵亡時王年二十一遺孤光訓纔兩月耳撫而教之今爲郡諸生食廩將貢王今七十九歲守節五十九年矣常氏李氏長治人蘇氏婦常夫時中李夫時和俱諸生有聲場屋相繼二氏俱勵節撫孤成立王氏長治人諸生潘桂妻生四子桂卒王尚少守節三十年撫子俱成立張氏長治人袁汴妻二十四而寡不爲容力紉撫孤家益窘撫悔絕

守節五十四年終**李氏**長治人王鐣妻年二十六而寡養姑育子孀居二十五年而卒

長子有郭氏閆宗魯妻年二十二生子世御甫七月而宗魯卒翁姑老且病竭力事養撫孤勉其學世御後以明經任訓導**馮氏**鎮原丹張美繼室年二十稱未亡人無出撫前子問明勉令力學問明舉萬曆己卯鄉試兩任知州**崔氏**張臻妻夫亡子爾善甫七歲撫而訓之爲諸生亦卒有孫二人曰愚曰壁又撫之亦爲諸生孀居七十年再遭凶閔書香不絕不特以節著矣**潘氏**王三策妻年一十七而夫死力守貧苦教子學爲邑庠生**孔氏**高思紀妻守節四十年教子爾志爲郡學生**索氏**

任道管妻守節三十年撫幼子之翰爲邑學生

闞氏索經妻夫死子進祿甫三歲有遺腹籲天祈男廣索氏後果生次子世祿守節撫之二子皆成立壽七十五卒事聞旌表

馮氏諸生王銓妻年二十四而夫死守節教子成儒生爲文學

馬氏高岳妻夫死僅二十四遺孤三歲翁姑耄白馬紡績以供二親撫孤子守節五十年以壽終

王氏吳守謙妻年十六于歸二年而夫亡生遺腹子日尚質勤緝紡事姑備孝撫子成立始終無玷

任氏生員劉世科妻夫亡持節四十年撫孤成立不墮夫志

程氏李進明妻夫亡守節四十餘年清苦紡織度日撫幼子成立本縣遵奉恩詔給扁旌表

張氏陳大王妻守節三十餘年志苦清苦以勤儉教子成立

屯留有郭氏李朝卿妻年二十夫亡遺孤之茂甫二歲舅姑垂白紡績事育孝慈兼盡守節三十年旌表之茂舉嘉靖庚子鄉試官至僉憲孫都生舉萬曆己卯鄉試官靈寳知縣楊氏適李道隆夫沒楊年二十二遺孤時安未周歲紡績辛勤以教育之子成立遊黌序及其孫皆爲諸生王氏幼適苗隆生子啓東方一歲而隆死上有垂白舅姑竭力養育二親以壽終子業儒王年七十卒張氏李梗妻梗吏壺關遘疾以歿張鬻衣具棺歸葬撫育遺孤匕又夭死卒不易其志始終完節人敬重之韓氏幼適宋朝臣年二十而夫亡子僅三歲誓不改適以壽終郭氏十六歲適趙雲鵬生子一週歲而雲鵬沒孀居育子至老人無間言

襄垣有路氏 諸生李高妻高卒路方二十有五舅姑憐其少欲令改適乃拊心號泣以死自誓躬紡績以事兩尊人教其子耕讀及長子豸舉丁卯鄉路年九十以壽終

李氏 師克己妻年二十餘而夫亡止一子誓不再嫁雖遇飢荒工織自給守志五十餘年事聞旌表

趙氏 夫崔瑄瑄亡趙年二十一子廷輔方一歲撫育成人後以吏任典史孫起鳳曾孫嵩俱襁褓中失母趙撫育皆爲諸生家頗富好施予壽九十六終

崔氏 監生王永芳妻年二十二而夫亡遺孤繼先甫一歲甘苦撫育以至成人壽九十三終

韓氏 適鄭誥二年而誥亡韓年十九歲誓不再嫁撫孤國賓成立

潞城有張氏 生員馬負書妻年二十夫亡遺孤鏜方周歲矢心守節備嘗辛苦後

鐙以貢官教授張賓哭父失明鐙設誠祈禱目旋復舊年躋八旬以壽終

賈氏 趙志道妻志道早沒井苦礪節以訓其子貞元爲諸生

朱氏 史廣妻年二十七而夫亡子一甫二歲貧甚力織撫孤終身無玷事聞旌表

宋氏 夫李芳早卒宋年二十五歲二子俱幼撫育成人守節三十年以壽終事聞旌表

王氏 適秦鍾王年二十四而夫亡茹苦撫孤守節三十年子邦寵成立

壼闈有路氏

牛相妻生子繼先未彌月而夫故苦節三十年卒教其子爲貢生官訓導

李氏 夫楊準早亡家貧守志撫其襁褓孤二長爲諸生幼亦立家年八十二終

程氏 王觀妻年十九歲而夫死一子昇平甫期居喪每至墓所號泣哀動路人父憐

之欲奪其志乃以死誓紡績以
事舅姑終身無玷事聞旌表
張氏 閆貴妻
夫死張二十一歲一子節誓守志撫之既成
立而節又死乃撫其幼孫佐佑苦守
張氏 平
翊妻年二十五而寡有三子
守節三十餘年而卒
萬氏 陳設妻年十
九歲而寡子方在抱貧苦紡績撫以成人守節
五十六年今壽七十五歲矣

黎城有段氏 夫劉志純年二十一歲而寡勵志
守節事兩尊人以壽終撫二子皆
成立年六十
事聞旌表
党氏 幼適李輝二十一歲而夫
亡子僅一歲誓不再適事
舅姑撫孤子守節五十
五年事聞旌表
靳氏 適王廷詔夫早
逝靳年二十五
事親撫孤守
節四十年
王氏 唐麟妻年二十一而夫亡
生遺腹子撫育成立年七

十二終

高氏諸生王行讓妻年十七而夫亡自矢守節姑孀子幼一身養育之備嘗辛苦子今成立

平順有郭氏幼適曹汝桐十七歲即寡遺腹生子鵬撫育成人娶妻而復早亡遺兩孫郭又撫之皆成人守節四十餘年今壽七十二已經題旌表曹氏諸生郭應增妻年二十七歲守節事姑終養撫子成立終身無玷張氏史載德妻夫亡時張年二十四生遺腹子撫之成人守節五十餘年

無子守節以終身者有李氏長子人適吳子寧年二十三而寡姑憐其無子欲令改適李以死誓抱節終身華除年旌表潘氏長子人陳天爵妻夫

任司理以清著無長物比卒家徒四壁立而潘又年少無子乃立族子爲嗣卄苦守節歷三十年如一日

王氏 屯留人年十六適諸生李楠越三年夫亡無所出勵志死守艱苦備嘗值歲飢絕糧富人嘉其節饋粟曰吾孀婦也富人粟胡爲乎來竟却之壽九十五終君子曰王節婦有一介不以取諸人之義即古烈丈夫何加

段氏 屯留諸生張承輔妻夫亡無子惟一女段年二十一耳求殉不得深閨紡績事舅姑以壽終立族子應奎爲嗣視如己出事聞旌表

鄭氏 屯留馮邦器妻年十七合邑十九歲而寡無子止一女夫亡潛縊姑救解葬夫即以遺產分族人而屏鉛飾紡績以撫其幼女女及笄亦故煢煢孑立事其姑姑終哀毀營葬一時苦節無雙已經題請候表

張氏 壺關平齊

妻年二十三而寡止一女守節三十餘年孫氏黎成王世榮妻夫死無子孫年始二十誓不再醮守節以終其身

舊志未詳事實已經奏聞旌表者則潞州有王氏鮑鳳妻栗氏江椿妻趙氏江紹祖妻屯留有段氏生員劉禧妻衛氏劉濂妻年二十守節有司旌表者瀋陽衛有楊氏梅守釗妻守節五十年卒壺關有宋氏諸生閆鉅妻吳氏陳志妻張氏諸生郭恢妻程氏馬漢妻守節四十年宋氏郭江妻常氏諸生陳霆妻郭氏姬守節妻杜氏牛進寶妻黎城有郭

氏諸生王承寵妻守節五十年終王氏諸生高中士妻十九歲夫亡守六十餘年

右諸節婦僅姓氏而事跡多畧今亦無可考而實之矣

一梧曰吾讀諸列女志至其節烈處未嘗不掩卷長嘆至于咽嗚泫然不知涕之所從出也女陰性也蘭閨之内知詩書禮義者有幾至于山巖荆布未覩節義爲何物又不素閑于保姆之訓乃一失所夭死者

不可迴而生者不可奪其錚錚矯矯烈丈
夫尤難焉而悽其窮苦九死靡他則又志
士所不易矣此皆非學而能近于性安然
而得傳者十不一也無因而傳百千不一
也茹苦餐辛枯槀于蓬門之下誰則知之
誰則言之而誰書之哉吾有曾祖母昔以
冷族見遺今修志又值一梧供執事未敢
遽進于節婦之列附書于此以俟君子之

採擇

王氏　潞州人翁誌夫景俱客死單縣母年才二十四耳聞訃痛絕幾不能生然性恍惚真所謂未亡人也長子倫方數歲即子本生祖次子備遺腹生即予祖母募人歸二喪撫柩痛哭葬之日哀動行路二子稍長脫簪珥使治商賈事遂起家因藉以廣施予即丐人乞餘必煖而食之曰懼其病也比有孫尤憐愛稍不如教誨則教笞無所假故吾父變農商家爲士人尤嚴于内政子孫稟命如嚴君守節四十餘年以壽終猶及抱曾孫焉

潞安府志卷十三　終

潞安府志卷十四

人物十

方伎

晉崔懿之 屯留人，精于相鑑，與崔游友善。或曰同族。劉元海遊上黨，懿之見而驚顧無已，語游曰：「此人非常，大貴不遠。」元海聞其善相，引至別所，解衣視，當心有三赤毫，長三尺六寸。懿之拜曰：「鬚與此齊，則表裡相應，大貴過矣。」及僭位，辟懿之，起家中書監。乃歎狄亂華亦天命耶？不然，何以有此異表？

南北朝李業興 長子人，本通儒，見名賢不可以方伎律。然曆數超越一代，又不

可不爲之表著子崇祖
遵祖皆以星歷著名

唐韓凝禮上黨人明易學揲蓍奇中玄宗如京
命凝禮揲一著翅立三起三偃凝禮
曰此隴飛之象未占有乎應在仲冬一陽動
嘗登大位後果驗凝禮起家五品潘炎有賦
惟彼神著生而有知用如不測明以精粹權
九尺之纖幹伏千年之寶龜德圓而神兮無
幽不及其生三百兮其用五十惟聖人之觀
象乃神動而鬼入列入卦以效變翹孤莖而
孑立數彰得一命乃自天同大横之有夏表
或躍而在田其察也深其功也大稱美名于
神物齊妙用于神蓍是曰元后茲爲筮從氣
受陰陽夜分而彰露華涵幽贊天地翻覆而
輕雲數重蓍而有靈忠定天保可謂神助用
光天造功深莫善仲尼且詩以鈎深極于不

知太公稜言乎腐草著之並兮發其祥吾君得之尊以光明乎太極頻律歸藏因卜祝之符瑞應天人之會昌

宋張駿字公度潞州人家業醫而駿尤精于方脉意在活人不責其報黄魯直母安康郡君病秘結諸醫不能治駿投餌即愈魯直感厚贈之却不受

元秦邦紀字雲岑壺關人善丹青人物鳥獸曲盡其狀至元間以畫賜官待詔

國朝萬瑄潞州人通玄理亦善畫寫意入神年九十猶作小景見王公長揖不拜人皆重之

申九寧屯留人洪武初以天文數學授欽天監博士遷五官挈壺能遂占凶吉常召問應對如響一時獨如响中

王天利壺關人精星曆占候能先知休

訟言無不驗人以小淳風稱之嘗著三元正經及節要行于世

宋銓潞州人嘗遇異人傳秘方嘉靖八年郡判傳必用與寮友夜宴德風亭醉墜臺折在股衆醫不能治謂必殞銓出藥如白扁豆三粒啖之骨尋續有聲更以手熨遂應手愈起行如常且無瘢痕真仙餌也

申相長治人通方脈研究脉理尤精傷寒一科著胗家秘要傷寒提法歌治人多應今懸壺者盈市如相者蓋鮮矣

玄釋附仙蹟

漢王真上黨人七十九學道徐行若飛有薰人之力面有光澤似未五十者自云周流登五岳名山能悉行胎食胎息之方不絕房室鄉人計其年四百餘歲後登女几山仙去

郝通字孟節上黨人師事王真得還丹小餌法容常不衰合棗核不食至五年十年能結氣不息身不動搖可至百日半年亦有室家爲人質謹不妄言似士君子後隱入太行岩谷中莫知所在**趙瞿**上黨人病癩垂死委置山穴中有仙人以囊藥授之云不但愈癩可長生服百日果愈仙人復過視之瞿拜謝乞方曰此松脂耳瞿鍊服不輟年七十見彩女長二寸遊戲口鼻間一年女如人在側常聞琴瑟聲壽二百歲顏如童入抱犢山莫知所終潞人初聞瞿服松脂有奇效爭收取有多至百車者服未幾時以無速效皆棄去觀瞿事仙境非遥人無志耳**呂恭**字文敬上黨人採藥太行山忽見三人問恭曰採藥勤苦好長生乎恭拜言志一人曰我姓呂字文起此姓孫字文陽此姓王字文

正皆太清仙人也子同我姓字復同一文字是有夙緣乃授以方藥遣還家已二百年矣和之有其五世孫習亦慕仙聞之驚喜隨恭入山竟莫知其所之

晉鮑靚字太玄上黨人漢司徒宣之後仕爲南海太守稟性清慧學通經史脩身養性蠕動不犯聞人之惡如犯家諱人多從受業揚道化物號曰儒林受陰君尸解法死後埋石子岡有人發其棺見一大刀塚左右有人馬聲遂不敢取葛洪曰此是劍解法

鮑姑靚女葛洪妻洪師事靚靚器重之因妻焉洪仙去姑尚留南海後貞元中有崔煒者見一老嫗因蹶破人酒甕被毆煒憐之代償其值嫗不謝而去明日持艾來曰此越井岡產也善灸贅後當遇美麗獲萬緡倏不見煒夜行失足墮深穴中有白蛇光焰如雪

煒恐怖諸蛇叩禱見其唇吻有瘡請灸之應手而落蛇因吐徑寸珠煒不敢取乃引至斛洞見四麗人共一有瘡曰知若有鮑姑艾請留少許以實珠酬之煒留艾攜珠以出遇胡商果以十萬緡易去及詢鮑姑乃知爲太玄女葛洪妻也

紫團真人 不知何許人隱居紫團山脩真冲舉龍眉子引其仙詩以爲金丹口訣閉定天厨只一呼天罡不動運陰符流精鬱勃歸金鼎煉出神丹滿玉壺

北齊曇榮 保定張氏子通儒術年四十遊潞州初居潞城林下時黎城各口猛獸爲害榮飛錫往依泉作井因洞成室猛獸馴楊不敢食人州人傾慕迎致法住寺年八十五入寂郡人稱爲伏虎禪師

法聰 陸機之凡出塵納戒隱居龍門山坐雪誦經善弭虎

害祈雨澤人呼爲神僧北齊文宣帝召見與語悅甚勑建寺曰法華宋更其額曰龍門今屬平順

後周惠瑱上黨開元寺僧閲内典于世漠然建德六年嚴緇度滅空門瑱抱持經像徙居岩谷盜謀往刼瑱未之覺也忽一丈夫乘馬自山頂下謂曰夜有寇宜急避瑱知其爲神合掌拜曰國滅釋教孤窮無倚故來投檀越仰祈庇覆否惟守死更何奔竄神默然去夜大雪賊不得進及齊盜復謀往若有人禦之者終不得而犯迄山居人多供禮後莫知所終

峯上人修真寶巖寺端居石室猛虎自伏後坐化遺骨甚香其徒建塔崇奉寺在太行山巔俗稱金燈寺是也

唐焦道士襄垣人父爲吏有活人功道士生七歲尚不語一日告其母曰明日師至果一道士來授以符篆修真龍洞山年十三通天文地理象數之學能致風雨役鬼神後仙去遺衣一襲至今龍洞禱雨即應

樂氏二女屯留人其先世貫陵川乃商微子之後也母感神光而娠誕有奇德後移家于壺關紫團山事繼母甚孝因採靈芝遇風昇仙土人立祠有禱輒應至今香火甚盛其行宮幾遍于澤汾遼沁

義福上黨人幼度剃爲僧凡行精修言未來事若合券嘗從駕東都所過鄉皆應檀施至萬皆委去當時縉紳多與交往一日謂其徒曰吾將逝矣其素交張均房琯嚴挺之宋陟皆往永訣而張以服丹不臨喪先避去乃謂房曰張有非常之欲名節皆虧若終此法會可以免難

惜其先去也公必爲中興名相遂解去後張陷賊嚴房輔贊兩朝果如其言

普滿 不知何許人太曆中遊澤潞狀若顛不拘戒行言事無不驗嘗題潞州僧舍云泚水連涇水雙珠血滿川青牛將赤虎還見太平年人初莫喻及朱泚亂人以意解乃泚因涇州兵亂兄弟造逆乙丑丙寅寇平之兆也

三目僧 襄垣人王姓失其名成曰名曇左肱有一目百法皆通道由神授自髡爲僧嘗扡左肱目編佛藏經二千餘卷貞觀中趺跏涅化香聞外里

安公 隱居壺關山中素爲士人頂禮及卒山出石棺土人收葬之即以安公名其山

五代楊譚貞 黎城人有道術應唐廢帝召獻詩五篇賜紫綬歸隱爲境內祈禳有

顯應一日夜息次日啓扃視之無復形骸有珠千餘顆遺于茵褥之上形如桐子色如金星瑩潤且香其禪家所謂舍利耶其徒收壘建浮屠命曰遺珠塔

宋宋讜 潞城人少穎悟遇異僧覺度一性了然如水澄徹天聖中坐化于鶴嚴院

金申仙 潞城人幼聰慧曾從太爲山遇葛仙公授术陰鍊形之術因佯狂單衣跣足卧東雪中能預知水旱災祥及人壽夭病者乞藥隨坐中畢跡與之即愈嘗謂其弟子王住兒曰吾欲使子爲行者待我于南天門而不信他月霹靂一聲紅光萬道雖呼我于青雲之杳不可得而見矣年八十二卒既殯百日時已入冬夜半忽聞霹靂聲霞光燦耀如晝人皆驚異明日視其塚有隙徑寸啓視棺中惟餘隻履單衣棕翁而已

元政忠 屯留人俗周姓爲普明寺僧常入定浹旬不食頂上有光壽百歲雲遊至輝縣喝其徒曰吾將逝矣當有證果必火化得舍利數枚五色圓瑩其徒爲建浮屠夜常有光歲久光滅人或竊去矣

李子榮 長子人元初避兵入道遍遊諸名山後歸結廬修真斗室蕭然僅蔽風雨日不再食卧不帖席究方外之學有道之士也

淨公和尚 俗姓李潞州人昭覺寺僧自幼穎悟不群父授孝經至曾子避席即整衿起父問之對曰聞師命尚如此况父命耶後應召作資戒大會賜紫衣遣還潞之僧明宗教能評唱著名都邑至動人主至今不乏人亦不勝書予特著淨公録其孝也僧已離俗矣在家承顏以還父母視此爲何如

道榮 榮爾僧了悟佛法大振宗風 正宗與教

禪師潞州人幼名張德年十二歲禮紫團僧道崇爲師精内典座下聽講者如雲集**曉悟**禪理同大力士渡海莫知所終

國朝

胡僧號迦摩子成化間遊潞年九十餘着短衫曾不蔽膝跣行雪中不跅小兒病者手摩之即愈時黑水河橋圯有劉某募修者首肯之一夕而就行者疑以爲夢因名其橋曰老胡橋後解化于石橋村居人以其遺骸塑爲像亦名其村曰胡神村

癩僧不知何所人弘治初馬知州毀淫祠郡北關有刹當毁緇流皆爲去計僧笑曰勿去此榮靖家佛堂也與國同休衆莫知所謂未幾沁源王奏留爲家佛堂勅賜額曰普惠及王薨謚榮靖與僧言若左券

鮑老不知其名年八十餘短髮不簪如雪嘉靖癸巳閉關

于五龍山三月而髮黑者半期年鬢鬚如漆潞國招之不來六月六日坐化尸不臭不蛀瞻禮者如市既殯後有見其採藥於山者尸解也

董德裕字天祐屯留人自幼喜誦道德經心悟玄理年九十尸解

仙跡

抱犢山真經河東曹季友當漢宣帝時採藥抱犢山于岩穴中得金箱九部龍真經記年月武帝時河東太守張純上之以示侍臣乃武帝嘗玩讀者遺命隨入梓宫不知何以至此與經郎中曰此經乃太陰鍊形之術得之上元夫人夫殉葬而出真異事世傳武帝解化理或然與

葛井在潞城縣東南二十里相傳葛仙公鍊丹之處故金申仙

嘗于大禹山遇爲仙西山相近

素書青尼　王烈與稽叔夜友善烈登抱犢山入一石室見素書兩卷讀之莫識其字不敢取但暗記數十字以示叔夜叔夜盡識之因與同往不得石室處又嘗上太行山間山崩如雷往視之石裂中有青泥流出如髓丸之隨凝氣如粳米嚼之味亦然乃合數丸歸示叔夜已成青石矣亦與同往山合如故烈私語弟子曰叔夜未合得道故也

張祖村　在郡城西十五里乃張果遊澗之地其南有驢跡入石舊志遂謂果老家考之載籍無所據

巖間書生　上黨記太行山有箐射能者見諸生讀書巖間及往覓則失其處人以爲神仙

仙師廟　在長治羲城居民皆李姓唐韓王之後元時有同宗自沁州昇舉卓劍雄山巔召其山下族人一會

拔劍而去因立廟朧布厓在黎城縣西北七十里相傳髙辛氏有泉即劍穴也之宮女爲三仙織龍頭布于此崖曬焉傍有粉粧臺亦其遺跡附近又有彭庄謂彭祖訪仙女之所

人物十一

墳墓

春秋黎侯夫人墓在黎城東北三十里黎受封歷商周二代雖中更西伯之戡而不滅其國蓋千餘年國君迄其賢墓不可考而獨一夫人墓可識信在不足憑惟賢而已

潞子墓在潞城東北五十里續村

戰國華陽君墓在郡城北關為韓上黨守以郡歸趙封為華陽君卒葬于此

漢令狐徵君墓在壺關東二十里柴賢村尚書劉龍有記鮑子都墓司隸校尉宣也卒葬于此歲久荒廢弘治中馬知州暾為垣墻孫知縣璽為建祠侍郎倪勤為之記

晉慕容永墓在城西舊志有記可考舊志以為慕容廆非是說見辨疑

後魏陸都督墓在郡城西三里安北將軍都督并州刺史名旭

馮太守墓上黨太守勤卒葬于此崔游墓在襄垣縣西十里

張太守墓在屯留縣北三十里清河太守名拱旭與拱有墓

而名不見於志

北齊馮將軍墓名標爲龍驤將軍墓在郡城南十五里焦道士墓在襄垣城東南百餘步標之名亦不見於志

隋慕容將軍墓在襄垣縣北十五里縣志以爲慕容亦也

唐宋都尉墓名舉在城西南五里嘉靖中宗室霽溪築墅得墓志銘文其右乃遷葬高原埋銘其下復勒石記之舉唐初起義之將功成辭賞晦跡隱真固豪傑曠達士也使不得銘終于無聞舊志果僉憲曰公爲遇耶爲不遇耶此亦有數焉爾寓意深遠吾爲之三歎

鄭惠王元懿太妃墓在郡城南十三里王爲潞州刺史大

如乾養卒乃葬此

程司直墓 名芝在郡城西南三十里居民因耕犁得其志文皆四六甚古

馮處士墓 名元在郡城西南司馬村亦以遺志識之

郝處士墓 名元津在郡城南七十里西火鎮有碑額題曰大唐處士郝公之墓文皆四六歲久剝落讀不成句

苗太師墓 名晉卿在壺關蟠龍溪山北

郭柱國墓 名盛在郡城南五十里

五代李嗣昭墓 在襄垣縣東北四十里陵堡村爲後唐潞州節度卒葬此

宋李文光墓 在黎城縣有友人吳陶銘四百年來碑仆荒隴隆慶中知縣張廷約搜索之始入志

金李學士墓名安在襄垣縣東南合河里
申仙墓在潞城縣東一里即申仙葬後午夜化霹靂飛去所留空塚是也
元李韓公墓名唐在郡城東南八里平章政事孟之父以孟貴追封今翁仲尤存孟後葬宛平縣
馬郡伯墓名繼翰在郡城東北五里以子繼武貴追封扶風郡伯有御史張起岩撰世德碑
馬廉訪墓名繼武在壺關縣北二里龍溪山下有翁仲
王提舉墓名天祐在郡城南南宋村有太常李紹墓銘
王知州墓名守忠在郡城東北桃園里有御史呂思誠墓銘
嘉尚書墓名彬在郡城西八里
曹郎中墓名堅葬五龍山其子璣孫鶴九齡與村葬此有

碑李尚書墓名惟馨在郡城南六十里蔭城鎮李節度墓名公弼在郡城東十里今壺神頭有墓碑李尚書墓名關訓在襄垣縣之東南合河里張秘書墓名肹毫在壺關縣南一里有碑楊中書墓名仁風在襄垣縣西南三里宋處士墓名思約在屯留縣南五里藕澤村劉元帥墓名寬在平順縣青羊里王孝婦墓天祐妻劉氏在壺關縣白沙村申孝子墓在黎城縣東北二十里有路傍碑刻董尚書墓名鋮在郡城南七十里泉火村宋平章墓名子貞在長子縣東南十五里

國朝暴尚書墓名昭在郡城西羊堡村杜四輔墓名敦在壺關縣

東南林青村郭狀元墓名翀開科傳臚第一上殿更爲第二人猶以狀元稱之墓在壺關縣南栢林村其後微甚不能守墳墓爲豪强耕牧萬曆中本鄉士子鳴于官始清查勒歸知縣趙汝梅封土立石以識之晉罡墓開科進士在郡東長井郡守劉公復初至其地以爲當出異人詢之皆晉姓其後也始知爲公墓而封樹之公在當時原有兵街栗尚書墓名恕在長子縣西阮侍郎墓名勤在長子縣西二里趙郎中墓名泰在郡城西北閭有臨川王吳表劉氏三封君墓端潔鳳儀劉文安公墓名龍劉都御史墓名夔俱在襄垣縣東北韓山之麓劉知府墓名昭在郡西南十里有吉水參莊表

任侍郎墓名毅在長子縣南十五里李寺丞墓名昱在郡城東南五里沒于土木之難有尚書劉龍表宋御史墓名賓在郡城西五里趙知府墓名偉在郡城西七里有古青陳清墓表仇貞節先生墓名鴻在郡城南七十里東大村有和順王雲鳳墓表仇主事昊附此栗封君墓名玄在郡城西北四趙知府墓名傳在黎城縣東楊參政墓名奇在壺關縣栢林村有翰林王華墓表王少卿墓名佐在郡西五里有尚書劉龍墓表李都運墓名紀李布政墓名敏德僎在郡城東栗知州墓名銘在郡城西十五里鎮國將軍孤巖墓名詮鏤在郡城西五

里有御史李新芳墓表

趙順貞先生墓名東忠

趙布政墓名希夔俱在城西北十里華家庄知府于敏亦附此

李封君墓名清

李御史墓名新芳有任光祿環墓表俱在城東南五里秋谷山麓

鎮國將軍孤雲墓名詮鉡在郡城西五里有僉事栗應麟表

鎮國將軍雲仙墓名勛澈在郡城南五十里有通判畢應光墓表

輔國將軍雲谷墓名勛滄在郡城西北寨村有御史李新芳墓表

李封君墓名玹

李知府墓名延馨

李副使墓名延康

李封君墓名延昌

李副使墓名如桂俱在郡城東北白堠村俱有墓碑

鮑同知墓

名龍

鮑布政墓名承蔭俱在城南馬坊頭

屈郎中墓名謙在郡城西五里

任光禄墓名環在郡城東北白猴村有太學士徐階誌銘

張知府墓名鐸在壺關縣南柘林村

李巡撫墓名尚智在屯留縣

栗侍郎墓名永禄在城西丘村有吏部尚書王國光誌銘

宋巡撫墓名守約在郡城外五馬村

王知府墓名期吉在郡城東

朱府尹墓名鄉在郡城西二里

郜尚書墓名光先在郡城南

鮑巡撫墓名希顏在長子縣南

周封君墓名欽在壺關縣南五十里牛甫村有太學士王錫爵墓表

程知州墓名應登在城西五里

李知州墓名尚實在郡西五里

郭少卿墓名邦讜在郡城北五里

高郎中墓名環任長治縣師庄村

王孝子父墓即俊所廬墓也在郡城南西大當時每日負土三年成大塚今二百年巋然不崩

四貞墓平氏程氏趙閎兒袁鷹菊在郡城南西大鎮

潞安府志卷十四　終

《山西文華》編纂委員會　編

山西文華·史料編

潞安府志

明萬曆版　第三册

卷十五至卷二十

劉思聰◎整理

山西出版傳媒集團
三晋出版社

山西文华

潞安府志卷十五

紀事一

事跡

事在上古不可考矣鍊石射日舊志載之存其迹可也終不可據以爲實録神農嘗穀雖傳聞乎乃民事之始況秬黍定律制作大原經傳皆以上黨羊頭山爲準舊志以爲神農嘗而得之而遺跡在境内者又歷歷可考此

理之可信者故以神農爲始而歷代事臚列于後

神農嘗百草至羊頭山得秬黍長治襄垣皆有百穀山羊頭山在長子

商成湯封同姓爲黎侯　紂爲黎之蒐紂都朝歌黎爲畿內地故春田至此西伯戡黎竹書紀年及通鑑前編皆以西伯爲武王大紀曰黎不共王命紂荒淫不知討西伯發戡之前編曰黎乃紂濟惡之國武王觀政于商則戡黎之師或因以警紂耳而終莫之悛所以有孟津之師觀書祖伊之言後說爲是

微子去殷微今潞城亦畿內國也

周武王封辛甲于長子

春秋赤狄奪黎地爲潞子嬰兒國詩註黎侯失國居衛即此時也晉郤成子求成于衆狄衆狄疾赤狄之役

遂服于晉赤狄潞氏最強服役衆狄衆狄苦之故樂役于晉晉師滅

赤狄潞氏以潞子嬰兒歸　獲長狄焚如長狄僑如先為魯獲弟三人一獲于齊一獲于衛一奔晉寄于潞晉滅潞獲之長狄之種遂絕

晉人滅赤狄甲氏及留吁留吁今屯留也甲氏潞之遺種留吁

其殘邑也銅鞮有甲水疑即甲氏也晉復黎國未幾取之黎自成湯時受封雖甚于西伯正其罪未滅其國也至春秋而失國其臣下當流離尾鎖之時作式微旄丘之詩忠愛油然必其歷世德澤入人深矣晉復之誠義舉未幾取爲已有使商周兩代之故國一旦滅絕尚可稱霸哉其後三晉分裂晉亦不保謂非天道不可矣

晉人執鄭伯於銅鞮以其二于楚也

晉人執衛行人石買于長子執孫蒯于純留石買伐曹圍宜罪以爲行人執之則爲過舉

齊伐晉入孟門登太行孟門上黨隘

晉作虎祈宮

晉敗范中行之師于潞獲籍秦高彊

荀寅叛入朝歌晉討之籍秦高彊皆荀寅黨齊弦施救荀寅伐晉取八邑有壺口荀寅叛齊救之至取邑則陳氏黨其惡也三晉遷晉公于屯留初韓魏趙三分晉地使晉君食一城于端氏至周安王十四年奪其地而分之廢爲家人自端氏遷于屯留鄭取屯留長子此竹書也韓初有鄭故稱韓爲鄭初趙襄子出從者曰長子城厚完是韓邑也至是韓取之又得高都于東周故上黨爲韓別都

戰國秦白起伐韓拔野王上黨守馮亭以郡歸趙時赧王五十三年也詳在靳黈馮亭下趙封馮亭爲華陽君

馮亭使至趙王以問平陽君豹豹以為不可曰秦服其勞趙受其利雖彊大不能得之于弱小弱小顧能得之于強大乎平原君請受之故受地封馮亭秦王齕攻趙上黨拔之趙廉頗軍長平秦行閒趙以趙括代廉頗秦陰使白起為上將大破趙軍坑降卒四十萬趙受上黨越二年秦使王齕攻拔之上黨民走趙趙使廉頗軍長平按據之戰數不利乃堅壁不出秦以千金行反間曰秦獨畏馬服君之子趙括為將耳廉頗易與且降矣趙王信之遂將括藺相如不可括母亦以為不可皆不聽秦王聞括將陰以武安君為上將軍軍中敢泄者斬括更約東易置軍吏出擊秦軍武安君佯敗走張二

翼以刼之括乘勝造秦壁壁堅拒不得入而秦奇兵絶其後秦王聞之自如河内發民十五以上悉詣長平遮絶趙救兵及糧食九四十六日趙軍中人相食急攻秦壘括中流矢死卒四十萬人皆降武安君悉其反覆盡坑之遺其小者二百歸趙前後斬首虜又四十五萬人嗚呼殺降不祥况四十萬耶杜郵之死起亦自知其罪在長平矣

秦定太原上黨降卒之二年復攻趙定上黨尚有未降邑也

秦悉拔上黨諸城立太原郡又十二年始悉拔之立太原郡以上黨屬之前後十七年而上黨始定綱目屢書之蓋上黨天下脊秦得之而兼併之勢成矣

秦初分天下爲三十六郡上黨居其一置材官

此郎之始也材官則武衛亦肇于此矣

趙王武臣使張黶畧上黨武臣用張耳陳餘計自立為王復用二人計收燕趙以自廣故使黶畧上黨

漢韓信定魏地置上黨郡因請兵東下破趙以任敖為上黨守高祖與項羽相拒拜敖為上黨守據形勢上自將擊韓王信于銅鞮信亡走匈奴代相陳豨反攻上黨任敖堅守封為廣阿侯

壺關三老茂上書訟太子寃茂與田千秋同為太子也茂當帝怒其事雖太子未死為得力及巫蠱事白千秋侯矣解救太子者盡受賞矣而獨不及茂則徙薪與焦額殊科不獨一徐生已也

大司農耿壽昌請糴三輔弘農河東上黨太原郡穀供京師故事歲漕關東穀四百萬斛費甚鉅五鳳中三輔近郡比歲豐稔故壽昌有是議公私俱便徙馮奉世子孫還上黨初奉世貴子孫遂居長安及中山太后被誣家族死者十七人仍徙宗族還故郡司隸校尉鮑宣陷罪徙之上黨宣劾董賢以直聞進何武彭宣拜司隸丞相孔光官屬違制行馳道中宣鉤止摧辱事下捕從事宣閉門不肯納坐距閉使者大不敬下廷尉獄太學生舉幡集救得減死髡鉗徙上黨子孫遂家焉關東水流民走入壺關口時陽朔二年王莽以襄垣爲上

黨亭　更始遣尚書僕射鮑永安集河東永
以馮衍爲將軍屯太原與上黨太守田邑繕
甲養士扞衛并土　光武將馮異攻天井關
拔上黨兩城　帝遣宗正劉延攻天井關上
黨太守田邑拒之邑更始將也拒延十餘戰延不得進邑迎母弟妻子
會鄧禹使集弩將軍馮愔擊邑愔尽得邑家屬邑又拒戰邑聞更始敗遣
使詣洛陽獻璧馬即拜邑爲上黨太守新莽之末
盜賊蠭起邑能保境安民及更始敗即歸世祖不但明哲保身上黨賴以免鋒鏑之患功

不細也匈奴寇上黨時建武二十年也光武初定天下故匈奴深入

三國袁尚將郭援因絳州守賈逵于壺關祝公道救出尚既襲父行州事遣郭援徇河東賈逵守絳攻之急父老約曰城下而不害賢守乃降既降援背約吏民伏逵背乘城大譟曰負約殺賢守寧俱死耳乃囚之壺關祝公道夜盜出之曹操圍壺關降之操破袁尚援鄴進圍壺關不下令曰城拔皆坑之曹仁諫曰圍城必開其生路今許之必死將卒畏死固守且城固而糧多頓兵堅城之下攻必死之虜非善計也操從之遂降其城幷州刺史高幹執上黨太守發兵守壺關口曹操親征拔

之幹袁紹甥也袁尚敗幹舉并州降曹及操征烏丸幹遂舉兵守壺關口以拒魏操遣樂進李典擊之未下操還親征幹求救于單于單于不受操克壺關幹走死

晉劉上黨沾縣屬樂平郡沾即今遼州和順樂平也匈奴郝散反攻上黨殺長吏特匈奴降散處內地晉帝初定天下兵力正盛即攻郡殺長吏況後衰微時乎江郭徙戎二論誠有鑒乎此也劉淵稱大單于遣劉曜陷屯留長子并陷太原泫氏高都離石飢淵遷于黎亭就底閣粟且運粟給離石守將上黨雖居萬山中然外鄰趙魏委輸易達故淵就之不但形勢且資其食并州刺

史劉琨至上黨募兵五百人使太守劉惇熊將鮮卑以進遂入太原時并州郡縣多陷沒劉輿說太傅東海王越以琨爲并州刺史鎮北方琨至上黨略粳不得進下令募忠勇士得五百人合鮮卑僅千人轉戰而進劉淵遣其將劉景要擊爲琨所敗遂達晉陽撫拊招徠流民漸歸仍離間淵之心腹郡邑來歸者衆

劉琨請賑琨至上黨見兵寇殘毁之後生理蕭條又以并土爲九州之險精騎所出不可不賑請粟絹綿俱以五十萬計從之表見藝文

胡部大張㔨督擁衆數千壁上黨石勒說與俱歸劉淵勒爲苟晞所敗將奔劉淵聞督壁上黨從從相昵因說督曰兵貴有所屬

今劉單于懸賞招六部落皆議去部大張而歸單于願早自為計督無謀恐衆一旦叛去遂與勒俱歸淵淵以勒為護漢將軍平晋王劉淵遣子聰及石勒寇壺關劉琨遣護軍黄秀救之勒敗秀于白田秀死之　東海王越遣内史王曠將軍施融救上黨與聰戰于長平大敗太守龐淳以城降黄秀敗死越遣王曠施榮來救既濟河曠欲長驅直進融曰彼乘險間出當阻水為固以量形勢曠怒曰君欲沮衆耶遂踰太行遇聰于長平合戰大敗皆死城遂降

劉琨以都尉張倚領上黨太守據襄垣　劉

曜寇上黨劉琨遣將救之戰于襄垣敗績時劉聰欲取長安召曜還故并土如故劉琨署温嶠爲上黨太守事詳郡縣志

十六國石勒割上黨武鄉縣爲武鄉郡勒家鄉也石勒遣將襲并州上黨内史王眘以并州降于勒

上黨馮鴦自立爲太守時燕慕容儁時也鴦陰通京師外結張平平跨有新興鴈門西河太原上黨上郡之地壘壁三百餘里胡晉十萬餘户拜置征鎮爲昂峙之勢儁遣慕容評討平慕容根討鴦及一時擄土李歷高昌輩并州壘壁

日降所置將吏多率衆歸評于是張平奔平陽馮鴦奔野王符堅遣王猛
督鄧羌張蚝等伐燕攻壺關克之猛受命徑攻壺關執
上黨太守慕容越上黨屬縣悉降于猛王猛以苟萇戍壺關自
將攻晉陽時楊安攻晉陽不下故猛留將戍守會安攻之即下晉陽秦王
猛及燕慕容評戰于潞川敗之遂圍鄴慕容暐遣
其太傅評率兵四十萬拒猛評屯潞川猛留
將守晉陽還與評相持評以猛懸軍深入利
在速戰議以持久制之然評性貪鄙鄣固山
泉賣薪鬻水積錢絹如丘陵三軍莫有鬬志
猛知其失士心遣遊擊郭慶以銳卒五千乘
夜間出評營後起火高山焚其輜重火見鄴

中臨讓評評求戰猛大破之斬俘五萬乘勝追擊又降斬十餘萬燕由此遂滅方二軍之將合也猛望見評衆惡之謂鄧羌曰今日非將軍不能破勍敵羌以司隸見要猛以安定太守萬戶侯相許羌不悅既交兵召羌羌寢不應猛馳就許之羌乃大飲與張蚝畸馬運矛出入評軍中若無人遂破評

慕容農招庫辱官偉于上黨農垂子也垂為苻丕遣征翟斌農留在鄴垂欲叛秦遣田生密告農農奔列人起兵時庫辱官偉屯上黨有衆數萬農招赴之遂與垂會兵攻鄴

秦幽州刺史王永進屯壺關遣使迎苻丕于鄴時丕為慕容垂所圍永亦為垂將所敗永率衆三萬屯壺關招丕丕率鄴城男女六萬如潞川

秦將張蚝

王騰迎苻丕于上黨據晉陽即僭位留苻冲守壺關丕至晉陽始知苻堅死發喪即位苻丕使楊輔守壺關丕欲轉兵西據平陽故留將守壺關及晉陽西燕慕容永據長子僭帝號改元中興永敗苻丕盡收其臣佐故進據長子即僭位燕慕容柔等自長子歸于燕初慕容垂之東也子孫皆留秦及垂自立其子孫依冲及永永與垂分帝東西垂子孫不自安柔與盛謀曰居嫌疑之地爲智爲愚皆將不免不若以時東歸無爲坐待魚肉也及歸盡得長子虛實垂遂決意滅永永亦盡殺垂子孫在長子者慕容永寇洛陽朱序迎擊

敗之于太行山自苻堅淝水之敗晉遣將收復中原洛陽復為晉有永引兵向之朱序自河陰北濟擊敗之永走還上黨序追至白水相持二旬聞翟遼欲向金墉乃還翟釗奔長子慕容垂擊釗釗求救于慕容永永謀之群臣尚書鮑遵進卞莊之策欲乘其敝侍郎張騰欲成鼎足之勢勸其速救永不從垂遂破釗釗降永以為車騎大將軍東郡王歲餘釗謀殺永覺誅之慕容垂擊慕容永戰于潞川敗之進圍長子克之垂欲伐永諸將曰彼無釁我數征兵疲不可慕容德曰永國之枝葉易生民心宜早除垂喜曰吾雖老叩囊底智足以取之遂發中山次于鄴聲言自壺關滏口沙庭進兵永聞分道拒守聚糧臺壁遣兵戍之而

垂頓兵于鄴西南月餘西南趨澤州路也永疑垂或將詭道由太行來乃歛諸軍杜太行口惟留臺壁一軍垂聞之從滏口入破臺壁軍永亟召太行軍還自將拒之而軍已奔命疲矣會戰于臺壁南垂先伏千騎于澗僞退永追之伏發斷其後兵四集永大敗計窮走歸長子垂圍之永困急求救于晉魏兵未至將士開門納垂兵永走死所統入郡七萬餘户及服御圖書伎樂珍寶盡歸于垂

南北朝元魏割上黨襄垣縣爲襄垣郡割高都縣爲高都郡割泫氏縣爲長平郡高都今澤州長平今高平魏遣將軍莫題討上黨羣盜秦頗翟都于

壺關上黨太守捕頗斬之都走林慮　河西饑胡反于上黨魏遣將軍公孫表等討之神瑞二年河西胡數萬户附于魏歲飢飢胡屯聚上黨推白亞栗斯爲盟主自號單于以司馬順宰爲謀主魏遣將討之上黨李禹聚衆反河内守將擊破斬之禹殺太守自稱無上王署置將帥河内守將擊破禹亡走山中執斬之

魏世祖幸上黨觀連理樹于泫氏太平真君六年也

魏主至潞誅叛民二千餘家止言誅叛而不著其由及爲首名姓詔于壺關大王山累石爲三封又斬其北

鳳凰山之南足時望氣者言上黨有王氣窮之在此山遂累石壓之且斬其翼則前所誅叛民亦惑于此說而加之辭也燕民王慶祖聚衆于上黨自稱爲王爾朱榮討擒之爾朱榮討葛榮擒于襄垣有雙兔起于馬前榮躍馬彎弓誓之曰中之則擒葛榮雙兔應弦而殪果破葛榮立碑于其所號雙兔碑爾朱榮舉兵向洛至上黨還魏太后專政嬖倖用事民離盜起魏主密詔榮舉兵以脅太后榮以高歡為前鋒至上黨魏主復以私詔止之故還事露魏主竟以鴆死魏主避元顥至上黨時元顥以梁兵至稱帝克梁國拔滎陽漸逼洛陽敬宗北出由河内

上太行詔上黨百年以下九十以上秩三品郡八十以上四品郡七十以上五品郡上詔一郡在地故也爾朱榮朝魏主于長子奉魏主南旋榮在晉陽聞魏主北出馳傳來朝行且部分即日南旋擊顥顥走死魏僕射爾朱世隆反與汾州刺史爾朱兆立長廣王曄于長子入洛陽遷其主子攸于晉陽弑之爾朱榮遂擅朝政魏主誅之故世隆等别立弑之高歡統衆就食山東舍大王山六旬而行初葛榮衆流入并肆二十餘萬為契胡陵暴貧極屢反雖

誅之不能止爾朱兆患之間計于歡歡曰六郡反殘不可勝誅宜選心腹統之有犯直罪其帥將自戰兆即以屬歡時兆醉歡恐醒後事變即傳令部分軍士又以歲歉請就山東食從之路遇爾朱榮妻鄉郡長公主自洛陽來馬三百匹盡奪易之兆怒自追至襄垣水漲橋斷歡隔水拜曰馬備山東盜耳願渡而受死則此衆便叛兆輕渡與歡盟誓留飲去歡舍大王山六旬始出滏口號令嚴肅兵勢遂盛

高歡遣高隆之等據壺關歡自知逆謀已露故遣諸將各據要害

高歡將兵自壺關趨蒲津侵魏

後周改上黨郡爲潞州襄垣郡爲韓州州名自此起

以潞州爲代國邑一萬戶令代王達之國僅一年爲隋文帝所害及其世子以上黨羊頭山黍依漢律曆志累黍造尺以定黃鍾　尉遲迥遣所署行臺韓長業攻潞州陷之李穆遣兵取之以潞州歸隋文帝長業陷潞州執刺史趙威署州民郭子勝爲刺史時李穆已歸心隋文帝遣將取潞執子勝文帝嘉之

潞自晉室南遷遭元海石勒符秦慕容以至魏齊周隋相侵相併此爲要衝蓋無歲

而不爲戰地矣中原無主真天地一阨會
丮故梁吳均詩雜虜寇銅鞮征役去三齊
扶山翦踈勒傍海掃沉黎光夜悉如電馬
汗盡成泥何當報天子畫地取關西晉江
左偏安無有恢復帝王舊都救民于水火
之中者

隋改潞州復爲上黨郡廢韓州復以襄垣來屬
改壺關爲上黨縣

唐罷上黨郡復置潞州韓州以太守爲刺史天下郡皆改為州置總管府于潞州武德二年立貞觀元年廢定楊取唐長子壺關劉武周已據并州也以王行敏爲潞州刺史事詳節鎮志突厥入寇及潞州初高祖賀突厥兵往來用書而夷性貪婪無厭高祖且親征以詔敕賜之故怒入寇灵相潞沁韓明等州皆被掠廢韓州復置襄垣縣來屬析上黨縣復置壺關自是潞皆親王為刺史置都督府于潞州貞觀元年廢總管府八年置都督府以臨淄王爲潞州別駕即玄宗唐初郡丞曰別駕

潞安府志　卷十五　十四

後更為長史未幾復稱別駕以諸王子為之故臨淄王以衛尉少卿任在郡有德政善僚屬禮士大夫愛百姓年變登多瑞應後朝京被留平常后亂登帝位以潞州長從兵充宿衛府兵久壞玄宗取京兆蒲同岐華府兵益以潞州長從兵共十二萬號長從宿衛歲二番陞潞州都督府為大都督府以儀石二州隸焉諸州皆稱都督府惟并益荊揚稱大都督府今陞潞則為五大都督府帝北巡詔潞州給復五年以故第為飛龍宮玄宗北巡太原過潞以潛邸布恩開元十一年也帝封泰山還過潞州問民疾苦宴勞賞賜故舊有差十二

年也帝如潞州賜高年粟帛給復三年曲赦二十年也玄宗在潞布德施仁及為帝以潞兵克宿衛歴府為大都督三過潞州給復曲赦宴勞賜賚究若家人父子民至今不忘覩其遺跡時與慨歎以金吾大將軍程千里爲上黨郡長史時安禄山反故授千里是職以拒之置澤潞沁節度使治潞州以程千里爲節度使　安慶緒遣蔡希德寇上黨程千里追之橋壞墜塹被執事詳節鎮志　蔡希德自上黨收兵歸鄴郡時安慶緒退保鄴郡兵不滿千故希德收兵會之　澤潞節度

使王思禮同河東節度使李光弼將兵助郭子儀討安慶緒于鄴　澤潞節度使王思禮敗安慶緒于相州　王思禮整軍還鎮九節度圍鄴壅漳水灌城城中食盡不能支而諸將不相統攝政令不一故城久不下惟光弼思禮號令嚴明屢戰俱勝史思明引兵來救大風晝晦各鎮兵俱潰亦惟二師全軍而還　王思禮及史思明戰于直千嶺敗之　澤潞節度行營聽汾陽王郭子儀節制河東兵叛上遣子儀為兵馬副元帥知朔方河中北庭潞儀澤沁節度行營討平之　以羽林大將軍

李抱玉兼澤潞節度使　薛嵩以相衛洺邢四州降于李抱玉澤潞節度增領鄭州及陳邢洺趙四州未幾置成德軍割去趙州以降嵩洺相衛節度使割去邢洺未幾復以衛州來屬未幾復割去未幾又領懷衛河陽未幾割衛州去時安史諸將俱以州降河北已平僕固懷恩恐賊平寵衰奏留嵩等分帥河北故紛紛割裂終唐世不能合一

以李抱真爲澤潞節度副使代宗欲用爲留後抱真辭從之歷澤懷二州刺史皆兼昭儀節度副使

澤潞節度增領潁州未幾割潁鄭二州隸涇原節度

徙昭義節度于潞州先是賜相衛節度號

昭義領相衛貝磁邢洺六州至是詔昭義兼領澤潞徙治潞州潞州始稱昭義軍云昭義節度罷領懷衛二州河陽三城另置河陽節度也又罷領陳州另置陳許節度也昭義節度使薛嵩卒以嵩弟崿為留後嵩卒子平年十二將士脅以為帥平偽許之既而讓其叔父崿夜奉父喪逃歸鄉里嵩亦安史降將也諸郡皆檄士要世授而平以幼稺奉父喪還且委曲于將士叔父間卒以免禍歸地朝廷得據形勢以制三鎮平之為功不細也惜廟堂無孺子之智授崿留後啓各鎮覬覦之漸田承嗣誘昭義兵馬使裴志清逐其留後薛崿志清叛附承嗣

使薛嵩之死即以副使李抱真為節度當不至此取師軍中唐之所以亡也詔討田承嗣給復昭義五郡所存澤磁邢洺也至此疆域始定昭義節度使李承昭及田承嗣戰于清水敗之擒其將盧子期送京師斬之承賜請降初官軍四集承嗣將以磁州降承嗣遣盧子期攻之城幾陷承昭與李寶臣共擊擒子期誅之承賜請朝然竟不至而罷以李抱真爲昭義節度使李抱玉兼領三節承昭抱真皆爲留後至是抱玉卒抱真始為節度使田悅反冠上黨支郡邢洺州承賜死田悅自稱留後與平盧李正巳成德李惟岳定計

連兵拒命悅欲阻山為界曰邢磁如兩眼在吾腹中不可不取發兵圍之邢州刺史李共臨洺州將張伾堅壁固守來告急李抱真請于朝討之

李抱真奉詔會馬晟李燧討田悅戰于臨洺敗之燧等未出險先遣使遺悅書為好語悅謂燧畏之不設備進兵至臨洺悉衆力戰張伾亦率城中兵出無不一當百斬虜萬餘悅夜遁邢州圍亦解

李抱真與馬燧等擊朱滔王武俊于恆山敗績初諸將討田悅滔與武俊反發兵救之賊至恆山宮兵擊之滔兵潰官軍爭取財貨武俊乘隙橫衝官軍分為二滔回軍擊之遂大敗

李抱真會王武俊于南宮王武俊與朱滔有隙李抱真使賈林

說武俊武俊私約歸正俟赦命會朱泚反詔行營歸抱真退軍臨洺田悦武俊從而攻之抱真説武俊以乘時破滔武俊又説悦以同結昭義時朱滔方攻貝魏未下三鎮約連兵救之滅滔以孤朱泚之勢武俊移軍南宫抱真以數騎徃入營執武俊手叙國難當救相持而泣約為兄弟誓同滅賊仍留宿帳中武俊感其誠以死許遂連營而進當朱泚叛逆滔以勢刼三鎮田悦王武俊皆負罪未釋使三鎮合一不惟河北非唐有而朱泚黨盛即長安未易平也吾以為抱真此舉功不在李晟平寇之下

李抱真王武俊大破朱滔于貝州滔遁歸范陽　昭義節度使義陽王李抱真卒以王虔休為節度留後

尋爲使抱真卒子緘秘不發喪詐以抱真表求世授虔休以義止之朝廷遣使促緘發喪以節度授虔休虔休初名延貴帝賜是名旌其忠膳部員外郎馮伉充李抱真弔贈使郤贈帛先是使臣弔贈各鎮者賄贈直受之伉至抱真子緘贈帛數百不納送至京師表奏固辭屬醴泉令缺上曰前使澤潞不受餽遺者清吏也遂改醴泉令果著善政此可為使臣之法潞州父老上李抱真德政請立石紀功建祠祀之命董晉撰文至今有專祠文見藝文王虔休及攝洺州刺史元誼戰于鷄澤敗之昭義節度使李長榮卒德

宗遣中使察軍中欲立者授之盧從史越次營受大將來希皓爲衆所服中使以手勑授圖辭盧從史結監軍受之德宗此舉授軍中廢置之權非矣自後強者自立弱者見逐朝廷遂不能制盧從史擅出兵屯邢洺從史潛蓄異謀陰養死士父死不奔喪希憲宗旨獻策取河北三郡又陰結王承宗恃兵圖位擅引兵東出召之還不時奉詔吐突承璀誘盧從史執送京師以河陽節度使孟元陽從鎮昭義以昭義將烏重胤爲河陽節度承璀計執從史一軍皆甲烏重胤鎮之乃定承璀即牒重胤爲留後李絳不可乃與元陽更調

追贈故昭義從事孔戡爲司勳員外郎曾密諫從史不聽對衆面折不改引疾歸卒故贈是官以辛秘爲昭義節度使從史之後困敝幾不成郡秘能節愛數年間民富財殷復爲完鎮以昭義兵討吳少誠　昭義節度使郗士美及王承宗戰于柏鄉敗之諸將討王承宗者互相觀望士美出師遣兵馬使王獻率兵一萬爲前鋒獻兇悍恃亂逗撓不進士美斬之下令進軍遂大敗賊承宗大懼措日有破亡之勢會詔班師功竟不成至今兩河間尚稱之郗士美以賊首三百獻捷詔梟示通化門外　從義成軍節

度使劉悟爲昭義軍節度使初悟殺李師道以淄青降從悟義成軍以田弘正代欲變河北世襲之弊也穆宗立從昭義遂遺三世據潞之禍以昭義軍討王庭湊劉悟執監軍劉承偕先是朱克融亂從悟盧龍至邢州會庭湊殺田弘正據成德及不得進遂以原節兼幽鎮招討治邢州圍臨城觀望久不拔與承偕不叶承偕恃君寵凌轢悟數罪辱之陰與磁州刺史張汶謀縛悟送闕下悟知之殺汶因承偕詔送承偕京師悟不奉詔必貶承偕于遠州乃釋之由是專肆上書多不遜語天下負罪亡命多歸之後數歲嘔血死劉悟死以晉王普遥領昭義節度使劉從諫爲留後事詳

節鎮昭義軍救李聽于淺口　劉從諫還治潞州自劉悟治邢州人心思潞故從諫還治以收人心　昭義節度使劉從諫入朝加同平章事遣歸鎮初從諫以忠義自任入朝欲請他鎮既見朝廷事柄不一心輕之故歸而益驕一從諫也從鎮何心不從鎮又何心乃知奸雄生念朝廷自取之耳使是時唐之權不旁落則從諫必從鎮無後患矣　昭義軍敗王庭湊于臨城又敗之于昭慶　昭義節度劉從諫表請王涯等罪狀仇士良懼加從諫檢校司徒甘露之變王涯等死非其罪從諫上表請涯等罪狀

洛安府志　卷十五　二十一

兵七千定潞州執郭誼送京師斬之初潞市有狂人磬折唱曰石雄七千人至矣至是果驗給復澤潞磁邢洺五州一歲劉稹平也以盧鈞爲昭義節度使鈞長厚得衆心兵亂之後武宗擇而用之果坐鎮無事昭義戍兵作亂討平之自劉悟以來鎮兵驕縱至是詔戍鎮武憚于遠行遂閉門大譟盧鈞奔潞城亂兵推都將李文矩爲帥文矩以禍福諭之乃聽命遣人謝鈞鈞還復遣之行一驛乃潛選兵追及殺之昭義軍亂殺其節度使沈詢咸通四年史不書其故昭義軍亂逐其節度使高湜乾符四年史不書故昭義節

度使李鈞合河東兵討李昌國戰于洪谷敗績李鈞死　王仙芝反昭義節度使曹翔將步騎五千衛東都　昭義監軍雷殷符擊王仙芝于鄭州破走之時殷符屯中牟聞仙芝圍鄭州引兵來援遂解其圍昭義節度使高潯會王重榮攻華州克復之時黄巢已入長安盡有關中之地故潯克復高潯及黄巢將李祥戰于石橋敗績裨將成麟殺潯叛還潞州

○昭義將孟方立殺成麟自稱留後移治邢

州　李克用取潞州孟方立既治邢州欲徙潞州民于龍岡州民安土重遷乞師于克用克用遣李克修擊之取潞州殺李殷銳是後克用每歲出兵爭山東三州之人半爲俘䤋野無稼穡矣李克用表李克修爲昭義節度使治潞州自是昭義分為二鎮李克用拔磁洺進攻邢州孟方立自殺弟遷以邢州降方立猜忌圍困飲藥死其弟遷素寬諸將奉以為留後遷求救于朱全忠兵未至乃舉城降昭義復合為一昭義節度使李克修卒以弟李克恭爲留後克修簡儉得人心克用巡郡以供具不厚詬而笞之因慚憤成疾死克用表其弟克

恭為留後

昭義軍殺留後李克恭朱全忠取潞州

李克用遣兵圍之初克修死非其罪潞人憐之而克恭又驕恣不曉軍事民皆怨望益思克修會克用圖河朔令克恭選精兵五百送晉陽遣侯覇部送至銅鞮覇與牙將康居受刼衆反攻克恭自焚死覇因叛附朱全忠全忠遣将據潞克用遣康君立李存孝将兵圖之

詔以京兆尹孫揆為昭義節度使時昭宗聽張濬討克用以孫揆為副聞李克恭死遂以揆為節度使

李克用執昭義節度使孫揆殺之官軍至陰地朱全忠遣驍將葛從周自壺口關潛入張濬恐汴人據有潞促揆速行存孝聞之伏兵刀黄山擒揆揆不屈鋸解死

李克用取潞州以康君立爲留後存孝既執孫揆還攻潞州葛從周遁歸克用以康君立爲留後李存孝憤恚始有叛志竟爲李存信譖死

罕之據潞州朱全忠表爲節度使存孝之死克用語及輒流涕康君立以爲不然克用怒鴆殺之以薛志勤爲留後志勤死罕之時爲澤州刺史常從克用征討有功求鎭不得乃引兵據李之遣人降于朱全忠全忠表爲節度使

克用遣李嗣昭攻潞州拔之表孟遷爲留後嗣昭先取澤州收罕之家屬送晉陽越歲罕之疾全忠使賀德倫守潞嗣昭以鐵騎環其城捕芻牧者附城三十里黍禾刈盡朱全忠德倫窘霄遁克用復得潞州

遣兵陷澤潞等州李克用修好于梁全忠怒其書辭蹇傲遣叔琮等分道北攻諸州孟遷降諸州皆陷存孝君立死故梁得横行

李克用攻潞州節度使丁會降以李嗣昭爲節度使朱全忠弑昭宗丁會聞之率三軍縞素哭之會全忠攻劉仁恭仁恭求救于李克用克用召幽州兵遣李嗣昭等攻潞州會遂舉軍降曰非不能守梁王凌雲唐室雖有舉拔之恩誠不忍其所為故來歸嗟夫當全忠刼君父幽因密室至于行墓弑唐之方面大臣坐視無動心者丁會全忠私人獨悲痛擇所歸可謂烈丈夫矣

五代梁侵晉圍潞州晉遣周德威救之梁兵十萬攻潞

嗣昭閉城固守內外隔絕晉王聞之遣德威來救

晉敗梁兵于潞州梁築夾寨守之周德威壁于高河梁將康懷貞擊之不克梁遣李思安代之乃築夾寨防衛寔遏救援詷山東民餽糧德威以輕騎抄之思安自東南山口築甬道屬于夾寨德威與諸將互往攻之一日數十發梁兵疲于奔命閉壁不敢出

晉王攻梁夾寨破之潞州圍解方圍時晉王克用薨嗣子存勗召周德威還梁以潞從此絕援矣遂不設備存勗曰上黨河東之藩蔽無上黨是無河東也且朱溫所憚者獨先王耳聞吾新立以為童子未閑軍旅必有怠心若簡精兵倍道趨之出其不意破之必矣遂率諸將至潞之三垂岡伏兵值早霧直抵夾寨梁將士尚卧乃

分兵塡塹燒寨鼓譟而入梁兵大潰南走圍遂解初克用破孟方立還置酒三垂岡存勗在側方五歲克用指而笑曰此奇兒也後二十年能代我戰于此乎至是過三垂岡歎曰此先王置酒處也果破梁朱全忠聞之亦曰生子當如李亞子克用為不亡矣至于吾子豚犬耳

梁遣楊師厚李思安將兵屯澤州以圖上黨

李嗣昭勸農緩刑以治潞梁兵圍守歷年士民死者太半嗣昭勸課農桑寬租緩刑數年之間軍城完復

李嗣昭引昭義兵會晉師伐梁邢州不克梁救至故回兵

李嗣昭遣石君立救晉陽時晉王用兵幽趙間梁乘間急攻晉陽幾陷嗣昭遣牙將

石君立將五百騎救之朝發夕至大呼曰昭義侍中大軍至矣遂入城夜與晉陽退將安金全等分出諸門擊梁兵梁兵死傷十二三梁竟不克而歸

昭義節度使李嗣昭戰死鎮州子繼韜管爲留後改昭義軍曰安義軍嗣昭帥師圍鎮州鎮將張處瑾遣千人迎糧嗣昭設伏要擊殺獲殆盡忽矢中其腦嗣昭拔矢反射殪之是夕卒遺命以澤潞兵授判官任圜督攻號令如一鎮人不知嗣昭之死也晉王聞之悲痛不御酒肉命其諸子護喪歸葬晉陽其子繼能不受命帥兵擁喪歸潞子繼儔當襲素懦弱繼韜凶狡因之詐令士卒劫己爲留後晉王從之

李繼韜以潞州叛降梁其將裴約據澤

州不下死之繼韜營為留後終不自安遣弟繼遠詣大梁降梁以繼韜為節度使安義舊將裴約守澤州不肯附梁遣兵攻之晉急發兵來援兵未至而城陷死

李繼韜募兵潞州尭山郭威應募威少孤來依潞州常氏好氣使酒應募為兵繼韜愛之嘗白晝殺人于市中繫獄繼韜復縱之去後佐漢起兵受禪為周太祖

潞州知州李繼儔爲李繼達所殺弟繼珂討平之繼韜謀襲叛去及莊宗滅梁自歸乞活莊宗宥之復謀不軌事覺伏誅莊宗念嗣昭功以繼儔知潞州以潞而繼達殺之弟繼珂募市人討繼達死

州税應威塞大同振武三軍　唐將楊立反

討平之來潞州城池楊立繼韜黨也繼韜誅陰懷不平會發兵戍涿立聚衆焚掠自稱留後表求節鉞詔遣李思源等討平之唐王以潞州城池高深將屢叛悉夷之

昭義節度使皇甫立奏石敬塘反唐遣符彥饒將軍赴潞州石敬塘合契丹圍晉安唐主從珂欲北征遣兵赴潞為大軍後援

唐遣趙延壽將兵二萬如潞州唐主從珂至河陽心憚北行議可使將兵拒敵者和凝等曰趙延壽父德鈞以盧龍兵來赴難宜遣延壽會之遂遣行

趙德鈞領兵趨潞州併延壽兵屯團栢谷口德鈞陰蓄逆志欲乘亂取中原由土門口入表稱兵少須合潞

州兵乃趨潞州子延壽以兵屬馬德鈞留潞州詔趨之屯團栢谷口不進契丹主立石敬塘爲晉皇帝南下至潞州趙德明迎降繫歸死初德明請于契丹欲得主中國以石敬塘先附故契丹不許及破團栢德鈞父子奔還潞州契丹主至德鈞父子迎謁于高河俘繫送歸國述律太后責其求天子背唐主何面目復求生愧鬱病死其子延壽爲契丹翰林學士晉主石敬塘發潞州契丹主北還時從珂在河陽契丹使敬塘引漢兵南下遣兵衛送留重兵在潞聞急則下山援救俟克洛陽而後返敬塘既發從珂退歸洛陽自焚死敬塘遂有天下契丹歸晉遣昭義節度使高行

周將本軍屯相州爲魏府西向都部署（時范延光反于魏也）晉以盧順密爲昭義節度留後（賞其平滑州之功）晉以皇甫遇爲昭義節度使（時成德節度使安重榮有異志皇甫遇其姻家也徙昭義以結其心）潞州殺契丹使者歸于漢（契丹滅晉遣使監各州漢主劉知遠即位于晉陽潞州留後王守恩斬契丹使者舉鎮歸漢）契丹寇潞州晉遣史弘肇救之契丹遁去（契丹以耿崇美爲昭義節度使屯澤州將攻潞州漢主遣弘肇進克澤州契丹從山下河北道去漢主至洛遂定天下）王彥昇破北漢兵于虒

潞安府志　卷十五　二十八

亭斬其帥王璋　潞州巡檢陳思讓敗北漢兵于虒亭　北漢主以契丹兵侵潞周昭義節度使李筠逆戰敗績（北漢主聞周太祖殂請兵于契丹自將趨潞李筠遣穆令均逆戰漢誘令均入伏中殺之筠遁歸嬰城自守）周主破北漢兵幸潞赦流罪以下（世宗自將戰于澤州高平連破之至潞州整軍北伐）契丹北漢會兵入寇潞州不克而還（是役也兵至城下即還尤邀北漢厚賂去結虜何益祇自敝耳）周遣史彥超將步騎二萬發潞州（王北漢也）周世宗至潞尋趨晉

陽（親征北漢也）帝至潞州還京（自太原回軍也）

嗚呼昭義之設唐以制河北終唐世河北三鎮不能侵一寸之地不可謂非計矣顧劉悟以後朝廷處置失宜廢置之權授之軍中由是釀成悖亂之習始則兵將相殘繼則梁晉互攻終則夷夏爭走一百五十年間兵戈不息不知當時彈丸之地何以支持以今睹之士誦農耕商遊工作安居

無恐誰之力孰享太平之盛可以知所自矣

宋周昭義節度使李筠起兵會北漢主伐宋太祖受周禪加筠中書令歆拒之賓佐切諫乃宴使者懸周太祖像涕泣不已賓佐惶駭告使者曰令公被酒失其常性幸勿訝北漢主聞之以蠟書結筠同舉兵太祖手詔撫慰且官其子筠竟起兵北漢主親將趣筠筠謁于太平驛言受周太祖恩不敢愛死周漢仇也北漢主不悅留將監其軍而返筠留其子守節守潞而自將兵南向宋帝自將征李筠圍澤州克其城李筠死之進攻潞李

潞安府志　卷十五　　二十

金粘没喝陷隆德府知府張確通判趙伯臻司録張彦適死之　初斡离不粘没喝分道南侵斡离不自平州入燕山粘没喝自雲州趋太原斡离不先至亦已議和粘没喝方攻太原聞之亦遣人索賂宰臣以援兵大集拘其使而不與粘没喝怒遂分兵趋亦平陽叛卒導之入南北關粘没喝歎曰關險如此而使我過之南朝無人矣既過關知威勝軍李植以城降即今沁州也遂招確使降拒守之或勸出奔亦不聽城破確等死之

河北制置使姚古遣王德復隆德府擒金守將以獻　金兵北還古軍懷澤間遣德諜之新一首而還古曰能復往手德從十六騎徑入隆德府治執偽守姚太師左

右驚擾德手刃數十百人一府中謂然莫敢前及獻俘欽宗問狀姚曰臣就縛但見夜叉耳人因呼德為王夜叉

郭忠孝以陝西兵遣將趨澤潞懼失要地也

金粘沒喝復陷隆德府金兵既去李綱宣撫河北布置諸將分屯遼汾威勝及南北關主和議者盡罷勸王兵諸將承御畫得徑達號令不稟于撫轄故進退不一首尾不應賊破南北關威勝軍即降居民聞之爭皆渡河南奔州縣皆空遂復陷沒

黎城處士宇文光見執不屈死女亦死節光避兵山谷中猶讀書金兵執之不屈見殺女被兵得亦不受汚墜井死

郡人王彥連兵太行山以拒金師剋日北伐

宗澤召議事使赴行在所竟爲和議所阻時汪黄用事主和見彥議用兵恪不得見彥遂致仕後起董用于川陝又使治郡卒綱目嘉其致仕宋史亦歎未盡其才又苗傅以彥爲御營都統即佯狂致仕節更偉

金太行盜陷隆德府殺其守臣姚璠討平之以山西轉運副使洗瑋權知州事宥降卒七百人拜瑋諫議大夫知潞州事金初得潞人心猶冀宋之復取故殺金守臣宋不能救而金平之從此潞爲金有矣金所稱盜宋之忠義也當緣坐者七百人帥府必歆坑之瑋以死爭不但保全孑遺草創之初收拾人心亦大有功于金潞民

感泣爲之立祠宜矣襄垣縣令韓俊築甘水南城以保

民金初隨在兵起民被刼掠無所避俊能將桓部之鄉民歸依者城不能容乃築外城

且戰且築城成民有所恃盜賊漸息趙人王玉攻潞州援之

玉破諸州獨潞州堅守力戰射玉中左目玉竟援其城置潞州元帥府

金宣宗時兵漸起敗于太原潞州皆置帥府發潞州元帥府兵援

太原時元兵圍太原元兵攻潞州都統馬甫死之

苗道潤請以所部軍隸潞州元帥府　以戶

部尚書納合蒲剌都爲元帥右監軍行元帥

府事于潞州　元兵狥潞州陷之納合蒲剌都及叅議官王良臣死之良臣潞人以張開克潞州招撫使時林州元帥府徙潞民往來苦甚開請並立元帥府從之以張開權昭義節度使權元帥左監軍行元帥府事詔與郭文振共復太原張開復太原封上黨公以澤潞沁州隸焉張開及元兵大戰于壺關勝之張開請建公府以固藩屏陞澤州為忠昌軍沁州為義勝軍從開請也元兵克潞州張開走南京開與郭文振等起義兵克

復有功封建九公各守疆土而文振又與之共破太原比鄰相附開嘗請糧于朝不得如數又文振當其西北兵衝開不奉命周給文振窮竄開勢益孤以至于敗

移剌蒲合都復澤潞獲馬千匹 移剌蒲合都再復澤潞元將任存死之 先復在正大元年再復在正大六年中間必再為元取

元萬户因只台吉與塔思復取潞州 先是武仙圍潞州元太宗使塔思救之為移剌所敗塔思退守沁州移剌復潞州太宗聞之親征遣因台吉與塔思復取潞州武仙夜遁斬首七千級至是潞州始入于元矣自五代以來潞州兵革惟此時為甚

元順帝至正十七年曹州賊入太行山陷冀寧大同路陝西行省左丞察罕帖木兒遣關保虎林赤擊之合上黨縣尹郭從善兵大破賊于壺關曹州賊入太行焚掠而北直至晉寧大同時察罕帖木兒在關中聞上黨李惟馨有濟亂才遣使禮聘之察罕帖木兒將有事于興元惟馨說以東取冀晉固守上黨羽翼京師翦除群盜爲上策遂遣關保虎林赤要擊歸路走之前據上黨則賊已深入至杏城矣關保虎林亦將所部兵上黨縣尹郭從善率所募義兵爲之犄角遂大破賊是役也惟馨實在行間兵乏食欲盡括民粟惟馨不可親勸富室出粟食乃足軍中所獲男

文悉縱使歸潞民始安察罕帖木兒調關保虎林赤同守潞州拜察罕帖木兒陝西行省平章政事便宜行事時察罕帖木兒遣二將復晉寧大同賊去調二將歸為休兵進取計惟磐又圖地利險易分兵屯澤州塞子城屯上黨塞吾兒峪屯并州塞井陘口以杜太行諸監賊遂不得入察罕帖木兒率澤潞及各道兵復汴京時僞宋據汴也察罕帖木兒還屯澤潞拒孛羅帖木兒時順帝昭以冀寧畀孛羅帖木兒察罕帖木兒以數年用兵惟藉晉冀以給軍故不欲輕棄乃托言用師汴梁而潞州壤土與之相持互相侵伐竟不奉命

兵從察罕帖木兒平青齊是役也惟贇亦行閒有曾堅平齊贊畫記關保退屯潞州擴廓帖木兒與李思齊相持詔潼關以東屬擴廓帖木兒故關保復歸潞州

國朝洪武元年十月右副將軍馮勝取潞州關保適去免山西新附地方洪武二年稅糧偏將軍楊璟遇元兵于韓店大戰失利馮將軍取澤潞擴廓帖木兒遣韓札兒來援偏將軍與副將張彬遇之大戰為札兒所敗四年賜壺關縣舉人郭翀進士及第初開科也以潞州儒士

曹璣爲右副都御史未幾進左都御史　以長子生員栗恕爲吏部尚書　潞州遣官貢人參詔止之上曰朕聞人參得之甚艱豈不勞民今後不必進如用當遣人自取因謂省臣曰往年金華貢香米朕止之遂以種于苑中每耘耔刈穫親往觀之足以自適及計所入足以供用太原歲進蒲萄酒自今亦令其勿進國家以養民爲務豈以口腹累人哉嘗觀宋太祖家法子孫不得于遠方取珍味真得貽謀之道也臣莊誦聖祖因人參一事而備示愛民之意聖子神孫所當遵奉矧臣下敢悖　明訓導欲要寵乎今人參已不可得矣聞得根株亦枯瘦少味入藥無功即七人需皆遼左參也嘗

味蒲萄酒亦與市沽不差別何足以備
上供蓋前代徇其名
聖祖察其實
大聖人見萬世不可及也　九年詔免山西本年
稅糧　十三年徵壺關縣儒士杜斅爲太子
賓客四輔官　召元兵部尚書李惟馨考正
禮樂事竣不受官賜賚還山　以潞州儒士
曹九齡爲四輔官武英殿大學士九齡鶴之弟也以
潞州貢士暴昭爲刑部尚書後死靖難節潞之登仕籍多矣
特著數公者遭際　聖明之世朝辟蔀屋夕
佐巖廊非計歲月而數級階者比也

二十一年遷澤潞無田民往彰德真定臨清歸德太康諸閑曠之地令自耕種免其徭役三年仍給鈔錠以備耕具

永樂元年詔澤潞等州縣無田民分丁赴裕州墾荒　六年　瀋簡王之國潞州　十年以澤潞運大同馬草儲傍近驛舍先是太原平陽澤潞應運大同馬草往來三千里民用困乏而邊地平川秋多青草以時採貯可以足用內地應納草束就近給驛此布政周璟議也詔從之

潞安府志　卷十五　三十七

七年以貢篚降知府劉復初官一級未赴部再降一級潞紬長闊視原式俱有加求無罪耳是歲以一劣轉官帶觧中官不悦故旨從中出守臣一月再降爲潞事也故特書次年又以前任珠寶降兵備副使揚應中知府孫鋐事在前任亦附録

紀事二

謀畧

智士效謀藎臣竭慮已畧註于各事下矣其收採未盡闌成毀而足備鑒戒者又不可遺

故另列謀畧如左

周武王克商欲築宮五行之山（即太行山）周公曰五行之山固塞險阻之地也使我德能覆之則天下納其貢職者回也使我有暴亂之行則天下之伐我難矣此所以三十六世而不奪也若周公可謂善持盈矣

春秋潞子嬰兒之夫人晉景公之姊也酆舒為政而殺之又傷潞子之目晉侯將伐之諸大

夫皆曰不可酆舒有三儁才不如待後之人伯宗曰必伐之狄有五罪儁才雖多何補焉不祀一也嗜酒二也棄仲章而奪黎氏地三也虐我伯姬四也傷其君目五也怙其儁才而不以茂德茲益罪也後之人或者將敬奉德義以事神人而申固其命若之何待之不討有罪待後有辭而討焉無乃不可乎夫恃才與衆亡之道也商紂由之故天反時爲災

地反物爲妖民反德爲亂亂則妖災生故文反正爲乏盡在狄矣晉侯從之

戰國趙收天下以伐齊蘇厲爲齊說趙王曰秦盡韓魏之上黨則地與國都邦屬而壤挈者七百里秦以三軍強弩坐羊腸之上即地去邯鄲二十里且秦以三軍攻王之上黨而危其北則勾注之西非王之有也厲雖爲齊其實言趙利害甚悉後數年悉符其言文內一曰韓魏之上黨一曰王之上黨是上黨地三晉均有之矣

長平之圍趙請粟于齊齊王弗許周子曰夫趙之與齊楚猶齒之與脣也脣亡則齒寒今日亡趙則明日患及齊楚矣救趙之務宜若奉漏甕沃焦釜然且救趙高義也卻秦顯名也不此務而愛粟爲國計者過矣弗聽

趙失上黨之後平原君謂馮忌曰吾欲北伐上黨出兵攻燕何如對曰不可夫以秦將武安君公孫起乘七勝之威而與馬服之子戰

于長平之下大敗趙師因以其餘兵圍邯鄲之城趙以敗亡之餘衆收破軍之敝守而秦罷于邯鄲之下趙守而不可拔然者攻難而守者易也今趙非有七克之威也而燕非有長平之禍也今七敗之禍未復而欲以罷趙攻強燕是使弱趙爲強秦之所以攻而使強燕爲弱趙之所以守而強秦以休兵承趙之敝此乃強吳之所以亡而弱越之所以霸臣

未見燕之可以攻也平原君曰善是時非馮忌則上黨又罹兵戰之苦趙卒不但長平之厄矣

漢淮南王謂吳被曰此北尚有臨晉關河東上黨與河内趙國界者通谷數行淮南去晉數千里而悉地形險要亦不可謂無謀矣

馮衍說鮑永曰若鎮太原撫上黨收百姓之懽心樹名賢之良佐天下無變則足以顯譽一朝有事則可以建大功

劉聰時客星入紫宮太史令康相言于聰曰今京師寡弱石勒之衆精強若盡趙魏之衆燕之突騎自上黨而來曹嶷率三齊之衆以繼之陛下将何以抗之聰不能聽

十六國燕與符秦通梁琛自秦還極言和不可久慕容暐不聽皇甫真言于暐曰頃來行人累續兼師出洛川險夷要害具之耳目觀虛實以措奸圖聽風而伺國隙者寇之常也又

吳王外奔亂之謀主吳員之禍不可不慮洛陽并州壺關諸城竝宜增兵益守以防未兆使暐聽此言可以寢苻秦之謀而無并州潞州之敗

苻堅遣王猛率楊安張蚝鄧羌十將統步騎六萬伐燕親送于霸東謂曰今授卿精兵委以重任便可從壺關上黨出潞川此捷濟之機所謂疾雷不及掩耳吾當躬自率衆以繼卿後于鄴相見已勑漕運相繼但憂賊不煩

後慮也旣有德濟之機復有兵粮之繼燕安得不破哉

周主伐齊將出河陽鮑弘曰往者屢出洛陽彼旣有備致每不捷如進兵汾潞直掩晉陽出其不虞似爲上策周主不從

唐竇建德與唐太宗相持于成皋陵敬進說曰悉宜濟河攻取懷州河陽使衆將居守更率衆鳴鼓建旗踰太行入上黨先聲後實傳檄而定漸趨壺口騷駭蒲津收河東之地此策

之上也建德將從之王世充以金王啗其諸將竟奪其謀李光弼與史思明相持帝陛欲加兵陝州退守潼關光弼曰非奇策也不若移軍河陽北阻澤潞據三城以抗之勝即擒之敗即自守表裡相應使賊不敢西侵此則猿臂之勢也遂勝之

唐發回紇兵討史朝義回紇至太原藥子昂迎勞回紇欲入蒲關經沙苑東出子昂説曰

寇亂以來州縣殘虛供億無所資且賊在東若入井陘以取邢洺衛懷乃鼓而南上策也不聽曰然則趨懷太行道南據河陽扼賊喉襟又不聽曰食太原倉粟右次陝與澤潞河南懷鄭兵合田紀從之使聽上策不惟澤潞免征調賊亦無走路矣先是郭子儀李泌籌禄山皆如此上策英雄所見大畧相同

田悅攻臨洺問計于曹俊俊曰兵法十圍五攻尚書以逆犯順勢更不侔今頓兵堅城之

下糧竭卒盡自亡之道不若置萬兵于嶂口以過西師則河北二十四州皆爲尚書有矣悅不用故敗按李蕚說顔真卿曰程千里將精兵十萬欲出嶂口賊據險不得出將取魏之後分兵開嶂口出千里之師合觀之則嶂口乃上黨出山東路也次爲太原嶂縣口則與此二事不相干矣

吐突承璀計縛盧從史帳下士持兵合譟烏重胤叱曰天子有命從者賞違者斬士斂手還部無敢動

烏重胤縛盧從史而吐突承璀牒爲昭義留
後李絳曰澤潞據山東要害磁邢洺跨兩河
間可制其合從今孽豎就擒方收威柄遽以
偏裨蒞本軍紀綱大紊矣河南北諸鎮謂陛
下啗以官爵使逐其帥豈肯默然哉宜以孟
元陽爲澤潞而以重胤節度三城兩河諸侯
聞之必欣然帝從之
朱滔反連衡趙魏昭義節度使李抱真使賈

林說王武俊與昭義同心毋爲滔以利動武
俊定計通好及魏博田緒殺田悅林復說武
俊曰滔素欲得魏博會悅死魏人氣懾公不
救魏且下滔益甲數萬張忠孝將北面事滔
三道連衡濟以田紀長驅而南昭義軍必保
山西則河朔舉入滔矣及今與昭義合兵破
之聲振關中京師足可坐復天子反正不朽
之業誰與公爭武俊大喜與抱真會于南宮

遂破滔

劉悟死從諫求爲留後李絳上疏以爲兵機尚速威斷貴定人情未一乃可伐謀劉悟死已數月朝廷尚未處分中外人意共惜事機今昭義兵衆必不盡與從諫同謀縱使其半叶同尚有其半效順從諫未嘗久典兵馬威惠未加于人又此道素貧非時必無優賞今朝廷但速除近澤潞一將充昭義節度使令

兼程赴鎮從諫未及布置新使已至潞州所謂先意奪人之心也新使既至軍心自有所繫從諫無位何名主張設使謀撓朝命其將士必不肯從今朝廷久無處分彼軍不曉朝廷之意欲效順則恐忽授從諫欲同惡則恐別更除人猶豫之間若有姦人爲之畫策虛張賞設錢數軍士覬望尤難指揮伏望速賜裁斷仍先下明勑宣示軍衆獎其從來忠節

賜新使繒五十萬匹使之賞設續除劉從諫一刺史從諫既粗有所得必且擇利而行萬無違拒設不從命臣亦以爲不假攻討何則臣聞從諫已禁山東三州軍士不許自畜兵刀足明群心殊未得一帳下之事亦在不疑熟計利害決無即授從諫之理時李逢吉王守澄計議已定不用絳等謀使絳言見聽則劉氏安得據潞朝廷亦免日後征討

王宰伐劉稹久不進李德裕曰事固有激發而成功者陛下命王宰趨磁州而何弘敬出師遣客軍討太原而戍卒先取楊弁今王宰久不進兵請徙劉沔鎮河陽仍令以義成精兵二千直抵萬善處宰肘腋之下若宰識此意必不敢淹留若宰進軍沔以重兵在南聲勢亦壯

郭誼以劉稹降日望旌節李德裕建言稹庸

下亂由誼使及軍窮變乃圖積邀榮不誅無以懲姦臣及兵在境宜悉取逆黨送京師論如法從之

五代朱全忠圍劉仁恭仁恭求救于河東李克用恨其反覆未之許存勗諫曰天下之事歸朱温者十七八自河以北能爲温患獨我與幽滄耳今不與之併力非我之利也夫爲天下者不顧小怨且彼嘗困我而我救其急以

德懷之乃一舉而名實附也此乃吾復振之時不可失也克用以爲然乃攻潞州以解州之圍

周世宗時并人擾潞州潞兵敗命符彥卿領兵從磁州固鎮路壓其背及入境吏民望風款接願輸軍需于是連下數州

宋太祖即位周昭義節度使李筠起兵拒命來濟于北漢殺澤州守據其城從事閭丘仲卿

曰公孤軍舉事其勢甚危雖倚河東之援恐亦不得其力大梁甲兵精鋭難以爭鋒不如西下太行直抵懷孟塞虎牢據洛邑東向而爭天下計之上也筠不能用宋太祖遣將討筠戒之曰勿令筠下太行正與仲卿之見合

李筠起兵吴廷祚進計于太祖曰潞城嵓險且阻太行賊據之未易破也筠素勇而輕若速擊之必離上黨來邀我戰猶獸亡其藪魚

脫于淵乃可擒矣太祖遂親征筠果領兵南據澤州遂敗

金兵南下隆德府知府張確表言河東天下根本安危所係無河東豈特秦不可守汴亦不可都矣敵既得河東勢必南下潞城百年不修築將兵又皆戍邊臣生長西北頗諳戎事若得秦卒十萬人猶足以抗敵不然惟有一死報陛下耳書累上不報觀此則張公不但能死曾中經

濟昔可實用帖木不能用故敗耳粘沒喝陷潞屯澤州种師道宣慰河北欲由邢相捷出上黨擣其不意此必勝之策也朝廷疑而不用

元李惟馨應察罕帖木兒聘時方議取興元惟馨說之曰將軍用兵如神威名冠世今若西克興元必舉巴蜀連山帶江足以自全止爲一軍富貴計耳三晉河山之固甲天下民勤物阜形勢都會必欲削寇亂尊安王室收不

世之功非河東無以爲資且東寇畨涎日
志在必得一失上黨是無河東大事去矣若
選精騎晝夜疾趨出其不意破之必矣是將
軍舍區區偏隅而全中原之上游苟利社稷
專之尚可況奉命便宜乎察罕帖木兒聽之
遂遣關保等與惟馨趨上黨
山東盜寇陷冀寧民有李姓者聚萬人與賊
通官兵圍冀寧不下惟馨往說李曰朝廷聞

君集鄉兵與賊抗久矣第以路梗而恩命未達總戎巳請命俾統西山諸栅試能傾心戮力功名富貴不足圖也李聽命卽與賊絕舉衆内附冀寧乃下

國朝嘉靖中虜入太原遊騎掠至郡界城中無備宗人皆環甲衛　王城陵川鎮國將軍孤雲笑曰郡城不守内城能完乎乃率衆登城爲士卒先聞者蟻附蝟興環城三匝居民恃

以無恐虜亦引去

紀事三

祥異

神農時有鳳凰巢于天冢岡今屬潞城遂名爲鳳凰山

唐堯時有五色雲現于長子之南山經日不散因名其山爲慶雲

漢五鳳中上黨大熟穀石至五錢大司農耿壽

昌請糴郡穀民稱便

永康元年京師及上黨地裂

建寧四年上黨地裂

晉泰始元年鳳凰見上黨

太康元年三月上黨雨雹傷桑麥五月雨雹

傷禾麥三豆

大興二年黎城陳武妻一產男子三女子一

皆育

泰康二年五月上黨雨雹傷稼
元康五年九月上黨災風傷稼
後周廣順二年河南北旬日無鳥將聚澤潞山
中壓樹枝盡折是歲疾疫死者甚衆
唐貞觀三年潞州獻嘉禾　景龍元年玄宗爲
潞州别駕境内有黄龍升天　出獵所至有
紫雲如蓋　四月二十七日潞州日有抱戴
潘炎有賦曰麗于天是曰太陽經千里臨八
方符一人之元聖曜五色之重光祚我休徵

莫先懸象表至聖之無二星繼照于明兩陽光杲耀抱黄道而再中喜氣氤氳戴赤實而直上聖有感天無私八紘占其瑞色六合仰其重離終古不虧得天長久豈止大章之步非齊夸父之走惟抱也同衆星之拱北辰惟戴也比萬邦之奉元后則知天爲父日爲兄同符叶慶以應文明我皇首出而御極光被無垠而太平

八月十四日夜月有重輪

潘奕有賦我皇初列唐侯潛蟠藩國英武方斷文明秉德穆然思道順帝之則既而動三合奔百神廓太清而萬里耀朗月以重輪時屬高秋瑞章元后光泛皎潔之斜漢色映闌干之北斗金波耀景非懸闕澤之名璧彩揚輝不入士衡之手理殊吳夢符炳漢謠淨桂花于日道環水鏡于丹霄臺掛氷潔郊原霜縞月之揚光天不愛道

一盈一缺則詭其常彩溢重輪告于天表大人占之夏啓以兆亦所以類星珠表金鏡耀齊炎一人之慶于萬斯年受天之命二年二月渡潞河有鹿來迎獲之甚馴八月長子縣嘉禾合穗潘炎有賦天祚明德兮降之嘉生粢彼靈蓿兮莫之與京勝震土膏且分苗于南畝驅臨天漢爰合穗以西成當元后之歷試表倖徵于太平不落不秾實堅實阜引薰風于和氣承湛露于蒼昊生非百里驗管仲之虛詞出異昆山自我皇之所寶在瑞圖之右為曠代之祥唐叔得之而合穎周程得之以充箱双米一稃稱之表異孤莖六穗頌以非常今也尤盛居然允臧轉風而憂騰佳氣就日而交見祥光獨天不生託厚載于富媼非聖不感效元

符于我皇我皇得之熾而昌風之起兮雲之揚嘉禾之瑞未可量天子億載臨萬方

月黃龍見郡城東　三年正月襄垣北有仙洞塞久忽開十數里雲氣湧出　三月渡漳河有赤鯉騰躍水上　六月黃龍見伏牛山延唐寺有李木連理　九月九日寔壺口山遙見長子東南有紫雲光彩耀日因名山曰紫雲　十二月郡邸有紫氣繞室潘癸有賦

於穆聖王先天不違謳歌既洽朝覲攸歸徃京邑而經千里自潞郊而乘六飛洪惟此

初九之地翬飛鳥企謂尚諸侯之宫虎踞龍驤忽成天子之氣方疑紫色是謂非煙作藹索乎空外更霏微乎日邊若動非虚似浮有實霞彩鶩之飛勢髣髴什堂純文杏之梁氤氳入室是作興王之兆克符來復之日遠而望之乃散亂浮空近而觀之則希微無質欲見峯岩之上先形蕃邸之間與張華之寶氣衝斗殊尹喜之真人度關若乃廣野之宫闕化成張海之樓臺迴映諒陰陽之畫羑非福應之攸盛惟紫氣之來積實皇家之大慶休哉聖君有天下之成命

七日郡城内外有巨人跡長二尺五寸

貞元十年潞州進白鵲

十五年進白烏張說有賦洛大鈞之播氣在品物而源形有莫黑之凡族忽變白而效靈感上

人于孝道合中瑞于祥經若夫事出神妙理以舒卷既集王屋飛隨帝輦捧日高翥迎風細轉識句句于招呼每啞啞于吻吮以其雪羽霜毛水清玉狀挽奇綠林之下賞異紫臺之上瞰鵷鶵之妙寫把鳳凰之衣衎恐同類之見鋏畏不才之速謗期委命于遲恩豈顧思于開放繼聖君之靈囿物何遠而不臻有能言而可重或善舞而取珍若隨騶而入獻與寶羽而為隣棵朝噪之聲樂脅夜啼之曲新無芒距而躍武不鈎觜以懷仁謝先容而特達却假飾以全真鑒滌心于反哺終報德于君親

二十一年進白鵲

芝草嘉禾

上黨慶雲見李紳有詩飛龍久馭宇真氣尚興雲五色傳嘉瑞千齡表聖君從風忽蕭索依漢更氛氳影徹天初霽光鮮日未曛表祥近自

遠惡化聚還分寧作無依者空傳陶令文開元十二年澤潞大旱帝設壇宮中親禱暴立三日　八月潞澤諸州霜殺稼　十三年潞州獻白鹿

後周會昌元年長子縣有白烏與鵲鬭　五月潞州市火　建隆三年秋七月潞州雨雹

乾德二年潞州風雹傷禾

宋淳化三年潞州上嘉禾異壠合穗有圖詔示群臣　治平元年春潞州不雨　建中靖國

元年十二月潞州地震彌旬壞城壁屋宇壓死人畜不可計

金泰和三年有大鳥集壺關之北山其羽五色爛然赭冠鷄項尾闊而修狀若魚尾高可逾人九子差小禽鳥萬數從之皆成行列首皆北向自東南來勢如連雲聲若殷雷林木震動留一日而去

元至元十二年潞城縣南馬村有同穎之禾

十九年襄垣潞城壺關蝗稼草木俱盡民飢
相食　至正五年十二月襄垣有火自天墜
于東南人不爲害　九年七月潞州襄垣縣
大風拔木偃禾　十九年襄垣蝗食禾盡
大德六年潞州地震壞學宮獨存大成殿
至大四年六月潞州雨害稼　延祐三年潞
州地震　六年漳水溢壞民田二千餘頃
至順二年四月潞城縣大雨漳河決

國朝正統七年潞州歲飢斗粟銀三錢
成化四年潞州嘉禾一本六七穗一本二三穗
者尤多　五年潞城嘉禾有一本三穗者有
一本五穗者　八年三月雨雹大如鷄卵
十八年潞州大雨連旬高河水溢漂流民舍
溺死人畜甚衆　十九年大飢　二十二年
大旱禾盡槁人相食　二十三年歲荐飢瘟
疫大作餓殍盈野事聞遣大臣賑濟

弘治八年春夏大旱知州馬暾齋禱清獄斷刑茹素庵人以乾腊進揮去之曰欺人能自欺乎乃出就外是夕雨　九年潞州官舍有桃生一蔕二實者茄生一蔕二實或四五實者比年大稔斗粟十文錢

正德五年秋屯留縣大風拔木桃李復華　六年大風頹屋　三月二十日潞州降甘露　四月屯留縣隕霜殺桑　十二月屯留縣天

鼓鳴流星如火　七年六月有黑青乘夜着人即膚拆血出或出黄水皆瓜痕入一二分經月始愈不受藥餌日暮比屋燃燈響爆鳴金鼓以震懾之凡兩月化白氣蔽日而去是歲長子旱禾稿　九年四月有星如碗大晝見于南

嘉靖四年六月雹大如鵝卵傷麥殺秋禾歲飢　六年六月屯留縣雹七月又雹傷稼　八年

夏蝗自河南來食稼　十二年冬十月十七日夜星隕如雨天色遂赤是歲雲中有變　二十一年十三年七月五日夜有星貫月　二十一年七月朔日食見星如深夜是日虜至太原遊騎亦至潞境城中戒嚴　二十三年七月黎城縣山水潰隄壞廬舍傷人畜　二十五年襄垣黎城漳河水清三日　二十九年冬壺關縣木稼折枝　三十二年歲大飢　三十

四年冬十月彗星出昴北行漸至斗　十二月十三日夜陜西蒲解地大震潞亦震移時三十七年六月屯留縣大風拔木雹如卵殺稼民飢　四十一年春二月雷已發聲夏四月大雪殺桑民失蠶花果不實十月黎城縣民家一乳三男

隆慶二年旱秋歉　四年黎城縣山水潰隄壞廬舍人畜有死者

萬曆元年秋太白晝見　五年冬十月朔彗星見指東北長數丈經兩月始滅　六年十一月郡城西濠中水成龍形鱗甲頭角皆具如雕鏤狀蜿蜒曲折長里許　七年秋郡中演武場鉄砲滴血　九月二十一日未時無雲而雹其先有霏烟若縷有龍形首尾彷彿可辨自東北上昇　八年九月二十七日夜五鼓地震五日未刻又震冬彗見月餘　九年

四月初一日郡城北門自闔是歲大疫腫項善染病者不敢問死者不敢弔　十三年冬無雪　十四年春霾經旬五月方雨民始播百穀八月即霜歲大飢先是襄垣黎城連歲歉至是斗米銀二錢死者相枕籍事　聞遣官賑濟　十五年春大疫死者更衆七月長治縣圃茄有一蔕二實或三四實者　十六年八月壺關雹如雞卵長子多豺狼　二十

四年四月黎城縣大雪　六月長子縣雨雹
二十八年不雨黎城更飢　三十二年六月
黎城雨雹如鷄卵　三十三年冬大雪　三
十五年二月二十一日初昏時有流星墜西
方須臾天鼓鳴　三十六年五月長子縣雨
雹　三十七年無蠶　夏不雨　秋不雨無
稼

紀事四

異聞

志紀人事也仙釋似異災祥似變人事盡矣然伯有申生之厲商羊鸜鵒之謡雖涉怪誕古人必錄理無所不該故世無所不有探賾窮神無非炯鑒耳故志異聞

晉築虒祁之宫有石言于魏榆晉侯問于師曠曰石何故言對曰石不能言或馮焉不然民濫

也抑臣又聞之作事不時怨讟動于民則有非言之物而言今宮室崇侈民力彫盡怨讟並作莫保其性石言不亦宜乎

豫讓既請襄子衣三躍斬之衣盡出血襄子迴車車輪未周而卒豈精誠之極與抑術耶亦大異矣

晉荀勖嘗道于趙聞牛鐸聲而識之及掌樂音韻未諧曰得趙之牛鐸則諧矣下郡國取之晉

樂于是克諧至今潞之牛鐸聲音獨異于海内豈當時遺制耶

石勒上黨郭季子奴也勒未生時有讖曰古在左月在右讓言退或入口胡居襄國字也及僭位果治襄國

石虎時上黨孟門有神人像坐于山上三日而去虎遣使以大牢祀之

後魏大延元年有鄙婦人持方寸玉印詣潞縣

傒孫家既而亡去玉已鮮白光照内映印有三字爲龍鳥之形不類人迹文曰旱疫平

高洋懷篡位之念時有訛言曰上黨出聖人又有童謡曰一束槀兩頭然河邊羖䍽飛上天洋聞之不豫將親兵徒上黨一郡而郡人張思進詣洋解之曰槀然兩頭于文爲高殿下姓也河邊羖䍽乃水邊羊殿下名也殿下產于晉陽之南宫坊名上黨應上黨出聖人也洋悟上黨得

不徙及即位求思進不可得

上黨馮宣任北平護軍年三十八卒于官襯還喪畢矣忽呼門問之則宣也妻韓見之悲愕宣曰有生必有死恨恩情早別耳其甥嚴翊至戒之曰并土當有兵疫不可居宅東棗枯急走可免遂去不見後二百日樹果枯翊及宣家東投漁陽又四旬而兵亂屋民存者十一二

辛彥之崇佛道刺潞州時城中建浮圖二皆十

五層州民張元死數日後蘇云至天上見新構一堂制極崇麗問之曰潞州刺史辛彥之堂也在世有功德以此堂待之其年彥之卒

隋時上黨人家後夜有呼聲索之不見去宅里許有參一株根如人形掘去聲遂絕或以為瑞或曰草妖

粟僉憲曰春秋運斗樞搖光散為人參圖經曰參如人形者有神爾雅翼曰上黨參人形皆具能作兒啼然則有神有形有聲皆參之本然常理耳不可謂妖亦不得為瑞吾嘗考古之得參如人形者食之頃刻飛昇不易得得之知食者亦鮮矣

崔子玉爲長子令戒民無得殺生民朱蹇冐禁射兔執之訊曰欲陽罰乎陰譴乎蹇欲苟免一時曰願陰譴是夕有吏追至公府冕服端居若子玉也鞫治諸獄如輪迴狀蹇受罰而還杖痕久始愈合攝虎事觀之子玉其神人耶

上黨鮑瑗家多喪禍貧苦請淳于智作卦卦成智曰爲君安宅者女子耶曰然曰此人安宅失宜旣喪其身又令君家不利君舍艮隅有大桑

君入市有人新折馬箠即買之懸此樹三年當大得財瑗如其言比三年浚井得錢十萬銅鉄器物所值更倍家遂裕亦無病者

苗晋卿久困場屋沽飲都門外醉卧草間既覺有父老坐其側因揖欽飲以餘杯父老愧謝曰郎君縈悒耶寧欲知前事耶苗曰某困極矣終有一第分乎曰有但事不妨更問曰可得一郡乎曰更向上苗乘醉猛問曰將相乎曰更向上

苗怒全不信因肆言曰將相向上豈天子乎曰真者即不得假者亦得苗以爲妄誕揖之去後爲將相德宗昇遐攝冢宰三日

杜思明銅鞮人嘗病至心念金剛經遂得愈至持經之日必見神光

姚婆上黨人因范行婆約修西方精心念佛一日佛菩薩從空接引與范行婆相别遂立化聞仙樂有異香

程逸人上黨人善符術遺世素與蕭季平善季平暴死逸人馳視之謂其子曰爾父未及死山神召之耳遂書符一擲風捲去有頃季平甦曰今旦方起一緑衣人云霍山神召我約行五十里空中一朱衣人下怒目仗劍曰程斬邪追汝緑衣者懼奔去因與朱衣者還蓋逸人所學斬邪術朱衣人即所書符也

玄宗廢太子瑛潞州生也母趙麗妃本妓人有

才貌善歌舞得幸而生開元初立爲皇太子後

武惠妃寵盛譖死玄宗龍潛潞邸即位後事事不忘其舊陞潞州為大都督府以潞州長隨充宿衛作還京樂以明自潞還京所即位名舊邸為飛龍宮啓聖宮三過潞州給後恩赦加于別邸當時皇子三十人亦以在潞者為太子何其注念舊遊若此哉府衛宮室以及曲加恩禮終世不變惟太子立危疑即生雖以張九齡之切諫帝聽且寢及李林甫一言遂宣詔宮中而廢之則武惠妃之譖入者深也乃知瑛之立不以潞生而以麗妃之寵云耳男歡不畢輪女愛不極席悲哉

玄宗在潞時寢壁蝸篆成天子字玄宗驚懼塗

去數日復然如此者三後登大寶琢玉成蝸及金銀鑄成者凡數百供之功德前後人時有得之者

葉法盛有奇術中秋夜與玄宗遊廣寒宫過潞州府瞰城市如畫上以玉笛吹霓裳曲又擲金錢于城中越旬日潞州上言八月望夜有天樂臨城兼獲金錢以進

紅線劍仙也爲潞州節度使薛嵩家侍兒性靈

異通經史解音律時魏博田承嗣募甲卒五千號外宅兒男欲刻日併潞嵩憂計無所出紅線乘間問曰主公不遑寢食一月矣得非患臨境乎嵩曰安危重計非兒女子所知紅線曰某雖女子度能釋主憂嵩聞而異之告以情紅線請乘夜往魏一覘虛實伺便取事乃佩靈符挾匕首禦風而往嵩危坐以待雞鳴即還取其床頭金盒爲信嵩爲寒温書遣人馳送入夜抵魏非

時呼門呈送書盒時魏索盜金盒賊甚急不可得聞之驚絶乃留使厚勞以錦綺名馬雜珍獻款盡歡外宅兒男結爲姻婭兩軍怗然紅線忽求去嵩留之不得欲以千金爲山居所亦不可乃集門下客宴別嵩酒闌持紅線俯拜即失所在客冷朝陽賦詩曰採菱歌怨木蘭舟送別魂銷百尺樓自是洛妃乘霧去碧天無際水空流李抱真鎮潞時軍資匱缺計無所出有僧大爲

州人所信服抱真諷其焚身濟衆僧叩頭求免良久來得釋抱真徐曰假和尚之道以濟軍中可乎僧許諾抱真曰但言于鞠場焚身潛于使宅穿地道候火作即出因引僧入地道觀之乃積薪灌油為七日道場僧陞座執爐對衆說法抱真率監軍僚屬將吏膜拜其下以俸入檀施由是士女駢闐捨利億萬比滿七日擊鍾發火業已填塞地道僧不得出化為煨燼以所得財

物華入軍資庫別求舍利造浮屠貯焉
抱真好士且喜長生故方士以此中之孫季長
爲治丹曰服之昇仙抱真因謂左右曰秦漢君
不得我乃得之夜夢駕鶴益喜而信之服丹二
萬丸不能食且死醫以彘肪轂漆下之少間季
長曰仙且得何自棄也益服三千丸而卒
杜羔潞州判官兼之從弟也有至性其父爲河
北一尉而卒母非嫡經亂不知所之羔常抱終

身之戚會兼爲澤潞判官常鞫獄于私第有老婦辨對見羕時出入竊謂人曰此少年狀類吾夫詰問之乃羕母也自此迎侍而歸又往求先人之墓邑中故老已盡不知所詢館于佛寺日夜悲泣忽視屋柱煙煤之下見字數行拂而視之乃其父遺跡言我子孫若求吾墓當于某村某家問之羕號泣而往果有老父八十餘指其丘壠因得歸葬羕官至工部尚書致仕

劉悟殺李師道以取節鉞即徙昭義又因劉承階之事漸不恭于朝廷巫者忽言師道兵屯琉璃陂悟惶恐命禱祭具千人膳自往求哀將易衣嘔血數斗死

倭元銅鞮人貧窶負薪愁苦而嘆忽石壁開一叟引入授以隱書萬言皆變化隱顯之術戒之曰女分合于至道進身然宿障未除面有晦色宜謹密自固否必敗欲見我叩石即應元歸習

其術期月而成能變形役鬼草木土石皆可爲兵乃集里中少年爲甲卒陳兵出入自稱賢聖州師高潯討之元走謁叟叟戒其自守勿接戰元不聽衄于一勝酒酣被擒繫于獄醒即脫去惟遺一祭在枷孔中復扣石叟怒曰庸奴終遺吾教雖幸免斧鑕行且及矣遂與之絕其術漸歇循率其徒掠大谷并騎至斬于陣未幾黄巢亂使元聽叟言必當少建功業何至誅死

梁李思安攻潞州城營于壺口伐木作柵木中朱字六皆隸體曰天十四載石進思安表上之梁臣皆賀以爲十四年必有遠夷貢珍寶者司天少監徐鴻私謂所親曰自古無一字爲年號者上天符命豈闕文哉吾以爲丙申之年當有石氏王此地者移四字中二竪書置天字左右即丙字也移四字外圍以十字貫之即申字也後至丙申年石敬塘起兵同契丹主至潞進取

汴京果如鴻言

盧言上黨人嘗汲適見一犬墜草澤中幾死救出飼養遂無恙出入常隨之後適亳醉臥旅邸鄰店火發犬上床嘷呼不醒嚙其衣拽之言覺得免

宋初征潞州軍士于澤中取草夜歸鐮刃透成金色或以草燃釜底亦成黃金

崔韜嶧縣人之任祥符道過礦亭夜宿孤館見

一虎入門翁潛避梁上虎脱皮變一美婦人即
枕皮睡翁下梁取皮投背井中婦醒失皮向翁
啼索之翁佯不知也因納爲妻抵任生子女及
官滿復過褫亭談及往事婦問皮安在翁自井
叩取出婦大笑披之復成虎咆哮去錢塘瞿祐
有詩旅館相逢不偶然人間自有惡姻緣書生
軀色何輕命三載眞成抱虎眠
金皇統中高平舉子六七輩赴都試憩于韓店

一道士徧視諸生得李晏執其手曰公富貴壽考他年當建節于此值水敗道賴公治之語畢不見其年登第歷官至中丞歸老起爲昭義節度使水果敗道父老請修治晏欣然從之即今石牌也

元潞州守周幹臣有德政一夕宿屯留短檠膏盡然以綿炬達旦不滅至潞止天慶觀燈復如前道者三吹光焰愈盛延及辰巳時又與倫撰

傳嵩輔飲出樽酒酌七十觥不竭遲明以水注之容不及半二事人皆異之王嵩作酒聖燈神記今石刻存二忠祠壁間

魏文昌壺關人本農夫輟耕憩神祠見梁端有書取視則風雲變色持歸作地室習之術成能隱形變化嘗有事被逮挾一瓮置之縣廳及答瓮碎而體自若尋縮入瓶中呼之則應而不出尹怒碎其瓶再呼則片片皆應遣人四捕已揮

霍過縣南八里川矣時耕者瀟地文昌剪紙爲兎衆競逐得兎其他幻術甚多人以左慈方之或曰文昌後亦尸解去

壺關栢林西山有古北極祠幽僻人不敢夜入郭翀未第時與友人賈敏李素約取神笏二友先令人潛神座後欲恐喝翀其人忽聽神云郭狀元借笏翀至取笏見神立授之後翀開科臚唱第一及登殿　太祖從燭影下見其貌曰真

榜眼因易第二名人猶稱郭狀元學憲德清陳霆詩三晉古雄國歷世多異人偉兹壺山賢開國推文臣微時掇神笏塑偶起人仲登龍首臚唱氣壓三千群誰云貌不揚便腹皆經綸何時拜遺像千載瞻風塵

席名潞城人正德中有僧病卧東嶽廟不食惟飲水連數瓢名汲供之無少息僧愈行名送之疾若奔馬名極力追不及也已息樹下名至授

以辟穀輕身之術且戒之曰善守之可長生不者殺身名自是常終日不食力倍徃昔與群少年角無下之者體輕蹻能飛簷走壁竟以盜死僧先見而以一飲之德授非其人罪不獨在名矣

栗僉憲應麟李知府延馨憲副延康幼時同群兒就學神霄宮有相者謂栗曰好好貴不勝壽謂二李曰好好壽不勝貴餘無所許問其姓名

不答留題壁間曰鐵笛驚秋夜道人蹤跡孤滄霞歸碧落跨鶴入玄都海月丹陽路松風太乙爐直同天地老若問姓名無風韻脫洒絕類純陽後三公名位畧不相遠惟栗壽多二十年勝不勝各自以貴壽相提耶其言奇中有包含必仙之流也

劉儁韓城人弘治䄵進士仕至楊州守没二十年矣易姓楊以相鑑遊于潞後爲其同里韓苑

洛識于途遂去不復来此必尸解仙也

郡之東南五龍山多松數百年來人無敢伐者

僧真果俗姓馬假修廟砍伐私賣易騾十數覔

取脚利積錢百餘緡将還俗託婚偶暴疾而卒

是日申庄民家産一驢踣地作人言曰我五龍

山馬和尚也夫伐神樹得悪報可深懼哉

宗室振菴市得一鴈羽毛摧落而聲甚哀憫而

飼之踰時羽毛全矣忽雲中鴈過與此鴈相應

而鳴聲漸急漸哀知其雌雄也縱之比翼和鳴徘徊良久而後去越歲二鴈復來環振菴舍飛鳴若報主人使相知也吾聞鴈重夫婦今且重主人足愧世之棄故而背德者

嘉靖中長子脩城乏磚當道下令發古塚一塚有隧磚石甚多及門皆金碧龍鳳之像一赤色巨蛇守之目閃閃如電口中噴氣繚繞如煙人觸之立仆不敢近乃止夫發塚有禁塚有磚石

非賢必貴賴巨蛇守之得不見樞其不守而發
之者亦已多矣
嘉靖中襄垣民卜葬地于水碾村遇古塚請決
于鸞仙須臾箕動云吾常山張賓事趙簽劉曜
輔石弘皆我之謀也吾殁于戰葬此後絶矣可
爲我作野史因留題云自從離世上何地隱吾
身細草山中路淡烟溪畔村春風吹恨骨夜月
照孤魂欲說前朝事呑聲淚滿衿又云天王起

鉅鹿推我作謀臣苦志披金甲清談笑竹林身困劉曜死志爲石弘申寒食誰無主澆血我有身一生徒老矣安得上麒麟卜着關之遂封其塚

隆慶初有僧行乞于潞一賈素慳嗇僧就之乞油五斤慨然施予僧以衲濡油中人問之曰衣此冬不寒夏不熱也遂衣以登百穀巔舉火自焚人望見趋救僧遥謂曰吾達磨也至則衣體

俱燼惟餘骸骨

郡庠儀門西有元碑前鑿一孔稍下後鑿一孔稍上中虛容升許父老云嘉靖中一方士徘徊其下一夕乘人睡熟鑿碑其中有物潛挈以去嘗聞玉韞山輝惟卞和爲能辨此殆其儔與

萬曆十六年郡中荒疫郡守李公杜悉心拯救城中死者尚三萬人先是公在郎署夢上官移文取十萬人公爭之減去五萬再爭更減去二

萬又爭不復滅矣次日治郡命下尚未省夢中事及抵郡值荒且疫乃請蠲請賑乞糴于鄰壤爲粥以食餓者又圖犯盜受刑狀爲説以曉愚民嚴禁搶掠民感甚寧死無竊者計四門出飢疫如前數始悟夢中事即治郡事非公拯救死者當不止此公所夢中爭者公所治郡全活者也君相造命信非欺我

叛逆

善惡並書以垂勸戒史之體也志多諱惡將亂賊弗誅而使人無懼心乎故欲植天常維人紀書忠書孝尤不可置奸雄于不足論矣列之異聞後者叛常滅紀尤甚于雜牧之怪也

春秋酆舒　潞子嬰兒之相也傷潞子之目而殺其夫人是尚知有人臣禮乎晉討而誅之無愧霸者舉事獨怪伯宗數其五罪而以二事居末殊失重輕視湯武師固有間矣

唐劉稹　節度使從諫之騃孺子也從諫死聽郭誼計秘不發喪以從諫表求爲留後如

河北三鎮故事詔令護喪歸不聽發兵拒命朝廷以河中兵攻其西太原兵攻其北河陽兵攻其南河北三鎮兵攻其東勢窮衆叛誼復誅稹以要功詔石雄入潞拜縛郭誼及同謀諸將送京師斬于市駭人固弗保狡如郭誼能免乎哉是可為萬世叛逆者戒

五代李繼韜 節度使嗣昭庶子也嗣昭戰死嫡子繼儔素懦弱繼韜凶狡囚繼儔詐令士卒刦已為留後晉王從之繼韜終不自安遂降梁及莊宗破梁乃自歸乞活猶宥之尋復謀為不軌始伏誅夫叛君降讐罪不容于死矣宥之而更謀為不軌雖受誅尚為晚吾以為莊宗誅繼韜當在奪嫡之時

宋苗傅 捧日天武都指揮履之子也曾祖京死于麟州之難祖授追父俱立大功為宋

名臣傳當隆祐太后南渡時為統制官以所部八千人扈從駐杭州憤内使康履驕橫又自負宿将王淵以内援躐躋樞筦殊抱不平與劉正彦謀誅王淵康履且脅太后垂簾廢帝立太子朝廷拱手聽命一時在外諸将聞變赴難勤王之師四集傳計窮出走韓世忠追敗之乃變姓名潛遁豪民詹標覺之縛送世忠檻車赴行在所磔于市二子及苗翊苗瑀皆死夫三世忠義固世臣也國步多艱正宜宣忠戮力為諸将倡以光先業乃乘危變節至于身名俱敗以滅其族傳何足惜哉進是負國辱先足恨耳故宋史于其祖父亟書忠勲于傳列之叛臣傳華衮斧鉞固不相假借矣世族子孫鑒之哉

紀事五

辨疑

疑以傳疑是矣稽之載籍得之目睹事在不疑則前者訛也踵其訛而不之正失傳信意矣故于志之終也以辨疑

栢谷山 一統志謂山與太行王屋相連多栢因名焉山西通志曰百穀神農嘗百穀于此故建廟祀之今有神農廟像甚古潞州志謂建自北齊武平四年傳流已遠則通志有據考之襄垣亦有百穀山亦以神農稱顧栢谷名古雅近有堅執以為栢谷者則古雅之辭也

洹水 酈道元注水經曰洹水出上黨洹氏縣洹山山在長子縣考之上黨

從來無洹氏縣長子亦無洹山洹水惟是泰漢時有泫氏縣即今高平是也有泫水出丹朱嶺下即丹水是也丹水南行由澤州下懐慶入沁河所渭洹水則發源于林慮經丹陽入衛此酈道元注水之誤州志系入山川中非矣

神農之后皇帝封其支子于潞州志以為即潞子嬰兒國非也嬰兒亦狄別種晉文公時始散居于晉鄙其後奪黎地而居之前此未入潞境也黃帝所封在唐虞前當另是古諸侯非潞子

壺口衡漳舊志以為即書所稱壺口衡漳非也書稱既載壺口治梁及岐既修太原至于岳陽覃懷底績至于衡漳此治河之大勢由河東河內以至河北皆河水經由之地壺口在河東屈縣今隰州所爲衡漳在清濁交流之後今磁州臨漳地是也潞

之壺口山名偶同所謂衡漳乃導漳之始非治河之中雖皆禹蹟地實不同

慕容廟 舊志以為慕容暐未之考也廟碑甚明乃慕容永僭都長子為慕容垂所敗走死郡西張村土人哀而葬之為立廟元文宗朝禱雨偶應民請追贈下太常議博士王瓚以當時晉室未亡諸竊據不宜稱帝乃降封隴西王故稱隴西王廟云墓在其傍

靈泉山 舊志謂在郡東南三十里長治縣志謂在城東南十里今查十里曰秋谷山有一窑曰龍洞淺甚且無泉歲旱民自山下挑水灌之灌滿即雨三十里有仙泉山山半有泉歲旱祈禱與舊志合則縣志誤矣

摩雲寺在佛耳山翠雲寺在山下 長治縣志以為城東北十五里查東北十五里曰佛兒坪上舊有玉皇廟下有

百穀寺並無所謂摩雲翠雲者今查城東南五十里大峪鎮有佛耳山二寺在馬山與壺關共故壺關志亦載長治志以佛兒坪當之誤矣

長子

顏師古以為長短之長非長幼之長謂為長狄所居而得名今考長狄在春秋始之潞而武王封辛甲已稱長子則顏說誤矣縣志又因長狄而推其祖曰在夏為防風氏在商為汪芒氏愈失真矣防風氏守封隅之山非長子也長子大抵以丹朱得名雖非封國實畿內之采邑浮山縣丹朱食邑也長子接境今境內有丹嶺丹水有堯水堯村南北朝有堯瞳以為帝堯之後明徵非一豈皆附會又考之竹書曰后稷放丹朱于丹水或曰丹朱封于丹水非放也受封丹淵自是舜事謂之虞賓封于丹水是堯事謂之胤子原不相悖故據古今山川人物及竹書

綱目而辨之

樂陽北齊後魏分置樂陽北齊廢謂後魏于長子縣分置樂陽縣至北齊廢樂陽縣也舊州志于樂陽北齊下加二縣字而府志縣志遂因之訛矣

岳陽城誤也即上樂陽查史自明

冀氏縣志謂隋開皇九年置冀氏誤也上黨舊有猗氏後魏改寄氏後與長子并廢隋復置寄氏後改寄氏稱長子冀氏乃樂陽分置縣與長子始終無與考後魏隋史自明

丹朱陵山海經曰蒼梧之山舜葬于陽丹朱葬于陰又平陽陽城皆有丹朱墓而長子獨曰陵非也虞賓既封自宜葬于本國況陵墓非一孰辨其是哉聞陵為水溜其中甚大有古器非唐虞制大類秦漢以下物此必尭睻父子之墓而誤以為丹朱陵也

三嵕山屯留縣志以為湯伐三嵕非也湯所伐者

三嶥非三嶥三嶥在定陶不在屯留**后羿**三嶥山俗傳以為羿射九烏之所遂以山之神為后羿夫射烏已近誤矣羿堯射官也乃遂以為有窮之后羿豈不更謬哉今制止稱三嶥之神可破千古之惑**陳龜**舊志皆稱上黨人考之漢史上黨泫氏人也今割去為高平縣人矣郡志宜删**濕氏**舊志漢魏表中皆列濕氏查各史俱無盖涅氏之誤也**襄垣**縣志以為先屬韓歸趙後襄子築城于耳水之北故名襄垣誤也襄子在三晉之前歸趙在六國之末大約襄子築城時屬趙三晉分地時屬韓馮亭歸趙後又屬趙當時相攻相併朝彼暮此不可執一而論况有竹書可考**黎城**縣志據蘇泰南有河漳一言以為黎原屬趙不屬韓之上黨不知蘇泰之言指趙都邯鄲而言原在

河漳之北非言其屬邑俱以河漳為界也果如縣志所言則發鳩山以北皆趙也發鳩山以南皆韓地中間逶迤曲折並無尺寸犬牙爭則所稱河者亦將推及河源以北盡屬趙乎因所指一處而槩論所屬非矣古郡東有壺口關此是郡界黎在壺口關內為上黨地無疑在晉在韓在趙皆當以此為據

黎國 總上黨皆黎地非止黎城一縣郡西南三十里黎嶺黎水乃其都會黎城名始于後魏遷潞縣被誅遺民其建縣始于隋原非黎之都會

郡治 秦治壺關前漢治長子東漢末治壺關慕容儁治襄垣之安民城後復治壺關元魏皇始中遷安民真君中復治壺關隋置上黨縣遂為郡治至于今古壺關今長治之故縣也故漢魏以後隋唐以前多稱壺關猶唐宋以後之稱潞州耳

潞州韓

州潞州志以隋建韓州而無潞州府舊志亦因之考之後周改上黨郡為潞州襄垣郡為韓州至隋廢二州復置上黨郡唐初二州並置貞觀中廢韓州併入潞州舊志皆誤

馮奉世墓 黎城載之非也馮衍曰先將軍葬渭陵哀帝之崩也營之以為園奉世衍之曾祖為右將軍此明徵也傳太后之諸家受奇禍子孫徙還故郡當是馮氏子孫之墓所謂中山太后宜鄉侯墓皆誤也

洪武庚戌科 國朝第一鄉科也次年辛亥為甲科各縣多執後來于午卯酉之鄉科而誤改洪武初科為己酉故襄垣以傳奎為進士

李左車 平順以為邑人無可考宜刪去至于竇建德史稱漳南人非潞產死于長安亦無返葬之理黎城平順爭載之不可解房杜陪葬昭陵襄垣志收之其他

如陵志玄張子房市橋諸不稽事不勝辨故總敘于此今志悉刪之無疑可傳也

李靖廟 舊志以為附籍潞城非也靖征行過此師律嚴整民德之因立廟又以英靈助漢兵廟益大見承制

棄仲章 潞城志有棄仲章誤也仲章潞賢人鄭舒棄而不用非棄姓

金甲 舊志潞之仙釋有金甲大誤金時申仙也或曰姓申屠亡其名

潞水 凡三一在本郡一在幽州漁陽郡東漢亦有潞縣建安中鑿泃河入潞名泉州渠以通于海漁陽之潞也漢書注以為上黨之潞誤矣又其一在交趾有府亦曰潞安

絳水 有二一在屯留東流入漳達彰德一在絳縣西流達于河智伯所謂絳水可灌安邑是也今諸家註以為屯留之絳誤矣

潞安府志卷十五 終

潞安府志卷十六

藝文一

書

西伯戡黎

西伯既戡黎祖伊恐奔告于王曰天子天既訖我殷命格人元龜罔敢知吉非先王不相我後人惟王淫戲用自絕故天棄我不有康食不虞天性不迪率典今我民罔弗欲喪曰天曷不降

威大命不摯今王其如台王曰嗚呼我生不有命在天祖伊反曰嗚呼乃罪多參在上乃能責命于天殷之即喪指乃功不無戮于爾邦

詩

式微

式微式微胡不歸微君之故胡為乎中露○式微式微胡不歸微君之躬胡為乎泥中是詩并旄丘雖列衛風實黎之臣子作也憂思忠愛微婉和平今讀其詩可想見其人顧名姓不傳惜哉

旄丘

旄丘之葛兮何誕之節兮叔兮伯兮何多日也○何其處也必有與也何其久也必有以也○狐裘蒙戎匪車不東叔兮伯兮靡所與同○瑣兮尾兮流離之子叔兮伯兮褎如充耳

史

豫讓傳

豫讓者晉人也故嘗事范中行氏而無所知名

去而事智伯智伯甚尊寵之及智伯伐趙襄子趙襄子與韓魏合謀滅智伯滅智伯之後而三分其地趙襄子最怨智伯漆其頭以為飲器豫讓遁逃山中曰嗟乎士為知已者死女為說已者容今智伯知我我必為報讎而死以報智伯則吾魂魄不愧矣乃變名姓為刑人入宮塗廁中挾匕首欲以刺襄子襄子如廁心動執問塗廁之刑人則豫讓內持刀兵曰欲為智伯報讎

左右欲誅之襄子曰彼義人也吾謹避之耳且
智伯亡無後而其臣欲為報仇此天下之賢人
也卒釋去之居頃之豫讓又漆身為癩吞炭為
啞使形狀不可知行乞於市其妻不識也行見
其友其友識之曰汝非豫讓邪曰我是也其友
為泣曰以子之才委質而臣事襄子襄子必近
幸子近幸子乃為所欲顧不易邪何乃殘身苦
形欲以求報襄子不亦難乎豫讓曰既已委質

臣事人而求殺之是懷二心以事其君也且吾所為者極難耳然所以為此者將以愧天下後世之為人臣懷二心以事其君者也既去頃之襄子當出豫讓伏於所當過之橋下襄子至橋馬驚襄子曰此必是豫讓也使人問之果豫讓也於是襄子乃數豫讓曰子不嘗事范中行氏乎智伯盡滅之而子不為報讐而反委質臣於智伯智伯亦已死矣而子獨何以為之報讐之

深也豫讓曰臣事范中行氏范中行氏以衆人遇我我故衆人報之至於智伯國士遇我我故國士報之襄子喟然嘆息而泣曰嗟乎豫子子之為智伯名既成矣而寡人赦子亦已足矣子其自為計寡人不復釋子使兵圍之豫讓曰臣聞明主不掩人之美而忠臣有死名之義前君已寬赦臣天下莫不稱君之賢今日之事臣固伏誅然願請君之衣而擊之焉以致報讎之意

則雖死不恨非所敢望也敢布腹心於是襄子大義之乃使使持衣與豫讓豫讓拔劍三躍而擊之曰吾可以下報智伯矣遂伏劍自殺死之日趙國志士聞之皆為涕泣

漢

壺關三老茂上漢武帝書

臣聞父者猶天母者猶地子猶萬物也故天平地安陰陽和調物迺茂成父慈母愛室家之中

子迺孝順陰陽不和則萬物夭傷父子不和則室家喪亡故父不父則子不子君不君則臣不臣雖有粟吾豈得而食諸昔者虞舜孝子至也而不中於瞽瞍孝已被謗伯奇放流骨肉至親父子相疑何者積毀之所生也由是觀之子無不孝而父有不察今皇太子為漢適嗣承萬世之業體祖宗之重親則皇帝之宗子也江充布衣之人閭閻之隸臣耳陛下顯而用之銜至尊

之命以迫蹵皇太子造飾姦詐群邪錯謬是以
親戚之路隔塞而不通太子進則不得上見退
則困於亂臣獨寃結而亡告不忍忿忿之心起
而殺充恐懼逋逃子盜父兵以救難自免耳臣
竊以為無邪心詩曰營營青蠅止于樊豈弟君
子無信讒言讒言罔極交亂四國往者江充讒
殺趙太子天下莫不聞其罪固宜陛下不省察
深過太子發盛怒舉大兵而求之三公自將智

者不敢言辯士不敢說臣竊痛之臣聞子胥盡忠而忘其號比干盡仁而遺其身忠臣竭誠不顧鈇鉞之誅以陳其愚志在匡君安社稷也詩云取彼譖人投畀豺虎唯陛下寬心慰意少察所親毋患太子之非亟罷甲兵無令太子久亡臣不勝惓惓出一旦之命待罪建章闕下

鮑宣上書論丁傅董賢等

竊見孝成皇帝時外親持權人人牽引所私以

充塞朝廷妨賢人路濁亂天下奢泰亡度窮困百姓是以日蝕且十彗星四起危亡之徵陛下所親見也今奈何反覆劇於前乎朝臣亡有大儒骨鯁白首耆艾魁壘之士論議通古今喟然動衆心憂國如饑渴者臣未見也敦外親小童及倖臣董賢等在公門省戶下陛下欲與此共承天地安海内甚難今世俗謂不智者為能謂智者為不能昔堯放四罪而天下服今除一吏

而衆皆感古刑人尚服今賞人反感請寄為姦群小日進國家空虛用度不足民流亡去城郭盜賊並起吏為殘賊歲增於前凡民有七亡陰陽不和水旱為災一亡也縣官重責更賦租稅二亡也貪吏並公受取不已三亡也豪強大姓蠶食亡厭四亡也苛吏繇役失農桑時五亡也部落鼓鳴男女遮迣六亡也盜賊劫畧取民財物七亡也七亡尚可又有七死酷吏毆殺一死

也治獄深刻二死也寃陷亾辜三死也盜賊橫發四死也怨讐相殘五死也歲惡飢餓六死也時氣疾疫七死也民有七亡而亡一得欲望國安誠難民有七死而無一生欲望刑措誠難此非公卿守相貪殘成化之所致耶群臣幸得居尊官食重禄豈有肯加惻隱於細民助陛下流教化者耶志但在營私家稱賓客為姦利而已以苟容曲從為賢以拱默尸禄為智謂如臣宣

等為愚陛下擢臣巖穴誠冀有益毫毛豈徒欲使臣美食大官重高門之地哉天下乃皇天之天下也陛下上為皇天子下為黎庶父母為天牧養元元視之當如一合尸鳩之詩今貧民菜食不厭衣又穿空父子夫婦不能相保誠可為酸鼻陛下不救將安所歸命乎柰何獨私養外親與倖臣董賢多賞賜以大萬數使奴從賓客漿酒霍肉蒼頭廬兒皆用致富非天意也及汝

昌侯傅商亡功而封夫官爵非陛下之官爵乃天下之官爵也陛下取非其官官非其人而望天說民服豈不難哉方陽侯孫寵宜陵侯息夫躬辯足以移衆彊可用獨立姦人之雄惑世尤劇者也宜以時罷退及外親幼童未通經術者皆宜令休就師傅急徵故大司馬傅喜使領外親故大司空何武師丹故丞相孔光故左將軍彭宣經皆更傅士位皆歷三公智謀威信可與

建教化圖安危龔勝為司直郡國皆慎選舉三輔委輸官不敢為姦可大委任也陛下前以小不忍退武等海内失望陛下尚能容亡功德者甚衆曾不能忍武等邪治天下者當用天下之心為心不得自專快意而已也上之皇天見譴下之黎庶怨恨次有諫争之臣陛下苟欲自薄而厚惡臣天下猶不聽也臣雖愚戇獨不知多受禄賜美食大官廣田宅厚妻子不與惡人結

佹怨以安身邪誠迫大義官以諫争為職不敢不竭愚惟陛下少晋神明覽五經之文原聖人之至意深思天地之戒臣宣吶鈍於辭不勝惓惓盡死節而已

復上書論董賢

陛下父事天母事地子養黎民即位已來父虧明毋震動子訛言相驚恐今日蝕於三始誠可畏懼小民正月朔日尚恐毀敗器物何况於日

虧乎陛下深内自責避正殿舉直言求過失罷退外親及旁仄素餐之人徵拜孔光為光祿大夫發覺孫寵息夫躬過惡免官遣就國衆庶歙然莫不說喜天人同心人心說則天意解矣乃二月丙戌白虹虷日連陰不雨此天有憂結未解民有怨望未塞者也侍中駙馬都尉董賢本無葭莩之親但以令色諛言自進賞賜亡度竭盡府藏并合三第尚以為小復壞暴室賢父子

坐使天子使者將作治第行夜吏卒皆得賞賜上冢有會輒大官為供海內貢獻當養一君今反盡之賢家豈夫意與民意耶天不可久負厚之如此反所以害之也誠欲哀賢宜為謝過天地解讎海內免遣就國收乘輿器物還之縣官如此可以父子終其性命不者海內之所仇未有得久安者也孫寵息夫躬不宜居國可皆免以視天下復徵何武師丹彭宣傅喜曠然使民

易視以應天心建立大政以興太平之端高門去省户数十步求見出入二年未省欲使海瀕仄陋自通遠矣願賜數别之間極竭毣毣之思退入三泉死亡所恨

杜欽為馮奉世訟功疏

前莎車王殺漢使者約諸國背畔左將軍奉世以衛候便宜發兵誅莎車王策定城郭功施邊境議者以奉世奉使有指春秋之義亡遂事漢

家之法有矯制故不得侯今匈奴郅支單于殺漢使者亡保康居都護延壽發城郭兵屯田吏士四萬餘人以誅斬之封為列侯臣愚以為比罪則郅支簿量敵則莎車衆用師則奉世寡計勝則奉世為功於邊境安慮敗則延壽為禍於國家深其違命而擅生事同延壽割而封而奉世獨不録臣聞功同賞異則勞臣疑罪鈞刑殊則百姓惑疑生無常惑生不知所從亡常則節

趨不立不知所從則百姓無所措手足奉世圖難亡死信命殊俗威功白著為世使表獨抑厭而不揚非聖主所以塞疑厲節之意也願下有司議

馮衍遺上黨太守田邑書

蓋聞晋文出奔而子犯宣其忠趙武逢難而程嬰明其賢二子之義當矣今三王皆叛赤眉危國天下螘動社稷顛隕是忠臣立功之日志士

馳馬之秋也伯玉櫂選剖符專宰大郡夫上黨之地有四塞之固東帶三關西為國蔽奈何舉之以資疆敵開天下之匈假仇讐之刃豈不哀哉衍聞之委質為臣無有二心挈瓶之智守不假器是以晏嬰臨盟擬以曲戟不易其辭謝息守郕脅以晉魯不喪其邑由是言之内無鉤頸之禍外無挑萊之利而被畔人之聲蒙降成之耻竊為左右羞之且邾庶其竊邑畔君以要大

刑曰賤而必書莒牟夷以土地求食而名不臧是以大丈夫動則思禮行則思義未有背此而身名能全者也為伯玉深計莫若與鮑尚書同情戮力顯忠貞之節立超世之功如以尊親係累之故能捐位投命歸之尚書大義既全敵人紓怨上不損剖符之責下足救老幼之命申眉高談無愧天下若乃貪上黨之權惜全邦之實衍恐伯玉必懷周趙之憂上黨復有前年之禍

昔晏平仲納延陵之誨終免欒高之難孫林父違穆子之戒故陷終身之惡以為伯玉聞此至言必若刺心自非嬰城而堅守則策馬而不顧也聖人轉禍而為福智士因敗以成勝願自彊於時無與時同

上黨太守田邑荅馮衍書

僕雖駑怯亦欲為人者也豈苟貪生而畏死哉曲戟在頸不易其心誠僕志也間者老母諸弟

見執於軍而邑安然不顧者豈非重其節乎若使人居天地壽如金石要長生而避死地可也今百齡之期未有能至老壯之間相去幾何誠使故朝尚在忠義可立雖老親受戮妻兒横分邑之願也聞者上黨黠敗大衆圍城義兵兩輩入據井陘邑親潰敵圍拒擊宗正自試智勇非不能當誠知故朝為兵所害新帝司徒已定三輔隴西北地從風響應其事昭昭日月經天河

海帶地不足以比死生有命富貴在天天下存
亡誠云命也邑雖沒身能如命何夫人道之本
有恩有義義有所宜恩有所施君臣大義母子
至恩今故主已亡義其誰為老母枸執恩所當
畨而厲以貪權誘以策馬抑其利心必其不顧
何其愚乎邑年三十歷位卿士性少嗜慾情厭
事為況今位尊身危則多命殆鄙人知之何疑
君子居長敬通揭節垂組自相署立蓋仲由使

門人為臣孔子譏其欺天君長據位兩州加以一郡而河東畔國兵不入虜上黨見圍不窺大谷宗正臨境莫之能援兵威屈辱國權日損三王背畔赤眉害主未見兼行倍道之赴昔墨翟累繭救宋申包胥重胝存楚衛文馳歸唁兄之志主亡一歲莫知定所虛冀妄言苟肆鄙塞未能事生安能事死未知為臣焉知為主豈厭為臣子思為君父乎欲摧泰山而蕩北海事敗身

危要思邑言

晋

劉琨告賑表

臣以頑蔽志望有限因緣際會遂忝過任九月末得發道險山峻胡寇塞路輒以少擊衆冒險而進頓伏艱危辛苦備嘗即日達壺口關臣自涉州疆目覩困乏流移四散十不存二携老扶弱不絶於路及其在者鬻賣妻子生相捐棄死

以委厄白骨橫野哀呼之聲感傷和氣群胡數萬周匝四山動足遇掠開目覩寇唯有壺關可得告糴而此二道九州之險數人當路則百夫不敢進公私往反沒喪者多嬰守窮城不得薪菜耕牛既盡又乏田器以臣愚短當此至難憂如循環不遑寢食臣伏思此州雖云邊朔實邇皇畿南通河內東連司冀北捍殊俗西禦彊虜是勁弓良馬勇士精騎之所出也當須委輸乃

全其命今上尚書請此州穀五百萬斛絹五百萬疋綿五百萬斤願陛下時出臣表速見聽處

梁

鮑明遠集序　虞炎

鮑照字明遠本上黨人家世貧賤少有文思宋臨川王愛其才以為國侍郎王薨始興王濬又引為侍郎孝武初除海虞令遷太學博士兼中書舍人出為秣陵令又轉永嘉令大明五年除

前軍行參軍侍臨海王鎮荆州掌知内命尋遷前軍刑獄參軍事宋明帝初江外拒命及義嘉敗荆土震擾江陵人宋景因亂掠城為景所殺時年五十餘身既遇難篇章無遺流遷人間者往往見在儲皇博採群言遊好文藝片辭隻韻罔不收集照所賦述雖乏精典而有超麗爰命陪趍備加研訪年代稍遠零落者多今所存者儻能半焉

唐

上黨舊宮述聖頌 并序　張說

維開元十有一祀正月皇帝展義於河東挾右太行晉晏上黨整兵耀武入於太原設都建頌以崇王業南轅汾睢祈穀后土天清日朗神歆如答三月庚午飲至長安六軍解嚴四方和會邇觀法象遐詠德澤大虞巡之典修美漢祀之禮舉人心翕而一變神物效而無方於是郊王

臣守禮寧王臣憲申王臣撝岐王臣範薛王臣業獻書於內開府儀同三司臣璟尚書臣晙臣象先臣頲御史大夫臣漼抗疏於外僉曰陛下受天曆數稽聖典謨道貫三靈仁育萬類掃陰沴而覩日開闢之功也尊文考而御天帝王之孝也天以陛下為子人奉陛下為君萬殊之福斯應畢臻三代之風頌聲咸作今潞人懷代邸詠泗亭椓聖崖延玄石將表潛龍之館勒啟聖

之圖勤亦至矣陛下推而不報其何以下塞衆
望上對神休哉臣聞天之所啟人之忻戴必憑
膺聖玄懿之德元命貞符之紀功業見乎變德
施加乎時德厚者施溥功玄者應速或階睃以
彰或由難而昌蓋生其德之謂天授其時之謂
命天有成命其可沒乎陛下昔居是州也紫雲
在天神光照室白鹿來擾黃龍上昇隴出仙洞
而神魚躍山開禪穴而靈鐘韻謠言合讖巨迹

引途嘉李傍連祥著自起當此時也金石預變獄頌先歸政殷六府人重五教陶無窳器漁有讓泉神而化之人不知力昔龍負圖而大舜登狼銜鈎而后殷昌玄珪錫於夏禹赤符歸於漢光應運協符希代稱寶未有窮祥極瑞俶儻瓌異如今之至者矣若玄貺集而不彰則神心不悅鴻業成而不贊則祝告無聞是掩天休而蓋盛德也臣子之罪將何解焉願聽潞人以揚丕

烈帝曰往者中宗違代國步微艱天祚我唐大
命集於睿宗大聖真皇帝朕畏天將命不敢怠
遑其乾符坤珍皆先聖之餘福朕何力之有焉
然重為昆弟公卿之請抑以敬從無為虛美重
朕不德也群臣遊聖蕩莫能名約乎舊史敢頌
成績辭曰〇帝德廣運乃聖乃神天祚聖兮唐
惟舊邦其命維新再受命兮帝初正人降居上
御天下往兮黃龍晝見攀天而上九五象兮帝

適於野紫雲之下求必在兮帝寢於堂變龍有光觀者駭兮天迹童謠木連著立摠神異兮空鍾化穴縞鹿赤魚何詭異兮上天無聲托類附形覺悟人兮聖皇齋栗在得戒失昭事神兮皤皤潞老樂戒王道愛舊宮兮赫赫頌功與天比崇德無窮兮

義陽王李公德政碑　董晉

唐之元臣曰義陽郡王抱真字太玄皇開府儀

同三司凉州都督河蘭鄯廓瓜沙甘肅九州大
總管申國公脩仁之玄孫開府儀同三司左武
衛大將軍永之曾孫兵部尚書懷恪之孫贈太
子太保齊管之子蓄河岳之秀叢祖考之慶克
生篤才以佐元后殊勳茂績可得而稱也公體
仁執中抱素專直威厲霜雪氣凌雲霓況毅足
以建功寛裕足以安衆召公相武之智申伯翊
宣之籌尚父六韜之奇夷吾九合之業未冠公

皆建之果為從父兄故相國抱王所重期以遠大薦於肅宗擢汾州別駕僕固懷恩之平史盜也伐慶劉之功恣暴戾之性不率朝典潛懷異圖公髮衝危冠憤激忠節間道詣闕潰其奸謀而渠魁疾顛汾滸底定代宗奇之拜殿中少監永泰初又兼御史中丞充陳鄭懷澤潞等五州節度留後恩光薦及輝耀當時謙不奉詔累有陳讓上大器之改潭州刺史兼侍御史充節度

副使巡内五州都團練使澤人欣欣如戴父母
公慶奉聖旨專精吏職一年而流移復田壤闢
軍給人阜風淳俗美時屬散卒聚鍾鼓山肆其
猖狂逞以驅刼議者請兵遂之公謂之曰夫人
禀元和以生奉五常以立無不思順無不懼逆
理亂之道實由於政政和則禮讓興仁義著政
敗則刑罰滋盗賊起使其叛亂是德之不脩也
姑務自咎豈可加兵乃申以禍福之門引以開

泰之路枚戈箙矢休歎巖瀉慰勞加等仁風載
揚遂遷懷州刺史澤人去思之憤凝為愁雲懷
人來蘇之慶霈若膏雨為政未幾懷如澤焉天
子寵文翁之能旌龔遂之美以節使司徒公備
戎於西乃授檢校秘書監兼侍御史權知行軍
司馬充澤潞節度支度營田觀察處置使晉後
仍知潞州大都督府事公以殊恩寄任晉務浩
穰徘徊化源獨與心計乃約故實財成庶政禁

暴以安物薄賦以養農省徭以息孤惸均調以
資士卒孝弟聞於鄉黨學校興於里閭刑戮廢
於戎行鞭朴弛於官署閫境之内不日而化焉
建中元年特授節制并廉察本道兼領潞州大
都督府長史練勤王之師脩守土之備内勸耕
食外揚武威布大君之誠以睦藩屏尊聖朝之
化以釋危疑由是上澤得以下流下情得以上
達君臣無間繇於太和公之力也屬軍戎之後

蟲旱為灾公請罪神祇憂見於色精感而飛蝗越境誠懇而霖雨應期稼穡獲全異於他部古之循吏何以加焉公前後歷官一十八政再為侍御史中丞尚書常侍三領郡守一登亞相兩踐端揆封義陽郡王食實封六百户命為承弼同平章事俾平水土兼領司空量弘而深識達而朗常執虛以驚寵不求援而取貴起題與登補袞簡自皇極爵為元臣非德及蒼生忠貫白

日則何以臻此潞之緇黃耆老詣闕陳情願勒貞石帝嘉乃誠詔門下侍郎平章事董晉撰文以昭其功銘曰皇矣上帝降祚有唐蘊粹孕靈克生義陽明明天子賢能是奬乃命義陽鎮於上黨烈烈義陽惟國之楨屹若崇山隱如長城用極於正性根於忠英風外馳明謨內融王度克遵惠此罷人以德代刑散澆為淳軍以威雄兇以定攝恢振皇綱輔弼天業帝曰抱真允文

光武俾登鼎鉉錫之茅土名高方召道冠申甫
刊石紀功用儁終古

屯留令薛公善政碑　徐季鴒

開元二十年有勑將幸太原重巡潞藩上顧謂
侍中裴光庭先擇才能俾宿儲供公以左拾遺
膺是選也潞州八邑屬時不稔上下克辦實多
弘益朝廷稱之公名僅字冲用漢御史大夫廣
漢之後以儒術學業遂登三公直言諫諍退官

終寵其後自沛居河代有丕烈公七代祖辨後
魏侍中汾陰武侯六代祖謹中書令涪陵元公
英武忠肅魏書有傳曾祖範脩本州州都皇朝
硤州刺史祖文度曹州刺史父玄儉溧陽鄴二
縣令光州司馬並政理清白見重於時公受天
正性承家具美敦龐重朴負經濟大才優閑江
海紫微令姚公黃門監盧公特奏有學有文身
材挺萃起家授洪洞尉刺史蕭璦許以公輔之

器羽林大將軍楊敬述持節河西以才畧奏請充管記秩滿授江陽丞長史王易從李朝隱以公清正直攝江陽江都海陵三縣令中丞宇文融殿中侍御史咸廙業並引為判官狀稱猾吏畏威而破膽群萌飲惠以息肩奏才學惟高公清特立公操斧則伐拂鍾無聲淮海之間義風一變會有制命舉才高未達沉跡下寮宏詞博識至公從正者上御紫宸殿親試親考入拜獻

替之司正議鯁詞多所獻納御史大夫李朝隠屢有推薦竟無畀擢及公之出宰也以檀美對揚推能撫字将化風俗且辭掖垣議者為屈公無愠色躬親庶務朝夕勤劳寒者衣之饑者食之二十一年人尤困餒公大出私米兼賑官粮徙死得生百餘萬計勑使少保究公深嘉器異當朝談奬狼暴出境鹿馴於邑廣開鄣閑大創厥倉南填巨坑北防深水太原尹王公以殊政

奏長史李植以異能上七年在任無風雨霜雹水旱蟲蝗之害長史李公又考其孤清耿介水碧在懷乃居於高平山業公與秘書監賀知章中書侍郎嚴梃之虞部郎中褚光為塵外之交嚴稱云難進易退翱翔宇宙之間廓然不可得而見褚每云暗與道合神超造化賀之篇翰往来精密公每讀古史及聞時說有一仁一義一忠一孝者未嘗不慷慨涕泣絕葷腥救窮急傲

然獨得情智耿然君子稱之飄飄雲霄之氣磊磊棟梁之骨方將出地絡以避邁超天衢而高視十七卿父老崔亮臣郭全璧等五百餘人式刋善政季鴒作頌傳於終古詞曰我公兮肅英徽粹河汾毓崇闈我公兮深厥政秘邦典活人命我公兮豁虛受洞群交孚大久

太師苗晉卿謚議　獨孤及

太師禀天純懿為唐股肱兩朝當國庶績惟允

論道賦政送往事居叶恭秉彝勤罔遠德惠和
以懋其事明哲以保其身昔曾懸衡九流剖竹
四郡刀尺之下無滯用襦袴之内無貧人洛陽
居守東夏輯睦天寶之季二京為戎皇輿西狩
億兆左衽太師踐危機不易心履横潰不忘國
奮身挨跡于豺狼之口道不汙而節不奪忠之
大者至德乾元中天下多故皇綱未張肅宗脩
漢宣故事用刑名繩下而太師以曹參為師持

清靜守職勵翼王度將順事典人亦寧一厥猷茂馬能知人能官人愼選乃僚言刈其楚至有援群犖而取公器不五六年比肩衮職者光映冊府當代榮之漢史稱胡廣與故吏陳蕃并為三司太師有馬夫九德咸事寬為之首百工惟時哲則能惠宜其享天眉壽為國元老古者生以行觀其志沒以謚易其名字之美惡視行之大小後世或三字以表德貞惠文子是也或二

享以彰善鄭文終僕晉文成侯是也盖其跡大名盛則禮優謚崇太師德冠縉紳位侔周召將加誄謚之制宜以鄭晉為準謹按大戴禮體和居中曰懿文賢有成曰獻稽千載之令典合二名以配德請謚曰懿獻謹議

上李司徒論澤潞用兵書　杜牧

伏覩明詔誅山東不受命者廟堂之上事在相公雖搆俎之謀筭畫已定而賤末之士芻蕘敢

陳伏希捨其狂愚一賜聽覽其太和二年爲校書郎曾詰淮西將軍董重質詰其以三州之衆四歲不破之由重質自誇勇敢多筭之外復言其不破之由是徵兵太雜耳徧徵諸道兵士上不過五千人下不至千人既不能自成一軍事須帖附地主名爲客軍每有戰陣客軍居前主人在後勢羸力弱心志不一既居前列多致敗亡如戰似勝則主人引救以爲己功小不勝主

人先退至有殲馬初戰二年以來戰則必勝是多殺客軍及二年已後客軍殫少止與陳許河陽全軍相搏縱使唐州軍不能因雪取城蔡州事力已不支矣其時朝廷若使鄂州壽州唐州祇令保境不用進戰但用陳許鄭滑兩道全軍恃以宣潤弩手令其守隘即不出一歲無蔡州矣今者上郡之叛復與淮西不同淮西為寇僅五十歲破汴州襄州襄城盡得其財貨輸之懸

鄃復敗韓全義于殷上多殺官軍四萬餘人輸
輦財穀數月不盡是以其人味為寇之腴見為
寇之利風俗益固氣焰已成自以為天下之兵
莫我與敵父子相勉僅於兩世根深源濶取之
固難夫上黨則不然自安史南下不甚附隸建
中之後每奮忠義是以鄴公抱真能窘田悅走
朱滔常以孤窮苦寒之軍橫折河朔彊梁之衆
貞元中節度使李長榮卒中使提詔授與本軍

大將但軍士附者即授之其時大將来希皓為衆所服中使將以手詔付之希皓言於衆曰此軍取人合是希皓但作節度使不得若朝廷以一束草来希皓亦必敬事中使言而奉進旨只令此軍取大將授與節鉞朝廷不別除人希皓固辭押衙盧從史其位居四潛與監軍相結超出伍曰若来大夫不肯受詔某請且勾當此軍監軍曰盧中丞若肯如此此亦固合聖旨中使

因探懷取詔以授之從史捧詔再拜舞蹈希皓廻揮同列使北面稱賀軍士畢集更無一言從史爾後漸畜奸謀養義兒三千人日夕喣沫及父虔死軍士留之表請起復亦只義兒與之唱和其餘大將王翼元烏重胤第五釗等及長行兵士並不同心及至被擒烏重胤坐于軍門諭以禍福義兒三千一取約束及河陽取孟元陽為之統帥一軍無主僅一月日曾無犬吠況於

他謀以此證驗人心忠赤習尚專一可以盡見及元和十五年授與劉悟時當幽鎮入覲天下無事柄廟筭者議必銷兵雄健敢勇之士百戰千攻之勞坐食租賦其來已久一旦黜去使同編户紛紛諸鎮停解至多是以天下兵士聞之無不忿恨至長慶元年七月幽鎮乘此首唱為亂昭義一軍初亦欝怫及詔下誅叛使温起居造宣慰澤潞便令發兵其時九月天已寒四方

全師未須冬衣服聚之授詔或伍或離垂手強項往往誶語及温起居立于重榻大布恩旨并疏昭義一軍自七十餘年忠義戰伐之功勞安史已還叛逆滅亡之明效辭語既畢無不懽呼人衣短褐爭出效命其時用兵處處敗北唯昭義一軍於臨城縣北同果堡下大戰殺賊五千餘人所殺皆樓下步射摶天飛者賊之精勇無不殲馬賊中大震更一月日田布不死賊亦自

潰後一月其軍大亂殺大將磁州刺史張汶因刼監軍劉承偕盡殺其下小使此實承偕侮媟一軍侵取不已張汶隨承元出于鎮州久與昭義相攻軍人惡之汶既因依承偕謀欲殺悟自取軍人忌怒遂至大亂非悟獨能使其如此劉悟卒從諫求繼與扶同者只鄆州随来中軍二千耳其副倅賈直言入責從諫曰爾父提十二州地歸之朝廷其功非細衹以張汶之故自謂

不潔淋頭竟至羞死爾一孺子安敢如此從諫
恐悚不敢出言一軍聞之皆陰然直言之說值
寶曆多故因以授之今纔二十餘歲風俗未改
故老尚存雖欲刼之必不用命伏以河陽西北
去天井關強一百里關隘多山井不可鑿雖有
兵力必恐無功若以萬人為壘下窒其口高壁
深塹而與之戰忽有敗負勢驚洛師盖河陽軍
士素非精勇戰則不足守則有餘成德一軍自

六十年来世與昭義為敵訪聞無事之日村落隣里不相往来今王司徒代居反側思一自雪况聯姻戚願奮可知六十年相仇之兵伏朝廷委任之重必宜盡節以荅殊私魏博承風亦當效順然亦止于圖一城攻一堡刋木堙井係累稚老而已必不能背二十城長驅上山徑擣上郿其用武之地必取之策在于西面今者嚴紫塞之守備謹白馬之隄防衹以忠武武寧兩軍

以青州五千精甲宣潤二千弩手由絳州路直東徑入不過數日必覆其巢何者昭義軍粮盡在山東澤潞兩州全居山内土瘠地狭積穀全無是以節度使多在刑州名為就粮山東粮穀既不可輸山西兵士亦必單鮮擣虛之地正在于此後周武帝大舉伐齊路由河陽吏部宇文弢曰夫河陽要衝精兵所聚盡力攻圍恐難得志如臣所見彼汾之曲戍小山平用武之地莫

過如此帝不納無功而還後復大舉竟用𢿛計
遂以滅齊前秦苻堅遣將王猛伐後燕慕容暐
大破暐將慕容評于潞州因遂滅之路亦由此
北齊高歡再攻後周路亦由此而後周名將常
孝寬齊王攸常鎮勳州玉壁城故東西相伐每
由此路以古為證得之者多以某愚見不言劉
禎終不能取貴欲速擒免生他患非者北虜才
畢復生上御賴相公廟筭深遠北虜即日敗亡

倘使北虜至今尚存沿邊猶須轉戰迴顧上郡豈能計除天下雖言無事若上郡久不能解別生患難此亦非細自古皆因攻伐未解旁有他變故孫子曰兵聞拙速未睹巧之久也伏聞聖主全以兵事付於相公某受恩最深切敢干冒威嚴遠陳愚見無任戰汗某頓首再拜

為濮陽公檄劉禎文　李商隱

足下前以肺肝布諸簡素仰承復命猶事技詞

夫豈告者之不忠抑乃聽之而未審擇福莫若重擇禍莫若輕一去不廻者良時一失不復者機事噫嘻執事誰與為謀延首北風心焉如灼是以再陳禍福用釋危疑言不避煩理在易了丁寧懇款至于再三者誠以某與先太師相國俱沐天光並為藩后昔云與國今則親隣而大年不登同盟未至飯具纔畢襚衣莫陳乃睠後生遽乖先訓遷延朝命迷失臣職不思先轂之

忠將覆欒書之族此僕隸之所共愶兒女之所同悲況其擁節臨戎援旗誓衆封疆甚邇音旨猶存忍欲賣之以為已功間之以開我後將袪未寤欲罷不能願思苦口之言以定東身之計昔先太尉相公常蹈亂邦不從逆命翻身歸國全家受封居韓之西為國之屏棄代之際人情帖然太師相公以早副軍牙久從征旆事君之節已著居喪之禮又彰故乃奬其象賢仍以舊

服納職貢賦十五餘年於我唐爲忠臣於劉氏爲孝子人之不幸天亦難忱纔加壯室之年奄有壞梁之嘆主上深念義烈是降優恩蓋將顯足下之門爲列藩之式不欲劉氏有自立之帥上御爲章恩之軍俾之還朝以聽故命其義甚著其恩莫偕昨者秘不發喪已逾一月安而拒詔又歷數旬秘喪則於孝子未聞拒詔則於忠臣已失失忠於國失孝於家望此用人由兹保

族是亦坐薪言秦巢幕云安智士之所寒心謀夫之所齰舌矧於僕者得不動心竊計足下之懷執事之論當以趙氏傳子魏氏襲侯欲以逡巡希恩顧望謀立耳夫事殊者趣異勢別者跡睽故度其始而議其終搴其華而尋其實願為足下一一而陳之趙魏二侯於其先也親則父子於其人也職則副戎賞罰得以相參恩威得以相抗故朝廷推而與之今足下之於太師也

地則相近職非副戎賞罰未嘗相參恩威未嘗相抗稽喪則於義爽拒詔則於事乖比趙魏二侯信事殊而勢别矣此施之于太師趙魏則為繼代象賢之美施之於足下則為自立擅命之尤得失之間其理甚白又計足下未必不恃太師之好賢下士重義輕財吴國之錢往往而有梁園之客比比而來將倚以為墻藩託以為羽翼使之謀取使以數求細而思之此又非計也

高則羝羊自至泉深則沉王自來已立然後人歸身正然後士附語有之曰政亂則勇者不為鬭德薄則賢者不為謀故是濞有奸而鄒陽去燕惠無德而樂生奔晉麗大夫卒成分國之禍衛多君子執救渡河之戴此之前車得不深鏡代憲四祖文明繼興當時燕趙中山淮陽齊魯連結者幾姓旅拒者幾侯咸逆天用人背惠忘德擾指掌之地謂可逃刑倚親戚之私謂能取

信一旦地空家破首裂衷文分闇者不能為謀明者固以先去悔而莫及末如之何先太尉與李湑尚書齊之密戚揚太保與蘇肇給事蔡之懿親并擁要地方州領精甲銳卒及其王師戾止我武惟揚則乃割地驅人以降送款輸忠以入非不顧密戚非不念懿親非不思恩非不懷惠直以逆順是逼死生實難能與其同休不能與其共戚故也况足下大未侔齊蔡久未及李吳

将以其人動干不義僕固恐夙沙之國縛主之卒重生彭寵之家不義之俟更出又計足下當恃太行九析之險部内数州之饒兵士尚強倉儲且足謂得支久謀而使安危哉此心自棄何速昔李抱真相國用彼州之人破朱滔于燕國困田悅于魏郊連兵轉戰綿歲經時而潞人夫死不敢哭子死不敢悲何者李相國奉討逆之命為勤王之師義著而誠順故也及盧從史釋

衰就位責降冀功將乘討伐之時欲肆兇邪之性計未就而人神已怒事未立而兵衆已離以萬夫之長困一卒之手驅轞北闕棄屍南荒而潞之人猶老者捫背少者扼腕謂朝廷不即顯戮深為失刑其故何哉以從史不義不暱去安就危衆黜其謀下不為用故也二師去就非因傳聞鳩杖之人鮐背之叟知其本末尚能言之則太行之險固不為渤者之守數州之衆固不

為邪者之徒此又其不足恃也由此言之則何以敗名譽隳家聲何事捨君命何道求死士何計得人心此僕者所以對按忘飡推枕不寢為足下惜為足下危而不知其所以然也况太師比者養牛添卒畜馬訓兵旁招武幹之材中舉將軍之令然而輕於遠近頗有是非雖朝廷推赤心弘大度然而不逞者已有乖異之說橫議者疊興悖惡之歎人之多言亦可畏也誰為来

者宜其拜之今足下背季父引進之恩失大朝文誥之令則是實先太師之浮議彰昭義軍之有謀為人姪則致叔父於不忠為人孫則敗乃祖於無後亦何以對燕趙之士見齊魯之人耶又計足下旬日之前造次為慮今茲追改懼有後艱此左右者不明而咨詢之未盡也近者李尚書祐董常侍重質之輩並親為賊將拒我官軍納質於匪人效用於戎首久乃来復尚蒙殊

恩皆受郡符咸領旗鼓不能悉數厥徒實繁豈有足下籍兩代之餘資美數萬之舊旅俛首聽命舉宗效誠則朝廷又豈以一日稽遲片辭之疑異而致足下於不測沮足下於後至故事具存可以明驗幸請自求多福無辱前人護龍旒以歸洛師秉象笏而朝魏闕必當勳庸繼代富貴通身無爲隣道所資使作他人之福倘尚淹歸款未整來軒戎臣鼓勇以爭先天子赫斯而

降怒金玦一受牙璋四駛魏衛歷其東南晋趙出其西北掺距投石者數逾萬計科頭擊手者動以千群兼驅挽虎之材官仍率射鵰之都督感義則日月能駐拗憤則砂石可吞使兵用火焚城將水灌魏趣邢郡趙出洺州分二大都之間是古平原之地東甲盡輸於此境糗糧亙聚于他人恃河北而河北無儲倚山東而山東不守以兩州之殘孵抗百道之奇兵比累卵而未

危寄孤根於何所則老夫不倿亦有志馬願驅敢死之徒以從諸侯之末下飛狐之口入天井之関巨浪難防長飈易翕此際必當驚地底之皷角駭楼上之梯衝喪貝躋陵飛走之期既絶投戎散地灰釘之望斯窮自然麾下平生盡忘舊愛帳中親信即起他謀辱先祖之神靈為明時之哂笑静言其漸良以驚魂今故再遣使車重申冊素惟鑒前代之成敗訪歷事之實褱思

亙道敗德之難念順令畏威之易時以吉日蹈茲坦途勿餒劉氏之魂勿汙潞人之俗封帛增欷含毫益酸延望還章用以上表成敗之舉慎惟圖之不宜河陽三城節度使王茂元頓首

宗

隆德府知府韓公生祠記　吴景修

上黨之地肘京洛而履蒲津倚太原而跨河朔分所八邑籍兵五州實為右冀之雄藩朝廷簡

求州牧必惟其賢自非碩德重望一時偉人歷覧民風通達治體足以寄承宣之任者未始輕于畀授宣和二年秋許昌韓公自金州移鎮是邦入境移書杜遠迓奔走之勞单車敝馬無事華餙逺其開府聽政偶泉貨窒礙不行城郭罷市幾月公推原法意斟酌民情不勞指顧弊端去而利源通公私均受其賜河東均糴逺助邊計公軫念斯民力不暇給飛章直達特允隆德

府於廪輸納温詔賜可小大懽呼至于布宣德
澤勸課農桑甄別善良矜恤鰥寡其心以愛民
為本然政先嫉惡發奸擿伏號為神明巨蠹宿
奸一旦芟夷斷根株而窮窟穴闔境熙然協氣
嘉生甘露芝草獻祥用彰循吏之效父老扶杖
相語曰良二千石政善如此百年未之見聞雖
龔黄召杜果有過于此乎縣觀自昔循良課最
優異者非特增秩賜金實以待鳳閣鸞臺之選

我公世篤忠貞勳在王室金州政成已膺褒語隆德士民復叩天閽而陳善狀乞留久住矣竊恐芝檢函頒陞華近列霖雨天下非千里之民所得私也乞留傾邑仰德無以申報乃於佛寺繪像而俎豆之謹採治績之尤者刻諸石俾子孫揄揚歌頌茲無愧于桐鄉矣公名昭字用晦

宣和四年五月十五日記

長子縣令崔公祠堂記

管篆

古之縣令皆選賢能欲有所用必先試以臨人故銅章墨綬出宰百里悉能稱職事而由漢以來號為循吏者不可勝數長子縣舊有唐縣令崔君祠堂君諱元靖嘗宰是邑以異政稱而唐史不載縣之東北數里有碑蓋紀其事又歲久磨滅特故老相傳云山有虎害人君祈諸神不以强弓毒矢而以一介之士追虎至而殺之既去邑人遂為立祠刻石嗚呼君之德過人遠矣

雖沒数百歲而遺風餘烈可想而畏也昔紫芝
為魯山令有盜繫獄會虎為暴盜請格虎自贖
吏謂詭計紫芝許之明日盜尸虎還舉縣嗟嘆
唐史且美其事而書之君有異政如此獨不得
留名青史間何不幸歟管城宋君卓犖有古人
風崇寧五年来此布政下車之始聞其事而駭
之曰君能生為人除害死必能福人明年命易
其祠而新之將使邑人歲時水旱疾疫而祈禱

馬孰謂君無靈大觀二年十一月十五日立

靜軒記　范鉞

熙寧三年十二月来尉于壺關始至之日見其窮山荒嶂蒼烟白露環乎左右前後視其官居則卑污庳滯凡一目之所及莫不使人歔欷而嘆息既而翻然自訟曰是豈不足以居耶九夷天下之所共賤而棄者君子居之猶不以為陋况潞距京師纔數百里而斯邑也又在潞之左

是可處也居三月得故材于廳事之東而屋之
又自書而揭之曰静軒列以圖繪繚以簡編當
其無事時一寓之於文字筆硯之間顧不可嘉
乎而時之能文者皆以詩遺静軒然吾之為是
軒固非掇静之名而歆徼于時也盖以為天下
之事萬物之理來也無窮而其應甚煩以我之
甚煩對彼之無窮猶鞭駃馬決積潦疾馳大潰
而不知止者噫亦惑矣大抵人性無不静有時

而動者物撓之也物撓之則不得其靜矣故吾之為靜者將以禦夫動也然天下之物吾不能以一己而勝之苟外物足以攖吾心吾能以虛而待之矣至於死生得失為累之大者又奚能自必哉若夫巢乎深山之谷釣乎野水之濱或耕之田或築之巖此右之真靜者吾不得跂而至焉然坐于一軒之中蕭然自放野鳥容與而上下山雲卷舒而去來倚佳木而長吟引清風

而獨嘯而吾之樂如此與夫逍遥于自得之鄉而超出乎塵垢之表者亦浩然庶幾耳本年七月一日記

金

潞州重修學記　毛麾

禮經有言曰右之王者建國君民教學為先又曰君子欲化民成俗其必由學乎是以家有塾黨有庠遂有序國有學盖由教化之本太平之

原靡急於此一日而不可廢也自封建五等之爵罷天下為郡縣承流宣化共理之效責夫守令號師帥之官其開導有制迹掄選賢能稱為得人享祚長永惟漢唐為最如漢之文翁唐之常衮又其超卓著見者也文翁守蜀起學成都市擇諸生開敏有才者親加飭厲待以殊禮吏民榮之爭為弟子富人出錢求之大化僻俗學於京師者比蜀于齊魯至孝武帝令郡國皆立

學還從文翁始袞為福建觀察使初建人未知
學袞大設鄉校使作文章躬勤講道與之鈞禮
游饗得預習為一變歲貢士與内州等厥後建
蜀名士輩出聲動海内二公各立生祠春秋配
饗迄今宗仰顧不美哉皇朝龍興太祖皇帝應
天順人以武定寰宇太宗皇帝聖烈丕承卒其
伐功雖誕布文德以綏遠邇而儒學之事未遑
備舉逮世宗皇帝撫運御極猶啟高宗周宣王

之家胥侵地土久假不歸者盡歸之鄰接相礙參差斷缺不能自安者盡願斂之於是捐清俸請公帑助工役繪圖按式大加營建正殿中峙長廊翼舒殖殖其庭高門有伉殿次起堂以待橫經問道讌談仁義中門東西兩序對為廳事以俟真謁之官更衣望揖至於生徒齋舘貯藏庫廩一一備具莫不棟宇雄壯冊堊鮮華眈眈闓陽洸洸闔陰使望之者竦過之者趨在侯伯

之國禮典之廟寔為稱矣公以提舉職事每常訪臨督勉進修曲為誨諭豈有繼城闕之游挑達而失其業見行俎豆之禮低迴而不忍去異時觀光應聘當有若蜀之揚子雲司馬長卿建之歐陽詹者出馬彼文翁常衮亦安得專美于前歟學之正録二士来索記言麾辱公知遇作同志交乃獲其慶斯文之亨會庸賛吾道之主盟是誠可書也故樂為道記

襄垣修城記　楊冊

襄垣縣古韓州也封域弘廣殆將百里而逶東連巨鎮北背喬峯峻巘大壑深岩多人迹之所不能至者國家收復之初奸雄繼踵蟻聚蜂屯嘯集林谷每黨不啻数千人號曰紅巾動則彌崗絡阜旌旗繽紛鼙鼓震疊数窺是邑直欲鯨吞虎噬立見虀粉於是郊邑相通舉無壁壘洞然九達之地故闔縣之民扶老携幼奔走不暇

幸延朝夕之生實賴令尹韓公抱忠貞之節懷惨怛之愛被堅執鋭争為先登不顧矢石前攻後突若蹈無人之境用能折馘執俘殲厥渠魁遂稍稍引去于是命民興役且戰且築寇至則荷戈而禦敵寇退則挈杵而赴工故内城不日而具因俾百姓萃居其中得保首領庶全族類其利溥哉爾後比及二年元凶群醜雖漸夷滅尚有遺類為吾民害天會九年春韓公又為其

耆老而議之曰内城起於倉卒苟濟一時之難然地甚狹迫而不能容民畜衆今將建大城以周其外可復許乎聞者莫不忻然而從遂經營構畫計其貧富為之等差分部定力咸適均平故人皆踴躍盡瘁更相勸督一無偷惰曾不踰旬而百堵皆興昔謂説以使民民忘其勞信斯言也其城週環六里三十步其墉高二丈厚二尋之半其壑深二仞其上睥睨具焉闢以四門

層樓上起壯麗可觀故倉廩府庫可得而長保也神祠佛宮可得而致飾也庠序可得而開設也市井可得而陳列也居民可得而安定也編民咸喜室家相慶人人皆自謂更生之福矣嘗觀有建一橋梁以通險阻達一水泉以利灌溉善則善矣其利益小然人可得而歌頌之矧乃成城之功哉夫城者所以保内捍外以聚人民局鑰土宇緘滕也維斯乃久大之功無疆之利

雖著竹帛勒鍾鼎不為過矣歸公之築斯城也銳然亡優柔姑息之心所以能興百世之利由是觀之則其為政可知也朝廷嘉其有功遂致榮遷經任迨今幾六年矣政聲流美噫襄垣山水秀異才士風俗淳美又得寧平之賢政事訟理一境無虞四民安業可不善而紀之謹即其事而述之非溢美耳

元

德風亭詩序　元凱

上黨居天下之脊太行瞰其面并門負其背右脇漳水而左腋壺關於漢為名郡於唐為鉅藩五代宋金亦倚之為重鎮亂離以来土崩瓦解珍臺閒館兵車蹴蹋廢而為丘墟高亭大榭煙火焚燎化而為灰燼獨所謂德風亭者頹垣壞宇尚存于荒烟野草之中吁可惜㦲洪惟我朝受命疆理天下建州治于兹者有年矣累政因

徧視為度外至正辛巳冬河東張公瞻甫来守
是邦下車未幾興滯補弊百廢俱作令修於廷
户数日之間民自得於河山千里之外越明年
歲壬午公于退公之次登亭故基惻然有興復
之意遂命工鏟高堙卑驅石剪棘削汚壤峻遺
址以門以墉乃棟乃宇搆亭三楹而扁以故額
經始于維暮之春落成于徂暑之夏觀夫地位
顕敞軒户洒落明則夜朗幽則暑凉遠挹山川

登臨之美近攬人物居邑之盛誠一方之壯麗千里之偉觀也凱嘗以夏日同郡參謀郝公唐臣上郿尉郭公君實陪公觴詠其上感慨懷古之餘因成唐律十章用寫一時之雅參謀公請刻諸翠珉以為他年之故事於是乎書

李平章畫像序　姚燧

陛下之未出閣有李道復曰侍講讀親而敬之嘗召繪工惟肖其形賜號秋谷命集賢大學士

王顒大書之手刻為扁而署其上又側注曰大德三年四月吉日為山人李道復製至大四年辛亥春正位宸極制授道復光禄大夫中書平章政事以藎學焉後臣之義裝潢是圖塡金刻扁而摹賜號與御署卷加標軸寵耀至矣人孰與儔勅臣燧序之將俾詞臣頌歌其下而親覽焉臣聞命屛營反覆究思在昔帝王畣其臣者商高宗之傳岩漢中宗之麒麟閣世祖之雲臺

唐太宗之凌烟閣四馬耳麟閣而下皆將相之開國承家平亂亡以賛彌綸資訏謨以致隆平者傳岩不然初未有是赫赫顯烈肖其夢形求得諸野爰立作相以道復肖形可同說乎高宗圖於既王三年之後陛下則圖于未帝一紀之先其時繪工運思有所未至手為設色高宗於說有是乎扸斷所無者李泌從肅宗於途人指目曰黄衣者聖人也白衣者山人也已乃為相

而道復姓偶同乎泌亦白其衣今亦已相謂道復山人可同為之賜號刻肅宗於泌有是乎哉亦斷所無者泌雖賢者而言涉神仙迂怪以故史氏短之惟說則無間然嘗考觀之古今之世相去若異帝王為治道罔不同何則陛下所居則列聖之位也列聖君臨之中土堯舜昔常有也乃若高宗亦商聖賢之君耻其不為堯舜故命說曰若金用汝作礪若濟巨川作舟楫歲

大旱作霖雨作酒醴惟麴櫱作和羹惟鹽梅取喻再三取其交修者皆陛下有虞道復之心今謂道復其才有足方説孰敢犯是不韙然其所處則説地也如較其學焉後臣顧説所無能求多聞以建事學古訓以道積厥躬招俊乂以列庶位對揚天子之命亦足襲説遺芳餘烈報陛下矣然非舊學之臣世不以是責難俟夫治定而功成德尊而年久或遂懸車于秋谷釣雲月

以美泉石朝堂有疑遲使諮之猶不得專爲山
人世則曰山中宰相者所不免也是年夏五
集賢大學士榮祿大夫翰林學士承旨知制誥
兼修國史臣姚燧拜稽首序

還山亭記　張養浩

平章秦國公早以儒術事皇上潛邸從行中外
且二十年格論嘉猷所以開廣天聰封植國本
陰毗治道以棐以迪者靡遺餘力皇慶改元上

以耆望舊學既相之省又公而國諸泰未幾又
承旨翰林不再年授一品之職者三其膺券隆
洽有國儒臣鮮有儷者公自以布衣致此惧弗
克任數請致政休居上弗為允遂於上部先塋
距數百舉武其山之陽構亭曰還山志其退也
或曰士方窮處其志未嘗不歆用世今泰國公
天子大臣所定內難不可謂道不行軍國重務
言無不從不可謂言不聽夫人臣亟於退者不

越遠讒避禍二事耳矣蓋讒不必遠當正身率物使讒言無隙之入為可法禍不必避當殫誠為國使禍患不自我作為可師允能是則廟堂之高與山林之邃也奚其異僕曰子之言固臣子律已之上策然聞之天地無全能善作者不必善成所以自右明哲之士審已隆盛而戒進於滿盈衸非借以自全蓋陰陽消長物理人事之自然者也嘗見史籍所載勳高位重者國家

一旦顧遇少不及悻悻其色辭彼不自訟夫已之昧于去就乃横生怨望卒之罹尤逢殆使君臣之間胥失不能善厥終者何可校数況一治一亂固由人事究其本言亦有数存乎其間聖人不語及者盖恐國家有所倚而不力於治理故也彼曰吾留則治吾去則亂又曰容有少俟皆燭理不明信道不篤自治不勇有所牽習戀繆而然復有一號仕途求田問舍絶口不及人

或勸之非惟力拒又從而銜之骨髓嗚呼其樂然受之而踐之者幾何人哉嘗謂山林之樂造物甚靳而不以畀人苟非其人雖見留於暫終必假軒裳以去之以是知鍾山之英草堂之靈必福德具盛者可以塡服於是或者遽然失容曰有是哉吾亦從此及躬求吾稅駕之所矣會公命記還山亭故槩括其言而書之以獻

觀稼軒記

李庭適

至正癸未夏四月旱太守張侯暨節判王公禱于五龍山礿盥蕆禮畢露祝于庭有黎庶數人扶杖而前若有進謀者惟兹山去郡二十餘里神祠據今千有餘年凡旱乾水溢有禱輙應固不待言而山之蜿蟺磅礴横亘巽位居高臨下燦若燭照前守每欲為亭以命眺望築土為基歷三政而弗克願因公力以成之且以為齊戒受禧之所公曰今旱乾薦臻民力昜瘳其可興

土功乎越二日丁巳雨作己未雨大作五月初吉公率僚屬躬謝神休則見其基之缺者塞隆者夷荷鍤負畚百夫齊興公曰嘻今雖有雨而民食未豊其可乎衆曰不然雨者神之惠而公之感也苟不因事而葺之其誰肯堂之者公曰基之成矣木於何有衆曰南村有廢亭其初皆神山木也構而未飾幾三十年災傷癘疫歲不遑寧今願移置于斯則彼之凶可除此之功可

成一舉而兩善并矣公未及答于是或與一攘桶馬或施以鉇甓馬紛紛籍籍不可勝計公不能遏乃諭上御監縣欵訥思鳩工庀匠從民所欵益其朽蠹餙以甃甓不踰月而落成亭成而其景益奇望之則層巒疊嶂秀壁蒼崖青環翠擁而挼出氛埃者莫不排列乎其前長岡斷阜馳峯象脊蛇蟠鳳翥而盤踞夫坤維者莫不阿附于其後高城深池閭井村落茂林高木瓜分

碁置森羅隱見皆寓几席之下平原沃壤莽蒼
千里高黍下禾桑疇麥疃蔚乎大田而咸在乎
指掌之中凡昔之晦者明鬱者伸潛者露態隱
者呈形出沒變現千奇萬象雖有智者莫能測
其狀也黎老乃相聚而嘆曰嗟夫潞郡居太行
之巔其形勝甲天下豈其蘊于古而顯于今歟
將山林有待而後發歟疇昔之守多因仍今之
守皆循謹故神降之休地呈其美而民樂其事

然則茲亭之建直瞰郡城請以望州名公曰不然亭之故必由人而後與形之勝必因地而後見是皆已然之陳迹也若夫天而不雨則畇畇原隰化為滌滌山川雖欲為亭以保斯樂得乎今既雨矣蘇麥在原禾黍在田環視四顧稼穡滿川今又貧者責力富者薦賄不召而自至不命而自施則吾與爾為亭而共享斯樂者民之力雨之賜也且夫宣上德而與民同樂者太守

之職也予方將殖爾根耨爾苗去螟螣鋤去其稂莠以觀爾稼之成當名之曰觀稼衆曰善遂書之時至正三年歲次癸未八月辛酉朔甲午日也建之者誰太守菊軒侯也記之者誰郡人李庭適也

秋谷文集序　許有壬

相國李韓公秋谷先生薨之二十七年子獻由參議中書省事拜治書侍御史進侍御史有壬

實中丞一日出先生文集俾序其端昔蘇子瞻恨不及一見范文正公與其季子德儒同官于徐序文正遺稾以挂名文字中自托門下士之末為幸而有壬之擢第也先生寔座主接餘光親誨益不少視子瞻之于范文正則有壬之幸多矣序其敢辭先生以雄邃之學為帝者師功勳在帝室聲名滿天下自九重以至于里巷皆以字稱才氣跌宕落筆縱橫歌詩流播荒陬下

邑傳郵逆旅往往大書於壁然世歌詩而不知其文若知其文而墓碑未出不知其功勳之大之詳也國初因仍吏治日就婾窳士氣奄奄僅屬先生在潛邸日久起沃謂儒可與守成一旦當國即行貢舉蓋倡于草昧條于至元議于大德沮尼百端而始成于延祐亦戛戛乎其難哉三十年來得人之列於庶位者可枚指也士風之隆替治化之樞紐在焉大德之末丁國勢危

疑神器杌捏之會猶操舟灩澦三峡遇排山倒海之風而能力贊秘策卒底平濟非社稷之臣乎若夫名爵掃地而削其尨錫予空帑而復其舊大官恃不飭檢而覈其濫宿衛依憑城社而汰其冗貴近世臣莫敢議及乃挺身任之灼知將來之危不恤也國家用儒者為政至元而後炳炳有立者先生一人而已有壬因襮其槩使讀是集者知其有德有言且以見功勳之出有

原抵也皇上追念勳德贈舊學同德翊戴輔治功臣太保儀同三司上柱國追封魏國公謚文忠獻字伯徵世濟其美詎可量哉

藏書樓記　許有壬

聖人之治天下以教不以政蓋教所以為政也使契為司徒教以人倫堯政也設為庠序學校以教之三代之政也其有不及則有以濟之故不率者移之郊遂而賈楚二物又撻以記之也

甚而至於用刑則曰明于五刑以弼五教又曰
士制百姓於刑之中以教祗德則是右之為政
未始不本于教也誠以降衷秉彝均是性也有
以迪之斯自得也自非元惡大憝并自絕命則
無不欲其並生于天地之間是故納民孝弟忠
信而躋世于泰和世道既降教與政殊不本于
民心倀倀乎事為之末先之以簿書期會繼之
以訟獄榜笞先王之所以教不泯者幾希治不

古若其有以哉皇元紹百王之正百度修舉而首務教民日月所照莫不建學分職守之餼廩優之長吏主之風紀厲之而所以教之者何哉亦曰先王之道而已先王之道存諸書教之之具未有舍書而能者也然郡邑率事虛文壓宇傾摧尚不加省而所謂教之之具能舉之者蓋無幾焉教尼不行職此故也黎城有學歷教政而苟完顧學者若無書白君讓來尹難曰市肆

則有貸也庫廩則有藏也道宮梵宇各實其書曾謂明倫之地反不彼若耶於是直堂之右作屋六楹重霤架空樓出其上材良制工既崇且堅首出已書以倡吏民又覬金息麤鬻經史子集共四千二百二十二卷插架充牣秩然炳然来謁予記予惟聖朝涵育陶冶圓顱方趾舉善教之之方可謂至美唐虞三代之所以為政者不過是也白君又能祗奉德音學不虛設而充

之以書知以教為政矣承流之賢者也遂告夫邑之人曰夫子聖人其學亦始于觀書合邑之士有書而讀之美必得之心必有之已明善復初業精行修出而為良才薰而為美俗俾朝廷之治不愧隆古而尹之期于吾士者庶幾無負故予樂為之記以待其效焉罔俾斯樓徒為邑之美觀也

屯留縣劉公平寃碑　皇甫本

公諱依仁字企顏淇人也其父燾名著稱為搢紳家楷範公膺自弱冠夙有幹濟名初尹潞城治效居最國嘗有賞考滿悉備六事摠兵平章承詔以便宜行事選任屯留縣尹甫到任即能招復逃民革絕吏弊抑富强恤貧弱興利除害百廢俱舉且屯留古冀州之地土瘠民劳習尚儉素有堯之遺風馬兵興以来烏合者衆紛紛遊食民家需索無藝其儉素適足以忤軍意罪

縶疑似亂罰無罪殺無辜者有之邑民史村楊仲禄窩邇營肆且為社長故蹂踐獨多而含怒者允劇至正庚子春大饑野多餓莩社境有遺屍二皮肉腐潰莫辨誰何軍人有詐偽親屬誣以仲禄為刼所負米而殺之者强執于所司榜笞甚酷不任其苦乃自誣殺人之罪按狀既成皆不為謬家資閧掠幾盡乃上摠領兵官行樞密院讞其獄辭其意若無可疑者好生之慮不

知速斷必求克審特委公以鞫之公為人明足以燭理氣足以持重乃與同寅監縣王實仲善主簿王天祿彥昌縣尉趙達時習言曰人命一死不可復生苟或誤舉其能追悔乎五詞簡孚無簡不聽今屍形無辨安知其為軍人之所親殷富之家恐未肯為數斗米而望忘命夫為囚所以求生道也必請緩而推之庶得其情乃寬其縲絏至於旬時元執者感泄其所罔威力曰

迴惟欲速致之死以絶蹤公笑曰軍威雖重其如情法何寧失不經無成不辜之殺終無所徇時總兵領御史臺中丞事遣使詢訪至縣公具以實聞辭直意懇有足以感動人者乃召所逮數人一一審度審辭有差各訴寃情如出一口灼知其罪即令公盡釋其因而歸之家仍遺給原掠物俾安業如故四方聞之咸服其德詢訪使以事與他績並達之省遣使幣帛特旌異焉

壬寅春秋禄狀来請曰劉公再生之恩欲報無由願為文以銘諸石庶垂不朽使後世知楊氏子孫得不絶者公之賜也予覽其狀而嘆嗚呼夫刑天下之重事也古之人必存欽恤之意常慮其寃也故曰其勿誤以庶獄惟有司之牧夫矧軍強民弱非公之力必徇撫狀而致人死于成案誰知其為寃公於軍威奪貨之時不執法以罰恩使無告之民幾危而安幾灰而燃非欽

忌罔有擇言在身者疇克爾耶陰德陽報捷於影響於劉之門安得不倡大乎心有所感敬不辭而為之銘銘曰政之所重無踰於獄刑罰不中比民于毒軍法惟威執公直曲哀此良民罹雹無告嗟惟劉公欽哉惟恤不為利殺不為威屈既察其冤遂雪其辱拔生於死轉災為福德浹民心惟悅惟服勒之青珉永貞繼述

拙庵看山圖序

李惟馨

山水佳麗武夷為最次則太行東南壺關陵川之間也壺關縣東南一舍里曰林青即致道别業聚廬而托處者數世矣鄉曰紫團乃太行絶頂若武夷之幔亭峯也世傳神仙所宅山曰紫團山洞曰紫團洞仙曰紫團師所産人參曰紫團參洞一名曰翠微洞中有潭曰白龍泓澄渟滙其遠近淺深皆不可測盛夏雷雲出于其中舊志云樂氏二女微子之後採藥于山中常栖

于洞服食人參得道仙去宋政和間勑賜冲惠冲淑真人廟額曰真澤其他殊名異迹不可勝紀東迤百里而近百丈原康節故居稍南孫登長嘯之所少北則隆慮也峯石峙雯草木秀潤翠松蒼檜凌雲千丈修竹茂林與山無窮葱蒨醲郁撥拂雲霞蔽虧日月名狀罔極群山竦立芒角峭拔森若劍戟風清雨霽乘興登覽使人神怡目眩應接不暇如瀑布水簾垂虹噴日天

巧捷出五嶽三垒似難伯仲但人迹罕到未嘗表麗其勝景也大抵一溪一壑一盤一曲丹崖翠壁疊嶂巑峯上接霄漢下瞰烟靄試一臨之毛骨聳竪雖洞天神府無以加焉致道每憩于兹時令童僕挈榼提壺或吟咏雲根或獨酌松下因而株茅結屋扁曰拙庵於是乎奇嵓絶巘環列于軒户之外几席之上仍命工肖形蠟屐幅巾野服藜杖自名曰拙菴看山圖諗余為文

大凡地有勝景得人而後發人有心匠得物而後開境心相遇固有時耶襄陽峴山蓋諸山之小者而其壯著于荆州豈非羊叔子杜元凱相繼於此以成其勝哉至于流風餘韻藹然被于江漢之間是兹山待其人而後著紫團山有待于致道以彰顯也致道慱學多聞謙和儒雅留次洒樂襟懷夷敞不爲崖岸斬絶之行近功利未易以動深明於易其吉凶消長進退存亡之

理自有繩尺嘗為郡直學講明傳授他人莫及一領鄉薦以校牒自媒為耻後不復出門人登第者恒有本末是時閫外得專封拜擢為陝西儒學提舉亦弗肎就古所謂爵禄慶賞有不可致之人今復見矣自是以來年高而德郡學富而力行教授鄉里叮嚀懇至將以傳其業也雖嘗觴咏於泉石間但遣懷舒興非躭樂放浪如晋人無檢束也好樂於斯者有安重堅實與巳

志同安重堅實其道光明予於致道見之矣嵗
庚申涓灘月辛巳大荒落日壬午敦牂雄山平
惟馨序

潞安府志卷十六 終

潞安府志卷十七

秇文二

荒丘遺碣

宋都尉墓志君諱舉字思進太原西河人也出自帝嚳殷王之苗裔若夫周封微子錫九命以分都漢拜宋弘列三公以讚國沿玆以降軒蓋相承騰茂飛英不得同日而言矣祖秀齊鎮遠将軍父悅隋擢為本郡中正君維岳降生含章

聞起貞心孤聳陵百丈之松逸足迴馳超千里
之驥摶風迅上勁羽薄于穹天陵波遠沂巨鱗
横于大壑大唐興運更造二儀清氛祲於區寰
掃群兇於九域君搴旗斬将名震覇功滅敵摧
城勳參王業特授儀同三司非其志也君歸依
上道克念朦固凝心寂滅之場託想無為之境
不謂夢奠兩楹沉痾二豎飛龜之散弗驗於晋
竟畫龍之符無論於救疾大唐永徽二年六月

十四日卒於私第春秋七十有一士友駭奔親
朋擗踴啟手啟足乍殞乍生嗟天地之無心恨
靈祇之爽德輔仁與善諒曰徒言積慶延齡竟
成空說居履道貞純懷鉛握素仁義播其徽猷
孝弟揚其茂實雖潛暉山水聲聞九澤晦彩林
泉譽流二輔嗚呼名存身沒實追悼於當今物
在人亡更悲凉於右昔夫人裴氏鍾氏並冠蓋
良家公侯甲族年齡不竟風露先晞窀穸之所

既宏窆棺之禮從吉即以其年十一月十三日
合塟於州城西二里南望羊頭云烝觸石西通
漳浦水氣沉潛東臨百雉之城北枕三垂之嶺
山形起伏還符白鶴之祥地勢風雲更合青鳥
之候嗚呼乃為銘曰微子歸周九命封殖宋弘
佐漢三公建職作帝鹽梅為君羽翼奕葉英賢
蟬聯盛德其惟祖惟考乃文乃武蹇諤匡君忠
貞翼主功被山河德資茅土價重十城名高九

用其二君之嗣也克復前蹤儀刑模楷詞令温恭
搴旗斬將名立功成惟求上道寂滅為宗其三五
福無徵兩楹作夢龜散徒聞龍符無用士友駿
奔親朋悲慟昊天不弔奄馬長送其四裴氏鍾氏
蘭彫桂折玉色消沉金聲永絕織女還星姮娥
歸月廻帳泉門光輝此滅其五寒郊寂寞川空鳥
思隴闇雲昏松吟風馳望道增愛看碑落淚一
朝今古千秋銘志靈識何從新封此地

程司直墓志

君諱芝字靈秀廣平人也遠祖上郡太守封潞城縣侯子孫因家焉昔玄鳥呈祥運叶高辛之代白狼表瑞道符啟帝之年因地封官謀不同於千里惟天佑德彰有命於伯符賢良挺生文才間出侍中匡時於漢帝功着克諧尚書不就於晉君名徵太學望高三輔貴重五侯光映史圖可畧言矣高祖禮齊銀青光禄大夫并州刺

史攝諸軍事高情賦物為九能之大夫宏器佐
時宣六條之美績蒲鞭示恥竹騎懐恩萬頃波
瀾千丈崖岸曾祖相隋葉縣令職裁貝錦政揆
玄歌鳧去鳧来豈孤芳於往彦星出星入何獨
美於前脩擲上翔鸞遥窺心鏡桑間馴雉遠狎
仁風祖師仁辨月髫年叅玄早歲書通三篋學
富五車筆海澄漪包馬卿之雲氣詞林頴拔擢
公幹之松枝十八秀才舉入東京三張減價二

陸罕儔聲振洛陽名高賈誼初授本州司户簪裾郡邑譽滿百城衣錦鄉閭榮光三井後改任同州録事參軍提綱境内振領壼清佑列岳以窮奸閭中肅穆輔帝鄉而康直天下規模惟君器鍔淹凝風神秀出輔小山之桂佐長坂之蘭忠孝其心瑚璉其德豈謂藏舟易往隙馬難留春秋六十有三遺疾卒於私第夫人華陰楊氏太尉公之裔上柱國禮會府折衝才之女也家

君諱元字裕甫上䣊人也即馮亭之後裔五岳
開基三元輝彩功高翼漢道冠匡周累葉相承
派流斯日曾祖龍齊任魏州長史善政及人袪
飛蝗於千里慈仁育物寬峻法於三章祖範隋
任夏州博士權座授經得洪名於北海下帷慕
道騰令譽於關西父斐少好琴書志窮山水重
基山之飲櫝退朝歌之馳騖德性恢宏潛名不
仕君養志丘園同陶潛之五柳居家孝友異田

真之獨株每以書閣雲消動詞章於白鳳墨池
波靖望筆海於飛鴻白馬臨閱謝事急於即日
清琴向月赤燭養於今晨屬以積福無徵易簀
斯及同兩楹之應兆若二豎之殃來旬月之間
纏痾不愈卒於私第春秋五十有七嗣子加輝
卜窆於城西南司馬村西比平原禮也左臨滄
海對蓬萊仙島之宮西望昆池識漢帝石鯨之
沼嗚呼痛哉嗚呼哀哉其為詞曰一從蒿里永

秘泉臺白馬既往非任不迴痛臨川之已逝感
士俗之傷悲

郭柱國墓志

君諱盛字德太原人也周虢叔之苗裔郭級之
後卜洛開宗賦江流派分枝列位庶績全殊林
宗入朝驅麟析角細侯敦信竹馬為期備著緗
緗可畧言馬曾祖寶任慶州華池縣尉父愍隋
朝舉秀才惟岳降神含章挺秀敦詩閱禮至操

風雲君蘊三畧之英謀預七萃之行陣徃以龍遊涓水棄筆從戎鹿盡中原勳著武帳迴戈指日梃劒衝星勇烈冠於三軍忠赤横於一旅君智謀雙美文武兼資時展效以鷹揚得封侯於鷲嶺言唯金石氣襲芝蘭覌物許其用遊遜弟聞於親執豈以百齡已盡千月遽空俄軫北遊奄閲東首春秋六十七開廿八載四月廿一日終於私第嗚呼哀哉何期然也夫人馮氏並婦

德夙彰母儀堅著性諧琴瑟道契塤篪楚劍雙
沉梧桐俱死春秋六十開十六載五月十三日
終男神安開廿六載二月十日終以天寶九載
歲次庚寅十一月丙戌朔廿四日己酉合塋於
郡南五十里平原禮也左隣夌岫右帶龍山南
望雄峯比皜狐嶺嗣子神太脩陵動思陟岵興
悲谷變山移刋石貞記詞曰郭尹聞望馮氏貞
素琴瑟兩諧潘陽雙絕勒銘兮幽泉千載兮不

滅

師言墓志

君諱　字師言潞州上黨人也其先炎帝之後祖壽齊鄉郡守決訟舉善道敷庶績父英任州主簿屬隋室道窮中原鼎沸橫流亟亂危塗屢踐暨乎代故將表而良時已逝乃歸閑舊里養素丘園有道無時空懷子輿之嘆居常自得雅叶欲期之旨君識宇凝深器畧宏遠松櫟不改

於窮濫竹質豈移於歲寒儀而顧復無依几筵
禮華春秋五十有九卒於私第以總章二年歲
次己巳十月甲午朔二十八日與太夫人王氏
合葬於州城西比五里於時愁雲慘而原野晦
悲風起而林藂秋勒遺芳於玄石庶作固於風
猷其詞曰荒凉原野悽愴山川霜露秋草樹沒
晨烟玄臺不曙白日何年

潞安府志卷十七終

潞安府志卷十八

藝文三

國朝文上

太祖高皇帝徵壺關杜斅勅

昔之馭宇内者無倖位無遺賢致時和而道泰蓋由善備耳聰目明之道所以士人者樂從其遊輔之以德間有非哲者處于民上則倖位遺賢亦備矣今朕才踈迷聖道良宗是

致賢隱善匿民未康世未泰今爾博學君子
藴有年矣符到若精力有餘則策杖來朝果
可作為加以顯爵與朕同遊故茲勅諭

拙菴集序　崑山葉盛

拙菴集者太學生壺關杜矩之所編也矩大
父斅在
高皇時以耆年碩德布衣被召授四輔官兼太
子賓客司夏季上旬累膺詔諭賡歌之寵名

臣宋祭酒訥寔數所薦引故具録
聖製為一卷尊居其前平生著述多散逸其僅
存者為詩六卷為文二卷數事行當在國史
今存于家有狀可稽拙庵自命與凡出處交
遊有題咏贈遺之作并為附録一卷殿其後
馬矩恒持以自隨兹以公事來南中屬為之
序惟昔聖人在天子之位莫不以和陰陽順
四時為本先王之制令不復存然月令之書

雖在暴秦莫之或廢漢高有趙堯等四人各職一時舉所施行政事恩澤封賞理獄論囚各有其時從而至于服食之微亦必順四時亦必法天地所謂上自天子下及庶民以之而治國家則身無害菑年壽永久所繫豈淺鮮哉下迨唐人詠歌遊衍之際猶能以乘陽氣行時令言之自時厥後斯道漸衰君臣上下疲精役神不出乎瑣瑣事為之末而治道

之不足觀又何恠也我

太祖高皇帝以大有為之資有大有為之事有

如斆等侍遇遭際根古莫踰觀夫

二之所以諭斆斆之所以納忠薦士有如此者

則一時君臣之間腹心之密魚水之歡所以

致太平之盛能不于斯而想見乎

聖子神孫貽謀燕翼垂百年而求監弗愆宜哉

盛于是編幸名德之有後重有以感激乎

高皇之盛休也于是踖然有言而謹書之

送李庭芳還山西序　璗臺陶凱

山西實古晉冀之域其地山高水深風氣盤礴其人剛勁而質朴其土俗勤於耕稼人多自食其力故其謀生儉嗇其操干戈習戰鬬者皆知勇於義其業儒明經訓者必通明而果斷故上之人樂得其人而用之仕於其郡若縣者亦皆樂得其民而治之哉

國家受
天明命削平群雄薄海內外罔不臣服乃旁求
俊乂以佐衆職而於晉冀之士尤拳拳焉以
其人出於風土之性與他所得一士輒訪
求其餘無問已仕未仕者惟其才是用士皆
洗心滌慮思效用於時上黨李庭芳氏世儒
家仕元甞長兵曹
國家考禮定樂召至

闕下竣事還山中復
賜召與同列至者凡若干人皆授以職事獨
庭芳以老疾辭
上許之且
賜之衣使歸而終老焉嗟夫中國衣冠禮儀
之俗自晉南渡五胡亂華至隋唐而復五代
時夷狄為中國患至宋而復宋南渡後由金
及元入居華夏幾三百年古帝王之流風遺

澤蕩然無復存者及我
皇上統御六合猶幸有士大夫之族若元氣流
行於天地間使斯民相率而從化有易易然
者以庭芳蔚為老成之士俾任職於
朝若施教於鄉則凡後進之士有不聞其風
而興起者乎庭芳家居四詠有可已堂知非
齋始終交杖及萬松亭朝野多士為文辭述
其所志庭芳知可已而已之亦已久矣知今

是而昔非者亦已信矣遂興斯杖為始終交而居萬松之中歲寒不易其操使人慕用而法式之則晋冀之民沾被

國家承平之化有不復為唐虞之世鄒魯之風者乎此予之所深望於庭芳也庭芳還其同鄉王中立氏與予同官儀曹徵予贈言於是乎書

潞州廟學記

曲阜孔克表

惟潞州古上黨域盤據太行抗勢高爽為天
下樞自昔號重地其俗尚樸儉其民力本喜
文學州治南四里為孔子廟左為學元始建
國州倅崔亶肇經營之至十二年乙亥知州
事陳伯福繕葺而增廣之至正之季時丁用
兵弗遑文教之事廟與學俱圮不治
皇明受命萬方底寧乃設教條置師弟子員用
修學校之政郡邑奉宣　德意罔敢弗欽洪

武七年夏五月同知潞州事張侯寔来祗謁
廟下惕然言曰王化之行繫學校是基而宗
祀孔子者寔教之所自出也故制下窄且多
撓敗甚弗稱崇重之意盍亟圖之衆皆曰然
第瘡痍甫平公私轇轕幸少假焉既二年會
蠲租令下民用以裕侯詢諸判官馬侯吏目
王均暨鄉之耆艾僉以為可於是伐鉅材琢
貞石裒集衆工盡撤其舊而更構之中為殿

八間像厥正配以及十哲左右廡各二十四間繪從祀群弟子及歷代先儒于壁兩廡之端立屋六間闢中東西門而樹戟于其外門之南對峙齋宿之廬合十二間又南作高門三以應櫺星廟之東別築倫堂以為講肄之地直齋翼如學徒是前櫓樓屹如書冊是度都為間復四十又四至于廩食之室烹飪之所教官講師之居止前後布列靡不完固繚

以周垣徑以修術甃以瓴甋塗以堊冊侐然
靚深廓然徑敞經始於四月辛丑訖功於九
月丙寅落成之日侯率寮寀儒師行釋奠禮
既而合宴于堂鄉老寓公屬縣之吏逢掖之
士咸大和會咄唶而相謂曰洋洋乎盛也古
者建國君民教學為先侯其知先務乎非有
述焉將何以考引侯德而掖民於道也乃相
與謁辭刻諸石克表惟禮凡學春官釋奠於

其先師秋冬亦如之當是時學者非其師弗學也非其學弗祭也學校既廢天下莫適所宗孔子集羣聖之大成仁義禮樂之教垂於萬世之遠通祀於學於禮宜矣

朝廷釐定祀典凡廟食之神淫名僭號一是刊削惟孔子謚爵仍其故所以崇聖道正人心而植聖教也邦之人士入學鼓篋當淬勵刮劘以充廣其德業退而家居為良士君子焉

出而世用為名公卿大夫焉誠如是不惟無負於

國家而侯之志亦庶乎其遂矣不然群狎朋嬉廩粟是糜憯不知明體適用之要又豈侯之所望哉侯名三同字大亨世居阜城家于呉初舉進士擢白水縣令治最諸邑佐州再朞其行事槩可稱述獨此關於治體尤大云

重脩神農廟記　王基

國家追崇祀典示報功也祀其地俾無淫也洪
武三年庚戌六月
詔新天下名山大川暨群神之號辛亥
命所司凡聖帝賢王春秋顧祀載於典祭以時
仰惟炎帝神農氏之廟諸路當祀考諸郡志
廟去城東北十三里有山曰百穀基徃度之
其峯巒環抱之蘊崇帝稜綵之奇他山所未
見絕頂之半廓以命鴻俯瞰城郭世傳帝嘗

百穀于兹故因以名當其勝殿宇儼赫為佛氏居傍有廟狹隘閒為帝寢基閒而咈之遂諭守者以歲久湮沒百穀致祀祀典弗脩故爾乃命撤佛氏立帝像殿堂閒無悉仍舊制顧不偉歟於戲鴻荒之世烝民未粒炎帝生其間教耕稼之利味黍稷之分民天一開厚生來賴記曰有功於民則祀之宜世享之無斁也洪惟

聖朝以禮樂圖治知神明之不可緩故祀典脩
馬既脩矣而又必於其過化存神之所使人
益知敦本而不謟彼徼福者無以進此
聖明立心於法制之表將潛化神功於治平也
因系之以銘銘曰太極既判清濁肇分載生
庶物紛紛紜紜教養有法乃聖乃神維大庭
氏紀德由燧時天之時利地之利楺斲耒耜
草穀是類制度易簡風俗純粹上黨之東有

山其崇枕彼壺關神秀所鍾巖形屋若帝此
著功誰作寢室據勝奕奕百穀久訛含帝容
釋
天朝盛典式孚厥德祀神孔明用昭遺蹟後千
萬年永永無斁

潞州嘉禾記　豐城李達

成化四年秋八月潞郡太守計侯為政之
年品彙咸殖百穀用登禾生于郊一本二三

穗四五穗者不可勝紀一本六七穗者得若干莖父老見而駭持以獻太守曰此嘉禾也唐中書上表稱頌一本合穗漢張堪化行漁陽麥秀兩岐今七穗共莖而隱于叢生者尚難悉數可謂尤盛于右豈偶然哉良由吾侯仁浹義暢而強弱老少各得其所禮達志定而煢獨高明各循其分囹圄虛詞聲作和氣感通之所致盍闡之

天子而萬一
恩寵有加焉庶慰吾民陽春寸草之私乎太守
曰吁叟其過哉洪範不曰王省惟歲卿士惟
月師尹惟日今
天子仁育宇内
天心昭貺靈應迭臻嘉禾一穗之徵有年之兆
吾豈可當乎
天子却祥瑞止貢獻謙冲自居不自矜假吾得

一瑞而獻之雖不能開濬修心而實足以彰吾之矜吾矜之而人以潞為有年吾民其殆乎惟惕厲自持以迓天休以保其美于不替乃吾與叟之事毋吾再父老聞其語欝然不自慊以告之余余曰計俟不以嘉禾為功而歸之

天子且晦焉固理之所宜分之所安然其光明正大不自矜恃益有以昭其賢者且天下若

是其大郡邑若是其夥嘉禾不別生而獨生於潞計侯果得辭其美哉吏不必讐然吾為記之貞珉以永彰爾太守之賢太守名昌字汝賢別號介菴天順丁丑進士世家饒之浮梁云

潞州任官題名記　　浮梁計昌

潞州山西大郡也跨太行之顛居天下之脊負太原履蒲津帶河汾襟伊洛禹貢分冀州

商為黎國書曰西伯戡黎是已在三晉為韓秦置上黨郡後周為潞州唐貞觀置都督府永泰為昭義軍宋靖國為隆德府沿革之詳雖不可悉而形勝要會古今然也古人宦跡所歷若秦之馮亭漢之任敖晉之温嶠太守於此隋之栁晟唐之姚崇刺史於此玄宗潛邸時別駕於此建德風亭為州後鎮所謂潞州別駕眼如電是已至若節度於此者唐有

李抱真郗士美知府於此者宋有馬知節劉
安世之數君子者其治行之詳雖無備紀而
建功立事散著簡冊惜州無名刻歲久泯沒
君子不能無憾焉余以踈謭膺沐
聖明清化天順丁丑第進士庚辰知武定尋丁
憲使府君艱成化乙酉改任于兹暇日登德
風亭摩挲碑碣眺望徘徊因以
國朝来官人物詢諸父老於治孰善於民孰宜

盖欲辨得失而為取舍間或存記而多遺其人况遠者乎俛仰陳迹係之感慨雖不敢希政通人和而脩舉廢墜之意未嘗不切於中庸是命工礱石元祐以前者蒐索無稽不可妄録

國朝官歷者諮采闕實登其名遠者闕之善政有聞者畧註之方来君子以次而續續而盈焉書于碑陰繩繩相繼不紊以煩則人雖往

而名氏昭然悠久不磨矣顧不兼且幸歟於

戲幸則幸矣後之視今亦猶今之視昔因其

名而詢其實必曰某也賢某也踈某也潔某

也汙公論所存間不容髮不流芳遺臭胥此

焉徵然則是碑之建雖曰垂姓名於永久而

實召毀譽於将来是亦不可不慎也

潞州修建鐘鼓樓記　清源王懶雲

鐘鼓刻漏之制肇自軒轅備於夏商周我

朝制度視古尤備上自
京畿下洎藩府州縣莫不設焉所以分晝夜定
晨昏謹門關之啟閉節農桑之作息禁商旅
之行止時居民之寢興以此為度潞州為山
西鉅邦
宗室分封軍民雜處地近西陲尤所當急但城
垣寬廣闤闠喧囂非高無以聞遠必須臺而
樓焉洪武三十二年知州傅遂建鍾樓於治

西舊臺鼓楼建於西子城顛天順三年知州李濬改築鼓楼臺於治東與鐘楼臺對峙成化七年知州孫珂用磚包砌鼓楼臺而鐘楼土臺仍舊二楼年久皆朽腐將不支矣弘治三年知州馬暾来為潞踰六稔政洽民孚治有餘力歆包砌鐘楼臺及改建二楼工力浩繁預區畫於心令訟者或磚瓦榱桷量其入而後受其詞蓋亦周官入鈞金東矢而後聽

之之意也日積月累数以萬計材木毀佛宇之舊食穀積經用之餘鍊石為灰翻甲為役不百日而厥工告成朴素渾堅雄偉壯固見者驚訝學正劉崧善馬君之政歎勒珉以紀之請文於予因思予

祖考簡王之國於潞迄今幾百年矣其守土者姓名不可勝紀皆以宦途為籧廬制度為末務待代椎退若執熱負重惟恐不即已釋者

求其若馬君以民心為己心理官事猶家事者百年之内僅見若人耳噫嘻馬君其賢矣乎若曰二楼壮麗固不屑以此矜人若曰庠鄉更皷可以知政之善則馬君之政即此可知予之斯文亦豈阿私所好而空譽之哉臺東西相去百舉武臺高各三丈廣圍二十二丈有奇楼高廣俱減臺三之一工肇於弘治九年丙辰三月工畢於是歳五月贊成其事

者判官楊恭吏目朱傑委督其工者陰陽生
張徵老人原錫趙子貴則協力焉

潞州知州張君祠記　安陽崔銑

上海張君守潞之明年晉官湖廣僉事潞民
皇皇如失父母及出祖攀轅而號泣者數萬
人乃為木主大書曰僉事張公寘于名宦祠
春秋祀之儀賓仇時茂五人者之以義交也
三晉莫不聞乃狀其政以伻至鄴徵予言夫

令之為政者縣自令而下數人郡自守而下
數十人省自伯而下數百人王臣来涖之者
又數人其儀都矣其分嚴矣其維密矣然而
政削民困而靡所拯予聞今之第賢也晉交
際者為上斂征科者次之精文移者又次之
經營竟歲而於民不與焉况其不賢者乎政
日削則玩而權將府民日困則離而家于救
元之慝矣張君者其有異於是乎潞有遊榭

曰德風自唐已有之而張君未嘗往燕也不可謂儉乎嚴於治胥徒隷不入鄉其奸莫售矣可不謂公乎潞紬之售于上官也苛于賦騏輿里夫之役于藩府也寄于傳命張君格馬可以為强矣遞馬之征列民為三等而酌取之可不謂平乎文移踈而恤民逢迎亡尚也非賢而能若是乎夫上下之感者心也合則治離則否故梭戈于散兄弟相遺同舟而

風讐敵相濟小人之情梏於利而蔑于義一錢妄取雖父子吝也且肉不均雖耆艾亡與孫也夫出其税以給之竭其力以衛之刑戮加之而弗心焉彼誠以為有所賴於上也賴之不足恃則亦已矣而戾我焉思所以去乎是而後嫉之事亡不為矣況得其慕而思思而祠者乎於乎有能聞張君之風而興者其君子也與張君名萱弘治壬戌進士

暴尚書傳　栗應宏

公諱昭上黨羊堡里人堡距郡西十五里岡巔延袤潞水經流于前里中暴氏為望族家世業農迨公始為諸生兒時少言笑舉止殊異洪武中以國子生受大理寺司務性耿介孤立無朋歷寺副丞至少卿讞獄平允有異聲還鄉里無異貧時平居麻屐布袍而已當之京諸父老餞送至水中公先齊拜禮不欵

勞也其誠敬率類是建文末值北師至時為兵部尚書義形于色誓死之尋被夷族今羊堡里多暴氏沒入田宣德中禮部侍郎王公士嘉弔其墓以古忠直稱之嗚呼當王師之南行也一時諸臣豈不壯哉余讀永樂聖政記時事亦頗道其詳當起兵之初首罪擧齊黄迫削之故爾

文皇嘗曰使練子寧輩在朕當用之時或為人

所持悉置不問尋禁亦寬解迺今百餘年稱稍縉紳先生能道之者余嘗過羊堡訪里中故老覧碁氏墳舍泫然流涕也嗟乎詩稱明哲保身而貴不素飡之義若是豈有殊哉水火遞而相濟丹石不可奪其性事固各有所值道同歸而殊塗箕子商之宗臣夷齊恥食周粟茍息卒踐獻公之命高允感崔浩之知不以死勤彼固各有所當矣古云疾風勁草

直諒之盍若暴公者與

連御史死節記　推官李騰鵬

雲霧昏曀必有疾風迅雷以解散之而後天宇晴霽天造草昧必有剪除誅戮以廓清之而後世道寧一語曰君行義臣行志各求其是而已襄垣為古趙襄子屬豫讓報智伯氏地也載在史牒此固有耳目者所共知孰意千載而下繼美紹芳者尚有其人哉嗚呼當

我

文皇靖難之際一時抗節之臣雖忤

文皇之意實契

高帝之心最皎者若方周黃練其餘抱赤衷蹈

白刃者尚多也今于襄垣而得一人焉其監

察御史連公乎公名楹字子聰别號棟宇占

籍襄垣世居縣之陽澤村祖肇以麟經舉至

元進士歷潞城汾州教官轉阿都大尉府祭

軍考試山東後贈集賢院學士其文章行業在縣志可考父基業公早逝母李氏教之學公即敏于學日誦千言不輟凡所撰述揮毫立就性沉静築屋于後河楊兆之谷讀書其中日炊米一杓為常無間寒暑其刻厲每如此一日歸省其母母憫其苦殺雞食之公問其故曰吾願兒之勉旃也公曰門祚簿兒恨不能奮翼雲霄以承先人之志慰母氏之懷

敢不勉旃從此益奮勵舉洪武壬子科鄉薦

由國子生授承務郎遷翰林院左春坊

太子賛讀啟沃良多

高皇帝以公性剛方堪彈劾之職特轉福建道

監察御史巡城巡倉操江歷俸十有餘年每

考績奏最

上歆重用之固久其任迨

文皇靖難兵起公與御史姚鏞相誓以死報國

察群臣有携二者輒露章彈奏之群寮肅然

會金川門不守公在

文皇前抗詞諫曰以臣篡君可謂忠乎以叔殘

姪可謂仁乎背

先帝分封之制可謂孝乎名分紀法蕩然思不

可以訓天下後世指天示日詞色不少屈

文皇怒命左右殺之公從容引頸受刃有白氣

冲于天尸僵立不仆色如平生焉當時

文皇于抗節諸臣多赤其族公血屬連鉅等悉誅各亡失後禁弛稍稍復業斂衣冠而壟封而樹之矣嗚呼當時死事者忠于建文即忠于
高皇帝也于
文皇之靖難蓋並行不悖觀其語群臣曰使練子寧若在吾當用之則
文皇之心可知矣後

皇恩浩蕩屢用言官言以加褒崇足以昭天理民彝之不容泯公自是得從祀鄉賢焉余領郡符司理上黨行部至襄垣邑人姚大叅九功於余言及此事余未嘗不撫節嘆也公之裔孫連大綱連教持公之行狀謁余於公署謂公之行實已編入實録公之墓不可不表章之以慰忠魂於地下昭龜鑑於將來願乞一言以垂諸箴銘余遂為之記其歷履如此

復曰正大之氣流行於天地閒不擇地而生端人正士獨山右風氣剛勁固所鍾毓獨多即襄垣一小邑前有豫讓今復有公何前後照耀如是也豫讓嘗曰將以媿人臣之懷二心者今觀公之始末視豫讓真不愧哉不愧哉

李光祿輓詩序　伊洛閒禹錫

節義天下之大閑士而無此猶鐵雜厖礫木

埋糞壤而無以立於天地之間上不旌此猶玉委泥沙劍棄沼沚而無以勵天下之善此士之操守上之表異必於節義焉取也王而不水劍而不鐵吾於李公見之公諱昱字文昭號愼齋上黨人自少砥礪名節由郡庠生中宣德乙卯鄉舉屢試南宮未第卒業成均歷政秋臺擢光禄署丞正統巳巳扈從北狩毅然委軀命以待難動極津門感從長樂

朝廷憫之乃下
詔褒曰人孰不死惟死於國事者乃為榮也進
階徵仕郎贈父如其官母妻俱封贈為孺人
又令一子入監以崇節義嗚呼李公之死全
此節義也
朝廷之褒崇此節義也宜諸公之作輓詩長篇
短章輝燦先後皆發於情華極其心實義直
而文婉體舊而趣新誠所謂情往會悲文來

引泣者也令嗣淳即冢
恩入監者從予習舉子業擢河南汝寧推官今
丁母夫人憂闋謁選來京師裒集成帙謁予
引於首且曰每痛不共戴天之讐未能雪終
身之恨予又以知李氏父忠於
君子孝於父者也忠孝之慶詎有艾乎吁李公
節義炳煥在人耳目不必待文而後傳也但
百夫莫贖黄鳥賦詩亦詩人之遺響耳後之

觀者油然興起為玉而不埋糞壤為劍而不
雜厖礫尚當有感於斯文

四貞祠記　安陽崔銑

正德辛未賊刼西火虜掠婦女不辱被害者四人馬曰趙氏曰袁氏曰程氏曰平氏賊去所司以聞　詔給賻樹闕如制越十有一年辛巳潞守請於御史立祠祀之有堂有垣出入有門祀用春秋卜日蠲羞侑祝以帛嗟乎

往時可言者四貞而已乎余聞之政始於怠極於靡樂始於逸流於荒官始於得放於亂邦嗟乎可不痛哉自閹人咎大用八人思蠱君以極其欲而燕遊啟八人又進劉瑾使擁廷論而士禍慘自論者款司馬劉公之為宰而攻馬公而黨與分自瑾逐少師劉公而相權失自杖言官而言路塞遷秩免患以賂而閨門肆朱寧進而閹寵衰江彬入而巡幸興

官輕而頹民窮而盜傑夫思亂驕藩伺隙而生心矣當瑾時禍烈如焚怒韓司徒李夢陽刺骨矣衆謂其必死也而免羅僑之諫吳廷舉之論劾謂其必死也而免何塘之長揖知縣王勳之不賂也而見重瑾敗而永繼永敗而寧彬繼命亂至矣劉少傅之辟位傅尚書之抗奏寧濠叛矣胡世寧曹琥之持法孫燧許逵之死義嗟乎懿哉若人政奚底於壞哉

是故扞辱之女可以觀性秉節之臣可以觀學

時若亭記　　上黨栗應宏

時若亭者崇事以表徵也亭在五龍神祠西北隅昔在司馬晋時五氣炫集耀於兹山應祈庇民秩在祀典凡公私登止必有所是亭者故兹山之儒麗景行之攸躋靈驗之盛跡也始於元人軒曰觀稼君子稽事考致弗越

於時厥覩奥矣我明
天子嘉靖庚戌邦詔以潞鉅郡陞州為府擢新城
宋公於南部首主政理迺逾二載恊於神人
氣類允叙今茲癸巳仲春七日有事於龍山
先是霡霂滃濛霑被土膏至日廓懸萬松發
靄巘曙載豁迺徹享舉觴於亭猶又與又若
遊物之外者於是覽斯新亭命以時若而屬
宏記之夫時若之説其昉於箕疇乎庶徵之

義大哉徵矣夫通乎上下者惟一元氣盡斯
氣之變者惟虛實二端若化若形渢又雍又
流而不息不知其極逾久而不忒又有主者
率其綱而有應維其運而無勞其實則有爽
其虛則有期是之謂道廼若粒然其實可食
其虛可生其有弗藏者則稿朽之矣其逆乃
出是之謂質合道與質者一而已夫三極之
道疇備之矣五徵以言乎天五行以言乎地

五事以言乎人三五之義不同同於一也是故鬼神至德有無至變山川人物至跡形異而氣同名異而實同事異而感同是故惟肖時若否則恒若其義微矣夫中和建極以爲民紀盡人以聽天者天子之職也秉心承施殫竭弗胥緣上以惠下者百官有司之分也勤事弗怠獲弗可強畢力以基時者群居野人之業也今天子道德衣被臣工承之若我

郡公之治以中正創華孔靖崇誼黜慝嘉會秩典明直惟濟百度允孚率是五常道以敷
皇之極和地之紀協天之休氣之所至有弗隔德之所感有弗限匹夫可以格天窮谷可以騰陽而況郡侯大夫之貴蒞茲郡上黨太行樞要顧

皇化預宣休徵首被者也惟茲龍山五氣感應民用和同亭曰時若其義甚實昔漢劉氏傳

論五紀拘執使人惑不信非聖人意山海經所稱諸山珍奇怪異之迹咸無可睹識其失也誣且誕矣今郡公於茲山亭之義無是斃宜書之堅以示永久

鮑宣墓記

侍郎阮勤

長子縣東十餘里有漢司隸校尉鮑公宣墓公字子都渤海高城人因摧辱權幸徙上黨家于長子新莽秉政風州郡以辠法案誅豪

傑又忠直不附巳者公死遂葬斯地世祖即位褒表子孫皆通顯立祠於墓以祀之歷漢唐宋涉元滄桑變易祠盡廢而墓猶巍然我朝列聖相承念先代忠臣祠墓累命有司封樹護守景泰甲戌予舉進士　上命纂脩山西方誌躬歷上黨檢舊誌僅有公墓名而行實闕焉予稍加節要而墓日榛蕪爲人樵牧舊矣弘治庚戌冬監察御史周公琰巡行至縣

閱誌屬知州馬侯瞰葺治之侯請基鋤其榛荊禁樵牧繚以墻垣祀公於郡學鄉賢祠壬子夏御史蔣公勛繼来按治屬知縣青城孫君璽立祠遂鳩工度材委縣丞党森董其事構堂三間左右室及門垣加以繪飾砌以磚石龕卓諸供器備過者興思伏謁者起敬天下後世猶欣慕焉况公之鄉人乎哉孫君輦僉謂不可無紀因求予言予惟孟氏稱浩然

之氣于公獨完粹故詆奸田柳權倖陳時政
論安危無所疑憚雖被髡鉗刑徙而此心不
動雖以辠法按誅而視死如歸非禀天地之
正氣者然歟公事詳漢史妻桓氏賢淑有傳
子永孫昱俱官至司隸校尉一門忠孝炳又
在秩宜乎流芳百世而遇賢觀風者屬賢守
令經營祠墓而焄昭于悠久也予素慕公之
忠直故不辭而記焉

潞安府記　　尚書唐龍

潞安府者攺潞州而為府也民用乂焉境用戢焉巡按御史姜子潤身行郡至於斯曰潞其治矣紀治以文而不可以已也乃以屬諸不敏惟潞古上黨郡也距百餘里則青羊山拔而峙焉中多沃土蔚林農稼樵芻托之而豪但强悍亦每竊伏憑恃險阻叢慝犯禁聚則攘臂以剽鄉村散則影匿罔受捕逮嘉靖

戊子守臣陳其罪狀加之以兵多所失至合

三路之師然後底平之績　奏焉

皇上以德化民聿務安輯於是

命兵科都給事中今陞大宗伯夏公言勘處其

事公祇奉　德意其志也取各功若罪而甄

別之矣尤是咨是度曰潞地勝可府青羊人

野可縣府與縣相維而糾以兵備重臣勦盜

賊解其姦而無或後虞也遂疏以請

詔稱可　錫府名以潞安内附以長治縣青羊
置縣曰平順兵備蒞府若縣以按察司副使
領其職是皆安之而已夫非平盜之難而無
以安之之為患潞之盜擊平之矣而青羊阻
自若也玉峽虹梯猶矗矗也然崇險結則獷
戾生洞穴盤則逃亡集兵撤斯玩玩斯萌萌
斯滋滋斯擾而其憂豈遂已邪於是控之以
府以厚專城之托厥秩重矣臨之以縣以廣

親民之任厥勢近矣秩重則易馭勢近則易
詰而又有專道之使脩軍防焉明法執焉布
戒令焉狗鼠之徒其姦自無所蔽而或有觸
法者禁則止縛則至麾則散折箠制之而有
餘矣而又何盜之憂昔漢渤海歲多盜乃選
二千石以治之刀劍頓息而教化行是故今
日急急於郡邑而增設之也而被是選者果
能奉職循理不驅民於饑寒而惟務厚其本

業以足其衣食則人知榮辱雖賞之使竊赧然而不從焉此則安之之本也惟良有司盍慎求之

新建潞安府記　　都御史張仲賢

天下之事利於目前者未為利而利於久遠者始為利目前之利救敝之為也久遠之利善後之圖也救弊者事或易成善後者其功難泯是固委任才力之致然非苟且僥倖之

可及者且天之生物各具所利而人每欲各利其利此其情也然皆不能如其利焉其勢則有然者是必待人而始遂也利必待人而與亦必得人而久久於其利者是為久於其道者也故曰利者義之和也利貞久於其道也天地之道恒久而不已也其必守常而能知變量勢而能度時識物理之宜得事機之會斯可以久利於民而為利之大也潞為州

治舊矣地險而民悍物饒而俗強距省五百餘里民悍乘險則志恃而易馳物饒俗強則人梗而難化加以人事之乖舛青羊之盜勢使之也鬨然群起操挺為兵據險為穴出沒為害連及旁郡有司旋視不可撲滅動兵兩省至來

王師渠黨雖勦絕而費亦不貲矣事平

皇上軫念民痍爰命今大宗伯夏公來撫勘經

畧時為兵科都給事中攬轡入境民隱究然指顧中矣至則別白其功罪酌量其賞罰貧者有賑傷者有恤民心大悅境內以和公乃屬其官僚耆老詢其盜之所招若曰弭盜固一時之利曷保其常利乎夫民御失其道則乖遠其法則玩顧茲強郡立制維州則權輕而難於息強去省維遠則民乖而易於失御無怪乎民之窮且盜也經曰窮則變變則通

乚則久是不可無慶矣爰協衆謀擬改州治爲府青羊村爲縣相地攸宜立王峽虹梯關者二花園口魯般[illegible]穽惱等堡者三磻溪峯王斗崖白雲谷巡檢司三青羊則開設儒學附廓則併於府校郡制既崇須兵鎮重必淂憲職嚴督武備掣回本郡民壯用振軍爲計度改作工料之需咸仍其舊而就其有不更張不重出以事勞繁亦因其利而利之也崇

制足以服強悍武威足以消姦宄教養有學
識察有關巡詰有役備侮有堡新治之具揆
擬咸備議定疏請
皇上嘉允親洒
宸翰錫名府曰潞安縣附郭曰長治青羊曰平
順悉如所擬張官園兵曰軍屹然增一大郡
民庶安業士習絃誦風俗丕變盜難復作僉
曰是舉也淂通變利民之宜合天地恒久之

道其利大矣仰戴
聖明及遠之仁緬維夏公經理之勛吾民固有不能忘者請書之石以垂長永肰春秋之法凡大興作有益於人國者則書惟玆大事信宜書之以告後之司戎司牧者毋事隳墜恒悉新制以共永圖云

勑褒瀋國好學敦倫記　栗應麟

夫學之興肇自五帝達於三王惟周大備凡

鄉皆立虞庠凡州皆立夏序凡黨皆立商校
國立大學曰辟雍諸侯之國損其半曰泮宮
以其半於天子也其制於國之勝地披水築
宮國有大事則以禮屬百官群吏下民而講
行之無事則國之耆老子弟游焉以論鼓鍾
而修孝弟鄉學有秀異者移於少學諸侯以
少學之秀異者貢於天子而入大學盖古者
公族皆淂仕于朝而國必有學以教冑子我

太祖高皇帝神武開基　聖文立極稽古建制
用夏變夷雖絶徼雜戎之地莫不建學而荒
服醜類亦皆歸極嚮風丕冒潛孚人文化洽
乃於諸侯之國獨不建學非棄之不教以其
有郡學矣今郡學亦通曰泮宫即古諸侯之
學也伏覩
祖訓宗人有文武才能依常調選用選依常調
則肄及同學進必同科矣故未嘗别設一科

專置一學也
王學聖賢者始爲　世子祗奉
先憲王教即詣學釋菜　先師服膺禮教學惟
恐失志一不遷涵育于蒙養正則聖麗澤扵
兑造次又儒汲汲乎時敏而入深循循然日
新而達上器成圭鬯　爵繼維藩則又釋奠
視學和鸞警昧振鷺肅雍官師雲從胄子林
集講窮經要窕極理原惟求切扵心身弗徒

餙乎口耳菁莪浥潤芹藻霑榮貌陋習於鴻
都爍耿光於鱣序雖魯僖之明德在泮衛武
之志道於淇不啻過矣隆慶戊辰
皇帝儲建丕基　恩推天族誕彌雖廣旌別惟
賢
詔有謹身修行樂善好學孝親敬長敦宗睦族
足以勵世者咨諸耳目敷奏　表揚惟　王
德望懋隆令聞夙著獨兼八善卓冠　諸藩

綸詔允孚
聖心嘉懌寵褒三錫衮襲七襄樹華坊於國門
標
玉音於坊扁曰好學敦倫大哉 王言寔昭
詔旨曰身曰行曰善曰學皆學也若謹若修若
樂若好則所謂好矣曰親曰長曰宗曰族皆
倫也若孝若敬若敦若睦則所謂敦矣夫三
代之學皆以明倫孟子學惟孔子言必堯舜

自今觀之孔子之學不厭而已堯舜之道盡
倫而已惟好則不厭敦故能盡聖賢之學不
過如是是故好者好此無餘學也敦者敦此
無他道焉是故知
王之學聖賢也若夫河間東平則藝而已矣
滄之宗髦黎献請自 臺省擬於 文宗謂
王者分封千里表儀一方勒石學宮來示徵勸
蓋學校風教之原禮樂之所自出 王則修

明禮樂振揚風教者本原之地教思無窮
錫類之恩風纂不已凡藝苑儒林縉紳縫掖之
士錦屬珠聯莫不頌美顧茲琰琬烱然日星
若磐石
宗盟永垂帶礪為不朽者矣維時
國中應
詔褒表若　王之弟鎮康王曰孝義純良若安
慶王曰孝敬經濟陵川宗約之勛滄曰親賢

樂善勵淦曰學博行修勛漣曰純孝敏學樂

皆本於　王之學之倫表帥而陶成之者也

義得書謹記而附之

紀

瀋殿下　仁榮膺

重書俾　東郡杜華先

瀋國于潞潞倚太行而居北倚銅鞮南瞰高都

吏民武斷相君次迺機杼冠帶衣履天下我

國家念上黨地重民庶繳諸侯王無能鎮撫上
黨者爰國瀋于潞瀋亦能國代有　哲王以
令聞長世載在國乘上黨長老以為記令
王嗣先
宣王以為政益醲厥德令德加于四海〻以內
慮無不頌　王者即古河間東平信賢聖渠
有以加于　王抑盖　王天性嫺文詞尤工
近體五七言俱及格又與士大夫雅遊諸搢

上黨者各自以得意去夫躬千乘之貴不惜傴僂以下帬布引滿浮白賡和雜進是謂倚其千乘于堂下即予兩遊潞抵掌而談王不狂余而愈益昵余以余所聞 王事先宣王暨 太妃備極色養接諸昆弟日于于也諸人士來自 上都又問上起居狀每聽細旃之上少有不怡愉愀然動于顏色日者玄兔有儆材官下海輒自咤身

同國休遇緩急無所畢力何以稱維城之義

拊循天下士大夫乎則出千金帑中委輸于

邊當是時海外二十鍾而致一石淂　王餉

足抵數千鍾云去歲宛葉間甚苦澇也民至

無以接食子食其父弟食其兄不憚文罔以

憂縣官

王又為之致千石粟于汝上全活者動以萬計

上黨故纖嗇祿歲入不當出龍鍾即殊然嬴

縮業為之昕夕揑筭此有知殫能索耳終不遺餘力而讓財令以視

王何如也諸具在

璽書褒勞中不具論杜伯子曰諸侯王生貴甚離于保姆而臨國中臣其諸父若以恣睢于外則何所不至㧞其安所短長也然　王折節盡下下以為盡諸關說引大指習而蹈之足以自樹　王又悅禮樂而敦詩書射錫類

統輯　天潢日引而不替于行河間東平無是也今廟堂深謀論宗法可謂盡之然今
天子獨嚮　王數勞　王于國此何以稱焉誠試有所長非苟而已也余故為叙其大者如此

重脩潞安府儒學記　　侯官翁正春

潞安古上黨郡也攷輿志
國朝為州嘉靖初更而府乃庠則仍金元之舊

正德中闢新於刺史馬君瞰人文稱盛庠而有臺若干尋巋然在啟聖祠前嘉靖甲子剏祠地以增置邑庠而臺廢人文稍遜於曩時說者咎馬屢議脩復竟成道旁舍也萬曆乙未高陵劉公來守是郡甫蒞學即觀流峙之合分究氣運之消息而辨物理之盛衰梢顧而語諸生曰某宜崇某宜卑某宜通某宜塞一時新談儼如百年舊跡聞者神之相率造

台擧以修復請公慨然自任上其狀於守巡公及督學使者咸報可迺首捐俸為大役先於是自藩封及鄉大夫士各樂為佽照材不鳩而集衆不督而耒迺為臺榭三一居巽祠文昌一居震祠魁星一居艮祠唐義陽王坎故卑濕崇基為閣以尊經其諸缺者補之圮者葺之漫漶者黝堊丹碧之規恢加廓制度聿新既竣

役郡博士張君時中及弟子員張生騰高輩以余同年周唐珪計部君介紹余記其事余惟學校之設本以襄聖明倫進德修業豈徒為士類榮顯地哉澤深而魚鱉藪蔚而鳥集物固盛於所處矣學宮士人之藪澤也顧湮頹既久則士氣弗騰升掄寯稀則士心罔奮雖堪輿之說吾儒所不道要以望景觀卜即陰陽流泉東西遷澗之類古聖賢率莫能廢

至於素封之子亦必諏勝擇吉以奠厥居而况學宮重地儒先之爼豆師生之講述一方英賢之駿發咸錄於斯苟徒圮陋是安而令人文遏佚激勸無賴咎將誰執焉昔奚斯作廟孔曼且碩文翁興學禮樂肇舉彼誠以超世之才竪赫然之績功與人兩相成也輓近長民之吏斤斤簿書期會間日弗暇給既視學校若弁髦即有浮慕振作之名亦篤言惜

費舊貫是仍且關形家為渺茫以自解於紛紜之吻誰肯矢心殫慮興復既廢之址為士子徼福將来以丐靈山川若劉公者式自此役成群路士卬瞻頫眺規制攺觀舉欣匕相慶以為文運當隆而嚮所懟恚乜聊沮郄而弗克振者一旦憬然釋躍然奮不敢復有忌委以自薾其雄心則此役之為也蓋上黨川嶽之氣不盡宣洩恒有所停蓄以儲靈秀而

若有待於公乃公適值其際起敝振衰與潞士更始匪獨人事寔天行矣詎偶然乎执公守郡朸政此其首伐而計部君又為余言公政先養士每對諸縫掖論說亹亹皆提躬繕性之方而復立文社按期校之精其藻鑑豐其餼廩所以廣厲申飭之者不遺餘力審爾則公之功在學校且有溢於修復之外者士生斯時仰念德意勉旃淬厲以無愧前修何

安府志 卷十八 四十七

也是時

濬濬閭而金助者百米稱是又所委其人數月而就址雖仍舊規模也敞眎昔加雄矣遂額之曰奎章閣韙哉舉豈唯百年故物一旦始還將俾人文益振雲漢為昭五龍百谷若增而高其在斯與郡人憲副周君屬余宣揚於碑之余惟郡守養士及民奚直一砥礪庶隅勸課農桑之為斤斤諸如廣勵學官鋭意庠

序修舉廢墜皆局内事耳世宗何令文翁擅
名以若張君興起教化為己任可不謂勤焉
迺諸生其能感君之重勤而思日為章者虖
夫所貴士者非冀其第能黼鞶餙采掇闇屬
文已也籍遇而掇科名獵通顯不為章灼即
表豎勛猷有不足耀日星光俎豆者猶然培
塿迺埀象示則之謂何士安所比擬哉天之
章也以於穆君子之章也以闇修彝患不章

患不聞耳是故金華之韻宅於虛太輿稅轄
脂以俟乘孤弛也以勁張利刃必衣皷鍾於
宮聲聞於外夫惟含章故可貞其庶幾哉斯
文與斯閣相峙而久序聞者唯唯於是條次
其始末而鐫諸閣之左以告來學郡守張君
名廷相江西金谿人前守劉君名復初陝西
高陵人竝萬曆癸未進士其庶之所不知不

長治縣改建學宮記而之東吳顧憲成曰

蓋昔吾夫子慨道之不明不行喟然發嘆曰知者過之愚者不及也賢者過之不肖者不及也竊以為此兩言盡學術之變矣流而不已復有甚焉何以故謂之過公然與不及分途也謂之不及公然與過分途也是則知愚、賢不肖判而為二有人於此矜其聰明直跳而之於聖人之所不知而繩以夫婦之所共知猶然昧焉焉　其意氣直跨而之於聖人之所不能而繩以夫婦之所共能猶然却焉將謂之過而庸猥踈脫又疑於不及也將謂之不及而超忽凌頊又疑於過也是則知愚賢不肖混而為一知愚賢不肖判而為二其為失也顯而易辨是故當其過吾淂而裁之當其不及吾淂而振之病在氣質猶可言也知愚賢不肖混而為一其為失也微而難辨是故欲裁其過彼且有詆然安處於庸衆之下

者欲振其不及彼且有𡟖然突據於聖人之上者病在心髓不可言也非徒爾也原其超忽凌頊既足以見奇而自標跡其庸猥踈脫又足以適俗而自便道掌其害而人掌其利道無方縱掌其害造次莫淂而指名人有欲壹掌其利終身膠結而不解吾末如之何也巳矣異時夫子一則思狂一則思狷一則思有恒至謂古者民有三疾今也或是之亡磋

匕夫子非喜有疾而惡無疾也有疾止乎疾之辭也其真心自在也無疾甚乎疾之辭也其真心澌滅盡矣此又夫子之所深憂也長治懷白周公来守吾常會其邑改建學宫邑博郭君張君及茂才魏君光祚等遺公書屬予記之予詢所繇公曰潞古上黨郡也

國初仍前代為潞州嘉靖初陞府置縣學仍舊制一世以後人文頗盛乃議分置縣學割府

學一隅為之而人文遂遜於前說者歸咎於
分裂故基損壞風氣嗣是咸議修補獨高陵
劉公来守是土創議改建卜地於
藩封之右府庚之隙拓以民居爰定規制請於
當道當道僉報曰可已又得孫公曾公繼之
協終厥事而今而往庶幾人文之有興也敢
乞靈於予予謝曰憲也陋何知人文間覽晉
乘之邑也雅號為樸所願無忘其樸而已公

曰足乎予曰足矣夫樸人之真心也内之無安排攙和外之無擬議無矯飾真也是故率意而往率意而來瑕瑜短長皎然畢見不欺屋漏矣可以立本是故有過焉與夫人共知其過能受損矣有不及焉與夫人共知其不及能受益矣可以入德是故修諸家一家信之矣修諸鄉一鄉信之矣修諸國一國信之矣舉而措諸天下天下信之矣可以致用何

者惟其真也非是即才若管晏智若良平辨若衍儀灤若遷固抑末耳甚者反以籍寇齎盜為世詬僇將焉用之公曰吾子之言善乎其以樸張者也請得受而籍之以詔我多士意且有省乎相與退而反諸心以求無失乎本來面目進而取裁於聖人之道以求詰其極而無狃於偏竅茲不腆之邑實重有賴焉何憂乎不足予謝曰允若茲夫子思有恒而

有恒矣思狂狷而狂狷矣思中行而中行矣惟吾道實重有賴焉何憂乎不明不行謹思之以俟劉公名曆初孫公名鋐崇陽人曾公名皐廬陵人縣令李君仙品與劉公同鄉同議此舉而竭力贊襄者法得附書

長治縣儒學建尊經文昌閣記　傅新德

長治為潞安附郭邑邑故有學刱于嘉靖之己丑弗稱萬曆丙申郡守劉君卜吉改建規

制始條彝幾解任去自是修者不乏而寖失其意天之有造於長治也則畀之陶君君雅意作人程督博士諸生課業日省而月試之士斐然鄉風已迺周眎學宮孰為未竟孰為當新訪之輿論參之形家斷之已見於是剏尊經閣于學之坎而移文昌閣于學之巽若宬若翼有補有宣缺者大備與初意若符工孰于某月之某宬費皆俸金洎公費之節縮

閱月功既竣居者游焉息焉以為業來者登焉眺焉以為觀邑人周一梧寓書不佞曰邑學之有今也兩建而制始定再更而閣始成厥惟記之是在史氏史傳新德曰我

國家惟是經術取士士必原本六執守其師說明尊也天函象懸衡于斗戴匡而虛斗口者曰文昌茲閣所名有以矣是故六經如日中天學者仰為金鏡表章裸壤揚采鴻霄庶幾

宰尊尊非緣飾儒術以階仕進之謂也煌煌明德緯地經天庶幾宰文文非雕章縟采以侈述造之謂也睹其名思其實士將誰從歷今有畋漁載籍剖析精微而尤謝荼朝華振翅夕秀如是者蓋天輿地聲施不朽脫不其然即雄詞絕調若足籠罩一世而根核未探枝葉徒繁雖博洽多聞不過土龍乞雨彝裨實用烏所副期待者哉籍曰士之窮經以垐

用也國之掄才以文舉也縱登第如雲通籍如林國家亦奚賴若人然則士顧自審何如耳夫一舉千里者鴻鵠也翔千仞者鳳凰也怒而飛九萬者大鵬也要之寧為玉碎毋為瓦全寧為蘭摧蕙折不作蒲芬艾榮寧載義而死不載地而生故奕之決勝也必審於舉棋也不然則負御之致遠也必謹於執轡也不然則敗君子之樹勛也必懋於潛修也

不然則耻易哉士彝忘此厚期於是咸躍然於余言請勒之閣亭傳諸來者陶君名鴻儒河南新野人辛丑進士前守劉君名復初陝西高陵人癸未進士劉昔首事例得并及之

夏公生祠記　　大學士李時

嘉靖六年冬潞之青羊山劇盜陳卿以亡命阻險吏浸不能制晋之撫臣諭之弗悛威之弗下已而師徒撓敗仍執命吏全晋之地震

潞安府志　卷十八　五十六

府庾窟宅為闤闠易劍戟為鋤犁刬壁壘為
城隍化呻吟為謳歌
上命其邑曰平順夫茲土之方亂也公平之其
甫定也公安之此國家萬年之慮而平順百
世之澤也所謂尸而祝之社而稷之者非公
誰先耶乃相與即文廟之巽隅創為祠宇生
祠公于中以為無忘公德夫公之籌斯邑也
以圖民安耳非責其後也民心之繫於公也

亦初未嘗與公期也盖世享其利則事不謀
而勸人襲其愛故役不督而成民豈有求於
公而公豈有望於民哉所謂以義起以信孚
也祠之制内外為門各三楹翼以左右廡各
六楹中為堂祠公而其制特崇楹亦三焉驅
我虎豹奠我井邑綏我父母長我子孫以永
我俎豆此邑人之志也於乎休哉昔在唐世
李趙郡公絳之揣魏愽李贊皇公德裕之料

澤潞凡設策決機無不立酬文武功勳高出
近右以青羊之績校諸二公其多讓哉公茲
方以忠言嘉猷仰贊
聖明内安中國外制四夷弘濟群生而無所私
澤建大功立顯名鏤諸金石而書於竹帛盖
未艾也青羊特公之微者耳前山西按察副
使李君嵩祥亦有事於建治者也知公之偉
績為詳因請記於余余故樂為之記以慰其

邑人

潞安府劉大夫生祠記　高邑趙南星

國家稽右建官自一命而至公卿皆以為民也位益大則其所繫於民尤重乃世之大吏以民事為細有司者治之耳郡守親民之官也今州邑之民往往不知守之行事深山窮谷有不知其姓名者焉嗟乎召伯分陝甘棠勿伐彼胡由淂焉夫大吏奉己小吏亦何有

於民此民生之所以靡底者也劉貽晳為潞
安守至即與令長若士大夫父老講求民間
利病興除之而精計彊幹足赴其意先是比
歲不登民多轉徙户口縮於曩時議者遂于
正稅之外有地差之征貽晳手自會計他賦
故溢額遂請于上官歲減萬餘金郡多荒田
招集貧民築屋居之人給牛種及炊食贅豆
之費墾田萬畝桑麻彌望每歲餘穀二千有

奇儲峙備賑襄垣雨雹毀稼貽哲躬往賑之
仍給穀種歲則大熟民皆相慶曰此太守之
賜豈可不先完公賦而後食故自貽哲至而
民樂征輸即宗藩所浔積逋至萬四千金非
復昔之告困矣往廚傳之費歲以七千鈎攸
有法所省者千焉平順壺關黎城行汲甚遠
貽哲為之鑿池而民無汲水之費襄垣之城
河故環之自信之直去而邑日敝今修復舊

道井泉頓三丈灌園者滿河之千郡邑學宫陋者新之廢者啟之羣諸生有志者日與講藝人文彬彬興起矣太抵貽哲為郡豪髮有關於民便者不聞則已聞則無不為也公帑錙銖之餘無不以養士民也士民甚德之會遣小吏貢篚不解事坐左遷將行遠近號泣墾田者皆牽牛至悉以與之人人歃絕送者駱驛二百餘里郡中及屬邑皆為生祠祀之

而郡諸老先生屬余為記先是貽哲將之官過余曰昔孟仁為監池司馬自能結網手捕魚寄母其母不許上黨簏織之郡初在郡終不敢買寸帛余曰甚善貽哲至則以此事及錢穀不入府庫贖罪皆以穀誓之於神夫士大夫患不誠心為善耳誠心為善則私滅私滅則一意為善躇步跐蹈無非善者鬼神猶愛之而况于民乎貽哲務挺異質能文章為

郎時風鑾上封事及

廷議封倭不可齗齗著節文章之士多不習吏

事好氣節者成平易近民之意常少若貽哲

者詎可易得抑然貽哲從余學余得奉教于

其大父南嵐公父少嵐公甚久蒞官皆清白

仁厚所從來矣南嵐公令武鄉入名宦祠貽

哲名復初陝西高陵人

長治縣尹李公生祠記　邑人趙于敏

國朝令甲官弗立碑然禁見在耳去弗禁也又禁在官耳民弗禁也豈以出自官未必真惟出自民必不偽誠出自民惡用禁亦惡得而禁之稽古甘棠瑞麥諸謠豈皆其既去為哉上有是政即下有是謠應感之疾捷於桴鼓由斯以譚無論在民即在官者禁之可也雖導之可也蓋其事屬民不屬官又令莫行禁莫止也歲丙申天虞劉公以武選大夫譚東

事不便来守潞未幾雲卿李公釋褐尹長治
兩公皆高陵人時以為異云比行政劉家視
郡事知有郡而不知有家盖郡肥而家瘠也
李身視邑事知有邑而不知有身邑人瘠猶
已瘠之說者又異以為高陵一時有兩君子
潞一時得賢守若令即昔元康神爵所稱吏
治得人何以是過其家祝而祠事之心比比
也無何劉以貢篚官弗稱左遷李亦移倅揚

州衆迺愕然大異保民之謂何餙吏之謂何然劉在郡時民已建祠肖象事公公禁弗止夫政在郡郡人祠公是矣迺八邑人争為祠恐後豈八邑人心盡偽耶是可驗其不忍禁亦莫之禁也其事郡縉紳父老已請公業師趙儕鶴先生為記豎祠中民今方奔走事公無斁獨李尚未有祠也邑縉紳父老謂邑父之賢視劉一也去今兩年所矣而人愈思之

竟無祠吾將安事吾今已卜劉公祠南地搆祠事公顧為記勿辭敏聞笑而異之夫有非常之事斯有非常之搆亦必有非常之筆紀其事如劉所得於儕鶴先生者是也敏何人斯而敢任此姑待之衆廼復謂子豈不知為文者異乎夫侈辭者文也紀實者記也玆記也非文也且子非實被所謂井棠瑞麥之遺者乎予躬被之而躬言之人方信予為實弗

敢偽夫官以為民不以為身民為吾身以事
其上即在弗禁剔已去奚異又奚辭焉第為
記仍為我作歌三章吾儕率吾子弟歲時伏
臘走祠下歌以事公視劉均焉俾夫兩君子
者仁心仁政並傳於時民受其賜則吾願畢
矣奚必游夏之辭然後可哉敏於是迺為記
復為歌匕曰祠公清如水瑩我歌保民無限
情祠公惠多勞勩我邅我亘常無替祠公忠

竟無祠吾將安事吾今已卜劉公祠南地搆祠事公願為記勿辭斂聞笑而異之夫有非常之事斯有非常之搆亦必有非常之筆紀其事如劉所淂於儕鶴先生者是也斂何人斯而敢任此姑待之衆廼復謂子豈不知為文者異乎夫修辭者文也紀實者記也茲記也非文也且子非實被所謂芔棠瑞麥之遺者乎子躬被之而躬言之人方信子為實弗

敢偽夫官以為民不以為身民為吾身以事其上即在弗禁矧已去也且子非辭焉第為記仍為我作歌三章吾儕率吾子弟歲時伏臘走祠下歌以事公視劉均焉俾夫兩君子者仁心仁政並傳於時民受其賜則吾願畢矣奚必游夏之辭然後可哉敏於是迺為記復為歌上曰祠公清如冰瑩我歌保民無限情祠公惠多劳勩我邍我亙常 無替祠公忠

我心同如公使民足以風歌竟衆意得持去
勒珉祠中圖久遠馬若公行政之詳則載昔
當道諸所考及今所治揚他日必有傳吏治
如來康神爵故事者記公茲碑纔第一云公
謫仙品乙未進士

潞安府志卷十八終

潞安府志　卷十八　六十五

潞安府志卷十九

藝文四

國朝文下

軍中寄子書　任環

我兒千言萬語只要我回衙何風雲氣少男女情多耶倭賊肆行毒害百姓不得安寧我領兵在外不能誅討嚙氊褁革此其時也幸而無事與爾相安于太平做個好人一有意

外之變則臣死忠妻死節子死孝大家成就
一個是而已
陳情疏　　　任環
奏為懇乞
天恩容令終制以圖補報事臣因生母趙氏在
家病故臣聞喪連夜回籍外續奉總督軍務
南京兵部右侍郎兼都察院右僉都御史楊
信牌開稱留臣奪情奉此遵依竊臣一介

草茅蒙

恩作養叨中科甲待罪蘇松頃因倭夷犯順作擾東南當事諸臣檄臣驅勦臣自受檄以来夙夜惕兢深以不獲討賊貽

君父南顧之憂為懼節幸出師徼有斬獲是皆

仰賴　天威顯臨　廟筭弘深之所致也犬馬微臣慚無寸效荷蒙

聖恩優録特轉今官臣感激自

天圖報無地雖盡此生何能仰酬　高厚萬一顧臣不幸陡聞臣母之喪今奉前因切思當事不避臣之義也金革無變臣之分也因時之難而他託以自諉臣之所不敢也顧臣犬馬之愚衷曲之苦萬不得已而不敢不哀鳴於

君父之前者臣請冒昧言之臣父先臣任翺娶臣嫡母張氏中年無子晚得臣母趙氏又止

生臣一人臣任沙河時臣父在家病故臣不
及見臣父之終至今痛恨猶幸以為臣之二
母在堂得以慈侍及任蘇州時臣母俱以老
病侵尋不獲迎養屢得家書臣生母病勢日
甚一日彼時即欲陳情求歸緣因寇勢方張
不敢奏
請忍心飲痛遂至今日及思臣母號為生臣而
實與無臣等故臣有一官之祿而不獲享其

養臣有一命之榮而不獲受其封當其疾也
傍無侍藥之人比其卒也斂假他婦之手病
軀委弱形影自憐孤柩在堂誰其奠哭每一
思之情如剜割即使臣終三年之喪猶抱終
天之恨而又忍情自留則臣無母之人其何
敢立於
聖明之世耶况臣嫡母在堂今年六十有八夙
病纏綿危於朝露聞臣遠出灑淚捽衣不忍

什臣之手夫臣之此身趙生之張客之臣之
不孝已誤於趙矣而又安忍復蹈故轍於張
哉況今東南寇勢亦畧少緩當事諸臣又皆
悉心幹濟臣之本家上無伯叔下鮮兄弟存
者賴以養生死者賴以歸土是臣之此身在
外不足以為有無而臣之二母必得臣而後
可以有濟也恭惟
皇上道高玄極孝廣因心凡在臣工皆得遂其

烏鳥之私而安為子之分如臣犬馬之愚衷
曲之苦號許無門而不敢不鳴於
君父之前者仰賴我
皇上高天厚地之恩有以矜臣之愚憫臣之苦
耳如蒙乞
敕該部再行查訪如果臣言不謬將臣放回原
籍俾臣終制則臣舉家幸甚臣愚幸甚臣之
感

恩圖報又豈此生之所能盡哉臣冒瀆
天威無任恐懼待罪之至

蕩平倭寇序　　皇甫冲

夫天下變生於倉卒亂起於須臾制變定亂之君子非有忠貞之節義禮之勇機權之智鮮克能濟吳浙東邊於海日本諸倭賓貢所途有無貿遷巨猾乾沒以徼一旦而亡命於刑徒科謫於塩筴者咸往歸之沿習之久滙

鄞之間日曷故矣有司不能治嘗設巡臺以兵鎮肅之晏安無何發罷旋及壬子之春台寧肇亂不即剪薙釀以張大今年秋寇渠餝勵徒黨挾以倭奴狃於黃巖之勝蔑視我蘇松棄風漂泊直犯太倉火其郛殘之破新城又上海圍嘉定不克大蹂阜落襲金山而穴於四圍久安之世兵火勃興我民不戒死者萬計村社為墟撫臣按臣擇將於守臣林公

舉郡丞任公馬三公曰俞僉謀咸協乃專檄
檄之時寇兵甚勁諸路之師雲集而無橫草
之功人咸爲公危之公不避其難慷慨受命
馬首遂東乃以書戒其子曰吾伏國威靈行
當殄寇事有不然臣死忠子死孝妻死節盡
斯可矣毋吾憂也率師三百直趨太倉公以
民不知兵士非素撫率之以誠結之以恩激
之以義作之以勇教之以挑摶擊刺之法偏

伍距覆之方人人感奮不日而練饑渴與俱
勞佚與并至於四圍引兵嘗之公恐失士而
先登士懼失公而爭進斬首數級為拒而還
寇踵而追之矢麗公衣刃及馬尾義士遮公
挺鬬而死公氣愈厲手射二酋奪其屍而歸
設棧具木身臨哭之此士之所以奮義以捐
生懷恩而忘死者也明日再戰公曰吾知其
所為矣易兵而進遂走之追之金山解其圍

敗於合墩破於竹寨俘於新塲戰于黃浦公為覆以待之寇至遇覆乃奔蹂於碧華橋溺死者無筭公亦隨馬踴躍而登衣血淋漓猶鼓兵乘之於是倭寇相戒毋犯任公望旌旗而倒戈聞嗟歎而迴撓矣軍於吳淞江上寇猶僄佼聯三船而進見公壘驚曰此任公兵也不戰而走公追之陰沙焚其二船獲其一寇失舟行淖是以大敗我師箕張翼舒夾川

陸而驅之海若效靈飛廉奉順助我火攻斷其歸路時公病疽纍瘡而進燴馬於是矢無虛發戈不空揮殘寇無歸再至再殪師徒奮怒擒其酋剸其肌而啗之後有寇者獒夷之餘不復能孽徒授首耳雖未解甲而師動凱歌之歡民復有生之樂全賦郡于方中揚天聲於徼外公之功大矣偉矣然公之所以成其功者戒子之書忠貞之節也不避於難義

禮之勇也訓戰之畧機權之智也節以立志勇以行之智以成之雖定天下安社稷可也蓋公小試於茲乎海道既清三城咸奠公師將班蘇之人士扶老携幼簞玄黄榼食漿思往迎之惟忻鼓舞不戒而孚夫論功考德維

帝念之爰錫五等維民報之厥祀百世於公何忝哉冲等既不及陳圖借箸為公贊畫又不能荷戈負弩從公周旋得安迹於毫管之間

遊心於編集之內食公之賜侈矣乃相率而謀曰述豐功著不二紀成事昭無窮冲等之執事也廢而不舉惡用其為士耶於是效吉甫作詩之旨竊班生銘石之而孚敘燕談用伸快覩云爾

脩業堂稿序　　漳南唐堯欽

蓋不佞堯欽供侍從者有年而聞　瀋世子之賢翩翩也蓋植性孝友折節讀書恭儉善

下云不佞私心嚮往之涓灘歲　世子以嗣
王當封堯欽奉
上命祗役禮成則出所為脩業堂稿示不佞使
為叙堯欽稽首再拜受卒業則竊嘆曰夫詩
寧獨以其辭已哉盖性情先之矣夫託興達
志有辭摛辭應節有調引調合體有格古之
詩本於性情矢於詞和於調成於格是以
宣倫理叙政治感人心言立而名不朽也不

佞不能詩獨覽遡三百篇擘漢魏李唐歷數千載作者之林則咸軌于是矣今 國家休暢英靈代興寓內譚詩陳古選則蘇李建安稱近體則龍朔開元晚近卑卑亡道矣然不佞以為寡興象而強為辭則傷趣少悠婉而強為調則傷節薄蘊藉而強為格則傷氣何較於卑高何擇於藻蔓斯無異乎飛揚跋扈之態多而溫柔敦厚之風微也恭讀 脩業

堂諸篇渢渢洋洋稱大雅矣不佞獨喜其出
於性情類非今世惟辭之工者大都當燕對
處家庭則肅雝愷悌肖子之思也覽遺篇嘆
往跡則感觸慷慨曠士之致也詠別離懷交
戚則踟躕繾綣風人之誼也涉遊觀撫風景
則委蛇容與幽人之貞也籍令　大王建節
登作者之壇即鄴都媲美而小山叢桂未足
多已不佞由嚮所聞固足以徵詩由詩以觀

益信于所聞詎獨引宮刻羽稱辭章爾哉詩曰莫莫德音其德克明　潘踆之謂也

陵川宗約序　　李新芳

古人有言曰同人于野亨同人于宗吝陵川奚宗約也蓋宗也者吾身之所自出而國與天下從而理也不同人于宗而能同人于野者未之有也陵川之有宗約其宜也哉夫約奚以也約以合宗也約以崇德會文敦禮而

明教也夫合宗則本一矣崇德則行修矣會
文則道明矣敦禮則事叙矣明教則學備矣
約之時義大矣哉載稽諸約越惟
瀋簡王為我
太祖高皇帝第二十一子
簡王子
康肅王號遐齡老人者陵川之始封也嗣是而
懷懿諸王出焉偉哉傑矣今未遑論述而

懷懿諸子有琥曰孤松者孤巖者孤雲者人皆曰慕古好學樂善循理所謂孝友睦婣任恤者也其子子有曰浩菴益菴恕菴者有曰雲崖雲峯雲岫者有曰雲溪雲洲暨其諸弟者人皆曰博雅精純親賢友善所謂智仁聖義中和者也其諸麟姓皙髦後先梭起于其本支者愈齊濟也嗟乎一陵川馬爾其人才之盛乃如比今

天潢演派殆二百祀而
皇宗之封錫徧天下
王牒名位滿巨萬矣吾不知其人才之盛又何
如也詩曰思皇多士生此王國王國克生維
周之楨我
聖朝有之矣猗與休哉昔者舜有臣五人而天
下治武王有亂臣十人而天下治乃若陵川
之宗者道明而行修事叙而學備準乎古而

不固宜于倍而不流其所日新而富有者又皆巍乎其隆浩乎其豐淵乎其泓盖有與聖賢為徒與造化同游而獨淂于世俗膚膜之外者孰得而淺深廣狹之耶使皆布列中外而有為于時必能各以脩于身約于宗者施之國達之天下有餘裕焉其宣力克勤忠藎王室功業所就當十倍於世儒彼周召畢榮諸公劉向汝愚諸君子恐不得專美于古也惟

衡鑑者與之接而上下其議論然後知其武
庫之甲兵經笥之禮樂也約何足以盡之然
而
廟畧鴻謨具在也此則我
聖祖在天之神秘其機也夫誰能與若曰宗約
者字藝文墨已矣謳鋻佔俾已矣淺乎其知
陵川

東山書院記　高陵呂柟

東山在潞州東南七十里雄山鄉即借所謂東嶺也仇氏時茂森族居於此時茂自其父祖及兄時濟楫葦與其子孫立家范以同居者蓋四世矣又常修舉藍田呂氏鄉約以化鄉人者蓋三百餘人矣興建義學於其舍傍以教鄉之子弟者蓋五七十家矣猶以為未也乃於雄山之東嶺建書院焉平其巔巘實其磵壑為方四畝甃石為基崇丈有五尺圜

六十餘丈其上繚以甃甋以爲周垣於其内
先建先師廟三楹其後爲學習堂三楹主教
者居焉齋四曰志道據德依仁游藝在堂之
前相對列其廟之前則建入德門門南構樓
崇丈有五尺以儲古今典籍曰尊經樓樓下
前額則題曰東山書院云樓之北井厨碾臼
碑亭皆左右列其南也廂屋共六楹以居園
丁田卒有橋突起于其前下爲横池亘東山

之水皆趨聚焉實入門之始途也曰格心橋院外西北置田五十畝煤窰一座則以供春秋粢盛及有事于書院者之用斯役也蓋三年而後成倡之者雖時茂而經營創作則時淳朴允尊任焉往予在解時已記之矣至是時閑欄以前規之未詳也乃奉時淳及時表桓之命披風霜冒波濤渡江而南以再問涇野子曰夫書院自唐宋以來白鹿嶽麓處多

有之盖以埤學校也然其後多課諸生文藝科第而于朱子舊規鮮有舉也夫東山書院之建其無止以伸呫嗶工辭華而已或曰何以為規曰即家範以教家而家道皆可正矣即鄉約以教鄉而鄉俗皆可美矣即義學以教子弟而子弟皆可材矣盖先師夫子及諸賢之道實不外此士能如此雖以治天下邦國有餘也又謂時開曰子博學而篤行恬于

世利而厚于倫理真石巖之處士也望即於此設科以待鄉之俊秀而教育之明先聖之道為邦人之式無為厚自遜也慎之哉書院之設人將以爾為標準也仇氏而不能慎終如始則斯書院也雖近世之課文藝科第者不逮而況其他乎

遊紫團山記　上教家而宏

嘉靖戊子秋七月予東遊紫團山自五龍信

宿而至道路窈窕穿林木而上者幾十里及慈雲寺有僧數人邀予觀元人三十六景詩碣在壇根仳仳然散且缺矣由慈雲石磴硈屈攀巖而下者復幾里則褒然福地爲雲蓋寺山勢四壁巉兀盤繞諸峯挺峙競秀而變形望之鬱然蔥蔥西連王屋東俯林慮諸山南北相拱帶聘青蓮百泉之勝斯為太行樞要也乃抵寺憇數日山僧導予遊循石徑南

渡溪由東峯入屏山遮地即為參園巳墾為田畝久矣歷西華峯緣石而出時藥物纍纍然幽香沓至復西轉觀瀑布淙淙成流即采藥坐石濯足飲泉而歸復數日山僧言西峯石局予忻然從之盤條覓步陟兩峯間其地磐夷可屋許予意宜置石室記刻于此忽飄風颯至西望大谷煙暝蒼翠泉聲泠泠幽禽間作予愕然久之知即所謂瀑布者邊峯峙

立此得徑觀焉迺左右顧睇百景俱美神奧而氣逸飄飄然有丹臺石室之想峯巔峭峻聞有奕局覆松焉北轉觀磨崖碑旁數石孔僧云舊有招涼亭于此復有故咸平閣餘趾至則臺砌頹沒基礎相枕藉斷柱石已俱仆于水中惟蓬蘺繞匝牛羊棲之而已如昔人詩所云者多不可得予然後慨然嘆曰悲夫鑿山石壘土刻木彼固以為無窮之觀而山

川獨乃如此草木種匕得在醫籙若所謂經營一時傑然酣適于北中者今則悪覿其為誰雖與之俱朽亦異矣悲夫沒世之懼吾安得不重有感于斯遊也乎

長子縣重修城池記　　翰林趙時春

大明有天下寢海內之兵而衽席之不復試用者百五十餘年鋒鋭銷城廓隳覽士大夫雍容揖遜聲名文物庶幾五帝三王之盛矣

亾何流寇竊發支黨延蔓被於山東西河南北之境小邑破滅大都入保至興邊兵征討之卒就梟夷而蒼生之禍慘矣當是時忠臣勇士束手受害莫能誰何譬如有持千金之資而不操利兵以為之衛其不為盜竊而去者幾希唐山進士王君宮為長子令既輯牧其民又以不虞為戒乃裒其衆力匯其財植經其役賦取其城之洗脆者礱葺之痺最者

而豐崇之圮覆者而完合之封之以瓦石䧜之以溝洫樹之蒲柳守之以樓櫓懸風戰格睥睨之具不旬月而稱完版築之士相杵而歌者凡若干人木石之工運斤而辨之者若干人督其役者縣丞鄒相主簿杜永泰董其事者省祭官王釗葷慕誼勛餉以成厥功者致仕官宋錫李相教官王卿葷也王君之用心可謂勤矣今世之儒者要言地利不如人

和形勢雖強以仁義為本余令不然夫闕門之禮不可用之於夾谷之會章甫之服不可衣之于過宋之時仁義和會可以治民不可以待寇捍患古之君子鳴玉而珮劍代結繩以刀筆易巢居以城郭鑄金芟木毀革毳羽以為五兵之衛得其旨矣余既深嘉王君之用心又因其邑人薛君大川之請薛君亦薦能吏故不違其請而為之記因併著余說

屯留縣鍾鼓樓記　劉健

中原之地山西最高潞州當太行之巔居天下之脊尤非他州比故郡名上黨屯留其屬縣也本名純留其地在群山之中險狹且磽薄民田作勤一歲所得不及他郡之半故其土俗自古號純儉其勢然也凡附山之縣民居皆蕭踈而城郭亦荒陋不治哉　皇明都金陵藩治當其北屯留遂為要路將命之使

及商賈往来必經之故民居鱗次以千數僚
傍縣差盛焉人煙既繁城居治署不得不完
固壯麗亦其勢也然自國初至於今日餘百
年矣縣治之門尤卑隘不稱與編户之室
等而又無鍾鼓之設以司刻漏節昏曉居民
及商賈往来者皆不便焉且聞縣舊有一鍾
甚巨置他所不用蓋知前此吏於縣者亦嘗
有意興作而未遑也慶陽王君縉卿以進士

来為是縣尸始至詢縣事之當沿革者即為鈌典然以歲且歉民未可以遽劳始待之逾年政通民悅歲且大熟因會諸僚佐及吏民告以興作之謀僉以為宜遂鳩工聚材築臺於縣治之前而門其下其上則作樓三楹左置鼓右取巨鍾而懸之謂之鍾鼓樓成化乙未秋始事至丙申之夏凡四閱時乃卒功崇墉復宇既壯且固凡縣之政令教條於是以

出納吏民賓客於是以馳走遵施一縣而不失程度焉至於昏曉之際伐鼓鳴鍾以嚴刻漏又足以警動民之觀聽而時其作息之節百年之缺典一朝而舉且其工費之周裁處皆有道雖用民力而民不告勞焉古人所謂以佚道使民雖勞而不怨者是役近之矣縣之士大夫及往來商賈推誦王君之功皆謂宜刻石以傳永遠余從子襄適為縣學訓導

来走書請余為記而王君之登第也以成化壬辰余在考校之列且有斯文之識不得而辭遂為次第其可言者使歸刻之

屯留縣徐公祠堂記　通判馮鎬

九峻先生卒於官潼父老涕泣而思之遂列狀詣當路請曰徐侯循良吏潼人不忍忘歆建祠以求思報可于是卜地池東南隅為室三楹繚以門墻中設像祀之經始嘉靖己亥

秋越歲而告成門人馮鎬記之曰嗟嘑今之論九峻者不過迹治潼之政如拒權貴之請辨殺兄之寃革淫祀之靡袪師巫之惑剗吏胥之奸節婚喪之侈振士習之惰息桴鼓之警哀孤獨之窮謂其賢如是而已亦淺之乎知公哉公豫之偃人也弱冠舉省闈進士遊大復空同之門其所為詩文皆漢魏以上語器宇嚴邃制行脩潔灑然超脱尤愛佳山水

每遇風晨月夕輙偕予五六輩探漳源登慈
嶺至則流觴賦詩懽謔終日把酒浩歌若無
宦情被接晤者如躡真境接玄談塵襟一洗
美性耆書畫尤工草隸書得其片簡隻字不
啻拱璧且貌莊言寡公庭無遽步疾呼人望
之儼然若神卒之日漳人無老少賢不肖哭
之如喪考妣彼高車駟馬烜赫一時身死而
名泯滅視此千載而下仰其遺容莫不感慨

膺拜曰此徐府君也亦孰得执

襄垣縣重挽漳流記　邑人王基洪

置河之水發源沁州之北合鳩山之水而入瞋邑即夏書所稱衡漳云其水勢自西北而即繇南而東又繇東而北復轉而西潆迴百折始就東流蓋環邑如帶居然一偉觀也夫源于西則委于東建瓴就下水性固然迴周環邑境若睠焉不忍舍者堪輿家所稱源水

有情斯亦奇矣以故鄉先達孕鍾靈秀文章功業爛然竹帛攷之邑乘可知也邑故稱地瘠賦繁而萬石家時或有之米何負於邑哉

今

上御極之五年有濱河居者慮浸塌之患復興沃灘之利用是駕為水勢侵城之說鑿東北崗令水徑從此而東不復向之迴環矣嗣後科第寥寥十室九空甚至汲泉無水邑人且

疑而莫燭其故時萬曆丙申關中天虞劉公來守上黨登襄城而望曰美哉山河之秀在此一折奈何泄之使去也捐俸三百餘金嚴敕當事者劈畫鞅掌開渠為引築堤為障三月而水復故道不佞已數困公車劉公覩成事則輒喜謂不佞曰辛丑聯璧此其兆乎已而霖宇王君果聯第而不佞幸附驥程盖不翹左券矣邑士民忻忻捧額謂氣運興衰之

数適當河水去住之期即以達人之觀解衆庶之口誰其信之矧北城之隍西有小河旁溢於漳秋霖漲水溯湃頽惡漳水西環而流緩則此河入漳之勢亦緩漳水徑北而流急則此河入漳之勢亦急急衝圮城此一堤也詎獨關一方風氣金湯所係良亦重矣辛丑之秋河伯不仁堤倐潰決向之所為殫千金以日夜計者一旦附之流水惜哉邑侯武乘

饑饉之後甫至襄即以民間疾苦為事襄民幸免道殣目擊時事俯順人情幾欲砥柱狂瀾如民力弗贍何乃亟請於郡丞董公董公盖昔共天虞公覩成績者深悼其廢之速也即躬履其址殫力以籌請於分守冀南項公議得儲穀千石賑金五百些請給於公者也項公則給贖穀六十童公捐俸金三百武公捐俸金七十士大夫輸金三十共費一千五

百有奇其河渠長二百二十五丈廣五尺深半之堤長四十丈廣六尺有奇堤幇石基上築以土高三丈其受役之夫半係召募半係饑民葢以工兼賑澤至渥矣工始于是年春二月訖於是年夏四月豈不亦遄速哉邑侯樂成事而請于余謂宜有言以誌不朽余方濫竽秘選深媿無文顧惟司馬氏之志河渠也極言水之為利害甚鉅而成功甚不易則

有嘆于今日曰夫興利除害當事者之責也然議工于再癈則人情易厭劳民動衆長民者之所忌也矧議工于儉歲則怨詬易生之役也財發之公帑夫起于召募既無勸動之心復多衆善之集蓋一舉而五美俱焉風氣渙而復萃人文閟而復彰前之殫千金而若逝者悉還故址一美也城之與堤實相表裏堤固則城堅城堅則邑固二美也屢歲不登

枵腹嗷嗷茲日役千人則千人得餉且得餉之餘以飼其家以役寓賑功豈細哉三美也且河工剩費悉置義倉令二青衿之長年者掌其事永為緝堤防患計使後無勞意深遠矣四美也守土者難於興事亦不旋踵而告成功令後人有所歆慕不憚繕役為邑覆芘五美也五美之具僅僅屬以一堤一堤之外何可更僕數余不佞為邑士民稱幸而重以

諸父老之請謾為記其顛末如此

襄垣縣鄉約所記　呂坤

萬曆甲戌余筮宰襄垣秋八月抵舍視事明年乙亥冬今中丞鄭公撫三雲謂雲中繁憊且與黠虜界一垣難於試令疏三晉久任者調焉冢宰以余請

上從之乃移余大同襄之士民不以余不肖當遠去也胥慘慘動離思既強余圖之像矣行

日大雪繽紛泥塗載道父老數百人又強易
余舄相與震哭於堂署鄉先生觴余遠郊庠
諸君濡衣淖屨拜余於原野遠落僻寨之民
又相續執名牒而伏哭於道左者凡六十一
聚幾千人有戴香而涕者有賫為余大創而
號泣從車不能去者有小兒跪拜於車前者
有再越宿而至南關驛者僚儕祖餞伶優亦
流涕奏樂哽咽不能仰視明年丙子為余祠

道銅鞮相與周旋余豈忍忘二三子哉舊遊之地將睠睠凝睇焉三晉云何恐以謂報祠也是掩余愛二三子之心也余欲毀祠踣碑乎恐拂二三子又懼弗從也改為鄉約所夫邑之有鄉約以崇

聖訓也士民暇則與聚焉談禮讓敦情好以保其丘廬而俗益長厚盖有邑則有之矣向余念弗及此實闕然有遺罪焉請以余祠名之

二三子其余從則是舉也匪直免耻亦以遠余罪也是二三子之益愛余也是歲戊寅正月上元日知大同縣事前襄垣令呂坤記

襄垣縣請益堂記

知縣田子堅

襄垣者古韓地也春秋趙襄子城焉迄今三遷而古風猶存居民淳朴勤儉好禮耒牧者多幸其易治余前以侍御黜官秦州再轉而牧兹邑履任初有名公碩俊抱負經猷者接

踵而來敎余以言余延為之上賓天下郡邑皆設有賓館吾襄舊無是館特借於東署狹陋弗展敬褻孰甚焉余罔敢仍其褻也遂捐俸資備財用度基址程土物選官董工創於大門内東隅亭建三楹越三月而告成凡我嘉賓皆會落之余拜客而請名其亭客曰亭非徒為延賓爾也以請益為名斯善矣余曰斯名何所取爾也客曰宰一邑難乎易乎有

任之者莫不曰地不過百里民不過萬數吾撫而驅之無難色焉獨不思以百里萬民之命懸於一人之身而為之主中間變故萬狀情欵多端吾必周思詳慮各體其意而撫摩之又起其弊而振刷使皆遂赤子之願而絕無悲隅者恐吾之才力不能必周其用也是豈易焉矣乎然又有抱天下之才而以操刀者為小試曰操斛艘者無意魚舟御宛駿者

何閒駘駒以一邑之事之民吾其治之不必須駭天下之耳目取嚚天下之口說可以一運而登諸理不可槩謂之難也噫亦未之思耳夫天下之大一邑之積也天下之治邑治之積也一邑之事之民凡夫利害豈能盡悉者乎機宜豈能盡識者乎人情土俗豈能盡隨處而体恊者乎比之天下殆不可以煩簡劳逸而異視也一邑雖小而其樞要甚大者

此則力易強而有功心難強而有治也其接之必款合董之必款理調停而振育之又如其頑雖吾才亦有不能以自用者不可不謂之難也知其難則必不自有其才不易其任則必廣乎其智凡夫計議可以補吾之牧治者皆虛受而求有益也虛以受益而來教之賓廣亭成而盡延之可以集衆思而萃

朝謨邑治弗患其難也已茲則命名義也余顧

首日命之矣客退遂述求益之説刻石爲記

壺關縣重脩文廟記　高陵呂柟

三原張君益之予年友也既爲壺關庠士子之弗振也乃于文廟學宮次第葺理咸登完美復創建名宦鄉賢之祠立城中及村落社學三所而又督之以規課示之以前箴士皆彬彬然向進異時邑鮮科第自君至後壬午舉三人乙酉舉一人且連舉丙戌進士選爲

翰林吉士皆此邑百餘年所少有者也于是壺關人士感君無已且謂君治壺關于其民撫善懲姦慈諒嚴果並行不悖有古循吏風乃遂以學記來請嗟乎壺關潞之隸邑也而靜林紫團之秀麦積羊腸之奇正梯槲林十八盤之險皆諸邑所無則亦群山之會而淑氣之萃乎其為顯者三老茂忠于漢左相苗晉卿盛於唐元帥任志父子鄧于元太子賓

客杜數童子
國初英哲繼闢遠過黎潞豈其盡得高深之助
哉則亦上之人有作之者耳今茲壺關盖非
異時矣其後之興者殆又藹藹多士上下不
可以媢天子庶人者乎夫物理無盡貴在思
身以為知道路無窮貴在定心以為行若乃
化出無常志存有恒則又諸士子所大進于
古之人者是吾張子所深歆也宣聖殿重脩

者五楹廡及重門亦皆煥新豆籩簠簋攺造
琉璃爵斝鉶爐鎔錫為之饌堂號舍罔不申
飭工始嘉靖癸未之春落成甲申之秋董其
役者陰陽訓術閻恩協以相成者縣丞張經
主簿徐環典史吳淮教諭胡淵訓導張銓上
官楷法皆當書

治壺論　光州方應明

余初授壺關未視事聞壺關之民健能制有

司法而去其官諸年冡兄弟未有不疾首以
難余者余弗然夫有司爵於
朝分治於郡監之以　府道糾之以　兩院有
定轄也以豪民而制有司法去其官是非制
有司也制　兩道也制　撫台　按台也然
諸可制而有司之法必不可制余有法在余
何好易而惡難為及歸依兩月滋任授乃事
察風會之所趨而去其甚酌其宜余之所好

者又健民也蓋宇中有四民羸民敝械民詭健民爭平民剛豈民之有異性而生滋多族哉蓋風會之流各從其土剛柔偏至莫能全反上矯民以變民而不知因民以變民則民易健而狡險任內夷在外雖十堯不能為治何者天惟健故能運人惟健故能立羸民急其生而俗殘械民豫其性而俗彫平民隨其波而俗靡健民振其氣而俗悍悍者盛之機

也節儀之變也鼓之以利則貪鼓之以義則廉糾之以猛則忿爭而不平隆之以禮則感激而思戢故善治者使民畏法勿使民畏吏民畏吏而不畏法民始有以用其健民畏法而不畏吏則民雖惡死不然木石民雖貪生不仇囹圄健亦無所用之故吾之所好者健民也非好健民也我弗健於刑民弗健於訟我弗健於歛民弗健於爭健民固雷屬而風

行者也然則吾惟慎守其法足矣而何仇吾民何變吾官弟自今以往有犯吾二十四禁者即以所犯等其罪

新建平順縣記　禮部尚書顧鼎臣

天地生萬物物極則殺之生陽也殺陰也殺亦生也人君生萬民民不執則殺之生仁也殺義也殺所以為生也其道一也是故明君治天下法天地之道握生殺之機以成仁義

之能垂衣高拱而四海晏然紹統歷業百世利賴焉潞安府之青羊山蟠踞衍迤幾二百里巖岫嶢巘壑谷深窈迴巒疊嶂長林叢薄孱翳阸塞四方亡命往往竄匿其中且水土湍悍而風氣堙鬱生人多兇頑獷戾兼之隔離官府無有持尺箠挾寸刃憑陵而誰何者賊首陳卿父子世濟暴惡糾集逋亡脅誘蚩愚禦行旅掠村堡焚蕩屋廬殲刈人民有司

務掩蓋養亂者二十餘年嘉靖戊子巡撫都察院右僉都御史常道始宣露逆節請討之既而謀議不常操縱無狀賊勢益猖獗

天子震怒命將出師復調集山東河南山西三省官民兵會勦閱數月然後平之捷聞今

少傅兼太子太師禮部尚書武英殿大學士

桂洲夏公時為兵科都給事中請

簡命素持風裁給事中一人往覈功罪并區處

地方事宜以弭後患上俞之即以委公公至
則宣
皇澤申
國憲別淑慝明賞罰洗刷汚穢振撫創残人心
大愜以和公親履賊巢周視山川歷涉要害
嘆曰賊之弗戢形勢使然非建縣設命吏以
弭壓之難免後虞僉以為然乃咨詢相度得
吉地曰青羊村者林巒盤紆形局軒豁且據

諸山之堂奥可以控制四表公讅於衆曰非
斯地不可會巡撫都察院右僉都御史王君
應鵬暨藩臬諸司群謀協同乃議割潞城縣
所轄地一十六里壺關縣十里黎城縣五里
共割地方三十有一里以為新縣版圖百凡
一切計慮纖悉罔不周到抗疏陳便
上報可因錫縣名曰平順命下有司鑒往圖新
翕然作而行之召史繪圖辨方定位鳩集工

徒卜吉以從事因山為城因城為隍延袤方二里許闢東南二門搆橋通道宅城之中近北建縣治繚以崇墉冠以麗譙門屏廳廡庫藏廨宇土地祠吏舍監房小大畢具而陰陽醫學申明旌善二亭咸置於大門之外其他若儒學僧道會司倉廒鋪舍教場養濟院司府公館凡治民事神造士賦政之區準舊規備令制咸極一時之觀又設王斗崖蟠溪峯

白雲谷巡檢司玉峡虹梯關二刬治險隘以為通衢八盖於禦暴巳亂保障之備特加詳焉經始於嘉靖八年九月望日告成於嘉靖十二年二月朔日凢財用取給於公家力役則雇募亂後餘民而他府州縣毫分不預焉盖事之始終經營規畫悉出公一心之存而撫巡藩臬諸君賛相以成之然非聖天子倚任忠賢勿貳勿疑其何能盡嘉謨以

豎此瑰偉之績哉抑此舉也人足以勝天理足以制氣是使驛騷甫定之民寧茲新邑養父母保室家長子孫永去危亡之禍享太平之福其功不亦大哉夫當賊之破滅也天誅之行止於元惡而脅從污染非特宥其死命且容養匡翼務為千百年之圖是殺之之義何其溥而生之之義何其厚義之裁制何其精而仁之覆囿何其廣也亦猶天地之殺

物於窮冬纔句朔爾而生養成遂乃歷春夏
秋三時焉是雖一事之微而
聖天子裁成輔相傾否爲泰以嘉靖萬邦者宏
謨遠畧從可識矣必傳公今日密勿機務衡
成治理以垂名於竹帛亦於是乎基之江西
右布政使李君崧祥昔以按察司兵備副使
嘗預謨議舉職守思惟一時政令之大不可
無紀也特走狀京師徵予文將刻諸石以昭

示無極義不可辭乃為述其梗槩云爾若夫經費工徒規制度數大小諸司從事氏名之詳不違殫書令刻諸碑陰

潞安府志卷十九終

潞安府志　卷十九　十九

潞安府志卷二十

藝文五

著述目録

漢　上黨記後漢書多引用未詳著述姓名姑志此以俟蒐訪

晉　崔游喪服圖　續咸遠遊志十卷

異物志十卷　汲冢古文釋十卷

南北朝　鮑明遠集十卷

宋　李遵勗問宴集三十卷　外館題芳十卷

宇文光東漢屬辭三卷　集春秋三傳一
卷
元宋衜秬黍集十卷　秦起宗御史奏議
王天祐虗舟集
國朝
瀋安王凝齋集一卷
瀋憲王保和齊稿五卷
瀋宣王緑筠軒稿四卷

今王修業堂稿一卷　註解金剛經一卷
清源莊簡王飲河集　續飲河集
唐山恭懿王松雲集
沁源悼和王至道堂集
德平端和王集書樓稿
沁水昭定王遜學書院集
鎮康恭恪王西巖漫稿
安慶端懿王嘉慶集

保定惠順王清苑山房稿
沁水康僖王滄海披沙集
沁水王衡漳遜學書院稿
陵川府雲仙雲仙集　雲窩集　性談
陵川府雲巖碧窓閒録　雲崖雲崖集
雲峯諸禮證類一百三十卷　雲岫建置
草　恕菴詩選二卷　雲溪明德齋詩集
二卷　敏軒詩文集二十卷　誠軒詩稿

二卷　遜軒詩集十七卷　後集八卷
文玉五卷　介軒庸言録二卷
豫王詩集十三卷　立軒遺稿一卷
易守詩集四卷　沁水府達菴淳德堂集
居憂集　約菴集　裕菴詩集
玉溪陽春館集　玉潭詩集　振菴詩集
玉田詩集　玉崑遺稿　玉林怡真亭稿
杞見録　欒石瓚言　名藩賦頌

玉岡宗會詩稿　陽春館會稿

王澗進修會摘稿　山房管見

枕流亭集　行峯壤室游言　管蠡集

盤峯匪莪集　玄覽齋集　杞見緒錄

醫社膚談　七楊　紫峯夢訓齋集

壺峯宗會留稿　鳩峯會稿

稷山府仰山栢麓草堂集

龍洲進脩會稿　平遥府雲谷詩稿

杜斆柮菴集　李濬雲溪集　瀛海集

李惟馨知非齋稿　宋遼金正統論

栗鋌後樂堂稿　劉潔一菴集

劉鳳儀北村集　劉龍紫巖集四十八卷

奏議四卷　劉燮黃巖集　金陵稿

恒陽稿　處州稿　大名吟稿

宋相蛩吟集　宋朴適菴稿

李新芳神易斷意　語類要道錄

太虛甲子經　周易大義　漳埜文集八
卷　李紀嘿菴集十卷　李佐小山集八
卷　栗瑢仙泉集　栗應麟去陳集
家藏集　碧虛漫興　栗應宏山居集
張九經鑄賢模範　郝良臣襪線集
栗永祿撫豫疏稿　雲中奏議　正俗冗
談學易集　趙銓獅山集二卷　仇森玉
松集　張鐸西林集　警心要言

仇炅近漳集　李延康黄厓集四卷

關中集一卷　任璨山海漫談　李尚實

蕭訓亭集八卷　蕭然亭樂府一卷

路王道先事稿　管見璅言　老子臆見

仙佛同源集　壽樂會集　焦守冊山文

集　程應登存齋集　李如松天中稿

兩京小草　趙初玉泉常言　玉泉詩

三治六要策　申威適情稿　王天利三

元正經三元節要

沁水莊和王家訓三卷

陵川府雲峯約範八卷

沁水府達菴進脩宗會訓約三卷

仇氏鄉約集成　東山書院儀節

仇氏家範

右諸書考之史傳及各志而録也索而讀之近者存遠者亡幾半矣而必志者慨不

朽之難托聊存作者之半亦悲夫刻心鏤腎終歸于盡所謂不朽者抑尚有進于此者乎

藝文六

金石目録

金石垂世之文也潞之境内麗銘鍾罍無之非是藝文雖録其與幾何故事足紀文足傳者悉列其目則考事者可按譜而索

好古者可尋跡而往矣

魏

鄭惠王石記在長子縣慈林寺

唐

賈氏墓碑在長治縣雞鳴山麓剥落不可讀彷彿有金紫光禄食邑字

五代

晉封李靖顯靈王碑銘在潞城　李靖勲德賛刻碑後　李靖上西岳書後人因衛公廟書也字跡甚佳

宋

紫團山磨崖碑在雲盖寺西崖　龍門寺詩刻孫渤在平順　原理孫冲撰在郡土地祠　戒石銘名在原理碑陰　法堂記韓固黎城　慈林寺碑在長子集右軍字模刻絕奇僧以榻本為累卒而棄

之今存數塊移置縣學中

紫團三十六詠 轆道書字亦神奇原刻十二石亦以搨本累僧碎之埋于山麓後人蹤跡掘之止得八石今嵌之慈雲寺壁間

蘇長公詞刻 舊在仇氏今轉售

黃魯直畫像自贊及薄酒歌刻 其寓襄垣時所自書也邑人刻石至今保愛

寶峯寺大悲殿碑 張商英撰范子奇書堪稱雙絕

百穀山崖間刻 轉運使張去惑題又一刻金張世臣等題也皆筆畫遒勁磨勒如新

二仙廟碑 在壺關神郊村舊廟在南山麓水侵蝕壞廟居民移之北山麓碑刻頗多其隨廟移者過半大者棄田中文字尤佳

禊亭鎮重脩文廟記

張安仁撰元張碧亦有記宇文光墓石呂陶銘在黎城荒隴苔封隆慶

中知縣張遵約得之始入志重脩五龍廟記李庚行其後元元凱

周泰我朝懶雲祝顥等在城有黎浩黎城愛祀皆有記其禱雨靈應及詩刻甚多

惟陳汝義字絕佳賓適亭記張畢撰在屯留慈廣寺碑張翼

撰在屯留重修靈顯王廟張山撰在潞城元宋渤亦有記謁廟詩刻

多不勝紀

金

潞州修學記毛麾長子修學記史倬上黨西韓

村石脯記郝長卿撰篆書頗工長子烏公德政碑劉丙

撰政績眞實襄垣縣雙榆社碑王偁瘞枯骨記在襄垣栗希益撰申仙上昇記在潞城興學賦在郡學申良佐撰

元

潞州學記胡祗遹宋渤學田記宋渤儒學復侵地記在府學西壁潞州新公廨記張民獻上黨縣廳壁記今在察院壁酒聖燈神記今在二忠祠壁龍淵記在五龍山周泰撰馬氏世德碑張起巖撰在郡城東北壺關馬繩武父祖塋也王提舉墓碑在長治南宋村王天祐墓李紹撰王知

州墓碑名守忠呂思誠撰長治兆園村　張節婦碑潞州崇信都牛賚妻當時詔立　長子廟學記宋渤　屯留縣張公德政碑宋思約　屯留縣學田記李秉彝　襄垣縣廟學記楊仁風張晢　襄垣縣重修公廨記胡祗遹　黎澤書院記在屯留翟祺撰　雄山書院記李庭遹　粹經樓記程文撰在長子　重修微子廟記楊漢卿　李庄宣聖廟記宋渤撰令屬平順　壺關縣儀石碑陰記張時髦　書義陽王碑陰周泰　壺關縣廟學記張時髦無名氏

黎城馬侯德政碑　襄垣倒刺沙政績碑張碧

潞城重修東嶽行祠記胡祗遹　關虎二公

勳德碑在潞城耿元益撰　孝子王恭碑學士吳顒撰在長子

王天祐妻劉氏賢孝碑在壺關白沙村

國朝重脩德風亭記懶雲李新芳　德風亭東西軒紀

實馬暾　潞州修學記林瀚懶雲　重修神農廟記韓陽

厲壇記　潞州名宦祠記劉崧　潞州鄉賢祠

記阮勤　大禹廟記劉崧　重脩義陽祠記楊奇　隴西

王廟記在郡城纍容廟紀建廟始末甚悉足破舊志傳聞之戒潞安
府記崔銑劉龍　兵備道題名記栗應麟　潞安府
題名記　長治縣題名記陳吉　府學教職題
名記席朝用　府學科目題名記侯有功　府學貢
士題名記賈涇澍　長治縣科目題名記張主敬
按院趙公題禁稅璫疏碑在上黨門　按院喬公
論交際碑在察院　上黨關王廟記栗應宏撰　長治
縣陶侯釐綱鍰碑　劉知府墓碑崔杲撰在郡城

西十里趙郎中墓碑王英撰在郡西北崗趙知府墓碑
陳清撰在郡西七里李光祿墓碑劉龍撰在郡東南五里王少
卿墓碑在郡西五里劉龍撰將軍孫岩墓碑李新芳撰在郡
西五里將軍孫雲墓碑栗應麟撰在郡城西將軍雲仙
墓碑栗應宏撰在郡南五里將軍雲谷墓碑李新芳撰在郡
西北寨李御史墓碑任環撰在郡東秋谷山栗氏西崗
祖塋碑栗應宏周封君墓碑王錫爵撰集右軍書鄉約
會更正祀典記何塘撰在長治東火東火鄉約鐘銘

王致中御史趙公祠記行峯撰長治縣陶侯禱雨記李知松撰長子重修三嵕廟記阮勤長子察院記郭鑒何出圖長子知縣題名記何出圖長子縣鄉賢記孫紹祖長子科甲題名記阮勤長子社倉記鮑希顏長子遵教堂記霍鵬長子修城記劉龍長子邑侯德政去思祠堂記楊侯洪漢撰孫侯阮勤撰李侯魏澄撰胡侯李新芳撰劉侯鮑希顏撰霍侯楊世卿撰何侯梅守浚撰宋侯鮑希顏撰阮封君墓碑楊濬屯留修學記彭華

李尚智新堂記馬希龍戒石文李實城隍廟記龍功

屯留縣開渠記三嵕山禱雨記韓淩撰首論後

羿之謬一洗陋見有裨風教襄垣縣修城記劉龍姚九功襄

垣均糧記郝良臣襄垣廟學記郝良臣襄垣科

貢題名記姜世英襄垣神祠書舍記屈銓襄垣

泰晉書院記楊述中劉文安公祠記胡松趙氏

貞烈記王宗稷撰在襄垣義令石在襄垣郝村出橋險隘競度者

常墮落厓下傍有石大書曰輕避重少避老賤避貴來避去眞義令也行者遵奉

潞城縣修縣治記李景範　潞城文廟記屈銓張應
兆　潞城軍器局記劉卓　翟店河渠記馬一麟　潞
城楊令祠記温如璋　潞城文廟嘉禾記王利用
潞城修城記馮惟賢　潞城重修西門記霍鵬　壺
關縣廟學記張鐸宿椿　壺關修城記張鐸　惠澤池
記杜斅　三老茂碑劉龍　拙庵記張伯庵吳善張文振　壺關
任官題名記張鐸　壺關柰侯去思碑楊承勛　壺
關日中記防應　壺關縣石橋記肪應　壺關

縣奎樓記楊文運　壺關龍池記武有備　杜四輔

祠記張鐸　楊慈政墓碑王華　黎城廟學記呂柟權秉

中粟祀　黎城修城記蕭纁撰　黎城社倉記王基洪

黎城長平倉記王烱　二守童公祠記在黎城　黎

城式清亭記靳惟精　四魚堂記蕭纁　平順縣令

徐公去思碑唐濟　太守劉公祠記王天衢在平順儒學

平順任官題名記徐元祉　平順建學記徐元祉

平順改學記李如松

州志郡有魏馮太守碑名勍隋贈德碑　唐

玄宗哀冊文史鎬八分書　聖宮石臺勅書裴漼書蕭

誠題　裴侍郎墓碑光庭　李節度冠冕頌叔明趙滔書

宋大觀聖作詔　賜辟雍詔刻　元上黨

儒學復田記　潞城文廟佳禾堂記王利用

長子崔府君廟記王志綱　屯留唐玄宗廟記

劉元戩　屯留湯王廟記李從恕　黎城崇文記連肇

而魏書襄垣有雙兔碑爾朱榮　長子[illegible]碑査

唐崔元靖攝虎記宋時已磨滅不可讀矣長子白鶴觀碑舊在縣西北隅草野間今俱毀滅不可考尚存其名志古也

詩刻則德風亭凡數十百家皆元以來諸名公作宋及唐皆毀于兵焚矣官衙郡邑俱有即黎城典史廨亦有官閑十詠傳舍郡縣行臺俱有而梲亭余吾驛壁尤盛不附郡邑客有餘暇故得尽其情興古跡神農大禹徽子李衛公各祠廟名園沁水園李方伯園勝園詩刻尤多山川百穀五龍發鳩紫團諸山梵刹隨在有題惟摩雲寺張翰林彙集數十家堪成卷帙

摠之題詠雖多上石者鮮間有佳刻又以榻本之累而廢之故唐宋以上名家之作業已化為刦灰惟近代稍存一二焉嗚呼金石至壽有時鎔泐則欲昭來來者必如殷周之銘托于君子而後可

叙潞安府志後

夫志史也以徵往信来勸懲天下鉅典也潞舊有志歷年久多闕畧前守金谿張公奉

當道檄聘鄉達周公纂定而今守瑯琊洪公實成之公捐俸金募工集士讐訂精覈甫閲月而告竣乃命棨叙諸末簡棨竟讀作

而嘆曰前志忠臣哉蓋史貴實不貴文有實跡有實事有實情跡如山川疆域之類事如曰單興廢之類情則官評士品閨行隱德所關勸懲獨重而名實儻稍不孚民實有心其誰肯信是後也提以詰人之衡而又懸名德之鑑可以徵信不朽矣然榮

又有說爲君子稟是非以衮鉞爲榮辱小人從好令以賞怒爲勸威世不有明操賞罰者載是非之權而行閭畆細民知春秋之義者有幾今我之洪公以豈弟之心運神明之政賞善懲惡不爽毫髮始賞無遺善懲無遺惡今且善不勝賞無惡可懲廡

幾有聰且格之治矣夫上有賞罰之權而下有是非之心獨豪傑不以文王興凡民不熏則不趨耳王迹熄然後春秋作聖人毀譽未若三代之盛王直道而行凡身治教之任者尚永繹思之矣

户部四川清吏司主事原任長治

縣知縣齊君榮書

潞安府志後敘 終